"十三五"职业教育系列教材

SHISANWU ZHIYE JIAOYU XILIE JIAOCAI

AutoCAD 室内设计制图

主　编　李明洋　董晓旭

副主编　陆艳颖　王炎培　李敏玉　王爽

编　写　汪洋瀚　周　觅　赵方欣　常璐　葛彬　李鹏

主　审　周长亮

中国电力出版社
CHINA ELECTRIC POWER PRESS

内 容 提 要

本书为"十三五"职业教育系列教材,全书以实例操作为引导,针对室内设计制图的特点,采用图文并茂的形式介绍了AutoCAD 2014的基本绘图命令以及绘制室内设计图纸的过程和技巧。

全书共9章,第1章介绍了软件的界面以及基本操作;第2、3章介绍了常用的绘图、编辑命令以及图块的应用;第4章介绍了文本与表格;第5章主要介绍了尺寸标注与管理;第6章介绍了样板图的建立和图纸的打印输出;第7、8章,围绕居室空间设计,以实例为引导讲解了室内平面图、立面图、地面铺装图、天花布置图等图纸的绘制;第9章介绍了中小型工装设计平面图、立面图、剖面大样图的绘制方法和技巧。各个章节联系紧密,前后呼应。

本书结合高职高专教学特点,突出实例讲解,旨在帮助读者掌握更多的、更切合实际工作需要的操作技能,可作为高职高专室内设计、环境艺术设计、建筑装饰工程技术、艺术设计等专业教材。

为了方便广大读者更加直观有效地学习本书,随书配备了诸多数字资源,包含教学视频、实例源文件。教学视频全面讲述了实例的操作过程。

图书在版编目(CIP)数据

AutoCAD室内设计制图/李明洋,董晓旭主编. —北京:中国电力出版社,2015.8(2022.7重印)

"十三五"职业教育规划教材

ISBN 978-7-5123-7681-6

Ⅰ.①A… Ⅱ.①李…②董… Ⅲ.①室内装饰设计-计算机辅助设计-AutoCAD软件-高等职业教育-教材 Ⅳ.①TU238-39

中国版本图书馆CIP数据核字(2015)第169490号

中国电力出版社出版、发行

(北京市东城区北京站西街19号 100005 http://www.cepp.sgcc.com.cn)

三河市航远印刷有限公司印刷

各地新华书店经售

*

2015年8月第一版 2022年7月北京第二次印刷

787毫米×1092毫米 16开本 15.75印张 385千字

定价 40.00元

前　言

AutoCAD 是一款具有强大功能的工程绘图软件，由美国 Autodesk 公司推出，历经多个版本的更新完善，现在已经发展到了 AutoCAD 2014。它是绘制室内设计制图、建筑设计制图、景观设计制图的首选软件。使用 AutoCAD 2014 绘制建筑室内制图，可以快速地将用户的设计理念反映到图纸中去，并利用人机交互界面进行适时修改。它操作简单，可以让用户专注于设计本身，事半功倍，让设计师的构思和表达完美结合。

一、编写初衷

鉴于 AutoCAD 强大的功能和精细的制图表达，编者力图开发一套更加切合实际工作、更加有针对性的实用性书籍。编者不求事无巨细地将软件的各个方面进行全方位地讲解，而是根据设计公司对建筑设计师、室内设计师的工作能力要求，以技能型学生的知识结构为依据，因地制宜，以实例讲解为"抓手"，深入展开 AutoCAD 软件的基本操作能力和技巧的讲解。帮助读者在掌握基本软件操作的同时，更多地获得与设计师岗位零衔接的工作能力。

二、本书特色

1. 专业性强

本书作者有着多年的室内设计领域教学经验和工作阅历，结合多年的设计经验及教学心得体会，力求更加有针对性地展现 AutoCAD 在室内设计、建筑设计领域的各种功能和使用方法。

2. 实例丰富

本书引用了大量的实例，而且都是来自具体的室内设计项目。经过作者精心提炼和改编，不仅保证了读者能够学好知识点，而且能够通过实例操作提升工作能力，独立地完成室内设计工作。

3. 符合学习规律

本书从零开始，由简单到复杂，循序渐进地讲解了 AutoCAD 命令的使用方法。每个命令都以典型实例入手，详细讲解各部分功能的应用技巧。然后逐步引导读者绘制室内平面图、地面铺装图、天花布置图、立面图、剖面大样图等复杂图纸，实现对命令的综合运用。

4. 内容全面

本书在有限的篇幅内，对 AutoCAD 2014 常用的设计功能进行了全面讲解，涵盖了 AutoCAD 绘图基本知识、室内设计基础技能、室内设计高级技能、综合设计制图等知识。书中不仅有透彻的讲解，还有典型的实例。通过学习与实例操作演练，能够帮助读者掌握室内设计制图能力。

三、读者对象

本书可以作为高职高专院校室内设计、装潢艺术设计、环境艺术设计、建筑设计专业的教材，也可以作为各类 CAD 培训班的教材以及从业人员的自学参考书。

四、配套光盘内容

为了方便读者的学习，本书附带了一张教学光盘，收录了书中所做的实例文件以及实例的操作演示文件。考虑到方便读者使用，现将光盘内容放至数字化平台，并生成二维码，读者可以扫描下面二维码阅览、使用。

1. "实例文件" 目录

这个目录里存放了书中用到的示例文件及最终制作结果文件。读者按照书中的步骤完成实例制作后，可以与这些实例文件进行对照，查看自己所做的是否正确。

2. "教学视频" 目录

这个目录里存放了书中实例的视频演示文件，读者在绘图时可以观看视频，在视频的指导下完成实例操作。

另外还有样板图文件，可供读者调用。

本书在编写过程中得到了周长亮、高丽莉、张勇、王斌、王京杰、范艳丽、冯焕颜等人的大力帮助，在此一并表示感谢。本书的出版也得到了很多朋友的大力支持，值此图书发行之际，向他们表示衷心地感谢。

限于水平，书中不足之处在所难免，感谢读者选择本书的同时，也请您把对本书的意见和建议通过邮箱的方式告诉我们：1209653268@qq.com。

作　者

本书配套资源

（原光盘内容）

目　　录

第1章　绘图前知识

实例1.1　根据喜好调整界面

AutoCAD 是由美国 Autodesk 公司于 20 世纪 80 年代开发研制的，至今经历多次版本的更新换代，它集二维绘图、三维建模、数据管理以及数据共享等功能于一体。现在，AutoCAD 在机械制图和建筑、室内、景观制图方面应用十分广泛。本书将根据建筑、室内制图的绘图特点，采用实例引入方法介绍 AutoCAD 2014 绘图命令与实用工作技巧。

1.1.1　操作界面

AutoCAD 2014 的操作界面是显示、编辑图形的区域。启动 AutoCAD 2014 后的默认界面如图 1-1-1 所示。为了便于学习和使用 AutoCAD 2014 及以前版本的读者学习使用本书，我们采用 AutoCAD 2014 经典风格的界面进行讲解。

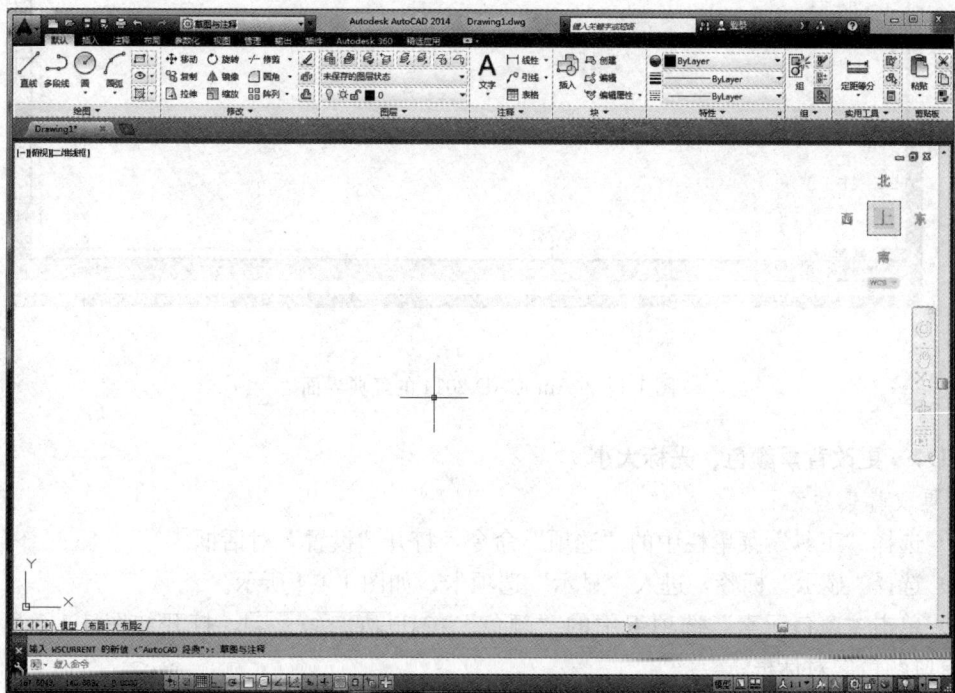

图 1-1-1　AutoCAD 2014 的默认界面

由默认界面转换为经典界面的方法：单击工作空间下拉菜单，从中选择"AutoCAD 经典"选项，如图 1-1-2 所示，系统转换到 AutoCAD 2014 经典界面。

一个完整的 AutoCAD 2014 的经典界面主要包括应用程序按钮、快速访问栏、标题栏、菜单栏、文件选项卡、工具栏、绘图区、视口控制区、ViewCube、十字光标、UCS 坐标、布局标签、滚动条、命令行、状态栏等。如图 1-1-3 所示。

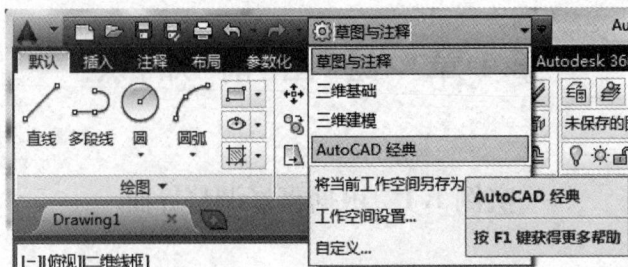

图 1-1-2　工作空间转换

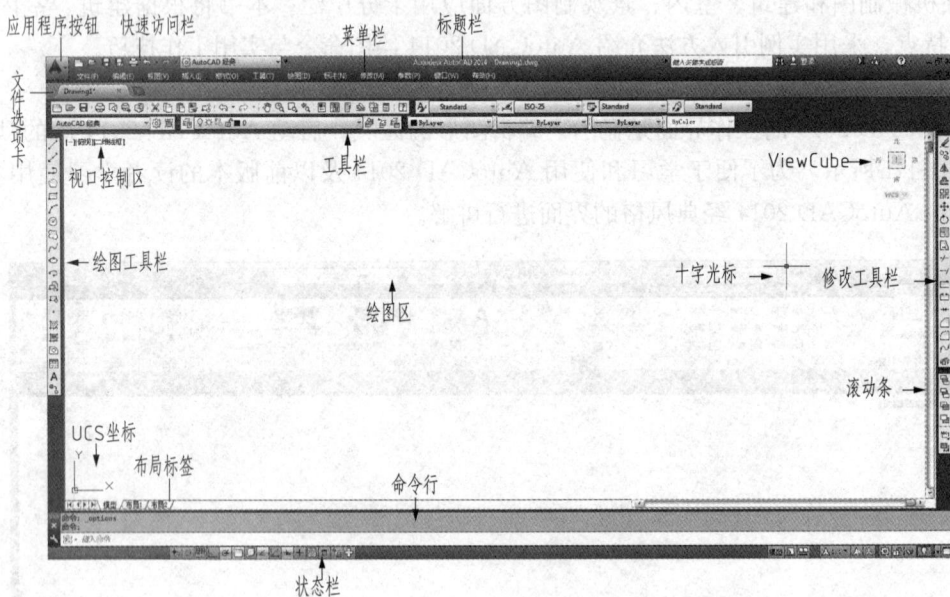

图 1-1-3　AutoCAD 2014 的经典界面

1.1.2　更改背景颜色、光标大小

1. 更改背景颜色

（1）选择"工具"菜单栏中的"选项"命令，打开"设置"对话框。

（2）选择"显示"标签，进入"显示"选项卡，如图 1-1-4 所示。

（3）单击"窗口元素"选项组中的"颜色"按钮 颜色(C)... ，打开如图 1-1-5 所示的"图形窗口颜色"对话框。

（4）在"上下文"列表中选择"二维模型空间"；"界面元素"列表中选择"统一背景"；在"颜色"下拉列表中选择合适的颜色，如白色，单击"应用并关闭"按钮，即可将绘图区改为白色。一般情况下常用黑色、白色两种颜色。

2. 变更十字光标大小

在图 1-1-4 所示的"显示"选项卡中拖动"十字光标大小"选项组的滑块，或在文本输入框直接输入数值，即可对十字光标的大小进行调整。如图 1-1-6 所示。

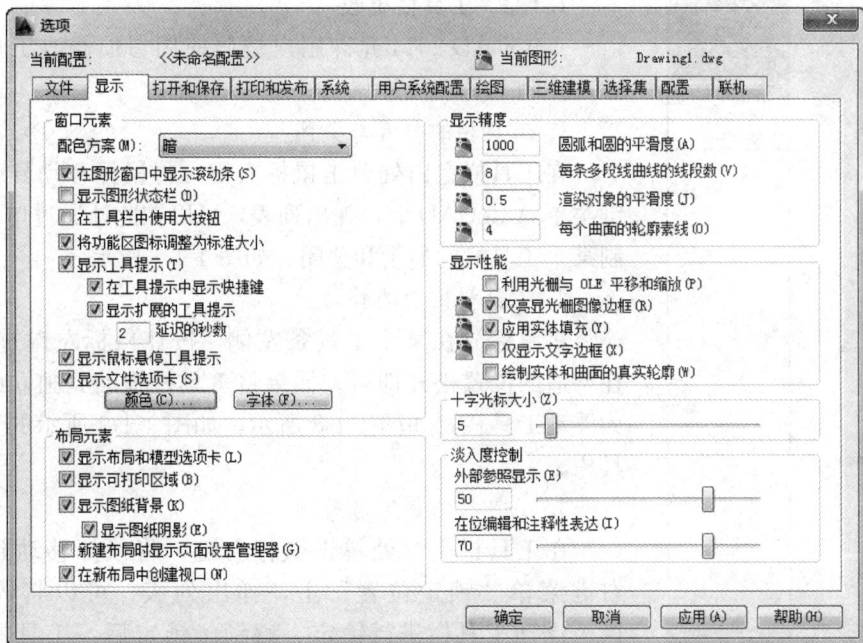

图 1-1-4　"选项"对话框中的"显示"选项卡

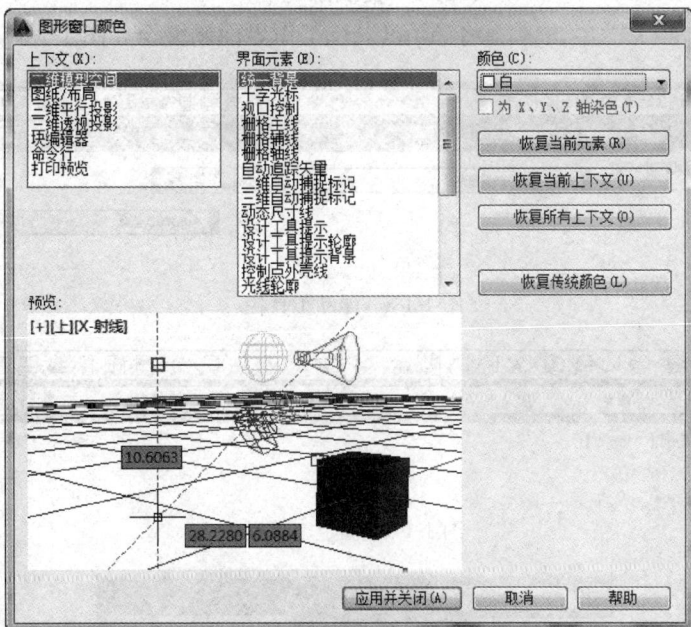

图 1-1-5　"图形窗口颜色"对话框

图 1-1-6　改变十字光标大小

1.1.3 工具栏更改

AutoCAD 2014 允许用户按照使用习惯修改工具栏的位置，控制工具栏开关。

1. 工具栏的打开与关闭

在工具栏空白处单击鼠标右键，将鼠标移动到弹出的右键菜单 AutoCAD 上，弹出列表，可以在此处通过单击方式控制某个工具栏的显示和关闭，如图 1-1-7 所示。

2. 工具栏位置的移动

将鼠标放在某个工具条左侧，按住鼠标左键进行拖动，在合适的位置松开即可。如果将工具栏拖动到独立的位置则为浮动工具栏，如图 1-1-8 所示；如图 1-1-9 所示的为固定工具栏。

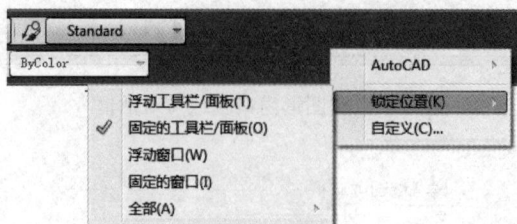

3. 工具栏的锁定与解锁

在工具栏空白处单击鼠标右键，将鼠标移动到弹出的右键菜单"锁定位置"上，弹出列表，可以将固定工具栏、浮动工具栏进行锁定、解锁。锁定后，工具栏将不能移动；若想再次移动，需先解锁，再进行移动，如图 1-1-10 所示。

1.1.4 实例练习

将 AutoCAD 工作界面调整至如图 1-1-11 所示的效果。

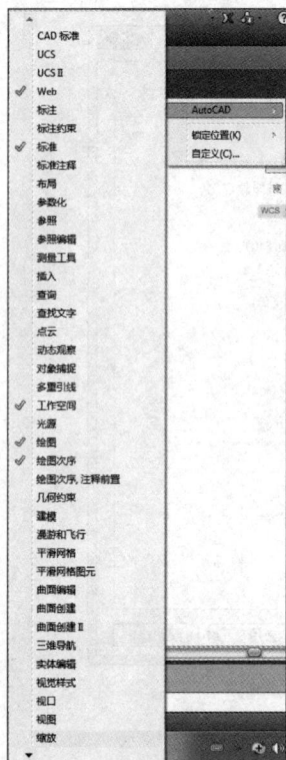

图 1-1-7　显示与关闭工具栏

图 1-1-8　浮动工具栏

图 1-1-9　固定工具栏

图 1-1-10　"锁定位置"浮动工具栏

图 1-1-11 调整后的界面

实例 1.2 基 本 操 作

了解和掌握 AutoCAD 文件的设置与管理等操作功能，是绘制和编辑图形的前提与基础。

1.2.1 新建文件、打开文件

1. 新建文件

(1) 执行方式。

命令行：QN

快捷键：Ctrl+N

其他方式：快速启动栏或工具栏上单击"新建"按钮▣；单击菜单栏中的"文件"|"新建"选项，弹出"选择样板"对话框，如图 1-2-1 所示。

(2) 从样板中新建文件。"文件类型"下拉菜单中选择图形样板（*.dwt），在"名称"列表中选择合适的样板文件，较为常用的为 acad.dwt 和 acadiso.dwt。最后单击"打开"按钮即可新建文件。

在"文件类型"下拉列表中提供了三种文件类型。图形样板（*.dwt）：在新建文件时常用的文件样板类型包含了常用的图层、文字样式、标注样式等。图形（*.dwg）：标准的图纸文件格式。标准文件（*.dws）：包含标准图层、标注样式、线型和文字样式的样板文件。

(3) 无样板新建文件。单击"打开"按钮右侧倒三角，弹出下拉菜单，可选择"无样板打开-公制""无样板打开-英制"两种方式，如图 1-2-2 所示。

2. 打开文件

执行方式。

命令行：OPEN

快捷键：Ctrl+O

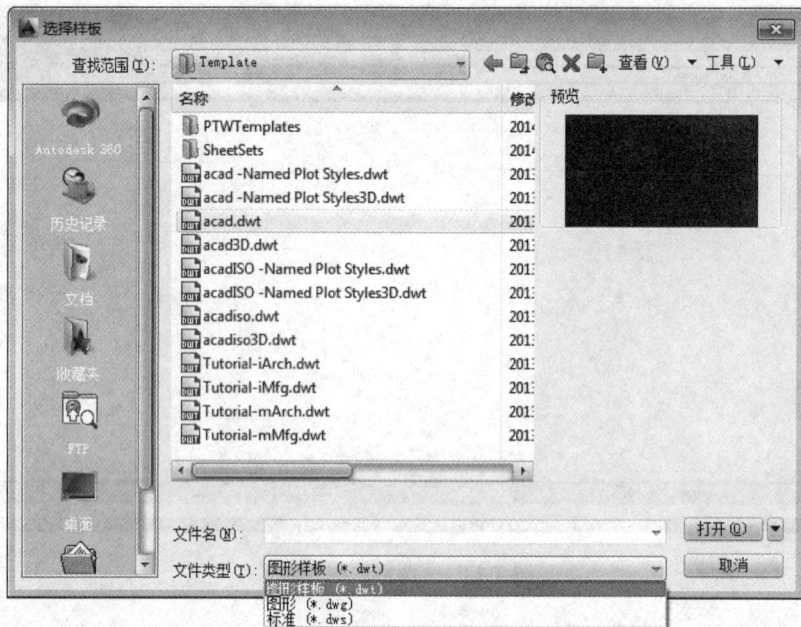

图 1-2-1 "选择样板"对话框

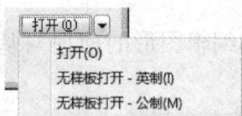

图 1-2-2 "无样板文件"新建

其他方式：快速启动栏或工具栏上单击"打开"按钮；单击菜单栏"文件"│"打开"选项，执行命令后，可打开"选择文件"对话框，如图 1-2-3 所示。在对话框中找到文件的路径和名称，单击"打开"按钮即可打开文件。

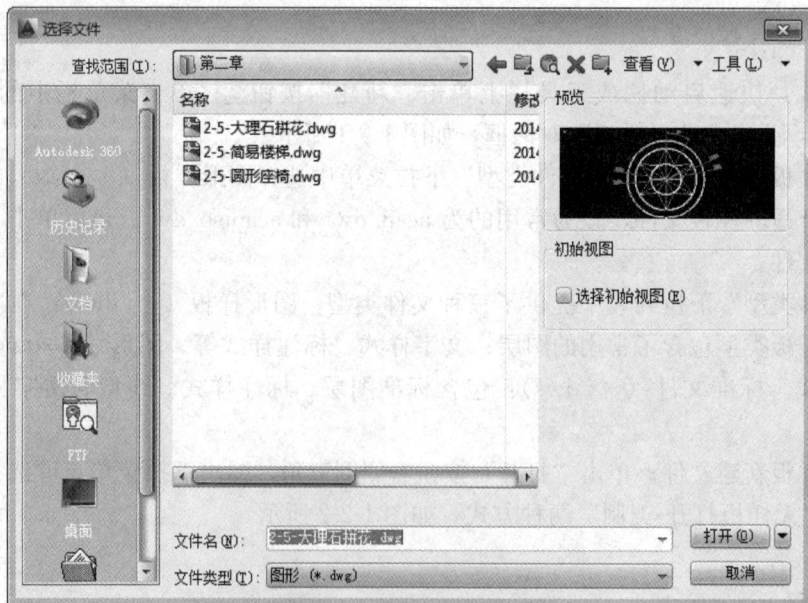

图 1-2-3 "打开文件"对话框

1.2.2 保存、另存为

1. 保存文件

（1）执行方式。

命令行：QS

快捷键：Ctrl+S

其他方式：快速启动栏或工具栏上单击"保存"按钮 ；单击菜单栏"文件""保存"选项，首次执行保存命令后，打开如图 1-2-4 所示的"图形另存为"对话框。在对话框中选择合适的路径，单击右下角"保存"按钮即可完成文件的保存。如果该文件已经保存过一次，再次执行该命令时，不会弹出该对话框，默认覆盖已经保存好的文件。

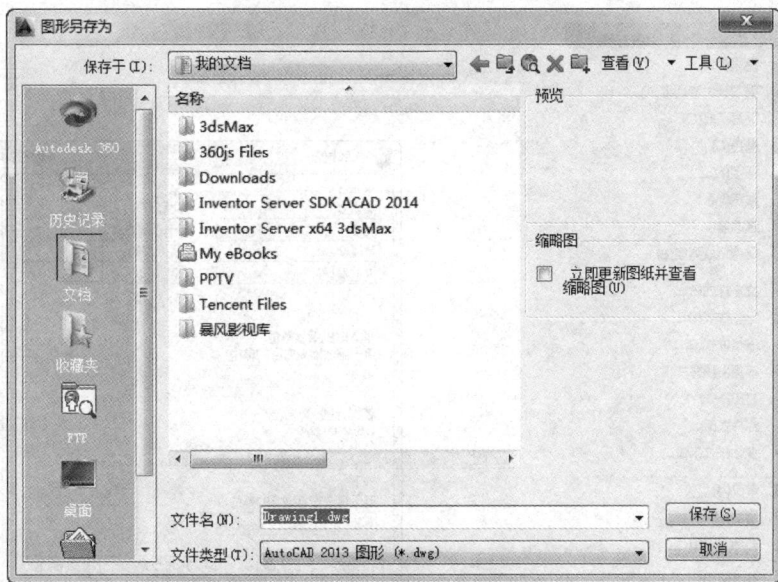

图 1-2-4 "图形另存为"对话框

（2）保存文件类型。保存的文件类型可分为图形（＊.dwg）、图形样板（＊.dwt）、图形标准（＊.dws）以及 DXF（＊.dxf）文件。其中，图形（＊.dwg）、与 DXF（＊.dxf）文件有版本限制，如图 1-2-5 所示。如果我们保存的是高版本文件，用低版本的软件无法打开；如果保存的为低版本文件，则用高版本软件可以打开。

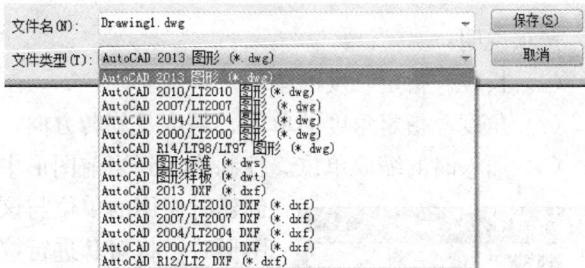

图 1-2-5 保存的文件类型

2. 另存为绘图文件

执行方式。

命令行：SA

快捷键：Ctrl+Shift+S

其他方式：快速启动栏上单击"另保存"按钮 ；单击菜单栏中的"文件"｜"另存为"

选项，执行"另存为"命令后，打开"图形另存为"对话框。此对话框与首次执行"保存"命令打开的对话框一致。

实例 1.3　绘 图 环 境 设 置

1.3.1　单位设置

单击菜单栏"格式"|"单位"命令，如图1-3-1所示。也可在命令行中输入"UN"后按空格或Enter键。执行操作后弹出"图形单位"对话框，如图1-3-2所示。该对话框用于定义图形的长度、角度以及插入块时的缩放单位。

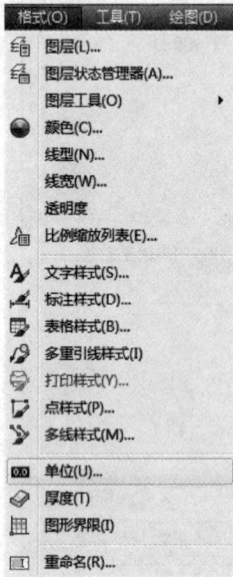

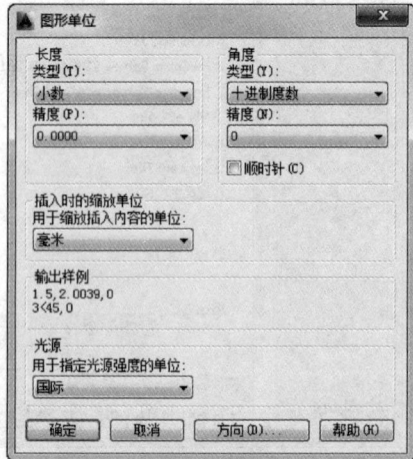

图 1-3-1　"单位"菜单　　　　　　　　图 1-3-2　"图形单位"对话框

选项说明：

（1）长度。指定长度的单位及精度。

（2）角度。指定角度的单位、精度及旋转方向，默认方向为逆时针。

（3）插入时的缩放单位。控制插入到当前图形中的块和图形的测量单位。如果块或图形创建时使用的单位与该选项的指定单位不同，在插入这些块或图形时，将对其进行按比例缩放。插入比例是源块或图形使用的单位与目标图形使用的单位之比。如果插入块时不按指定单位缩放，则在下拉列表中选择"无单位"选项。

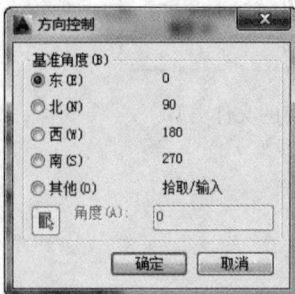

（4）方向。单击"方向"按钮，打开"方向控制"对话框，如图1-3-3所示。可以在对话框中进行方向控制设置。

1.3.2　图形边界设置

1. 执行方式

图 1-3-3　"方向控制"对话框

（1）在命令行输入"LIMITS"，按Enter键。

（2）单击"格式"|"图形界限"，如图 1-3-4 所示。

2. 步骤

命令：_limits　　　　　//调用图形界限命令

重新设置模型空间界限：

指定左下角点或[开（ON）/关（OFF）]<0.0000,0.0000>：

　　　　　　　//输入图形界限左下角的坐标后按空格、

　　　　　　　Enter 键确认

指定右上角点<420.0000,297.0000>：

　　　　　　　//输入图形界限右上角的坐标后按空格、

　　　　　　　Enter 键完成设置

3. 命令行选项说明

开（ON）：使绘图边界有效。绘图边界以内拾取的点有效，界限外拾取的点无效。

关（OFF）：使绘图边界无效。绘图边界内、外拾取点均有效，一般情况下建筑、室内制图中通常设定为关闭状态。

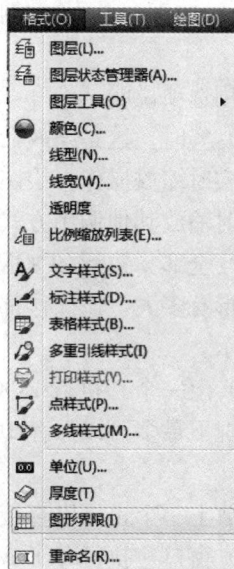

图 1-3-4　"图形界限"菜单

实例 1.4　图 形 显 示 工 具

在绘制、编辑图形时，往往需要将操作视图进行放大、缩小、平移。AutoCAD 根据需要提供了一系列缩放、平移视图的命令。

1.4.1　图形缩放

"图形缩放"可以放大或缩小屏幕所显示的范围，使用该命令只改变视图的比例，对象的实际尺寸并不发生变化。当放大图形时，可以更清楚地查看细节；相反，如果缩小图形，则可以查看更大的区域，完成整体浏览。

图形缩放功能在绘制大幅面图纸时，是使用频率最高的命令之一。该命令可以透明地使用，也就是说，该命令可以在其他命令执行过程中运行。用户完成透明命令的操作后，AutoCAD 会自动返回到用户调用透明命令前正在运行的命令。执行图形缩放的方法介绍如下。

1. 执行方式

（1）在命令行输入"ZOOM"，按 Enter 键确认。

（2）单击"视图"|"缩放"，如图 1-4-1 所示。

（3）利用缩放工具栏进行缩放操作，如图 1-4-2 所示。

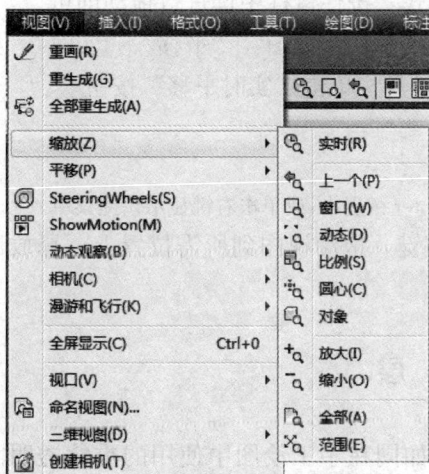

图 1-4-1　"实时缩放"菜单

2. 步骤

命令：ZOOM

指定窗口的交点，输入比例因子（nx 或 nxp），或者

图 1-4-2　标准工具栏

ZOOM[全部(A)中心(C)动态(D)范围(E)上一个(P)比例(S) 窗口(W) 对象(O)]＜实时＞：

//选择要进行的操作

常用选项说明

（1）实时。这是缩放命令的默认操作，即在执行 ZOOM 命令后，直接按 Enter 键，将自动执行实时缩放操作。绘图区中按住鼠标左键，向上拖拽鼠标为放大，向下拖拽为缩小。

实时缩放其他调用方式：单击工具栏"实时缩放"按钮；滚动鼠标滚轮。

（2）全部。执行 ZOOM 命令后，在提示文字后输入"A"，即可执行"全部"缩放操作，不论图形有多大，该操作都将显示图形的边界或范围，即使对象不包括在边界以内，他们也将被显示。

（3）上一个。执行 ZOOM 命令后，在提示文字后输入"P"，回到上一次操作的视图。默认情况下最多可以保存 10 个视图操作，连续使用"上一个"选项，可以恢复前 10 个视图操作。

缩放上一个也可以直接单击工具栏"窗口上一个"按钮进行调用。

（4）窗口。执行 ZOOM 命令后，在提示文字后输入"W"，通过指定矩形窗口的两个对角来确定缩放区域，对角点可以由鼠标指定，也可以输入坐标确定。在调用 ZOOM 命令后，且不调用选项的情况下，直接利用鼠标在绘图区中指定缩放矩形区域也可以完成该操作。

窗口缩放也可以直接单击工具栏"窗口缩放"按钮进行调用。

图 1-4-3 "平移"菜单

（5）对象。可以将选定的一个或多个对象最大化显示在绘图区中。

1.4.2 图形平移

1. 执行方式

（1）命令行：P。

（2）快捷方式：按住鼠标中键进行拖动即可。

（3）其他：菜单栏"视图"|"平移"|"实时"，如图 1-4-3 所示；工具栏单击"实时平移"按钮。

2. 步骤

命令：_pan

按 Esc 键或 Enter 键退出，或单击右键显示快捷菜单。

激活平移命令之后，光标将变成手型，按住鼠标左键，拖动视图到所需位置上，释放鼠标完成平移操作。

实例 1.5 图 层

图层是一种最基本的操作，AutoCAD 中的图层就如同在手工绘图中使用的重叠透明图纸。可以将不同类型的图形放在不同的图层中，这大大方便了图纸后续的编辑和修改，也是提高绘图效率非常重要的一步。绘图时，图形对象将创建在当前的图层上，每个 AutoCAD 文件中的图层数量是不受限制，所有图层都有名称、颜色、线型、线宽四个基本属性。

1.5.1 图层设置

对图层的设置需要在图层特性管理器中进行。图层特性管理器调用方式如下。

（1）命令行：LA。

（2）单击菜单栏的"格式"｜"图层"选项，如图 1-5-1 所示。

（3）单击"图层"工具栏中的"图层特性管理器" ，如图 1-5-2 所示。

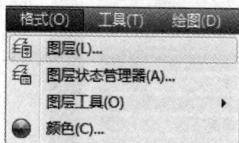

图 1-5-1　"图层"菜单

图 1-5-2　"图层"工具栏

执行上述操作之后系统弹出"图层特性管理器"对话框，如图 1-5-3 所示。每一个新建的 AutoCAD 文件都会自动创建一个名为"0"的特殊图层。默认情况下，图层 0 将被指定为使用 7 号颜色、Continuous 线型、默认线宽，并且不能被删除和重命名。

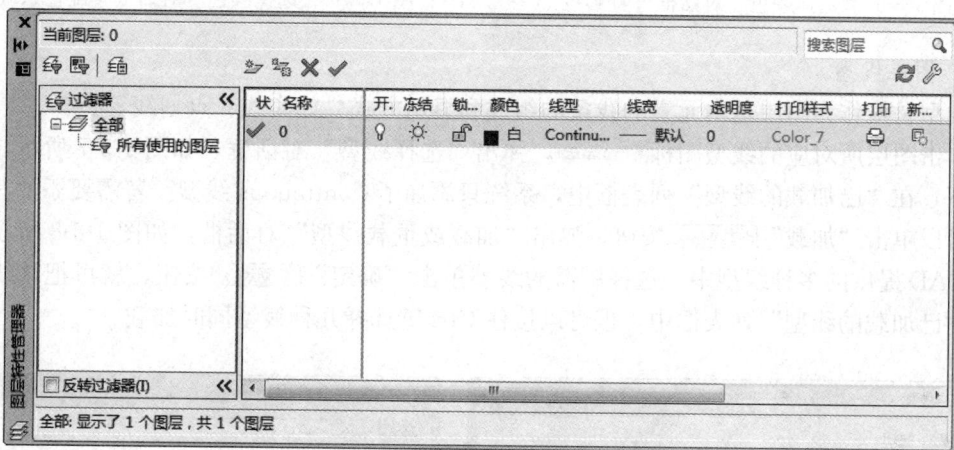

图 1-5-3　"图层特性管理器"对话框

1．新建图层

单击"图层特性管理器"对话框中的"新建图层"按钮，可以建立新的图层，默认的图层名为"图层 1"。可以根据绘图需要，更改图层名。更改方式：选中图层按 F2 键；在图层名称上右击打开子菜单，选择"重命名图层"；选中图层的基础上单击图层名称。

2．图层颜色

图层颜色即图层中所有线条的默认颜色。

单击图层所对应的颜色图标，弹出"选择颜色"对话框。图层的颜色可以使用"索引颜色"、"真彩色"和"配色系统"3 个选项卡中的参数来设置。如图 1-5-4～图 1-5-6 所示。为方便后续的打印等操作，多用"索引颜色"进行图层颜色的设定。

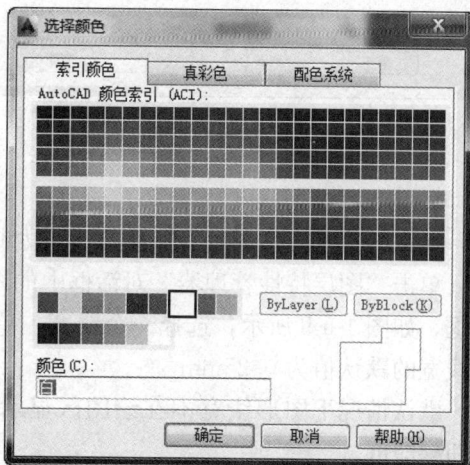

图 1-5-4　"选择颜色"对话框—索引颜色

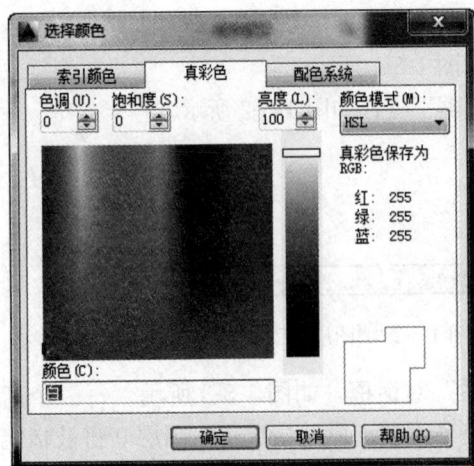

图 1-5-5 "选择颜色"对话框—真彩色

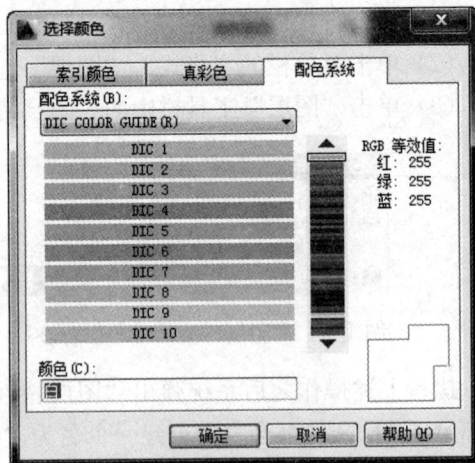

图 1-5-6 "选择颜色"对话框—配色系统

3. 图层线型

线型是指作为图层基本元素的线条的组成和显示方式，如实线、点划线等。

单击图层所对应的线型图标 Continu... ，弹出"选择线型"对话框，如图 1-5-7 所示，默认情况下，在"已加载的线型"列表框中，系统只添加了 Continuous 线型。若需要添加其他线型，可以单击"加载" 加载(L)... 按钮，弹出"加载或重载线型"对话框，如图 1-5-8 所示。在 AutoCAD 提供的多种线型中，选择所需的线型单击"确定" 确定 按钮，就可把该线型加载到"已加载的线型"列表框中，也可以按住 Ctrl 键选择几种线型同时加载。

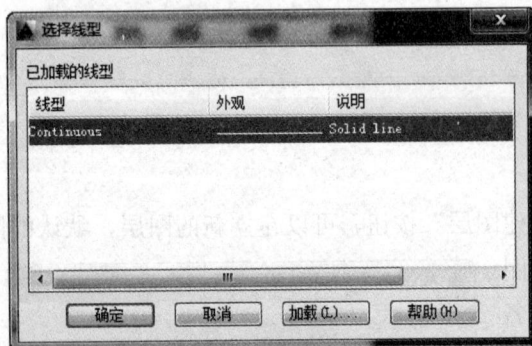

图 1-5-7 "选择线型"对话框

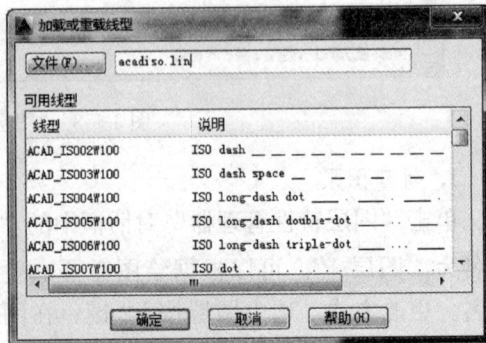

图 1-5-8 "加载或重载线型"对话框

4. 图层线宽

线宽即改变线条的宽度。建筑、室内制图中不同宽度的线条代表了不同的图形含义。

单击"图层特性管理器"对话框中的图层所对应的线宽图标 —— 默认 ，弹出"线宽"对话框，如图 1-5-9 所示，选择一个线宽，单击"确定"按钮即可完成对图层线宽的设置。图层线宽的默认值为 0.25mm。

默认情况下图形线宽不在绘图区显示。如需显示，激活状态栏中的"显示/隐藏线宽"按钮 ＋ 即可。

1.5.2 "特性"工具栏设置属性

AutoCAD 提供了一个"特性"工具栏，如图 1-5-10
所示。"特性"工具栏增强了查看和编辑对象属性功能。
用户能够利用该工具栏快速地查看和改变所选对象的颜
色、线型、线宽等特性。选中对象的图层、颜色、线型等
属性都将在该工具栏中自动显示。同时选中多个对象时，
只显示它们的共有特性。

"特性"工具栏包含"颜色控制"、"线型控制"、"线
宽控制"和"打印样式"下拉列表框。

（1）"颜色控制"下拉列表中提供 9 种颜色选项可供
选择，如果不能满足需要，可以单击"选择颜色"选项，
如图 1-5-11 所示。系统会自动弹出"选择颜色"对话框，
如图 1-5-12 所示，从中选择合适的颜色。

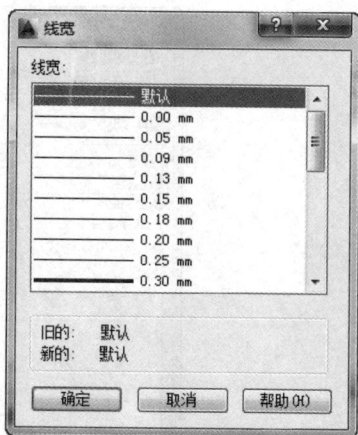

图 1-5-9　"线宽"对话框

图 1-5-10　"特性"工具栏

图 1-5-11　"颜色控制"
下拉列表

（2）"线型控制"设定线型。该下拉列表中默认提供三种线型
选项。也可以选择"其他"选项，如图 1-5-13 所示，系统会弹出
"线型管理器"对话框，如图 1-5-14 所示，从中选择合适的线型。

（3）"线宽控制"：设定线宽。下拉列表提供了多种线宽选项可
供用户选择。

在"特性"工具栏将颜色、线型、线宽更改为非 Bylayer 即非
"随层"方式后，绘制的图形，其颜色、线型、线宽均以此处设定
为准。

图 1-5-12　"选择颜色"对话框

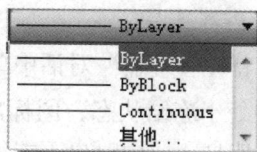

图 1-5-13　"线型控制"下拉列表

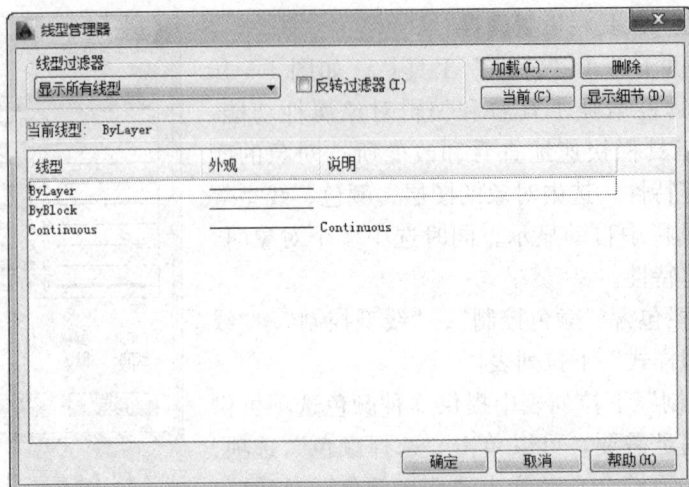

图 1-5-14 "线型管理器"对话框

1.5.3 图层控制

1. 切换当前图层

不同的图形对象需要绘制在不同的图层中，在绘制前，需要将工作图层切换到所需的图层。在"图层特性管理器"对话框中，选中相应图层，单击"置为当前"按钮 ✔ 即可完成设置。也可以在工具栏上"图层特性管理器"按钮右边的下拉菜单中选择相应的图层进行图层切换，如图 1-5-15 所示。

图 1-5-15 切换当前图层

2. 删除图层

在"图层特性管理器"对话框的图层列表中，选中要删除的图层，单击"删除"按钮 ✖ 即可删除该图层。从图形文件中删除选定的图层时，只能删除未被参照的图层。参照图层包括图层 0 及 DEFPOINTS、包括对象（包括块定义中的对象）的图层、当前图层以及依赖外部参照的图层。不包含对象（包括块定义中的对象）的图层，非当前图层和不依赖外部参照的图层都可以删除。

3. 打开、关闭图层

在"图层特性管理器"对话框中单击 ♀ 图标，可以控制图层的可见性。图层打开时，图标小灯泡呈鲜艳的颜色，该图层上的图形可以显示在屏幕上或绘制在绘图仪上。单击该属性图标后，图标小灯泡呈灰色 ♀ 即为关闭图层，该图层上的图形不显示在屏幕上，而且不能被打印输出，但仍然作为图层的一部分保留在文件中。当前图层可进行关闭。

4. 冻结、解冻图层

在"图层特性管理器"对话中单击 ☼ 图标，可以冻结、解冻图层。图标成灰暗色雪花时 ❄，该图层处于冻结状态；图标成太阳鲜艳色时 ☼，该图层处于解冻状态。冻结的图层不能显示也不能打印，同时也不能编辑修改。当前图层无法进行冻结操作。

5. 锁定/解锁图层

在"图层特性管理器"对话框中单击 ☼ 或 🔒 图标，锁定图层或将图层解锁。锁定图层后，该图层上的图形依然显示在屏幕上并可打印输出，也可以在该图层上绘制新的图形对象，也可以对锁定图层上的对象进行查询或捕捉，但不能对该图层上的图形进行编辑修改操作。当前图层可以进行锁定操作。

6. 透明度

透明度可控制所有对象在选定图层上的可见性，对于单个对象应用透明度时，对象的透明特性将替代图层的透明度设置。

7. 打印

在"图层特性管理器"对话框中单击 🖶 图标，可以设定该图层是否打印，以保证在图形可见性不变的条件下控制图形的打印特征，打印功能只对可见的图层起作用，对于已被冻结或关闭的图层不起作用。

1.5.4 实例练习

根据所学的知识，建立室内制图中常用图层，如图 1-5-16 所示。

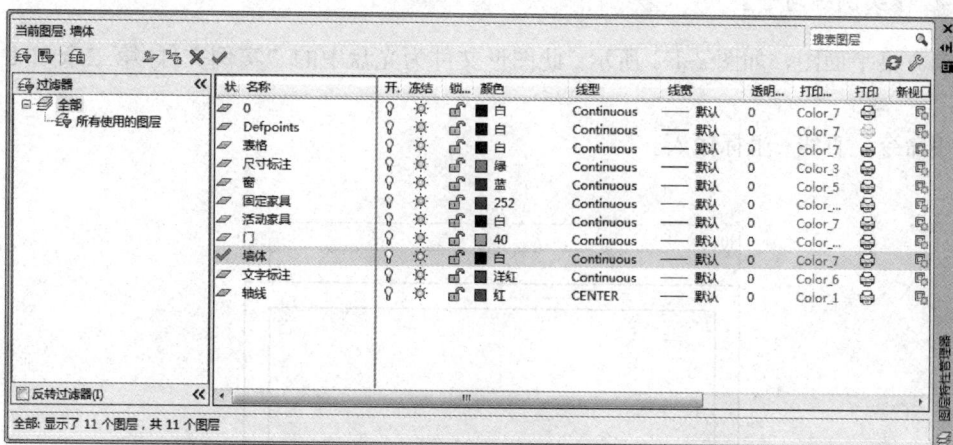

图 1-5-16 切换当前图层

第2章 基 本 图 形

实例2.1　利用坐标精确绘制直线

直线命令是 AutoCAD 中最简单、最常用的绘图命令。使用直线工具可以画多条相连的线段，每一条线段彼此独立。

2.1.1　实例练习

【实例练习一】

绘制方桌平面图，如图 2-1-1 所示。此图形文件为光盘中的"实例文件/第二章/2-1-方桌平面图"。

所用命令：直线、坐标输入。

图 2-1-1　方桌平面图

（1）调用直线命令，绘制方桌外面的正方形。（绘图前先关闭动态输入，即状态栏上的
⊞按钮呈灰色状态）

```
命令：_line
指定第一个点：0,0                          //指定左下角点
指定下一点或［放弃(U)］：200,0             //指定右下角点
指定下一点或［放弃(U)］：200,200           //指定右上角点
```

指定下一点或 [闭合(C)/放弃(U)]：0,200	//指定左上角点
指定下一点或 [闭合(C)/放弃(U)]：c	//闭合图形

（2）在调用直线命令，绘制内侧正方形。

命令：_line	
指定第一个点：10,10	//指定左下角点
指定下一点或 [放弃(U)]：@180,0	//指定右下角点
指定下一点或 [放弃(U)]：@0,180	//指定右上角点
指定下一点或 [闭合(C)/放弃(U)]：@−180,0	//指定左上角点
指定下一点或 [闭合(C)/放弃(U)]：c	//闭合图形

【实例练习二】

实例文件如图 2-1-2 和图 2-1-3 所示。图形文件分别为光盘中的"实例文件/第二章/2-1-三角形（绝对坐标）"、"实例文件/第二章/2-1-三角形（相对坐标）"。

所用命令：直线、坐标输入。

（1）调用直线命令，绘制三角形①（绘图前先关闭动态输入，即状态栏上的 按钮呈灰色状态），如图 2-1-2 所示。

图 2-1-2　三角形①　　　图 2-1-3　三角形②

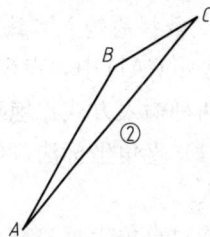

命令：_line	
指定第一个点：0,0	//指定三角形①的 A 点
指定下一点或 [放弃(U)]：150<60	//指定三角形的 B 点
指定下一点或 [放弃(U)]：80<30	//指定三角形的 C 点
指定下一点或 [闭合(C)/放弃(U)]：c	//闭合图形

（2）再次调用直线命令，绘制三角形②，如图 2-1-3 所示。

命令：_line	
指定第一个点：	//在屏幕任意位置单击确定三角形②的 A 点
指定下一点或 [放弃(U)]：@150<60	//指定三角形的 B 点
指定下一点或 [放弃(U)]：@80<30	//指定三角形的 C 点
指定下一点或 [闭合(C)/放弃(U)]：c	//闭合图形

2.1.2　直线的绘制

1. 执行方式

命令行：L

工具栏：直线绘制按钮

菜单栏：绘图-直线

快捷键：L

2. 步骤

命令：_line	//调用直线绘制命令
指定第一个点：	//指定直线的第一个端点,指定时可以用坐标输入方式,也可以直接在绘图区中单击进行指定
指定下一点或 [放弃(U)]：	//指定直线的第二个端点,可以坐标输入;绘图区中单击确定;

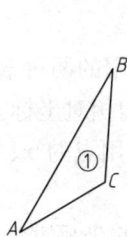

也可以通过输入两点之间的长度值来确定

指定下一点或［闭合(C)/放弃(U)]：　　//指定直线的下一个端点，或输入 C 使图形闭合，完成绘图。

3. 命令行选项说明

(1) 闭合：选项 C，会使系统自动链接起始点和最后一个端点。

(2) 放弃：选项 U，会擦除最近一次绘制的直线。

(3) 指定下一点：下一点的指定可以通过在绘图区中移动并单击鼠标确定；可以通过移动鼠标并输入数值然后按 Enter 键或空格键确定；也可以通过坐标输入的方式精确指定。

2.1.3　坐标系统

1. 坐标系

AutoCAD 采用两种坐标系：世界坐标系与用户坐标系。世界坐标系，是固定的坐标系统也是 AutoCAD 默认的坐标系统。建筑、室内制图多在这个系统下进行。

2. 数据的输入方法

AutoCAD 中，点坐标最常用的两种表达方式是直角坐标、极坐标。每一种坐标又分别具有两种输入方式：绝对坐标和相对坐标。

(1) 直角坐标法。(x, y) 用点的 x、y 轴坐标值表示该点的位置。以下叙述均关闭"动态输入"。

绝对直角坐标：在指定点的坐标时，始终以原点作为参考点。其表达式为（20，30）。输入表达式后，按空格、Enter 键确认输入，完成端点的绘制。

相对直角坐标：在指定点的坐标时，以最近完成的点作为参考点。其表达式为（@20，30）。输入表达式后，按空格、Enter 键确认输入，完成端点的绘制。

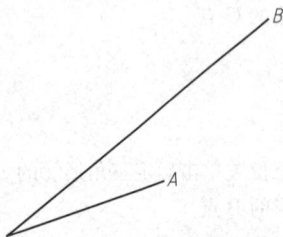

例如：调用直线命令后，在命令行中指定点的提示下，输入"（20，30）"，则表示直线第一个端点的 x、y 坐标分别为 20、30。继续输入"（50，40）"，则表示直线第二个端点以原点为参考点，其 x、y 坐标分别 50、40。这就是绝对直角坐标输入方式。其完成结果如图 2-1-4 所示的 A 线条。

调用直线命令后，在命令行中指定点的提示下，输入"（20，30）"完成第一个端点绘制。继续输入"（@50，40）"，则表示直线第二个端点以前一点为参考点，其 x、y 轴分别向正方向移动 50、40。这就是相对直角坐标的输入方式。其完成结果如图 2-1-4 所示的 B 线条。

图 2-1-4　绝对直角坐标与相对直角坐标

(2) 极坐标法。用点的（长度＜角度）坐标值表示坐标。以下叙述均关闭"动态输入"。

绝对极坐标：在指定点的坐标时，始终以原点作为参考点。其表达式为（100＜30）。输入表达式后，按 Enter 键确定，完成端点的绘制。

相对极坐标：在指定点的坐标时，以最近完成的点作为参考点。其表达式为（@100＜30）。输入表达式后，按 Enter 键确定，完成端点的绘制。

例如：调用直线命令后，在命令行中指定点的提示下，输入"（100＜30）"，表示该点与原点间的直线长度为 100，连线与 x 轴正向的夹角为 30°。继续输入（200＜90），则表示直线第

二个端点以原点为参考点，两点之间直线长度为200，连线与 x 轴正
向的夹角为90°。这就是绝对极坐标输入方式。其完成结果如图 2-1-5
所示的 A 线条。

图 2-1-5　绝对极坐标与相对极坐标

　　调用直线命令后，在命令行中指定点的提示下，输入"（100
＜30）"完成第一个端点绘制。继续输入"（@200＜90）"，则表示
直线第二个端点以上一点为参考点，两点之间直线长度为200，连
线与 x 轴正向的夹角为90°。这就是相对极坐标输入方式。其完成
结果如图 2-1-5 所示的 B 线条。

　　（3）动态输入。AutoCAD 为用户提供了"动态输入"功能，单击状态栏中的 按钮，
底色呈浅蓝色即为激活"动态输入"功能，底色为灰色时"动态输入"为关闭状态。"动态
输入"激活后，当执行了绘图命令且在绘图区移动鼠标时，可
显示绘图命令的操作提示、可能时的标注输入、指针坐标等。
如图 2-1-6 所示。在"动态输入"按钮上右键弹出子菜单，找到
"设置"打开如图 2-1-7 所示的"草图设置"对话框，在"动态
输入"选项卡中进行设置。

图 2-1-6　动态输入

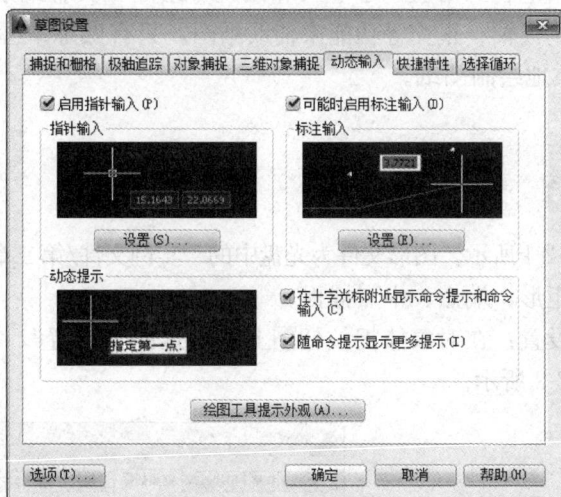

图 2-1-7　动态输入设置

　　激活"动态输入"后，当前用户如果利用绝对坐标输入方式创建点、图形时，需要在直
角坐标、极坐标数值前加符号"＃"，如：（＃50，60）、（＃300＜0）分别代表绝对直角坐
标、绝对极坐标。如果需要用相对坐标方式进行输入，大多数情况下无需再加符号"@"，
如（50，60）、（300＜0）分别代表相对直角坐标、相对极坐标。但在使用"捕捉自"输入相
对直角坐标、相对极坐标数值时仍需输入符号"@"。

2.1.4　进阶与提高

　　根据所学知识绘制星形和小区住宅立面图。用到的命令：直线、点的输入方法等。如
图 2-1-8 和图 2-1-9 所示。图形文件为光盘中的"实例文件/第二章/2-1-8 星形"和"实例文
件/第二章/2-1-9 小区住宅立面图"。

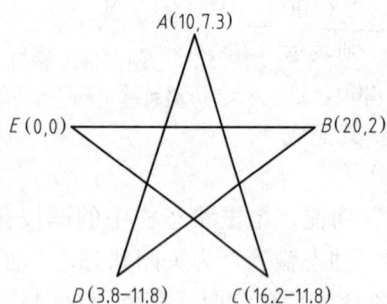

图 2-1-8　五角星

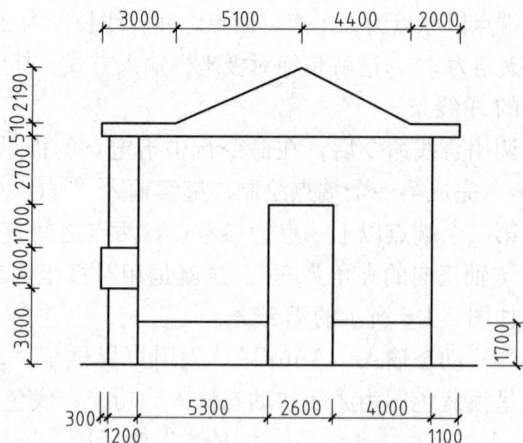

图 2-1-9　小区住宅立面图

实例 2.2　利用辅助功能绘制图形

手工绘图时，使用铅笔、三角板、丁字尺和圆规等绘图工具辅助绘图。在 AutoCAD 中可通过对象捕捉、栅格、极轴、正交等功能来辅助画图。只有熟练掌握这些基本操作才能使用 AutoCAD 高效、高质地绘制图纸。

2.2.1　实例练习

【实例练习一】

大理石拼花，如图 2-2-1 所示。图形文件为光盘中的"实例文件/第二章/2-2-大理石拼花"。

所用命令：直线、矩形、端点、中点捕捉。

（1）进行对象捕捉设置：在对象捕捉按钮🔲上右键选择"设置"，在弹出的对话框中勾选端点、中点，如图 2-2-2 所示。

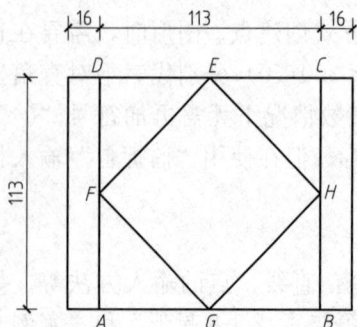

图 2-2-1　大理石拼花

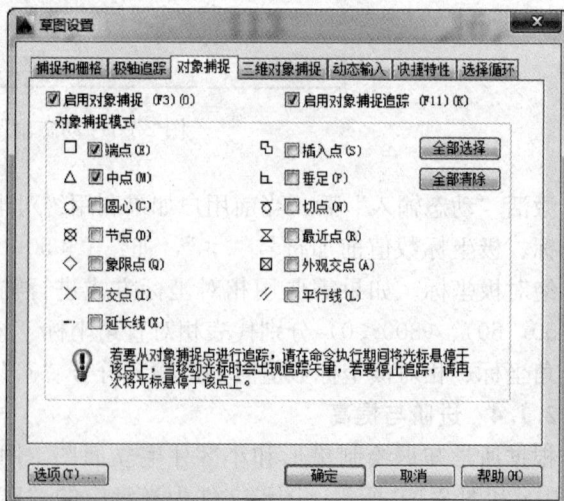

图 2-2-2　"草图设置"对话框中"对象捕捉"选项卡

（2）单击"绘图"工具栏中的矩形按钮⬜，绘制矩形，如图 2-2-3 所示。

命令：_rectang

指定第一个角点或 ［倒角(C)/标高(E)/圆角(F)/厚度(T)/宽度(W)］：　//在屏幕的适当位置单击,确
定矩形的第一个角点

指定另一个角点或 ［面积(A)/尺寸(D)/旋转(R)］：@16,113　　//输入相对坐标,确定对角点
位置

（3）打开"正交"，单击直线按钮◢绘制线段 AB，如图 2-2-3 所示。

命令：_line

指定第一个点：　　　　　　　　　　　　　　//捕捉 A 点作为线段的第一点

指定下一点或 ［放弃(U)］：113　　　　　　　//水平方向移动,输入线条长度

（4）单击矩形按钮⬜，捕捉 B 点，绘制与上一个矩形相同尺寸的矩形，如图 2-2-4 所示。

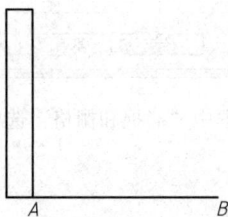

图 2-2-3　绘制矩形和线段 AB　　　　　图 2-2-4　绘制右侧矩形

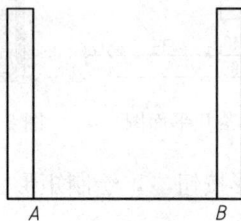

命令：_rectang

指定第一个角点或 ［倒角(C)/标高(E)/圆角(F)/厚度(T)/宽度(W)］：//捕捉 B 点作为矩形左下角点

指定另一个角点或 ［面积(A)/尺寸(D)/旋转(R)］：@16,113　　　//输入矩形的另外一个角点的
相对坐标

（5）单击直线按钮◢，利用端点捕捉，绘制线段 CD，如图 2-2-5 所示。

（6）捕捉中点 E、F、G、H，绘制直线，如图 2-2-6 所示。

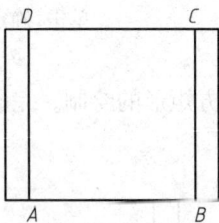

图 2-2-5　绘制线段 CD　　　　　　　图 2-2-6　捕捉中点画线框

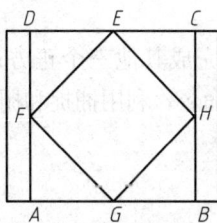

【实例练习二】

茶几平面图，如图 2-2-7 所示。图形文件为光盘中的"实例文件/第二章/2-2-茶几平
面图"。

所用命令：矩形；栅格捕捉、捕捉显示。

（1）单击捕捉模式▦和栅格显示▦按钮将其激活，在▦按钮右键选择"设置"，打开
"草图设置"对话框，将 x、y 轴捕捉间距设为 5，将 x、y 轴栅格间距设为 10。设置结果如
图 2-2-8 所示。

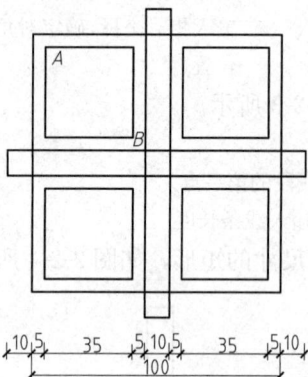

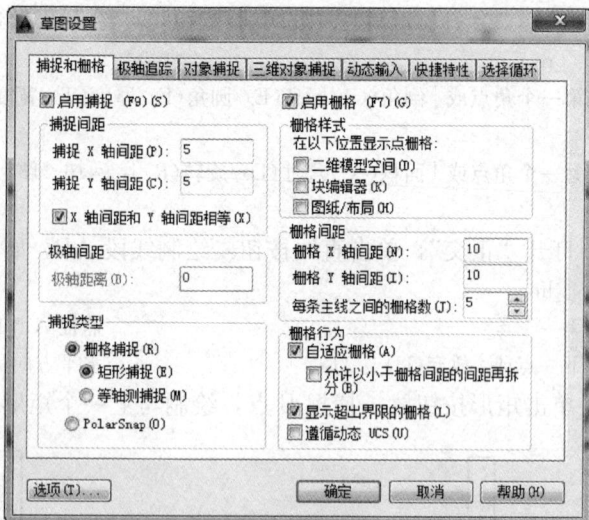

图 2-2-7　茶几平面图　　　　图 2-2-8　"草图设置"对话框中"捕捉和栅格"选项卡的设置

（2）单击矩形按钮 ▭，绘制矩形。

命令：_rectang

指定第一个角点或［倒角（C）/标高（E）/圆角（F）/厚度（T）/宽度（W）］：　　//捕捉一个栅格作为矩形的
　　第一个角点

指定另一个角点或［面积（A）/尺寸（D）/旋转（R）］：@100，100　　　　//输入另一个角点的相对坐标

（3）重复矩形命令，绘制正方形，如图 2-2-9 所示。

命令：_rectang

指定第一个角点或［倒角（C）/标高（E）/圆角（F）/厚度（T）/宽度（W）］：　　//移动光标到 A 点的位置上
　　单击，确定第一个角点

指定另一个角点或［面积（A）/尺寸（D）/旋转（R）］：　　　　　　　//移动光标到 B 点的位置上
　　单击，确定另外一个角点

以同样的方式完成其他三个正方形的绘制。

（4）重复矩形命令，利用捕捉和栅格，完成剩余两个长方矩形的绘制。完成效果如图 2-2-10
所示。

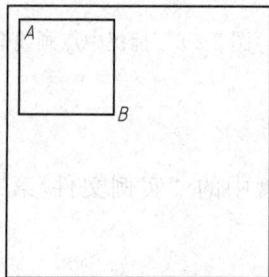

图 2-2-9　矩形的位置　　　　　　　　　图 2-2-10　完成效果

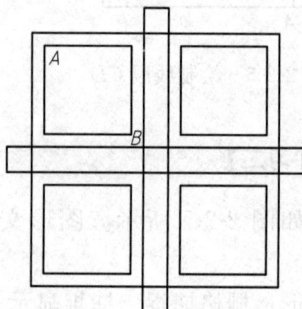

【实例练习三】

门栓剖面图，如图 2-2-11 所示。图形文件为光盘中的"实例文件/第二章/2-2-门栓剖面图"。

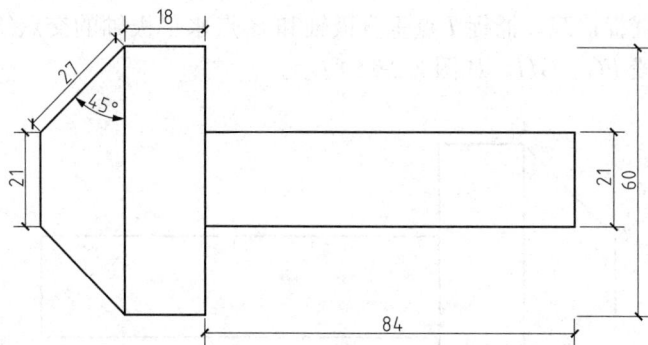

图 2-2-11 门栓剖面图

所用命令：直线、矩形、端点、交点捕捉、极轴追踪。

（1）在对象捕捉按钮□上单击鼠标右键，选择"设置"选项，设置端点和交点捕捉。

（2）在极轴追踪按钮⊕上单击鼠标右键，选择"设置"选项，设置增量角为 45°，如图 2-2-12 所示。

（3）用矩形命令绘制长宽分别为 18、60 的矩形。

命令：_rectang
指定第一个角点或 [倒角(C)/标高(E)/圆角(F)/厚度(T)/宽度(W)]：　　//指定矩形的第一个角点
指定另一个角点或 [面积(A)/尺寸(D)/旋转(R)]：@18,60　　　　//指定矩形的另外一个角点

（4）利用极轴追踪绘制线段 AB、BC 和 CD。绘制结果如图 2-2-13 所示。

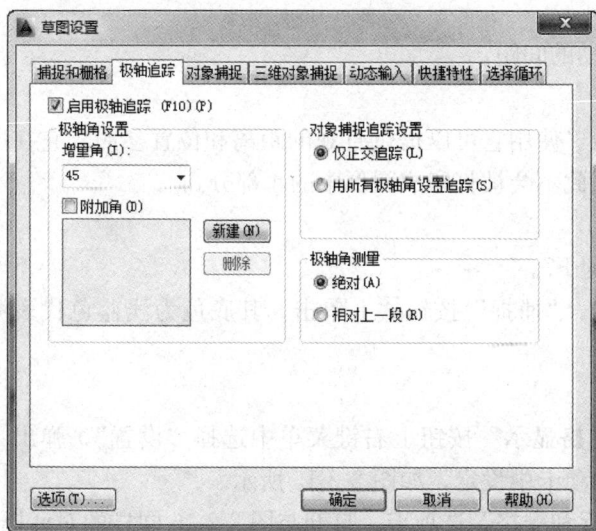

图 2-2-12 "草图设置"对话框的"极轴追踪"选项卡

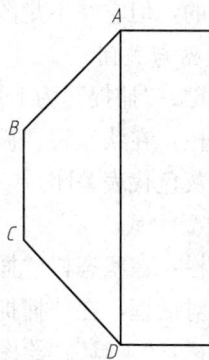

图 2-2-13 绘制门栓剖面图

命令：_line

指定第一个点：

指定下一点或［放弃(U)］：27　　　　　　　//追踪 45°极轴线，输入长度绘制线段 AB

指定下一点或［放弃(U)］：21　　　　　　　//追踪垂直极轴线，输入长度绘制线段 BC

指定下一点或［闭合(C)/放弃(U)］：　　　　//捕捉 D 点完成线段 CD 绘制

（5）利用对象捕捉追踪，捕捉 *I* 点垂直极轴和 *B* 点水平极轴的交点绘制线段 *EF*，再利用极轴追踪绘制线段 *FG*、*GH*，如图 2-2-14 所示。

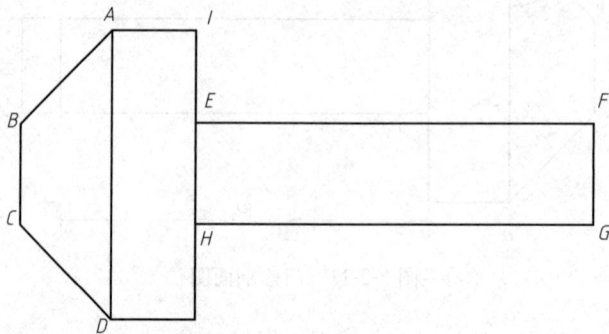

图 2-2-14　门栓上个点的位置

命令：_line

指定第一个点：　　　　　　　　　　　　//分别捕捉 I 和 B 点，确定点 E 的位置

指定下一点或［放弃(U)］：84　　　　　　　//向右追踪水平极轴绘制线段 EF

指定下一点或［放弃(U)］：21　　　　　　　//向下追踪垂直极轴绘制线段 FG

指定下一点或［闭合(C)/放弃(U)］：84　　　//向左追踪水平极轴绘制线段 GH

点击空格或者 Enter 键完成绘制。

2.2.2　捕捉、栅格

1. 捕捉

"捕捉"命令用于设置鼠标光标移动的间距。

2. 栅格

有固定间距的网格，覆盖指定区域，使用它可以提供直观的距离和位置参照。它在屏幕上是可见的，但它并不是图形对象，因此不会被打印成图形中的一部分。

3. 激活与关闭

快捷键："捕捉"为 F9；"栅格"为 F7。

状态栏：在状态栏"栅格"按钮▣、"捕捉"按钮▣上单击，其底色为浅蓝色代表激活该功能，灰色代表关闭。

4. 设置方式

状态栏：在状态栏"捕捉"或"栅格显示"按钮上右键菜单中选择"设置"，弹出"草图设置"对话框，在"捕捉和栅格"选项卡中设定，如图 2-2-15 所示。

菜单栏："工具"|"绘图设置"|"捕捉和栅格"选项卡，打开与图 2-2-15 同样的对话框。

5. 常用选项说明

（1）"启用捕捉"复选框：打开或关闭捕捉方式。

（2）"捕捉间距"选项组：设置 X 轴和 Y 轴的捕捉间距。

（3）"捕捉类型"选项组：设置捕捉样式。

（4）"启用栅格"复选框：打开或关闭栅格显示。

（5）"栅格间距"选项组：设置 X 轴和 Y 轴的栅格间距，并且设置每条主轴的栅格数量。

（6）"自适应栅格"复选框：用于限制栅格缩放时栅格的密度。

（7）"显示超出界限的栅格"复选框：确定是否显示图形界限之外的栅格。

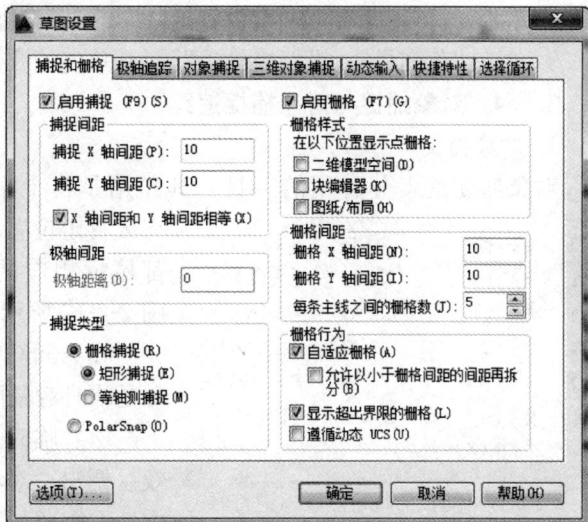

图 2-2-15　"草图设置"的"捕捉和栅格"选项卡

2.2.3　正交、极轴

1. 正交

（1）激活与关闭。快捷键：F8。

状态栏：状态栏上的单击"栅格显示"按钮▦。

（2）功能说明：在正交模式下画图，鼠标光标只能在水平和垂直方向上移动。但当打开了"对象捕捉"，且与"正交"冲突时，默认优先满足"对象捕捉"功能。

2. 极轴追踪

极轴追踪多用于绘制带有倾斜角度的线段、图形。正交与极轴追踪功能不能同时打开。

（1）执行方式。功能键：F10。

状态栏：状态栏上的单击"极轴追踪"按钮◔。

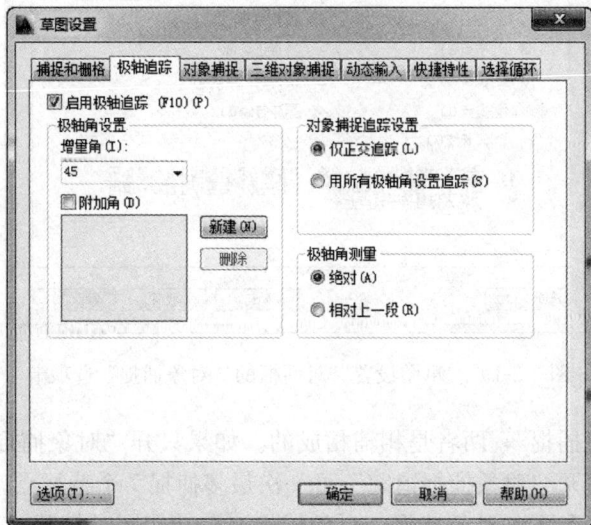

图 2-2-16　"极轴追踪"选项卡

（2）设置方式。菜单栏："工具"｜"绘图设置"打开"草图设置"对话框，选择"极轴追踪"选项卡，如图 2-2-16 所示。

状态栏：在"极轴追踪"上单击鼠标右键，选择"设置"。

（3）设置选项说明。

1）"极轴角设置"。设置极轴追踪的角度。默认的极轴追踪角度是 90°，用户可以在"增量角"下拉列表中选择，也可以勾选"附加角"，单击"新建"按钮并输入一个新的角度值。

2）"对象捕捉追踪设置"设置区。"仅正交追踪"，可在启用对象捕捉追踪前提下，显示获取的捕捉点的正交捕捉追踪路径；"用所有极轴角设置追踪"，可以将极轴角的设置应用到捕捉对象上。

3）"极轴角测量"。设置极轴追踪对其角度的测量基准。

2.2.4 对象捕捉与对象捕捉追踪

1. 对象捕捉

对象捕捉是十分有用的工具，其作用是将十字光标强制地准确定位已经存在的特定点或特定位置上，AutoCAD 捕捉到每一种目标点后，都显示相应的标记符号，以表示捕捉成功。标记如图 2-2-17 所示。

□	端点（E）	凸	插入点（S）
△	中点（M）	ㄴ	垂足（P）
○	圆心（C）	ㅇ	切点（N）
⊗	节点（D）	⊠	最近点（R）
◇	象限点（Q）	⊠	外观交点（A）
×	交点（I）	∥	平行线（L）
┈	延长线（X）		

图 2-2-17 捕捉的特定点及标记符号

在 AutoCAD 中，"对象捕捉"有两种使用方式，一种是临时对象捕捉方式，一种是自动对象捕捉方式。

（1）临时对象捕捉。只能对当前选择的特征点有效。调出"对象捕捉"工具栏，如图 2-2-18 所示，从中选取需要的捕捉点类型即可。

图 2-2-18 对象捕捉工具栏

（2）自动对象捕捉。

1）启动方式：单击状态栏"对象捕捉"按钮□，背景颜色为浅蓝色，即为打开；另一种是利用快捷键 F3。

2）特定点捕捉的设置方式：在状态栏"对象捕捉"按钮□单击鼠标右键，选择"设置"，弹出如图 2-2-19 所示的"草图设置"对话框中进行设置；菜单栏中选择"工具"|"绘图设置"，弹出"草图设置"对话框选择"对象捕捉"选项卡。

设置为自动捕捉且勾选特征点进行绘图时，将一直保持目标捕捉状态，直至关闭。

2. 对象捕捉追踪

启动"对象捕捉"后，AutoCAD 将以捕捉到的特征点作为追踪参考点，再根据该点以及该点上的极轴角等信息确定新点的位置。因此，使用"对象捕捉追踪"功能，必须同时打开"对象捕捉"，两者是相辅相成的。如果只开"对象捕捉"只能一次捕捉一个特定的特征点，同时打开"对象捕捉追踪"可一次最多捕捉 7 个特征点。

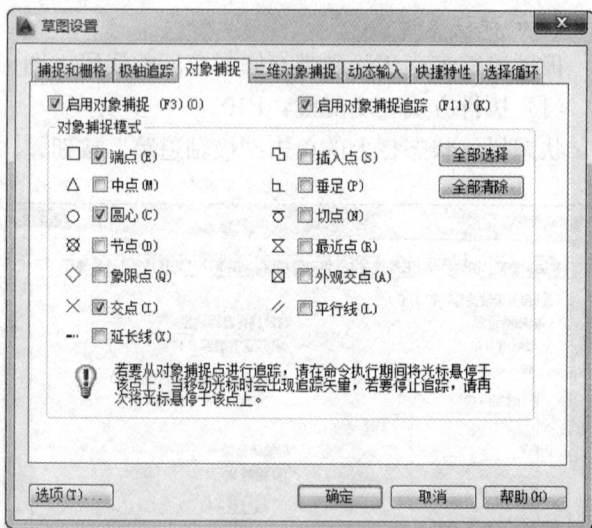

图 2-2-19 "草图设置"对话框的"对象捕捉"选项卡

在绘制建筑、室内外图纸时，一般情况下，对象捕捉、对象捕捉追踪功能同时打开，这样可以方便地捕捉特征点并利用点的信息追踪定位新点，使绘图更高效、准确。

2.2.5 进阶与提高

（1）利用捕捉和栅格显示方式绘制图形，如图 2-2-20 所示。图形文件为光盘中的"实例文件/第二章/2-2-捕捉与栅格"。

（2）利用正交功能绘制台阶截面轮廓图，如图 2-2-21 所示。此图形文件为光盘中的"实例文件/第二章/2-2-台阶截面轮廓图"。

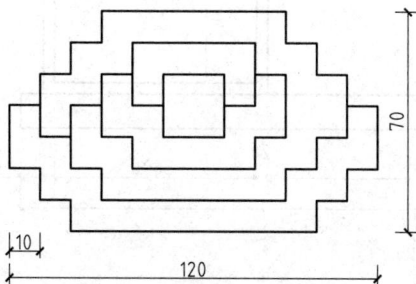

图 2-2-20 利用捕捉和栅格显示方式绘制图形　　　　图 2-2-21 台阶截面轮廓图

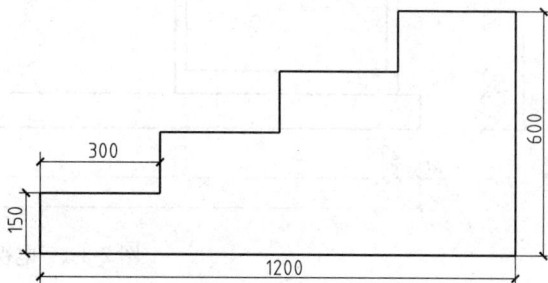

（3）利用极轴追踪功能绘制图形，如图 2-2-22 所示。此图形文件为光盘中的"实例文件/第二章/2-2-利用极轴追踪绘制图形"。

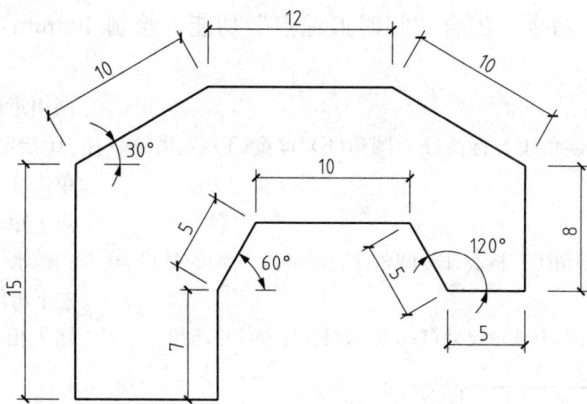

图 2-2-22 利用极轴追踪功能绘制图形

实例 2.3 绘制电视柜立面图

2.3.1 实例练习

电视柜立面图，如图 2-3-1 所示。图形文件为光盘中的"实例文件/第二章/2-3-电视柜立面图"。

所用命令：矩形；椭圆；临时追踪点；捕捉自；端点、中点、象限点捕捉；复制；镜像；旋转；移动；极轴追踪。

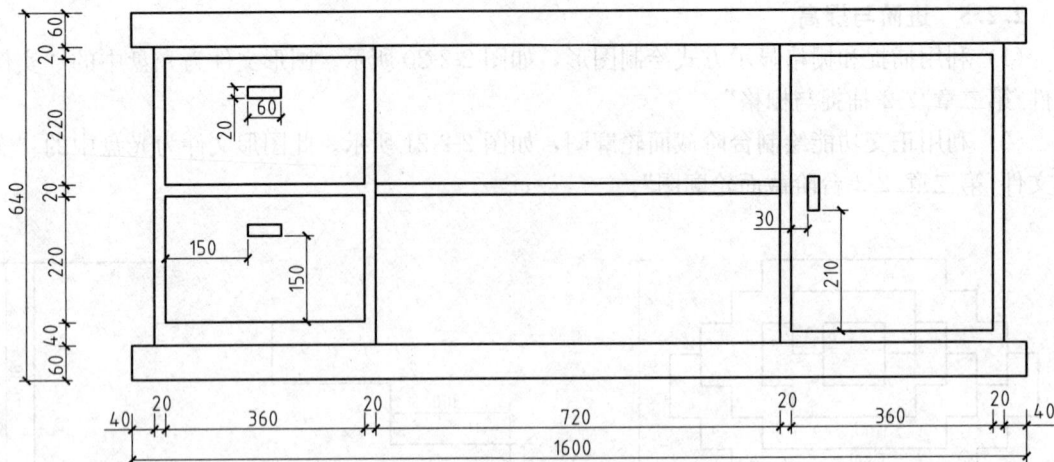

图 2-3-1　电视柜立面图

（1）进行对象捕捉设置：对象捕捉按钮 □ 上右键选择"设置"，勾选端点、中点捕捉。

（2）单击矩形按钮 ▭ ，绘制 1600mm×60mm 的矩形做为电视柜的基座边框。

命令：_rectang	//调用矩形命令
指定第一个角点或 [倒角(C)/标高(E)/圆角(F)/厚度(T)/宽度(W)]：	//绘图区中任意位置指定第一点
指定另一个角点或 [面积(A)/尺寸(D)/旋转(R)]：@1600,60	//输入相对坐标确定对角点

（3）重复"矩形"命令，配合"临时追踪点"功能，绘制 400mm×520mm 的矩形，如图 2-3-2 所示。

命令：_rectang	//调用矩形命令
指定第一个角点或 [倒角(C)/标高(E)/圆角(F)/厚度(T)/宽度(W)]：_tt 指定临时象追踪点：	//单击临时追踪点按钮 ⊷ ，在 A 点上单击，指定为参考点
指定第一个角点或 [倒角(C)/标高(E)/圆角(F)/厚度(T)/宽度(W)]：40	//追踪水平极轴，输入 A 点与矩形左下角角点的距离
指定另一个角点或 [面积(A)/尺寸(D)/旋转(R)]：@400,520	//输入相对坐标确定对角点

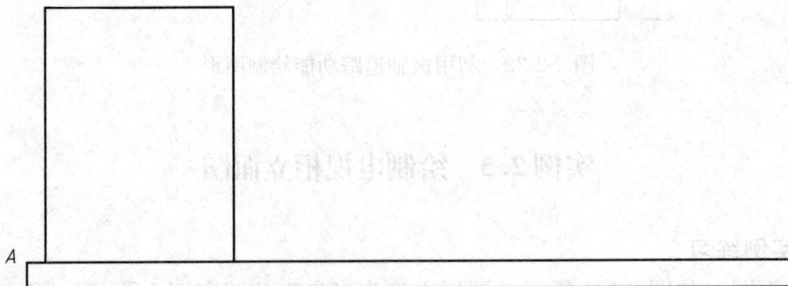

图 2-3-2　绘制矩形

（4）再次调用"矩形"命令，配合"捕捉自"功能，绘制 360mm×220mm 的矩形，结果如图 2-3-3 所示。

命令：_rectang　　　　　　　　　　　　　　　　　//调用矩形命令

指定第一个角点或［倒角(C)/标高(E)/圆角(F)/厚度(T)/宽度(W)］：_from 基点：＜偏移＞：@20,40
　　　　　　　　　　　　　//单击"捕捉自"按钮，在绘图区中点
　　　　　　　　　　　　　击 B 点指定为基点，输入矩形左下角
　　　　　　　　　　　　　角点相对于 B 点的坐标
指定另一个角点或［面积(A)/尺寸(D)/旋转(R)］：@360,220　//指定矩形的对角点

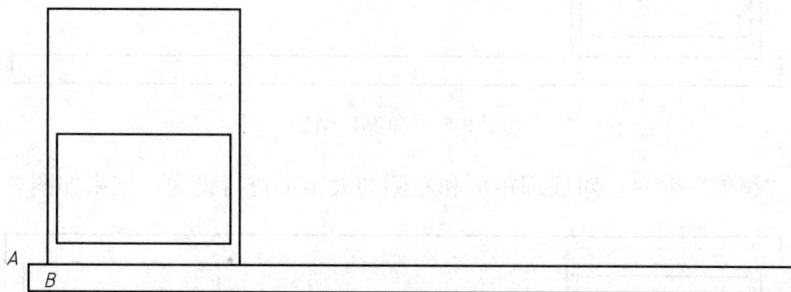

图 2-3-3　绘制结果

（5）继续调用矩形命令，配合"捕捉自"功能，绘制一个小矩形做为抽屉的拉手，结果如图 2-3-4 所示。

命令：_rectang　　　　　　　　　　　　　　//调用矩形命令
指定第一个角点或［倒角(C)/标高(E)/圆角(F)/厚度(T)/宽度(W)］：_from 基点：＜偏移＞：@150,150
　　　　　　　　　　　　　//单击捕捉自按钮，在绘图区中指定 C
　　　　　　　　　　　　　点为参考点，输入矩形左下角点相对于
　　　　　　　　　　　　　C 点的坐标
指定另一个角点或［面积(A)/尺寸(D)/旋转(R)］：@60,20　//指定矩形的对角点

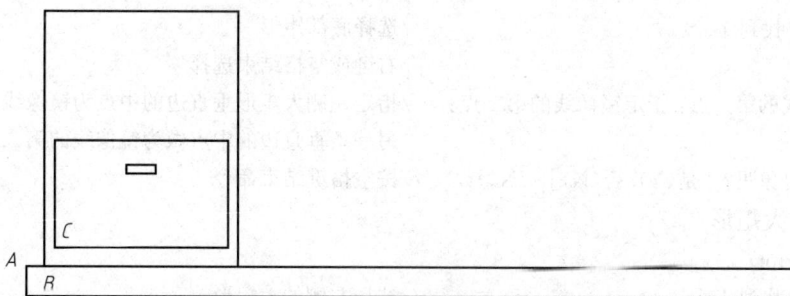

图 2-3-4　绘制抽屉拉手

（6）调用复制命令，将内部的两个矩形进行复制，结果如图 2-3-5 所示。

命令：_copy　　　　　　　　　　　　　　//调用复制命令
选择对象：找到 1 个
选择对象：找到 1 个,总计 2 个　　　　　　//选择两个矩形，按空格完成选择
选择对象：
当前设置：　复制模式＝多个
指定基点或［位移(D)/模式(O)］＜位移＞：　　//指定 C 点位基点
指定第二个点或［阵列(A)］＜使用第一个点作为位移＞：240　//向上追踪垂直极轴,输入距离 240
指定第二个点或［阵列(A)/退出(E)/放弃(U)］＜退出＞：　　//按空格退出复制图形

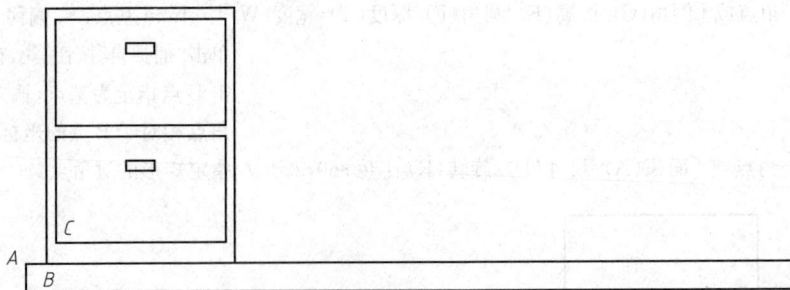

图 2-3-5 "复制"结果

（7）利用"镜像"命令，对底部矩形和左侧的大矩形进行镜像，结果如图 2-3-6 所示。

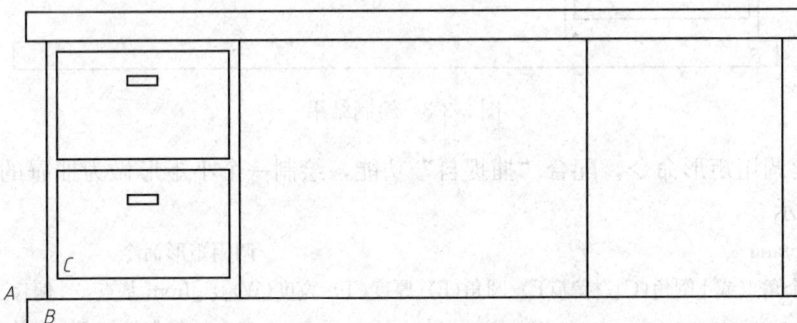

图 2-3-6 "镜像"结果

镜像底部矩形

命令：_mirror

选择对象：找到 1 个　　　　　　　　　　　//选择底部矩形

选择对象：　　　　　　　　　　　　　　　//右键或空格结束选择

指定镜像线的第一点：指定镜像线的第二点：　//指定左侧大矩形垂直边的中点为镜像线的第一点，
　　　　　　　　　　　　　　　　　　　　　另一条垂直边的中点做为镜像线的第二点

要删除源对象吗？［是(Y)/否(N)］＜N＞：　//按空格键结束命令

镜像左侧大矩形

命令：_mirror

选择对象：找到 1 个　　　　　　　　　　　//选择左侧的大矩形

选择对象：　　　　　　　　　　　　　　　//右键或空格结束选择

指定镜像线的第一点：指定镜像线的第二点：　//指定底部矩形水平边的中点为镜像线的第一点,顶部
　　　　　　　　　　　　　　　　　　　　　矩形水平线的中点做为镜像线的第二点

要删除源对象吗？［是(Y)/否(N)］＜N＞：　//按空格键结束命令

（8）调用"矩形"命令，绘制 720mm×20mm 的矩形做为隔板，结果如图 2-3-7 所示。

命令：_rectang　　　　　　　　　　　　　　　　　　　　　　//调用矩形命令

指定第一个角点或［倒角(C)/标高(E)/圆角(F)/厚度(T)/宽度(W)］：　//以左侧大矩形右边垂直线的
　　　　　　　　　　　　　　　　　　　　　　　　　　　　　　//中点作为矩形的左下角点

指定另一个角点或［面积(A)/尺寸(D)/旋转(R)］：@720,20　　　//输入矩形隔板的尺寸

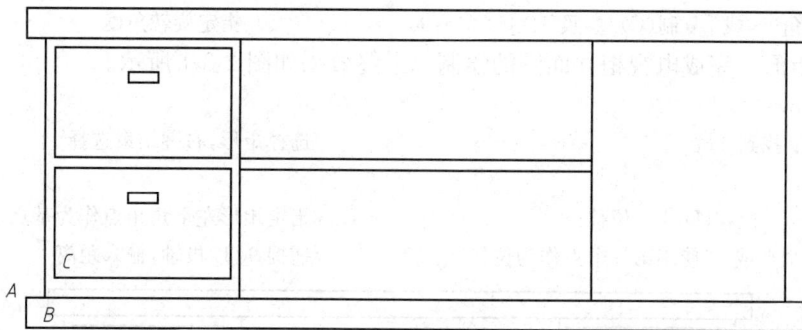

图 2-3-7 "镜像复制" 结果

（9）调用"矩形"命令，配合"捕捉自"功能绘制右侧结构矩形，结果如图 2-3-8 所示。

命令：_rectang

指定第一个角点或 [倒角(C)/标高(E)/圆角(F)/厚度(T)/宽度(W)]：_from 基点：＜偏移＞：@20,20
//以 D 点"捕捉自"的参考点，绘制左下角角点

指定另一个角点或 [面积(A)/尺寸(D)/旋转(R)]：@360,480 //输入对角点坐标

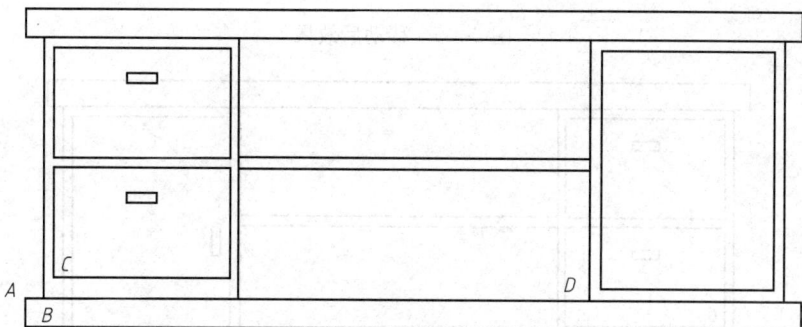

图 2-3-8 右侧结构矩形绘制效果

（10）打开垂足点捕捉，利用复制、旋转、移动、命令修改矩形的位置，如图 2-3-9、图 2-3-10 所示。

复制把手矩形，效果如图 2-3-9 所示。

命令：_copy

选择对象：找到 1 个 //选择作为把手的下方小矩形，按空格键或右键结束选择

选择对象：

当前设置：复制模式＝多个

指定基点或 [位移(D)/模式(O)] ＜位移＞： //指定小矩形左下角角点作为基点

指定第二个点或 [阵列(A)] ＜使用第一个点作为位移＞： //指定目标位置

指定第二个点或 [阵列(A)/退出(E)/放弃(U)] ＜退出＞： //退出复制命令

旋转小矩形，效果如图 2-3-10 所示。

命令：_rotate

UCS 当前的正角方向：ANGDIR＝逆时针 ANGBASE＝0

选择对象：找到 1 个 //选择矩形，右键结束选择

选择对象：

指定基点： //指定矩形上侧水平线的中点作为基点

指定旋转角度,或 [复制(C)/参照(R)] <0>:90   //指定旋转角度

移动小矩形,完成电视柜立面图的绘制,最终效果如图 2-3-1 所示。

命令:_move

选择对象:找到 1 个   //选择矩形,右键结束选择

选择对象:

指定基点或 [位移(D)] <位移>:   //指定矩形左下角角点作为基点

指定第二个点或 <使用第一个点作为位移>:50   //捕捉 90 度极轴,输入距离

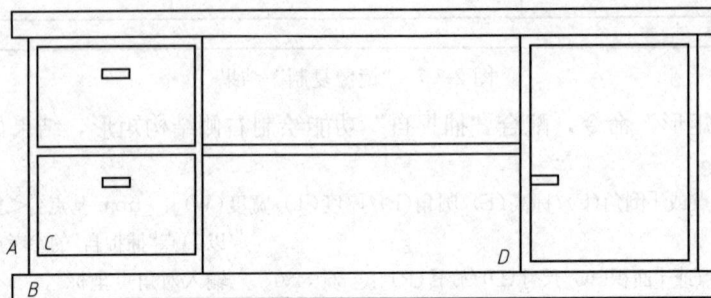

图 2-3-9   移动后效果

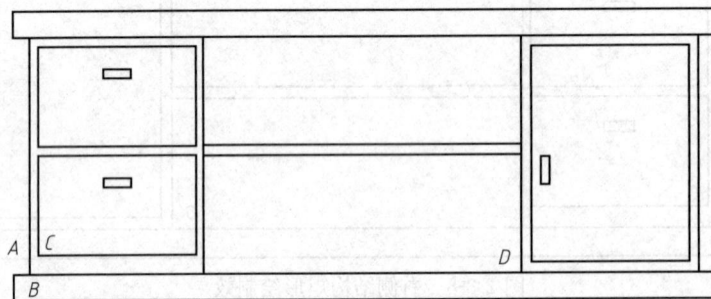

图 2-3-10   旋转后效果

2.3.2   矩形绘制

1. 执行方式

命令行:REC。

工具栏:"矩形"绘制按钮▢。

菜单栏:"绘图"|"矩形"。

2. 步骤:

命令:_rectang   //调用矩形绘制命令

指定第一个角点或 [倒角(C)/标高(E)/圆角(F)/厚度(T)/宽度(W)]://指定矩形的一个角点

指定另一个角点或 [面积(A)/尺寸(D)/旋转(R)]:@200,150   //指定矩形另一个角点,指定

                                                方式可以为:绘图区任意指

                                                定、坐标输入、捕捉点对象等

3. 常用命令行选项说明

矩形是通过指定对角线上的两个点完成绘制的。直线也可以绘制矩形但两者的区别在于:矩形绘制的是一个整体,直线绘制的为分散的四条线段。

(1) 倒角:设置矩形倒角距离。

(2) 圆角:设置矩形的圆角半径。

2.3.3 临时追踪点、捕捉自、垂足捕捉

1. 临时追踪点

(1) 执行方式。

命令行：TT。

工具栏：打开"对象捕捉"工具栏，单击"临时追踪点"按钮 ⊷。

(2) 功能说明：临时追踪点是以指定的点为参考点来确定绘图点。在绘图或编辑命令激活后，才能使用。

2. 捕捉自

(1) 执行方式。

命令行：FROM

工具栏：打开"对象捕捉"工具栏，单击 ⌐ 按钮。

(2) 功能说明："捕捉自"命令以指定的点为参考点来确定绘图点。在绘图或编辑命令激活后才能使用。

3. 垂足

垂足捕捉是指捕捉与目标对象垂直的点。其使用方式为在状态栏"对象捕捉"按钮上右键选择"设置"选项，在打开的"草图设置"对话框中勾选"垂足"复选框即可；也可以在"对象捕捉"上单击"垂足"捕捉按钮 ⊥。

2.3.4 移动、旋转、复制、镜像

1. 移动

(1) 执行方式。

命令行：M

工具栏："修改"工具栏 ✛。

菜单栏："修改"|"移动"。

快捷菜单：选择要移动的对象，在绘图区域单击鼠标右键，在打开的快捷菜单上选择"移动"命令。

(2) 步骤。

命令：_move	//调用移动命令
选择对象：找到 1 个	//选择要移动的对象，右键、空格、Enter 键结束选择
选择对象：	
指定基点或 [位移(D)] <位移>：	//指定基点或位移
指定第二个点或 <使用第一个点作为位移>：	//可以通过"对象捕捉"点、输入数值、输入坐标等方式指定

(3) 选项说明。

基点：指定一个特定的点作为复制对象的基点。

位移：将原点视为移动的基点。

2. 旋转

(1) 执行方式。

命令行：RO

工具栏："修改"工具栏 ○。

菜单栏："修改"|"旋转"。

快捷菜单：选择要旋转的对象，在绘图区域右键单击，在打开的快捷菜单上选择"旋转"命令。

（2）步骤。

命令：_rotate　　　　　　　　　　　　//调用旋转命令
UCS 当前的正角方向：ANGDIR＝逆时针　　ANGBASE＝0
选择对象：找到 1 个　　　　　　　　　　//旋转要旋转的对象，右键、空格、Enter 键结束选择
选择对象：
指定基点：　　　　　　　　　　　　　//指定旋转的基点
指定旋转角度，或［复制(C)/参照(R)］＜0＞：//通过输入角度数值、配合极轴追踪、"对象捕捉"点等
　　　　　　　　　　　　　　　　　　　方式指定旋转角度

（3）选项说明。

1）复制：旋转对象的同时进行复制。

2）参照：采用参照方式旋转对象。系统提示如下：

指定参照角 ＜0＞：　　　　　　　//指定要参照的角度
指定新角度或［点(P)］＜0＞：　　　/输入旋转的角度值

3. 复制

（1）执行方式。命令行：CO

工具栏："修改"工具栏。

菜单栏："修改"|"复制"。

快捷菜单：选择要复制的对象，在绘图区域右键单击，在打开的快捷菜单上选择"复制"命令。

（2）步骤。

命令：_copy　　　　　　　　　　　　　　//调用复制命令
选择对象：找到 1 个　　　　　　　　　　//选择要复制的对象，右键、空格、Enter 键
　　　　　　　　　　　　　　　　　　　结束选择
选择对象：
当前设置：复制模式＝多个
指定基点或［位移(D)/模式(O)］＜位移＞：　　//指定复制的基点
指定第二个点或［阵列(A)］＜使用第一个点作为位移＞：//指定要移动的目标点
指定第二个点或［阵列(A)/退出(E)/放弃(U)］＜退出＞：//结束复制命令

（3）选项说明。

1）"基点"、"位移"：与"移动"命令中的用法一致。

2）模式（O）：控制执行一次命令可一次复制单个还是多个。

3）阵列（A）：指定在线性阵列中排列的副本数量。

4. 镜像

（1）执行方式。

命令行：MI

工具栏："修改"工具栏。

菜单栏："修改"|"镜像"。

快捷菜单：选择要镜像的对象，在绘图区域单击右键，在打开的快捷菜单上选择"镜像"命令。

（2）步骤。

命令：_mirror   //调用镜像命令

选择对象：找到 1 个   //选择要镜像的对象，右键、空格、Enter 键结束选择

选择对象：

指定镜像线的第一点：指定镜像线的第二点：   //指定镜像轴线上的第一点和第二点

要删除源对象吗？[是(Y)/否(N)] ＜N＞：   //输入选项，结束镜像命令

（3）选项说明。

1）是：删除源对象。

2）否：不删除源对象。

2.3.5 进阶与提高

利用矩形；临时追踪点；捕捉自；端点、中点捕捉；复制；镜像；旋转；移动；极轴追踪等命令绘制如下图形。

（1）餐桌椅平面图，如图 2-3-11 所示。图形文件为光盘中的"实例文件/第二章/2-3-餐桌椅平面图"。

（2）办公桌立面图，如图 2-3-12 所示。图形文件为光盘中的"实例文件/第二章/2-3-办公桌立面图"。

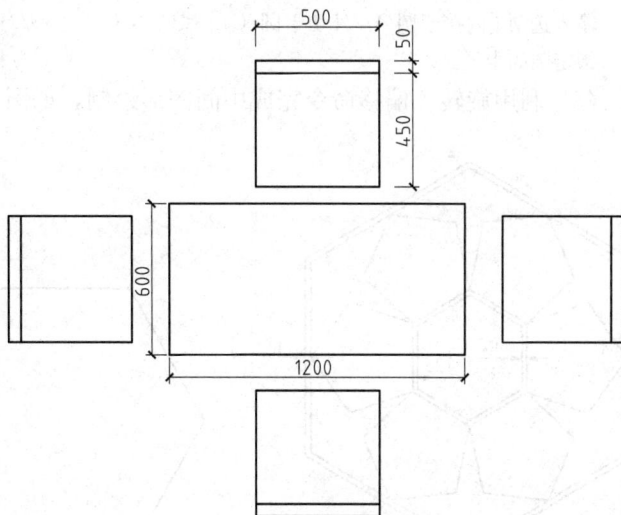

图 2-3-11 餐桌椅平面图

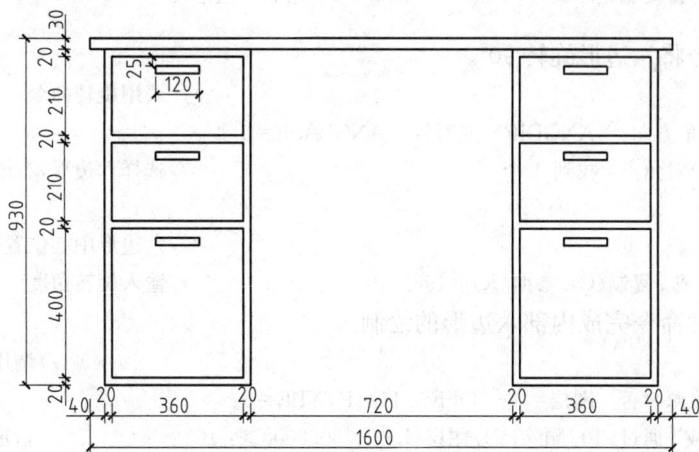

图 2-3-12 办公桌立面图

实例 2.4 绘制六角雕花图案餐桌

2.4.1 实例练习

绘制六角雕花图案餐桌，如图 2-4-1 所示。图形文件为光盘中的"实例文件/第二章/2-4-六角雕花图案餐桌"。

所用命令：多边形、偏移、极轴追踪。

（1）进行对象捕捉设置：对象捕捉按钮 □ 上右键选择"设置"，勾选端点、中点捕捉。

（2）调用"多边形"命令，绘制正六边形，如图 2-4-2 所示。

命令：POLYGON	//调用多边形命令
输入侧面数 <4>：6	//输入正多边形的边数
指定正多边形的中心点或 [边(E)]：	//绘图区捕捉任意一点作为中心点
输入选项 [内接于圆(I)/外切于圆(C)] <C>：C	//选择外切于圆
指定圆的半径：225	//指定半径

（3）利用旋转、偏移命令完成中间图形绘制，如图 2-4-3 所示。

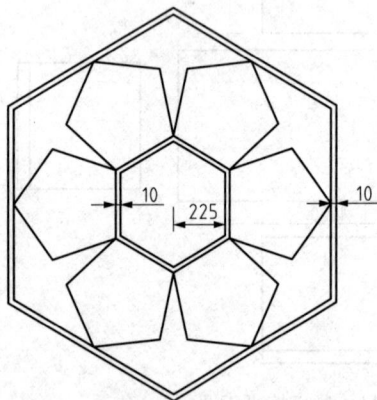

图 2-4-1　六角餐桌雕花图案　　　图 2-4-2　绘制六边形　　　图 2-4-3　旋转、偏移结果

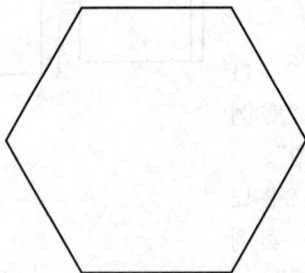

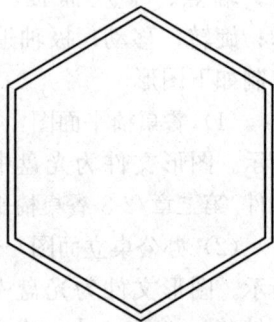

利用旋转命令将六边形旋转 90°。

命令：_rotate	//调用旋转命令
UCS 当前的正角方向：　ANGDIR=逆时针　ANGBASE=0	
选择对象：指定对角点：找到 1 个	//选择六边形，右键、空格结束选择
选择对象：	
指定基点：	//六边形中心位置任意点击
指定旋转角度，或 [复制(C)/参照(R)]<90>：90	//输入旋转角度

（4）利用偏移命令完成内部六边形的绘制。

命令：_offset	//调用偏移命令
当前设置：删除源=否　图层=源　OFFSETGAPTYPE=0	
指定偏移距离或 [通过(T)/删除(E)/图层(L)] <50.0000>：10	//指定偏移距离
选择要偏移的对象，或 [退出(E)/放弃(U)] <退出>：	//选择偏移对象
指定要偏移的那一侧上的点，或 [退出(E)/多个(M)/放弃(U)] <退出>：	//六边形外侧任意点击
选择要偏移的对象，或 [退出(E)/放弃(U)] <退出>：	//空格完成命令

（5）用"边"的方式绘制多边形，共计绘制 6 个，结果如图 2-4-4 所示。

命令：_polygon	//调用多边形命令
输入侧面数 <6>：5	//输入多边形的边数
指定正多边形的中心点或 [边(E)]：e	//选择"边"的方式绘制多边形
指定边的第一个端点：指定边的第二点：	//捕捉外侧多边形的任意一条边的两个端点作为多边形的边长

同样的方式，依次绘制完成 6 个五边形。

（6）调用"多边形"命令，绘制最外面的多边形，然后再向外偏移 10，复制一个多边形，结果如图 2-4-5 所示。

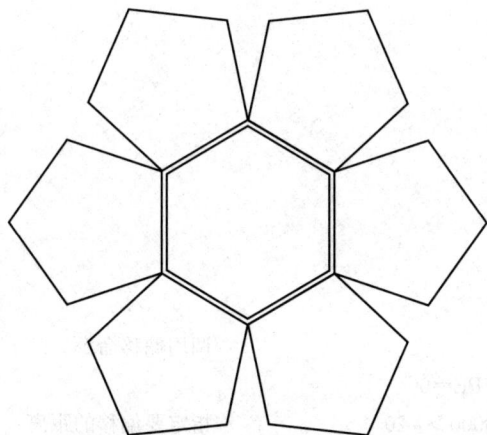

图 2-4-4　利用"边"的方式绘制六个五边形　　　图 2-4-5　绘制最外侧多边形并且偏移复制

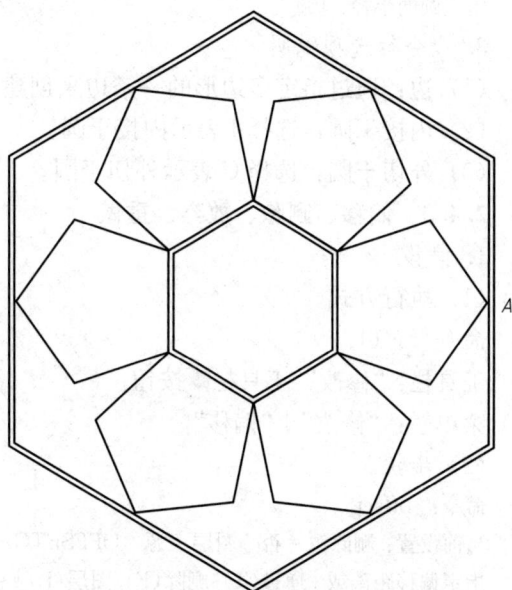

绘制正六边形

| 命令：_polygon | //调用多边形命令 |

命令：_polygon　　　　　　　　　　　　　//调用多边形命令
输入侧面数 <5>：6　　　　　　　　　　　//指定多边形的边数
指定正多边形的中心点或 [边(E)]：　　　　//捕捉内侧正多边形的中心点
输入选项 [内接于圆(I)/外切于圆(C)] <C>：//选择外切于圆
指定圆的半径：　　　　　　　　　　　　//捕捉端点 A 确定多边形的半径

偏移正六边形：

命令：_offset
当前设置：删除源＝否　图层＝源　OFFSETGAPTYPE＝0
指定偏移距离或 [通过(T)/删除(E)/图层(L)] <1.0000>：10　　　//输入偏移的距离
选择要偏移的对象，或 [退出(E)/放弃(U)] <退出>：　　　//选择最外面的六边形
指定要偏移的那一侧上的点，或 [退出(E)/多个(M)/放弃(U)] <退出>：//在多边形的外侧单击，点击
　　　　　　　　　　　　　　　　　　　　　　　　空格或 Enter 键结束偏移命令

2.4.2　正多边形

该命令用于绘制边长相等的正多边形。

1. 执行方式

命令行：POL。
工具栏：多边形绘制按钮⬠。
菜单栏："绘图"|"多边形"。

2. 步骤

命令：_polygon　　　　　　　　　　　　　//调用多边形命令
输入侧面数 <4>：6　　　　　　　　　　　//输入多边形的边数，默认值为 4

指定正多边形的中心点或［边(E)］：   //指定多边形的中心点

输入选项［内接于圆(I)/外切于圆(C)］＜I＞： //指定内接于圆或外切于圆，默认内接于圆

指定圆的半径：100   //指定圆的半径

3. 命令行选项说明

(1) 边：通过指定多边形的一条边来创建正多边形。

(2) 内接于圆：选择 I 表示内接于圆。

(3) 外切于圆：选择 C 表示外切于圆。

2.4.3　偏移、删除、放弃、重做

1. 偏移

(1) 执行方式。

命令行：O。

工具栏："修改"工具栏 按钮。

菜单栏："修改"|"偏移"。

(2) 步骤。

命令：_offset   //调用偏移命令

当前设置：删除源=否　图层=源　OFFSETGAPTYPE=0

指定偏移距离或［通过(T)/删除(E)/图层(L)］＜1.0000＞：20   //指定要偏移的距离

选择要偏移的对象，或［退出(E)/放弃(U)］＜退出＞：   //选择要偏移的对象

指定要偏移的那一侧上的点，或［退出(E)/多个(M)/放弃(U)］＜退出＞： //指定要偏移的方向

(3) 选项说明。

1) 通过：指定偏移对象通过的点。

2) 删除：偏移后，是否将源对象删除。

3) 多个：选定对象偏移多个。

2. 删除

(1) 执行方式。

命令行：E。

工具栏："修改"工具栏 按钮。

菜单栏："修改"|"删除"。

(2) 步骤。

命令：_erase   //调用删除命令

选择对象：找到 1 个   //选择要删除的对象

选择对象：   //单击右键、空格、Enter 键删除选定的对象

3. 放弃

放弃刚刚结束的绘图操作。

执行方式：工具栏："标准"|"放弃"按钮 或者使用快捷键：Ctrl＋Z。

4. 重做

重做放弃过的绘图操作。没有放弃过操作，重做命令不能使用。

执行方式：工具栏："标准"|"重做"按钮 或者使用快捷键：Ctrl＋Y。

2.4.4　进阶与提高

利用多边形和圆心、中点、交点捕捉以及极轴追踪等命令绘制六边形饭桌平面图，如

图 2-4-6 所示。图形文件为光盘中的"实例文件/第二章/2-4-六边形餐桌"。

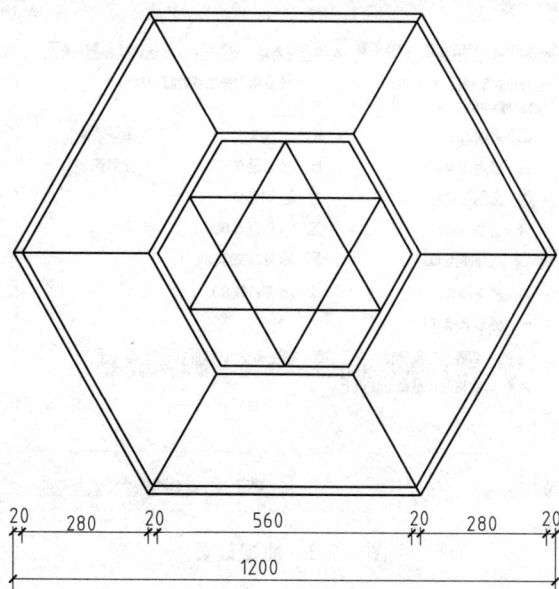

图 2-4-6 六边形饭桌平面图

实例 2.5 绘制简易楼梯立面图

2.5.1 实例练习

绘制简易楼梯立面图，如图 2-5-1 所示。图形文件为光盘中的"实例文件/第二章/2-5-简易楼梯立面图"。

所用命令：直线、圆、平行线、延长线、交点捕捉。

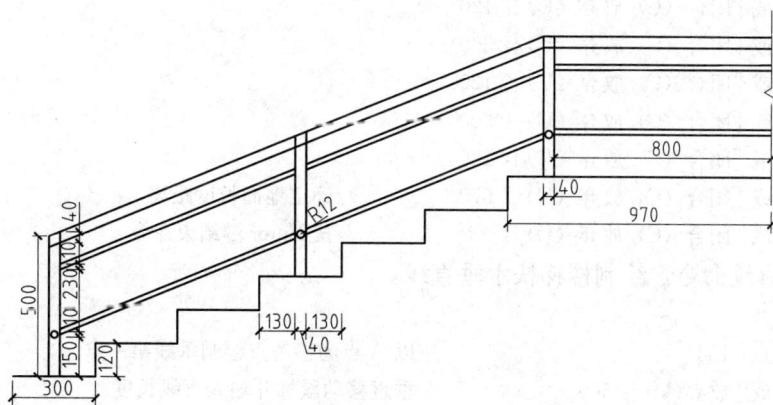

图 2-5-1 简易楼梯立面图

（1）进行对象捕捉设置：对象捕捉按钮□上右键选择属性，在弹出的对话框中勾选端点、中点、交点、延长线、平行线，如图 2-5-2 所示。

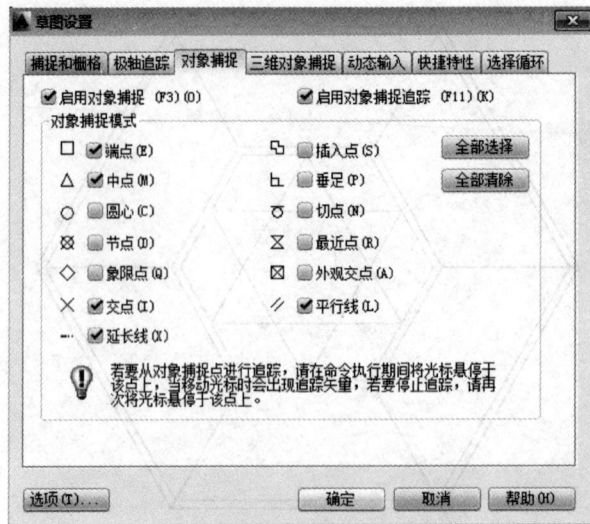

图 2-5-2　捕捉设置

（2）调用直线命令，绘制楼梯台阶，如图 2-5-3 所示。

命令：_line	//调用直线命令
指定第一个点：	//屏幕中任意指定一点 A
指定下一点或［放弃(U)］：300	//向右移动鼠标输入数值，确定宽度
指定下一点或［放弃(U)］：120	//向上移动鼠标输入数值，确定高度
指定下一点或［闭合(C)/放弃(U)］：300	
指定下一点或［闭合(C)/放弃(U)］：120	
指定下一点或［闭合(C)/放弃(U)］：300	
指定下一点或［闭合(C)/放弃(U)］：120	
指定下一点或［闭合(C)/放弃(U)］：300	
指定下一点或［闭合(C)/放弃(U)］：300	
指定下一点或［闭合(C)/放弃(U)］：120	
指定下一点或［闭合(C)/放弃(U)］：300	
指定下一点或［闭合(C)/放弃(U)］：120	
指定下一点或［闭合(C)/放弃(U)］：970	//确定地面长度距离
指定下一点或［闭合(C)/放弃(U)］：	//按 Enter 键结束命令

（3）调用直线命令，绘制楼梯扶手垂直线。

命令：_line	
指定第一个点：130	//以 A 点为参考点绘制垂线第一点
指定下一点或［放弃(U)］：500	//垂直移动鼠标并输入直线长度
指定下一点或［放弃(U)］：	//按 Enter 键结束命令

以 B、C 两点为参考点，用同样的方式绘制第二、三条垂直线，如图 2-5-4 所示。

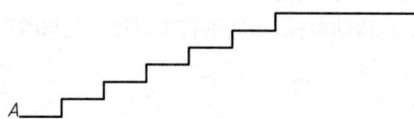

图 2-5-3 台阶

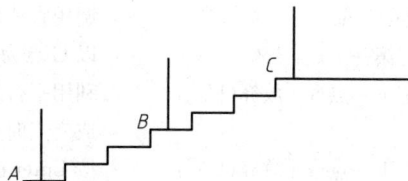

图 2-5-4 扶手垂直线

（4）调用直线命令，绘制线段，如图 2-5-5 所示。

命令：_line	//调用直线命令
指定第一个点：	//以 D 点为第一点
指定下一点或 [放弃(U)]：	//以 E 点为第二点
指定下一点或 [放弃(U)]：	//确定 F 点
指定下一点或 [闭合(C)/放弃(U)]：	//按空格、Enter 键结束命令

（5）将扶手竖梁直线绘制完成。绘制顺序从左至右，如图 2-5-6 所示。

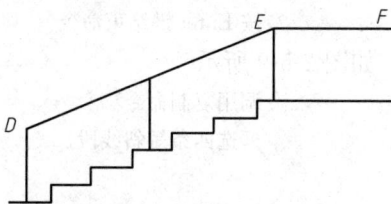

图 2-5-5 扶手横梁直线

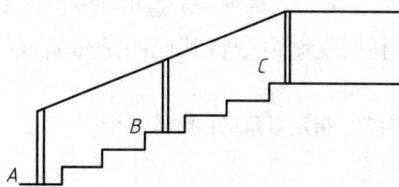

图 2-5-6 补全竖梁线条

命令：_line	
指定第一个点：170	//以 A 点为参考点向右捕捉水平极轴,输入数值作为起点
指定下一点或 [放弃(U)]：	//垂直拖拉鼠标,利用交点捕捉,与斜线产生交点时点击
指定下一点或 [放弃(U)]：	//按空格、Enter 键结束命令

同样方式，分别以 B、C 点为参考点绘制剩余两条线段。

（6）利用复制命令绘制线段，如图 2-5-7 所示。

命令：_copy	//调用复制命令
选择对象：找到 1 个	//选择上方水平线
选择对象：找到 1 个,总计 2 个	//选择上方斜线
选择对象：	//按空格键完成选择
当前设置:复制模式－多个	
指定基点或 [位移(D)/模式(O)] <位移>：	//指定 D 点为参考基点
指定第二个点或 [阵列(A)] <使用第一个点作为位移>：40	//垂直下移鼠标输入数值
指定第二个点或 [阵列(A)/退出(E)/放弃(U)]：	//按空格键结束命令

（7）利用平行线、交点捕捉绘制其他横梁斜线。绘制顺序由下到上，如图 2-5-8 所示。

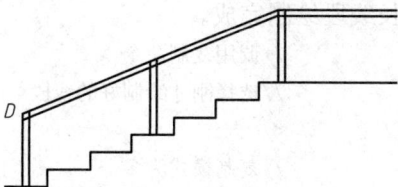

图 2-5-7 绘制横梁线条

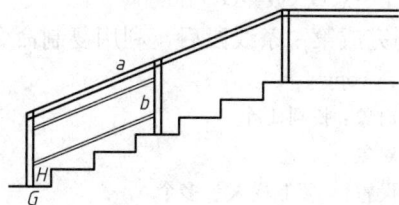

图 2-5-8 绘制短斜横梁

命令：_line   //调用直线命令

指定第一个点：150   //以 G 点为参考基点，输入数值确定 H 点

指定下一点或 [放弃(U)]：   //利用平行线捕捉线段 a，移动鼠标，当即平行于线段 a 且与线段 b 形
                                           成交点时点击

指定下一点或 [放弃(U)]：   //按 Enter 键结束命令

绘制完成第一条线段后，利用复制命令将三条等长线段绘制完成。

命令：_copy   //调用复制命令

选择对象：找到 1 个   //选择刚才绘制好的线段

选择对象：

当前设置：复制模式＝多个   //复制模式为多个

指定基点或 [位移(D)/模式(O)] ＜位移＞：   //指定 H 点为参考基点

指定第二个点或 [阵列(A)] ＜使用第一个点作为位移＞：10   垂直上移鼠标输入数值

指定第二个点或 [阵列(A)/退出(E)/放弃(U)] ＜退出＞：240   垂直上移鼠标输入数值

指定第二个点或 [阵列(A)/退出(E)/放弃(U)] ＜退出＞：250   垂直上移鼠标输入数值

指定第二个点或 [阵列(A)/退出(E)/放弃(U)] ＜退出＞：   //按 Enter 键结束命令

（8）利用复制命令将其他四条短斜线绘制完成，如图 2-5-9 所示。

命令：_copy   //调用复制命令

选择对象：指定对角点：找到 4 个   //框选四条短斜线段

选择对象：

当前设置：复制模式＝多个   //复制模式为多个

指定基点或 [位移(D)/模式(O)] ＜位移＞：   //指定 A 点为参考基点

指定第二个点或 [阵列(A)] ＜使用第一个点作为位移＞：   //指定 B 点为目标点

指定第二个点或 [阵列(A)/退出(E)/放弃(U)] ＜退出＞：   //按 Enter 键结束命令

（9）绘制水平横梁短直线段。绘制顺序由下到上，如图 2-5-10 所示。

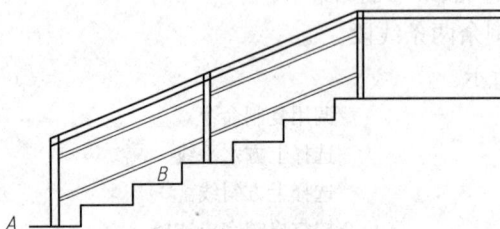

图 2-5-9   绘制短斜横梁   图 2-5-10   绘制水平短横梁

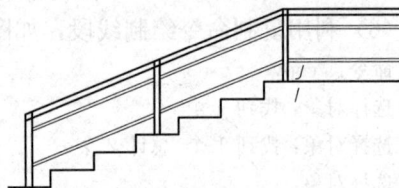

命令：_line   //调用直线命令

指定第一个点：150   //以 I 点为参考基点，输入数值确定 J 点

指定下一点或 [放弃(U)]：   //确定线段右侧端点

指定下一点或 [放弃(U)]：   //按 Enter 键结束命令

绘制完成第一条线段后，利用复制命令三条等长线段绘制完成。

命令：_copy   //调用复制命令

选择对象：找到 1 个   //选择刚才绘制好的线段

选择对象：

当前设置：复制模式＝多个   //复制模式为多个

指定基点或 [位移(D)/模式(O)] ＜位移＞：   //指定 J 点为参考基点

指定第二个点或 [阵列(A)] <使用第一个点作为位移>：10　　//垂直上移鼠标输入数值
指定第二个点或 [阵列(A)/退出(E)/放弃(U)] <退出>：240　　//垂直上移鼠标输入数值
指定第二个点或 [阵列(A)/退出(E)/放弃(U)] <退出>：250　　//垂直上移鼠标输入数值
指定第二个点或 [阵列(A)/退出(E)/放弃(U)] <退出>：　　//按 Enter 键结束命令

（10）利用端点、中点捕捉绘制圆形；利用直线命令绘制剖断符号，如图 2-5-11 所示。

命令：_circle　　　　　　　　　　　　　　　　　　　　//调用圆命令
指定圆的圆心或 [三点(3P)/两点(2P)/切点、切点、半径(T)]：150　　//以线段 c 的中点为参考基点
　　　　　　　　　　　　　　　　　　　　　　　　　　//输入数值确定圆心位置
指定圆的半径或 [直径(D)] <12.00>：12　　　　　　　　//输入半径值

绘制完成第一个圆，再次调用复制命令复制出其他两个圆。

命令：_copy
选择对象：找到 1 个　　　　　　　　　　　　　　　　　//选择刚绘制完成的圆形
选择对象：
当前设置：　复制模式＝多个　　　　　　　　　　　　　//复制模式为多个
指定基点或 [位移(D)/模式(O)] <位移>：　　　　　　　//指定 A 点为参考基点
指定第二个点或 [阵列(A)] <使用第一个点作为位移>：　　//指定 B 点为目标点
指定第二个点或 [阵列(A)/退出(E)/放弃(U)] <退出>：　　//指定 C 点为目标点
指定第二个点或 [阵列(A)/退出(E)/放弃(U)] <退出>：　　//按 Enter 键结束命令

剖断符号根据实例绘制即可，没有固定的数值。

2.5.2　圆形绘制

1. 执行方式

命令行：C。

工具栏："圆形"绘制按钮◎。

菜单栏："绘图"|"圆"。

2. 步骤

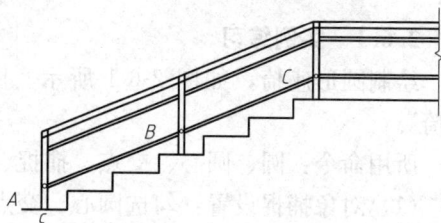

图 2-5-11　最终结果

命令：_circle　　　　　　　　　　　　//调用圆形绘制命令
指定圆的圆心或 [三点(3P)/两点(2P)/切点、切点、半径(T)]：　　//绘制选项
指定圆的半径或 [直径(D)] <500.0000>：200　　//指定半径或直径绘圆

3. 命令行选项说明

（1）三点：通过指定圆周上三点的方法绘制圆。

（2）两点：通过制定直径上的两个端点绘制圆。

（3）切点、切点、半径：通过先指定与圆的两个相切对象，然后给出半径的方式画圆
在绘图菜单中多了一种"相切、相切、相切"的方法，这种方法通过指定三个切点绘制圆。

2.5.3　圆心、延长线、交点、平行线捕捉

圆心、延长线、交点、平行线捕捉均在"草图设置"对话框中进行设置。

（1）圆心：勾选此项捕捉圆心。

（2）交点：捕捉两个线条的交点。

（3）延长线：勾选此项可捕捉已存在线条的延长线。

（4）平行线：勾选后，可绘制与目标线段相平行的图形。

2.5.4　进阶与提高

（1）绘制简易圆形座椅如图 2-5-12 所示。图形文件为光盘中的"实例文件/第二章/2-5-

简易圆形座椅"。

（2）根据所学知识绘制大理石地面拼花图案。用到的命令：圆、直线、对象捕捉、对象捕捉追踪、极轴追踪等，如图 2-5-13 所示。图形文件为光盘中的"实例文件/第二章/2-5-大理石拼花图案"。

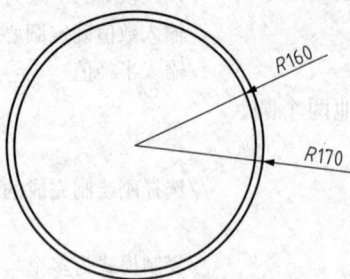

图 2-5-12　圆形座椅

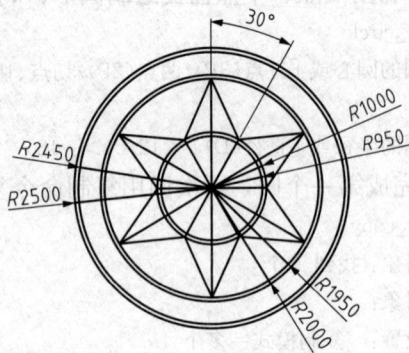

图 2-5-13　大理石拼花图案

实例 2.6　圆　形　座　椅

2.6.1　实例练习

绘制圆形座椅，如图 2-6-1 所示。图形文件为光盘中的"实例文件/第二章/2-6-圆形座椅"。

所用命令：圆、圆心、交点、捕捉、极轴追踪。

（1）对象捕捉设置：勾选圆心、交点、端点三个捕捉选项。

（2）单击圆按钮 ⊙，绘制半径为 250 的圆，作为圆形座椅的基座，如图 2-6-2 所示。

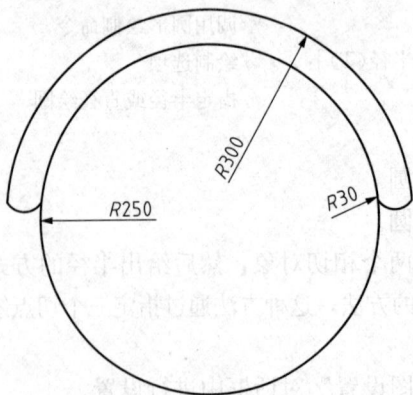

图 2-6-1　圆形座椅图

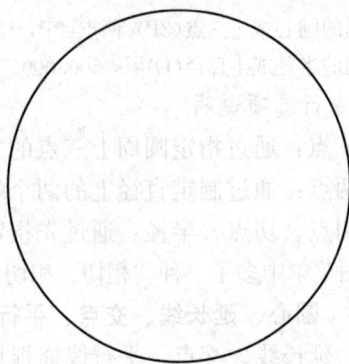

图 2-6-2　绘制圆形

```
命令：_circle                                              //调用圆命令
指定圆的圆心或［三点(3P)/两点(2P)/切点、切点、半径(T)］：    //任意位置指定圆心
指定圆的半径或［直径(D)］<250.0000>：250                   //输入半径值
```

（3）单击菜单栏中"绘图"｜"圆弧"，利用"圆心、起点、角度"方式绘制圆弧，如图 2-6-3 所示。

命令：_arc　　　　　　　　　　　　　　　　　//菜单栏调用"圆心、起点、角度"绘制圆弧

圆弧创建方向：逆时针（按住 Ctrl 键可切换方向）

指定圆弧的起点或 ［圆心(C)］：_c 指定圆弧的圆心：　　//选定圆的圆心

指定圆弧的起点：@300<5　　　　　　　　　　//输入起点位置

指定圆弧的端点或 ［角度(A)/弦长(L)］：_a 指定包含角：170　//指定包含角度

（4）利用"起点、端点、半径"的方式绘制圆弧 *AB*，如图 2-6-4 所示。

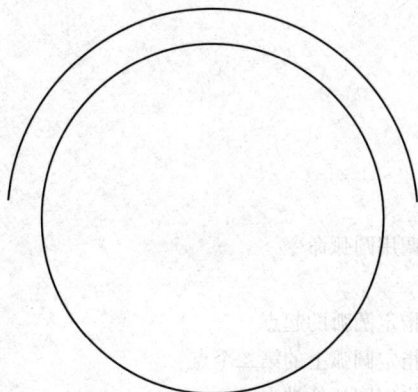

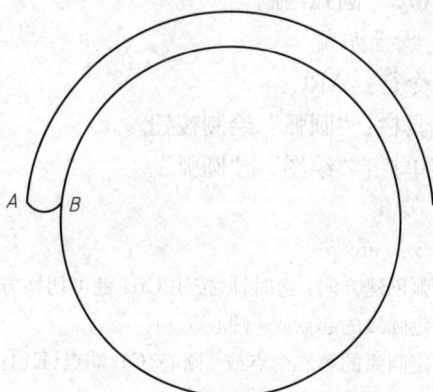

图 2-6-3　绘制圆弧　　　　　　　　　　　　图 2-6-4　绘制圆弧 *AB*

命令：_arc　　　　　　　　　　　　　　　　　//菜单栏调用"起点、端点、半
　　　　　　　　　　　　　　　　　　　　　　　径"绘制圆弧

圆弧创建方向：逆时针（按住 Ctrl 键可切换方向）

指定圆弧的起点或 ［圆心(C)］：　　　　　　　//指定 A 点作为圆弧的起点

指定圆弧的第二个点或 ［圆心(C)/端点(E)］：_e

指定圆弧的端点：　　　　　　　　　　　　　　//指定过 A 点的水平极轴与圆
　　　　　　　　　　　　　　　　　　　　　　　的交点 B 点作为圆弧的端点

指定圆弧的圆心或 ［角度(A)/方向(D)/半径(R)］：_r 指定圆弧的半径：30　//指定圆弧的半径

（5）以同样的方式绘制圆弧 *CD*，结果如图 2-6-5 所示。

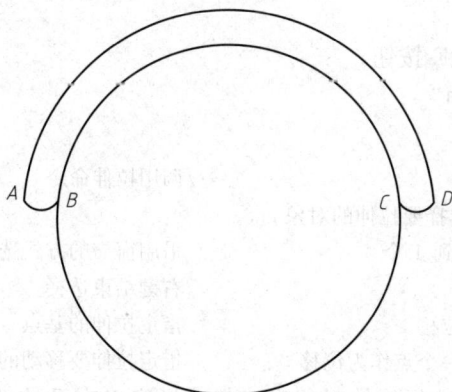

图 2-6-5　绘制圆弧 *CD*

命令：_arc　　　　　　　　　　　　　　　　　//菜单栏调用"起点、端点、半
　　　　　　　　　　　　　　　　　　　　　　　径"绘制圆弧

圆弧创建方向：逆时针（按住 Ctrl 键可切换方向）。

指定圆弧的起点或［圆心(C)］：   //指定通过 D 点极轴与圆的交
    点的 C 点作为圆弧的起点

指定圆弧的第二个点或［圆心(C)/端点(E)］：_e

指定圆弧的端点：   //指定 D 点作为圆弧的端点

指定圆弧的圆心或［角度(A)/方向(D)/半径(R)］：_r 指定圆弧的半径：30   //指定圆弧所在圆的半径

2.6.2　圆弧绘制

1. 执行方式

命令行：ARC。

工具栏："圆弧"绘制按钮。

菜单栏："绘图"｜"圆弧"。

2. 步骤

命令：_arc   //调用圆弧命令

圆弧创建方向：逆时针（按住 Ctrl 键可切换方向）

指定圆弧的起点或［圆心(C)］：   //指定圆弧的起点

指定圆弧的第二个点或［圆心(C)/端点(E)］：   //指定圆弧上的第二个点

指定圆弧的端点：   //指定圆弧的端点

3. 说明

系统提供了 11 种绘制圆弧的方法，用户可以在"绘图"｜"圆弧"的下拉菜单中选择需要的方式。这 11 种方式用到的圆弧组成部分如图 2-6-6 所示。

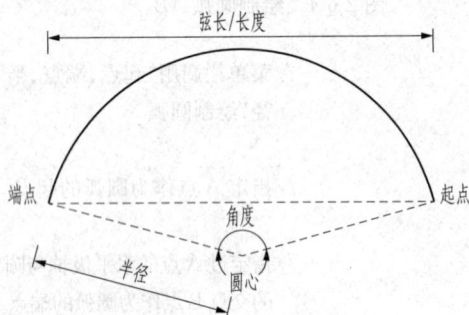

图 2-6-6　圆弧组成

2.6.3　拉伸、缩放

1. 拉伸

拉伸是指将对象拉伸变形。拉伸对象时，应指定拉伸的基点和目标点。

（1）执行方式。

命令行：STR。

工具栏："修改"工具栏按钮。

菜单栏："修改"｜"拉伸"。

（2）步骤。

命令：_stretch   //调用拉伸命令

以交叉窗口或交叉多边形选择要拉伸的对象…

选择对象：指定对角点：找到 1 个   //采用窗交的方式选择要拉伸的对象

选择对象：   //右键结束选择

指定基点或［位移(D)］<位移>：   //指定拉伸的基点

指定第二个点或<使用第一个点作为位移>：   //指定拉伸要移动的位置点

（3）说明：用交叉窗口选择拉伸对象时，与选择窗口交叉的部分被拉伸，完全落在交叉窗口内的部分将被移动，落在外部的部分保持不动。

（4）实例练习。将宽为 900mm 的单人床拉伸为宽为 1050mm 的单人床，如图 2-6-7 所示。图形文件为光盘中的"实例文件/第二章/2-6-单人床拉伸练习"。

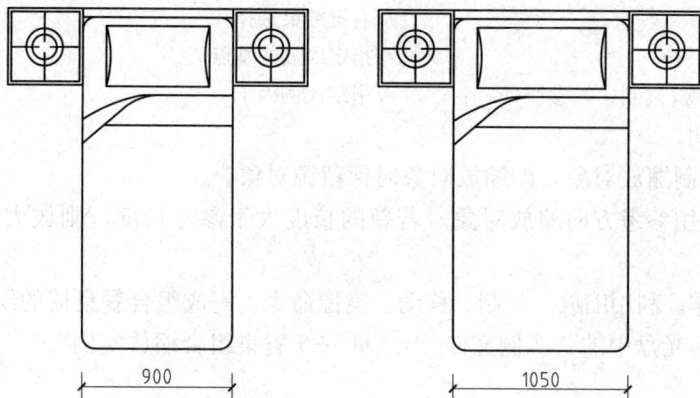

图 2-6-7 单人床拉伸实例

通过拖拉选框方式选择床的右半部分，选择框如图 2-6-8 所示。选择完成后指定任意一点为基点，追踪水平极轴输入数值150mm，即可完成对单人床的拉伸操作。拉伸后的效果如图 2-6-9 所示。

命令：_stretch   //调用拉伸命令

以交叉窗口或交叉多边形选择要拉伸的对象…   //交叉窗口方式框选右半部分

选择对象：指定对角点：找到 22 个   //按空格键结束选择

选择对象：

指定基点或［位移(D)］＜位移＞：   //任意指定一点为基点

指定第二个点或＜使用第一个点作为位移＞：150   //输入拉伸数值

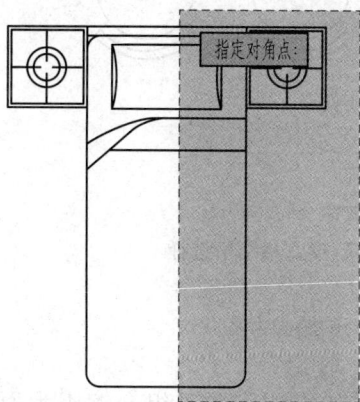

图 2-6-8 交叉窗口框选单人床右半部分

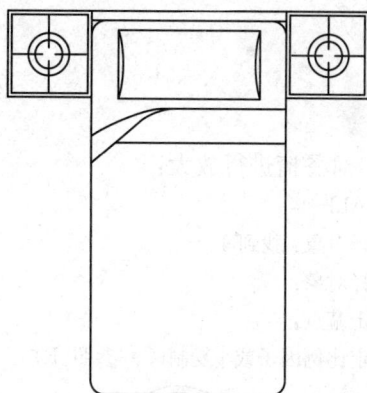

图 2-6-9 拉伸后的效果

2. 缩放

(1) 执行方式。

命令行：SC。

工具栏："修改"工具栏按钮。

菜单栏："修改"|"缩放"。

(2) 步骤。

命令：_scale

选择对象：指定对角点：找到 20 个   //选择要缩放的对象

选择对象： 　　　　　　　　　　　//右键结束选择

指定基点： 　　　　　　　　　　　//指定缩放的基点

指定比例因子或［复制(C)/参照(R)]： 　　//指定比例因子

(3) 选项说明。

1) 复制：复制缩放对象，即缩放对象时保留源对象。

2) 参照：采用参考方向缩放对象。若新的长度大于参考长度，则放大对象；否则，缩小对象。

(4) 实例操作。利用缩放、复制、移动、镜像命令，完成组合餐桌椅的绘制，如图 2-6-10 所示。图形文件为光盘中的"实例文件/第二章/2-6-餐桌组合缩放实例"。

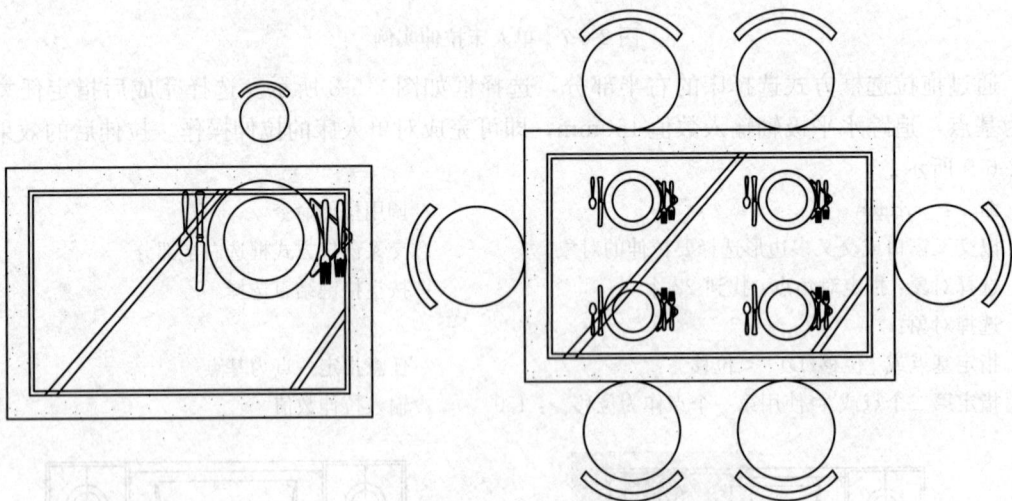

图 2-6-10 　餐桌实例

1) 对餐椅进行放大：

SCALE 　　　　　　　　　　　　　//调用缩放命令

选择对象：找到 1 个 　　　　　　　//选中餐椅,按空格结束选择

选择对象：

指定基点： 　　　　　　　　　　　//指定座椅的圆心为基点

指定比例因子或［复制(C)/参照(R)]：2 　//输入放大的比例

2) 利用同样的方法将餐具组合缩小为原来的 1/2，缩小后通过移动工具，将其移动到合适的位置，效果如图 2-6-11 所示。

3) 配合复制、旋转、镜像命令完成组合餐桌椅的绘制，如图 2-6-12 所示。

2.6.4 　进阶与提高

利用圆弧、矩形、镜像等命令绘制欧式柱础，如图 2-6-13所示。图形文件为光盘中的"实例文件/第二章/2-6-欧式柱础"。

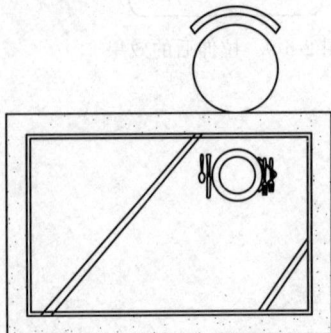

图 2-6-11 　缩放餐椅与餐具

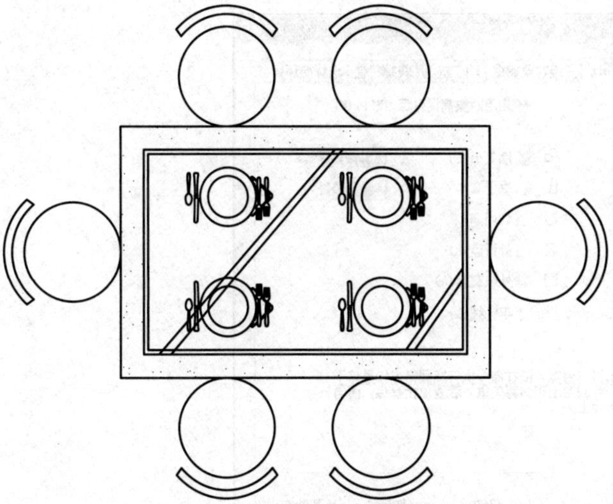

图 2-6-12   完成效果

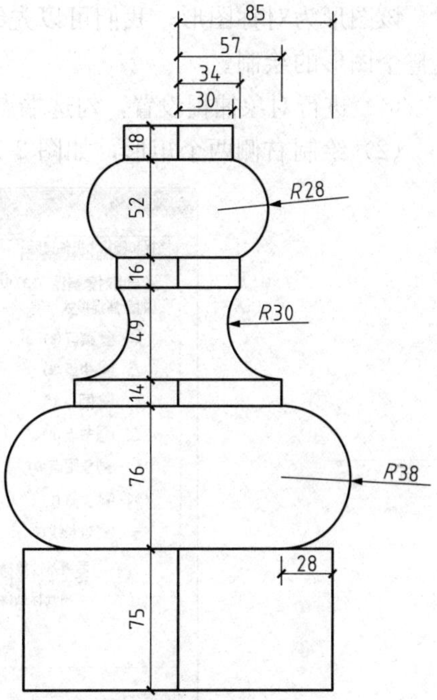

图 2-6-13   欧式柱础

实例 2.7   综 合 练 习

根据所学知识绘制如图 2-7-1 所示的图形。文件见光盘"第二章/实例文件/2-7 综合练习"。

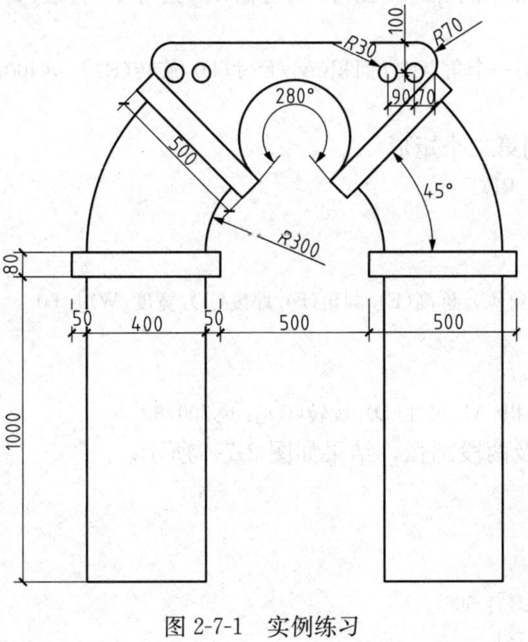

图 2-7-1   实例练习

该图形为对称图形，我们可以先绘制右侧部分，然后通过"镜像"命令复制到左侧，完成整个图形的绘制。

（1）进行对象捕捉设置，勾选端点、中点、圆心、交点、延长线复选框，如图 2-7-2 所示。

（2）绘制右侧两个矩形，如图 2-7-3 所示。

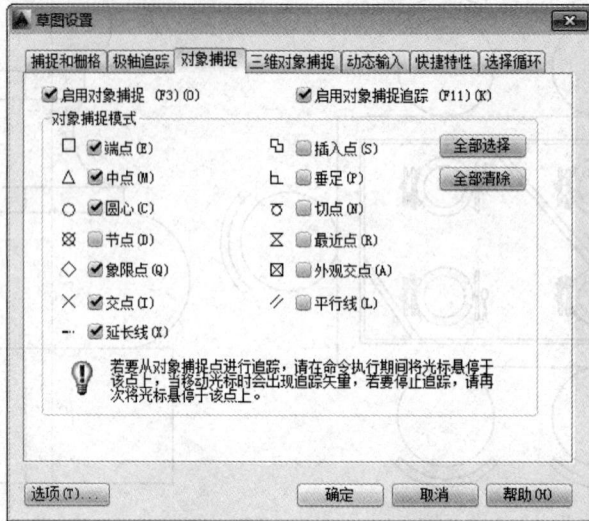

图 2-7-2　对象捕捉设置

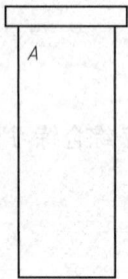

绘制第一个矩形

命令：REC　　　　//快捷键调用矩形命令

RECTANG

指定第一个角点或［倒角(C)/标高(E)/圆角(F)/厚度(T)/宽度(W)］：//绘图区任意位置点击

指定另一个角点或［面积(A)/尺寸(D)/旋转(R)］：@400,1000　//输入矩形对角点坐标

图 2-7-3　绘制两个矩形

绘制第二个矩形

命令：REC　　　　//快捷键调用矩形命令

RECTANG

指定第一个角点或［倒角(C)/标高(E)/圆角(F)/厚度(T)/宽度(W)］：50　//以 A 点为参考点，捕捉水平极轴，向左移动鼠标，输入数值确定第一点

指定另一个角点或［面积(A)/尺寸(D)/旋转(R)］：@500,80　//输入矩形对角点坐标

（3）绘制参考线以及两段圆弧，结果如图 2-7-4 所示。

命令：L　　　　//快捷键调用直线命令

LINE

指定第一个点：　　　//以 B 点为第一点

指定下一点或［放弃(U)］：500　//输入长度数值

指定下一点或［放弃(U)］：

绘制圆弧

命令：_arc　　　　　　　　　　　　　　//菜单栏"绘图"/"圆弧"/"圆心、起点、角度"

圆弧创建方向：逆时针（按住 Ctrl 键可切换方向）。

指定圆弧的起点或［圆心(C)］：_c 指定圆弧的圆心：　//直线中点为圆心

指定圆弧的起点：　　　　　　　　　　　//过 A 点的垂直极轴与上方水平直线的交
　　　　　　　　　　　　　　　　　　　　点为起点

指定圆弧的端点或［角度(A)/弦长(L)］：_a 指定包含角：45　//指定包含角度

同样的方式绘制外侧圆弧。

（4）利用旋转命令对水平矩形进行旋转复制，结果如图 2-7-5 所示。

命令：RO　　　　　　　　　　　　　　//快捷键调用旋转命令

ROTATE

UCS 当前的正角方向：ANGDIR＝逆时针　ANGBASE＝0.00

选择对象：找到 1 个　　　　　　　　　//选中旋转对象，空格键结束选择

选择对象：

指定基点：　　　　　　　　　　　　　//以 A 点为基点

指定旋转角度，或［复制(C)/参照(R)］＜0.00＞：c　//选择旋转并复制

旋转一组选定对象。

指定旋转角度，或［复制(C)/参照(R)］＜0.00＞：45　//指定旋转角度

通过移动命令移动到合适的位置。通过"镜像"命令将左侧部分复制出来，如图 2-7-6 所示。

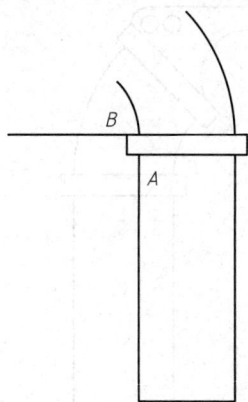

图 2-7-4　绘制直线、两段圆弧　　　图 2-7-5　旋转复制　　　　图 2-7-6　移动、镜像

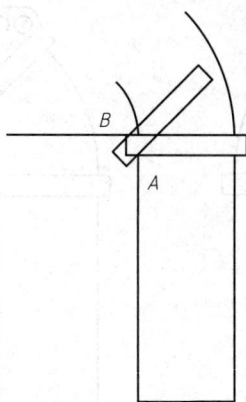

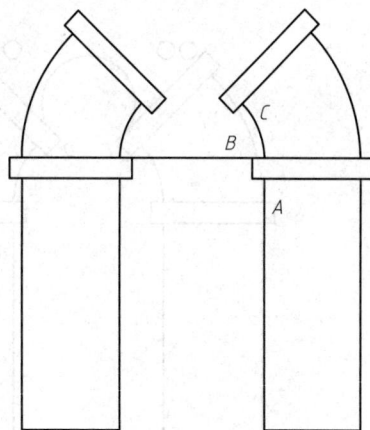

（5）绘制中间圆弧、上方四个小圆。

命令：_arc　　　　　　　　　　　　　//菜单栏"绘图"/"圆弧"/"起
　　　　　　　　　　　　　　　　　　　点、端点、角度"

圆弧创建方向：逆时针（按住 Ctrl 键可切换方向）。

指定圆弧的起点或［圆心(C)］：　　　　//指定 D 点为起点

指定圆弧的第二个点或［圆心(C)/端点(E)］：_e

指定圆弧的端点：　　　　　　　　　　//指定 E 点为端点

指定圆弧的圆心或［角度(A)/方向(D)/半径(R)］：_a 指定包含角：280　//指定角度

绘制右上方小圆。

命令：C　　　　　　　　　　　　　　//快捷键调用圆命令

CIRCLE

指定圆的圆心或 [三点(3P)/两点(2P)/切点、切点、半径(T)]：70　　//以 F 点为参考点，向左移动鼠标，
　　　　　　　　　　　　　　　　　　　　　　　　　　　　　　　捕捉水平极轴，输入数值

指定圆的半径或 [直径(D)]：30　　　　　　　　　　　　　　　　//输入半径值

绘制完成后，利用复制命令向左侧复制一个小圆，两个圆心之间的距离为 90mm。然后利用镜像命令将左侧的两个小圆绘制出来，结果如图 2-7-7 所示。

（6）绘制上方小圆弧、直线段。

绘制左上方小圆弧。

命令：_arc　　　　　　　　　　　　　　　　　　　　　　　　//菜单栏"绘图/圆弧/起点、端
　　　　　　　　　　　　　　　　　　　　　　　　　　　　　　点、半径"

圆弧创建方向：逆时针（按住 Ctrl 键可切换方向）。

指定圆弧的起点或 [圆心(C)]：100　　　　　　　　　　　　　//捕捉左上角小圆圆心的垂直极
　　　　　　　　　　　　　　　　　　　　　　　　　　　　　　轴，向上移动鼠标，输入数值
　　　　　　　　　　　　　　　　　　　　　　　　　　　　　　确定起点

指定圆弧的第二个点或 [圆心(C)/端点(E)]：_e

指定圆弧的端点：　　　　　　　　　　　　　　　　　　　　//指定 H 点为端点

指定圆弧的圆心或 [角度(A)/方向(D)/半径(R)]：_r 指定圆弧的半径：70//输入半径值

利用镜像命令绘制出右上角圆弧，调用直线命令连接小圆弧上方端点完成图形绘制。将参考线删除即完成绘制，结果如图 2-7-8 所示。

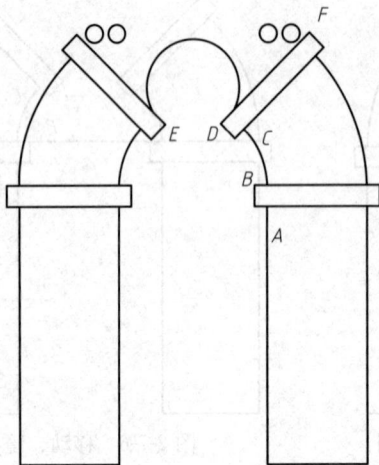

图 2-7-7　绘制中间圆弧、四个小圆　　　　　　　图 2-7-8　最终结果

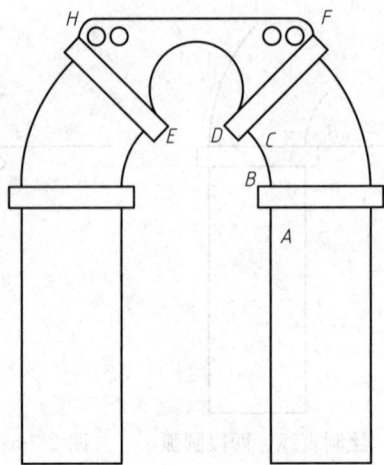

第3章 图形绘制与编辑

实例3.1 绘 制 图 案

3.1.1 实例练习

【实例练习一】

根据所学的知识绘制如图 3-1-1 所示的图形。实例文件见光盘"第三章/实例文件/3-1-地面图案"。

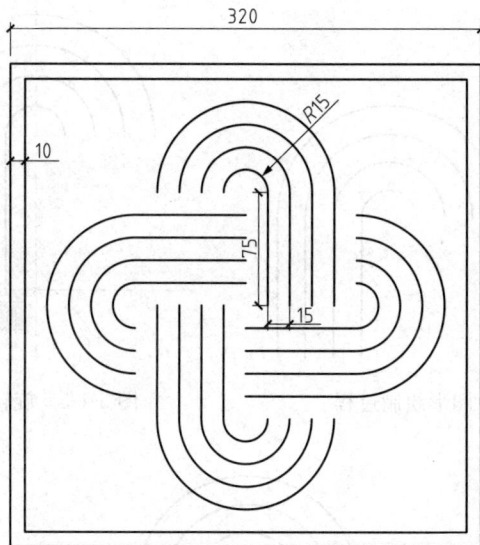

图 3-1-1 地面图案

该图形为中心对称，我们可以先绘制 1/4，然后通过"旋转"命令复制出整个图形。

（1）进行对象捕捉设置，勾选端点、圆心复选框。

（2）利用多段线绘制上部 1/4 图形中最内侧部分。

命令:PL   //快捷键调用多段
                                                       线命令

PLINE
指定起点：   //绘图区任意指定
当前线宽为 0.0000
指定下一个点或[圆弧(A)/半宽(H)/长度(L)/放弃(U)/宽度(W)]:w   //重设线宽
指定起点宽度<1.0000>:1   //起点宽度为 1
指定端点宽度<1.0000>:1   //端点宽度为 1

指定下一个点或[圆弧(A)/半宽(H)/长度(L)/放弃(U)/宽度(W)]:75　　　　//向上追踪垂直极轴
　　　　　　　　　　　　　　　　　　　　　　　　　　　　　　　　　　　　输入数值

指定下一点或[圆弧(A)/闭合(C)/半宽(H)/长度(L)/放弃(U)/宽度(W)]:a　//选择圆弧选项

指定圆弧的端点或

[角度(A)/圆心(CE)/闭合(CL)/方向(D)/半宽(H)/直线(L)/半径(R)/第二个点(S)/放弃(U)/宽度
(W)]:30　　　　　　　　　　　　　　　　　　　　　　　　//向左侧追踪水平轴
　　　　　　　　　　　　　　　　　　　　　　　　　　　　线输入数值确定端点

指定圆弧的端点或

[角度(A)/圆心(CE)/闭合(CL)/方向(D)/半宽(H)/直线(L)/半径(R)/第二个点(S)/放弃(U)/宽度
(W)]:　　　　　　　　　　　　　　　　　　　　　　　　　//空格结束命令

　　调用"偏移"将其他三条线也绘制出来。线条两两之间的距离为 15mm，结果如图 3-1-2
所示。

　　(3) 同时选中绘制完成的四条样条线，利用"旋转"命令对其进行旋转复制，基点如
图 3-1-3 所示，效果如图 3-1-4 所示。

图 3-1-2　1/4 图形绘制过程

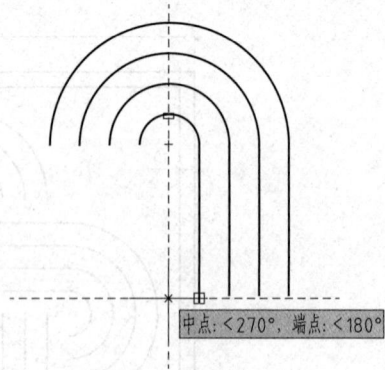

图 3-1-3　旋转复制中心点

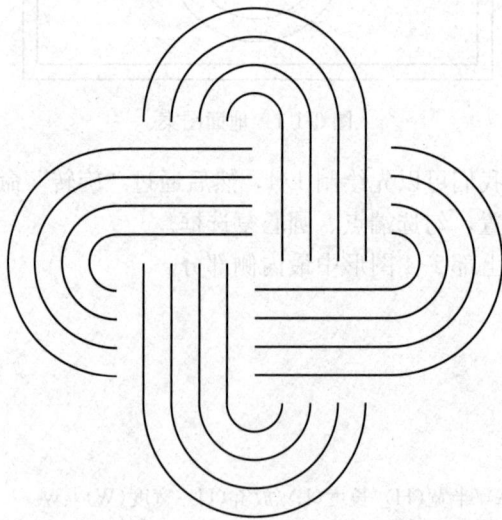

图 3-1-4　样条线图形

（4）绘制 320mm×320mm 的矩形框，并将其向内偏移 10mm，得到外框。移动外框，让其中心点与绘制完成的多段线图形中心点重合。最终结果如图 3-1-5 所示。

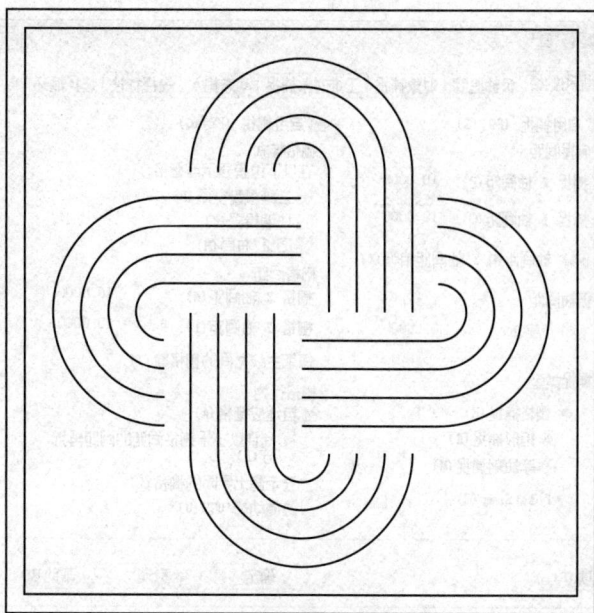

图 3-1-5　最终效果

【实例练习二】

根据所学的知识绘制如图 3-1-6 所示的图形。实例文件见光盘"第三章/实例文件/3-1-雕花大样"。

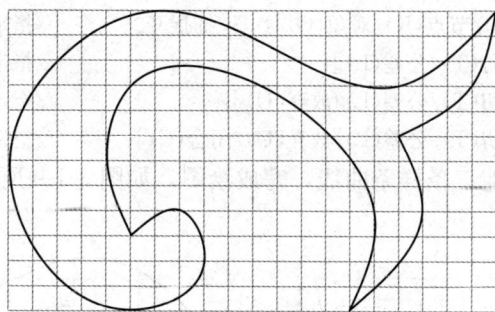

图 3-1-6　雕花大样

（1）设置图形界限。

命令：LIMITS　　　　　　　　　　　　　　　　　　//调用图形界

　　　　　　　　　　　　　　　　　　　　　　　　　限命令

重新设置模型空间界限：

指定左下角点或[开(ON)/关(OFF)]＜0.0000,0.0000＞:0,0　　//设置第一点

指定右上角点＜200.0000,120.0000＞:200,120　　　　　　//设置对角点

  （2）打开"捕捉和栅格"选项卡。将捕捉间距、栅格间距设为 10mm，取消勾选"显示超出界限的栅格"，设置如图 3-1-7 所示。

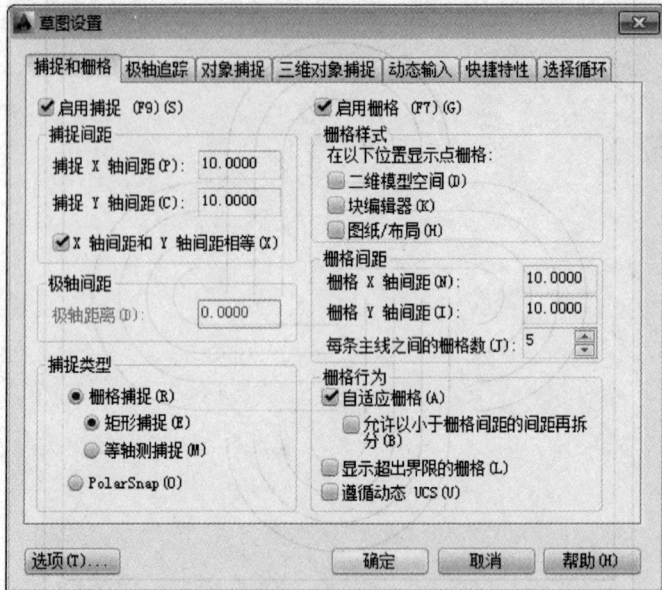

图 3-1-7 捕捉和栅格设置

  （3）调用样条曲线命令一次绘制样条线 A、B、C、D。首先绘制样条线 A，如图 3-1-8 所示。

命令:SPL   //快捷键调用样条曲线命令
SPLINE
当前设置:方式＝拟合   节点＝弦
指定第一个点或[方式(M)/节点(K)/对象(O)]：＜捕捉开＞ //指定 m 点为第一点
输入下一个点或[起点切向(T)/公差(L)]：   //指定 i 点为第一点
输入下一个点或[端点相切(T)/公差(L)/放弃(U)]：   //指定 j 点为第一点
输入下一个点或[端点相切(T)/公差(L)/放弃(U)/闭合(C)]： //空格结束命令
以同样的方式绘制其他三条样条曲线，完成绘图，如图 3-1-9 所示。

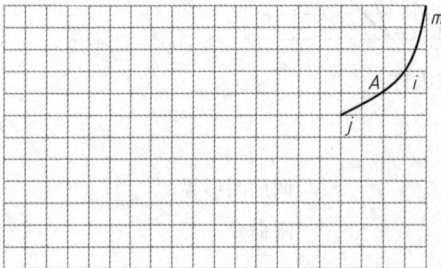

图 3-1-8 绘制样条曲线 A

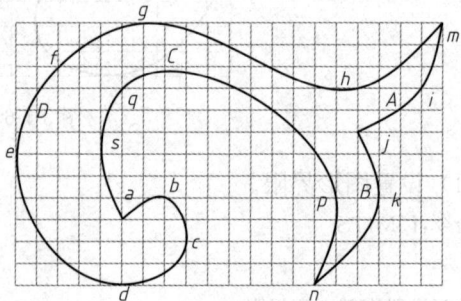

图 3-1-9 其他三条曲线

3.1.2　多段线

多段线可以绘制直线、圆弧或者两者组合的图形，也可以设定线宽。

1. 执行方式

命令行：PL。

工具栏："绘图"工具栏"多段线"按钮🔲。

菜单栏："绘图"|"多段线"。

2. 步骤

命令:_pline	//调用样多段线命令
指定起点:	//确定多段线起点
当前线宽为 0.0000	//系统提示当前线宽
指定下一个点或[圆弧(A)/半宽(H)/长度(L)/放弃(U)/宽度(W)]:W	//快调用线宽选项重设线宽
指定起点宽度<0.0000>:1	//指定起点的宽度
指定端点宽度<1.0000>:1	//指定端点的宽度
指定下一个点或[圆弧(A)/半宽(H)/长度(L)/放弃(U)/宽度(W)]:	//指定第二点
指定下一点或[圆弧(A)/闭合(C)/半宽(H)/长度(L)/放弃(U)/宽度(W)]:A	//调用圆弧选项,绘制圆弧
指定圆弧的端点或 [角度(A)/圆心(CE)/闭合(CL)/方向(D)/半宽(H)/直线(L)/半径(R)/第二个点(S)/放弃(U)/宽度(W)]:	//指定圆弧端点
指定圆弧的端点或 [角度(A)/圆心(CE)/闭合(CL)/方向(D)/半宽(H)/直线(L)/半径(R)/第二个点(S)/放弃(U)/宽度(W)]:	//点击空格、Enter 键结束命令

3. 命令行常用选项说明

（1）"半宽"、"宽度"：均可设定多段线的宽度。"半宽"即线段的一半宽度，"宽度"则为整个宽度。

（2）"圆弧"：选择圆弧选项后，可以绘制圆弧。圆弧的绘制方法与绘图工具栏圆弧的绘制基本一致，这里不再赘述。

3.1.3　样条曲线

样条曲线可以在指定的控制点之间产生一条光滑的曲线。常用于创建不规则的曲线，如波浪线、水岸线等。

1. 执行方式

命令行：SPL。

工具栏："绘图"工具栏"样条曲线"按钮〜。

菜单栏："绘图"|"样条曲线"|"控制点"、"拟合点"。

"控制点"方式和"拟合点"方式创建，在指定相同点的情况下，会得到不同的效果，如图 3-1-10 所示。依次指定 A、B、C、D 四个点得到不同的样条曲线。

2. 步骤

命令:_spline	//调用样多段线命令
当前设置:方式=拟合　节点=弦	//系统提示当前设置

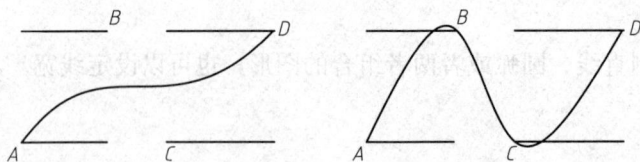

图 3-1-10 左侧"控制点"方式、右侧"拟合点"方式

图 3-1-11 伞的立面图

指定第一个点或[方式(M)/节点(K)/对象(O)]：

　　　　//指定第一点

输入下一个点或[起点切向(T)/公差(L)]：

　　　　//指定第二点

输入下一个点或[端点相切(T)/公差(L)/放弃(U)]：

　　　　//指定第三点

输入下一个点或[端点相切(T)/公差(L)/放弃(U)/闭合(C)]：　　　　//指定第四点

输入下一个点或[端点相切(T)/公差(L)/放弃(U)/闭合(C)]：　　　　//空格、Enter 键结束命令

3.1.4　进阶与提高

根据所学的知识绘制伞的立面图。用到的命令：圆弧、样条曲线、多段线，如图 3-1-11所示。此图形文件为光盘中的"实例文件/第三章/3-1-伞的立面图"。

实例3.2　绘制拼花图案

3.2.1　实例练习

打开实例文件"第三章/实例文件/3-2-地面图案"，打开后的图形如图 3-2-1 所示。在左侧现有图形基础上绘制右侧地面拼花造型。

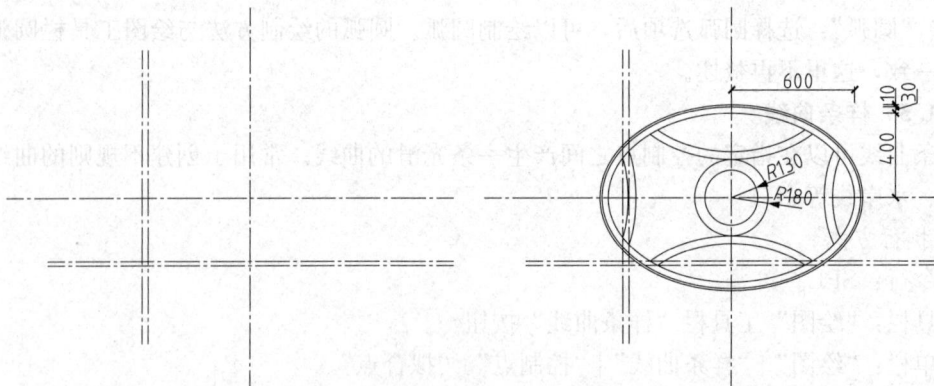

图 3-2-1　在左侧图形基础上绘制右侧地面拼花造型

（1）进行对象捕捉设置，勾选端点、圆心、交点、延长线。

（2）调用椭圆命令，绘制内侧椭圆。

命令：EL ELLIPSE　　　　　　　　　　//快捷键调用椭圆命令

指定椭圆的轴端点或[圆弧(A)/中心点(C)]:C	//选择中心点选项
指定椭圆的中心点:	//指定 A 点为中心点
指定轴的端点:600	//向右追踪水平极轴输入数值,确定水平半轴长度
指定另一条半轴长度或[旋转(R)]:400	//向上追踪垂直极轴输入数值,确定垂直半轴长度,完成命令

调用"偏移"命令,对内侧椭圆进行偏移,数值为 30、40mm,完成后的效果如图 3-2-2 所示。

(3)调用圆弧命令,绘制下侧圆弧,如图 3-2-3 所示。

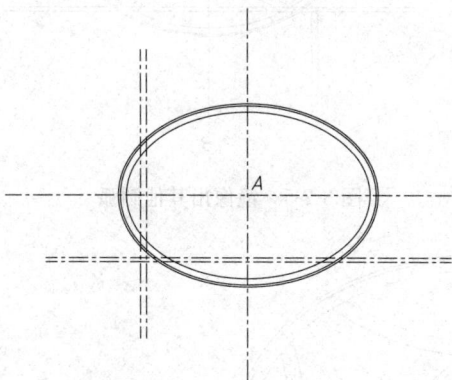

图 3-2-2　绘制椭圆

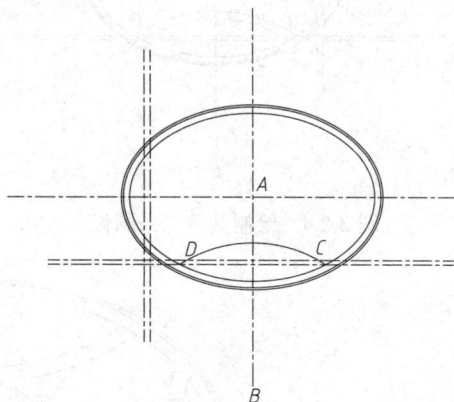

图 3-2-3　绘制下侧圆弧

命令:_arc	//调用"圆心、起点、端点"方式绘制圆弧
圆弧创建方向:逆时针(按住 Ctrl 键可切换方向)。	
指定圆弧的起点或[圆心(C)]:_c 指定圆弧的圆心:	//指定 B 点为圆心
指定圆弧的起点:	//指定 C 点为起点
指定圆弧的端点或[角度(A)/弦长(L)]:	//指定 D 点为端点

用同样的方式绘制下侧、左侧剩余的三条圆弧,如图 3-2-4 所示。

(4)调用"镜像"命令,分别以过 A 点的垂直线、水平线为镜像轴线,镜像出右侧、上侧的四段圆弧。结果如图 3-2-5 所示。

(5)以 A 点为中心创建圆,内圆半径 130mm,外圆半径 180mm。关闭轴线层,最终结果如图 3-2-6 所示。

3.2.2　椭圆、椭圆弧

1. 执行方式

命令行:EL。

工具栏:"绘图"工具栏"椭圆"按钮 、"椭圆弧"按钮 。

菜单栏:"绘图"|"椭圆"|"圆心"、"轴端点"、"圆弧"。

2. 步骤

命令:EL ELLIPSE	//调用椭圆命令
指定椭圆的轴端点或[圆弧(A)/中心点(C)]:	//指定水平或垂直轴的端点
指定轴的另一个端点:	//指定另一个端点
指定另一条半轴长度或[旋转(R)]:	//指定另一条半轴长度

3. 命令行常用选项说明

(1)圆弧:调用该选项绘制椭圆弧。

（2）中心点：设置椭圆的中心点。

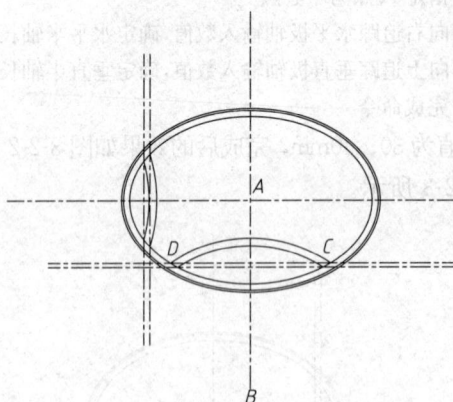

图 3-2-4　绘制其他三条圆弧

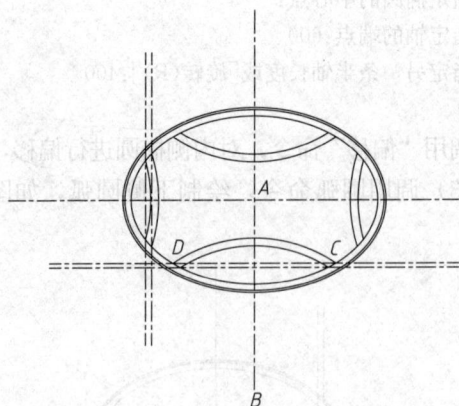

图 3-2-5　镜像出其他圆弧

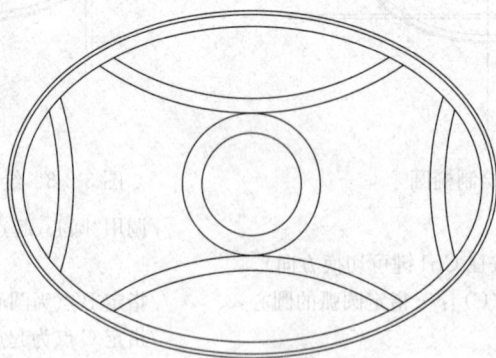

图 3-2-6　最终效果

3.2.3　进阶与提高

根据所学的知识绘制洗手池平面图。用到的命令：椭圆、椭圆弧、矩形、圆。效果如图 3-2-7所示。此图形文件为光盘中的"实例文件/第三章/3-2-洗手池平面图"。

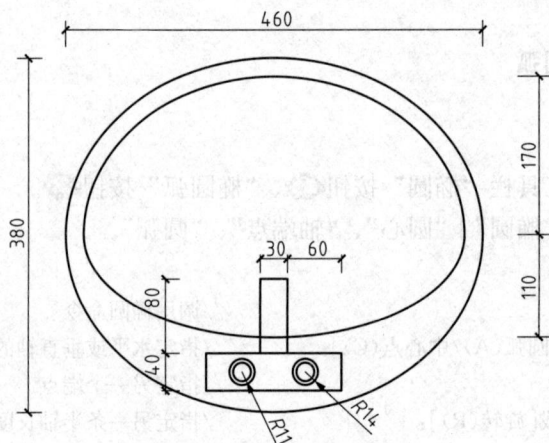

图 3-2-7　洗手池平面图

<h2 align="center">实例3.3　阵列实例练习</h2>

3.3.1　实例练习

实例文件一、二、三如图 3-3-1～图 3-3-3 所示。

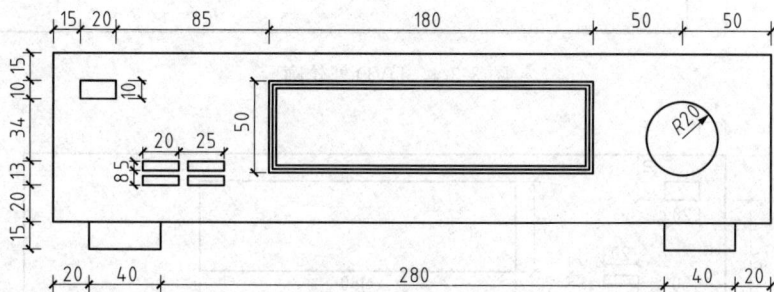

图 3-3-1　DVD 立面图

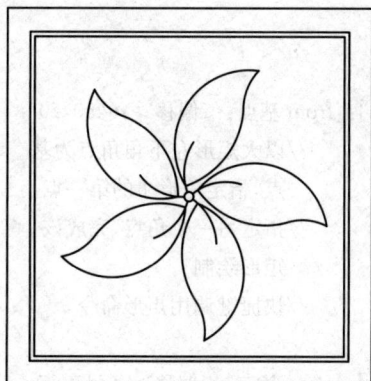

图 3-3-2　装饰画立面图

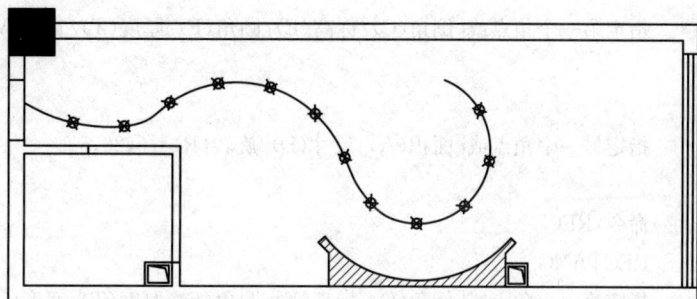

图 3-3-3　吊顶灯具布置图

【实例练习一】　DVD 立面图

图形文件为光盘中的"实例文件/第三章/3-3-DVD 立面图"。

所用命令：直线、圆、偏移、矩形阵列、环形阵列、路径阵列。

(1) 调用矩形绘图命令，绘制 DVD 外框架，如图 3-3-4 所示。

命令：_RECTANG　　　　　　　　　　　　　　　//调用矩形命令

指定第一个角点或[倒角(C)/标高(E)/圆角(F)/厚度(T)/宽度：　//屏幕中任意指定一点

指定另一个角点或[面积(A)/尺寸(D)/旋转(R)]:@400,92　　//利用相对坐标输入矩形的尺寸

(2) 利用"捕捉自"功能，以现有矩形左下角的角点作为参考点绘制其他矩形，如图 3-3-5所示。

绘制大矩形内部的三个小矩形

命令:REC　　　　　　　　　　　　　　　　　//快捷键调用矩形命令

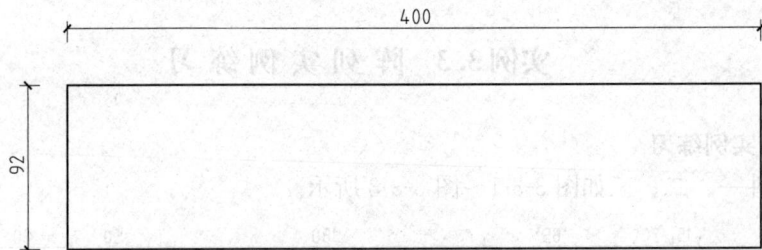

图 3-3-4　DVD 外轮廓

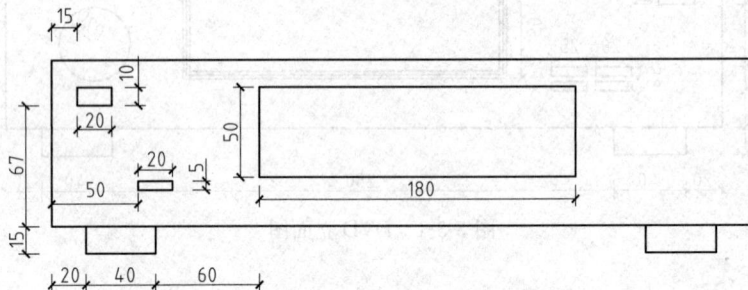

图 3-3-5　DVD 内部

RECTANG

指定第一个角点或[倒角(C)/标高(E)/圆角(F)/厚度(T)/宽度(W)]:_from 基点:<偏移>:@50,20
//以大矩形左下角角点为基点,指定矩形 1 的第一点

指定另一个角点或[面积(A)/尺寸(D)/旋转(R)]:@20,5
//指定另一个角点,完成该矩形绘制

命令:REC　　　　　//快捷键调用矩形命令
RECTANG

指定第一个角点或[倒角(C)/标高(E)/圆角(F)/厚度(T)/宽度(W)]:_from 基点:<偏移>:@15,67
//以大矩形左下角角点为基点,指定矩形 2 的第一点

指定另一个角点或[面积(A)/尺寸(D)/旋转(R)]:@20,10
//指定另一个角点,完成矩形绘制

命令:REC　　　　　//快捷键调用矩形命令
RECTANG

指定第一个角点或[倒角(C)/标高(E)/圆角(F)/厚度(T)/宽度(W)]:_from 基点:<偏移>:@120,27
//以大矩形左下角角点为基点,指定矩形 3 的第一点

指定另一个角点或[面积(A)/尺寸(D)/旋转(R)]:@180,50
//指定另一个角点,完成该矩形绘制

绘制 DVD 底座左侧矩形,利用镜像命令复制出右侧矩形。

命令:REC　　　　　//快捷键调用矩形命令
RECTANG

指定第一个角点或[倒角(C)/标高(E)/圆角(F)/厚度(T)/宽度(W)]:20 //捕捉大矩形左下角角点,无需点击,向右移移动鼠

	标,出现水平极轴,输入数值确定第一点
指定另一个角点或[面积(A)/尺寸(D)/旋转(R)]:@40,-15	//确定第二点
命令:MI	//快捷键调用镜像命令
MIRROR	
选择对象:指定对角点:找到 1 个	//选择刚完成的矩形底座
选择对象:指定镜像线的第一点:指定镜像线的第二点:	//以大矩形水平线的两个中点,作为镜像线的第一点、第二点
要删除源对象吗? [是(Y)/否(N)]<N>:	//空格结束命令

（3）运用偏移命令将中间矩形进行偏移，如图 3-3-6 所示。

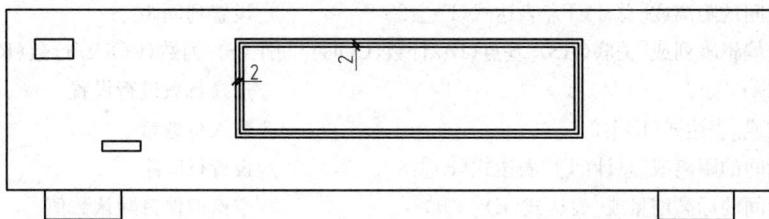

图 3-3-6　偏移矩形

命令:O	//快捷键调用偏移命令
OFFSET	
当前设置:删除源=否　图层=源　OFFSETGAPTYPE=0	
指定偏移距离或[通过(T)/删除(E)/图层(L)]<通过>:2	//确定偏移数值
选择要偏移的对象,或[退出(E)/放弃(U)]<退出>:	//选择矩形
指定要偏移的那一侧上的点,或[退出(E)/多个(M)/放弃(U)]<退出>:	//内部点击
选择要偏移的对象,或[退出(E)/放弃(U)]<退出>:	//选择刚偏移出的内部矩形
指定要偏移的那一侧上的点,或[退出(E)/多个(M)/放弃(U)]<退出>:	//内部点击
选择要偏移的对象,或[退出(E)/放弃(U)]<退出>:	//空格键退出

（4）调用圆形命令，绘制 DVD 右侧圆形，如图 3-3-7 所示。

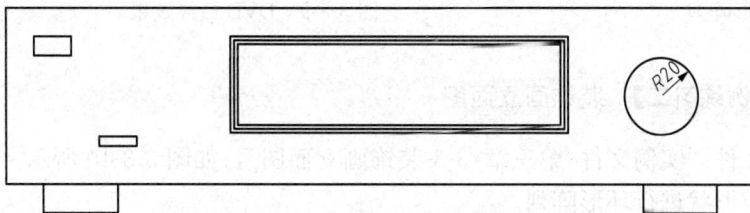

图 3-3-7　绘制圆形

命令:C	//快捷键调用圆形命令
CIRCLE	
指定圆的圆心或[三点(3P)/两点(2P)/切点、切点、半径(T)]:50	//以大矩形右侧垂直线中点为临时追踪点,左侧移动鼠标出现水平极轴,输入数值

指定圆的半径或[直径(D)]:20   //输入半径值

（5）用矩形阵列方法将左侧下方小矩形进行阵列，如图3-3-8所示。

步骤如下。

命令:_ARRAY   //调用阵列命令

选择对象:找到1个   //选择DVD左侧中间偏下位置的小矩形

选择对象: //按空格键结束对象选择

输入阵列类型[矩形(R)/路径(PA)/极轴(PO)]<矩形>:r   //选择矩形阵列

　　类型＝矩形　关联＝是

选择夹点以编辑阵列或[关联(AS)/基点(B)/计数(COU)/间距(S)/列数(COL)/行数(R)/层数(L)/退出(X)]<退出>:col   //选择列数进行设置

　　输入列数数或[表达式(E)]:2   //输入列数量

　　指定列数之间的距离或[总计(T)/表达式(E)]:25   //设置列间距

选择夹点以编辑阵列或[关联(AS)/基点(B)/计数(COU)/间距(S)/列数(COL)/行数(R)/层数(L)/退出(X)]<退出>:r   //选择行数进行设置

　　输入行数数或[表达式(E)]:2   //输入行数量

　　指定行数之间的距离或[总计(T)/表达式(E)]:8   //设置行间距

　　指定行数之间的标高增量或[表达式(E)]<0>:   //空格键保持默认数值

选择夹点以编辑阵列或[关联(AS)/基点(B)/计数(COU)/间距(S)/列数(COL)/行数(R)/层数(L)/退出(X)]<退出>:   //空格键退出

（6）DVD最终效果如图3-3-9所示。

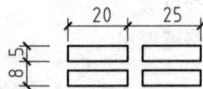

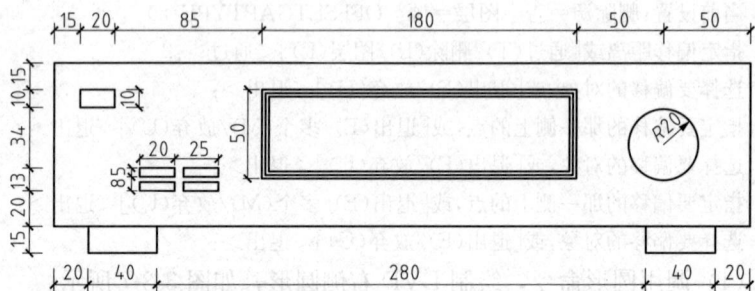

图3-3-8　矩形阵列　　　　　　图3-3-9　DVD最终效果

【实例练习二】　装饰画立面图

（1）打开文件"实例文件/第三章/3-3-装饰画立面图"，如图3-3-10所示。

（2）对花瓣形状进行环形阵列。

步骤：

命令:_ARRAY   //调用阵列命令

选择对象:指定对角点:找到2个   //选择花瓣图形,按Enter键

                               结束选择

选择对象:

输入阵列类型[矩形(R)/路径(PA)/极轴(PO)]<矩形>:PO   //选择极轴阵列

　　类型＝极轴　关联＝是

指定阵列的中心点或［基点(B)/旋转轴(A)］：　　　　　　　　　//指定尾部圆的圆心为中
　　　　　　　　　　　　　　　　　　　　　　　　　　　　　　　　心点

选择夹点以编辑阵列或［关联(AS)/基点(B)/项目(I)/项目间角度(A)/填充角度(F)/行(ROW)/层
(L)/旋转项目(ROT)/退出(X)］＜退出＞：F　　　　　　　　　//选择"填充角度"选项

指定填充角度(＋＝逆时针、－＝顺时针)或［表达式(EX)］＜360＞：360　　　//输入填充角度

选择夹点以编辑阵列或［关联(AS)/基点(B)/项目(I)/项目间角度(A)/填充角度(F)/行(ROW)/层
(L)/旋转项目(ROT)/退出(X)］＜退出＞：I　　　　　　　　　//选择"项目"选项

输入阵列中的项目数或［表达式(E)］＜5＞：5　　　　　　　　//输入项目数

选择夹点以编辑阵列或［关联(AS)/基点(B)/项目(I)/项目间角度(A)/填充角度(F)/行(ROW)/层
(L)/旋转项目(ROT)/退出(X)］＜退出＞：　　　　　　　　　//按空格键结束命令

阵列完成后利用"移动"命令将阵列出来的图形移动到画框正中位置，完成后的效果如
图 3-3-11 所示。

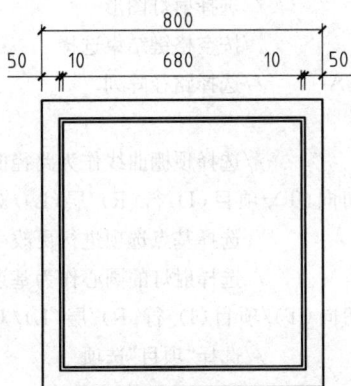

图 3-3-10　实例文件　　　　　　　　图 3-3-11　装饰画最终效果

【实例练习三】　吊顶灯具布置图

(1) 按 Ctrl＋O 快捷键，打开文件"实例文件/第三章/3-3-吊顶灯具布置图"，如图 3-3-12
所示。

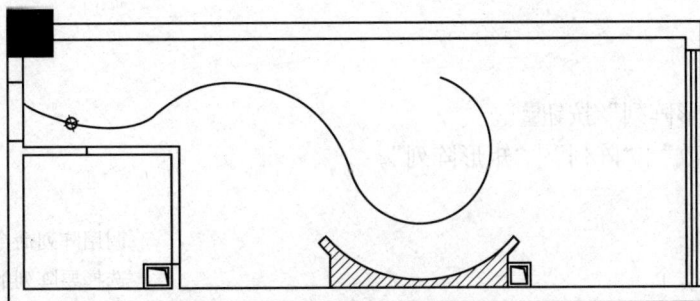

图 3-3-12　路径阵列源文件

（2）将灯具图形在曲线路径上进行阵列，结果如图 3-3-13 所示。

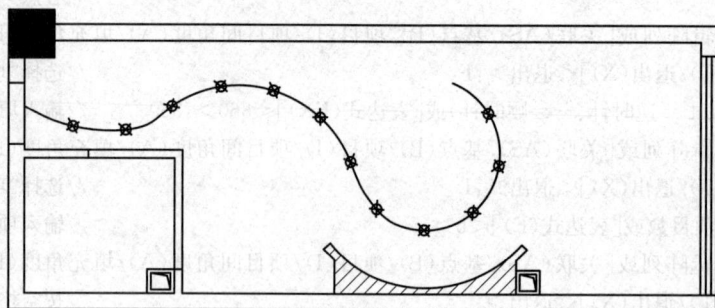

图 3-3-13　射灯路径阵列最终效果

命令:_ARRAY　　　　　　　　　　　　　　　　　　　　　//调用阵列命令

选择对象:指定对角点:找到 1 个　　　　　　　　　　　　//选择射灯图形

选择对象:　　　　　　　　　　　　　　　　　　　　　　//按空格键结束选择

输入阵列类型[矩形(R)/路径(PA)/极轴(PO)]<矩形>:PA　　//选择路径阵列

类型＝路径　关联＝是

选择路径曲线:　　　　　　　　　　　　　　　　　　　　//选择顶棚曲线作为路径曲线

选择夹点以编辑阵列或[关联(AS)/方法(M)/基点(B)/切向(T)/项目(I)/行(R)/层(L)/对齐项目(A)/Z方向(Z)/退出(X)]<退出>:B　　　　　　　　　　//选择基点选项进行更改

指定基点或[关键点(K)]<路径曲线的终点>:　　　　　　//选择射灯的圆心作为基点

选择夹点以编辑阵列或[关联(AS)/方法(M)/基点(B)/切向(T)/项目(I)/行(R)/层(L)/对齐项目(A)/Z方向(Z)/退出(X)]<退出>:I　　　　　　　　　　//选择"项目"选项

指定沿路径的项目之间的距离或[表达式(E)]<302.5901>:800

　　　　　　　　　　　　　　　　　　　　　　　　　　//输入阵列图形之间的距离

最大项目数＝13

指定项目数或[填写完整路径(F)/表达式(E)]<13>:13

　　　　　　　　　　　　　　　　　　　　　　　　　　//输入阵列的数量

选择夹点以编辑阵列或[关联(AS)/方法(M)/基点(B)/切向(T)/项目(I)/行(R)/层(L)/对齐项目(A)/Z方向(Z)/退出(X)]<退出>:　　　　　　　　　　//按 Enter 键完成阵列

3.3.2　矩形阵列

1. 执行方式

命令行：AR。

工具栏："矩形阵列"按钮。

菜单栏："修改"|"阵列"|"矩形阵列"。

2. 步骤

命令:_ARRAY　　　　　　　　　　　　　　　　　　　　//调用阵列命令

选择对象:找到 1 个　　　　　　　　　　　　　　　　　//选择要阵列的图形

选择对象:　　　　　　　　　　　　　　　　　　　　　　//按回车键结束对象选择

输入阵列类型[矩形(R)/路径(PA)/极轴(PO)]<矩形>:R　　//选择矩形阵列

类型＝矩形　关联＝是

选择夹点以编辑阵列或[关联(AS)/基点(B)/计数(COU)/间距(S)/列数(COL)/行数(R)/层数(L)/退

出(X)]＜退出＞:col　　　　　　　　　　　　　　　　　　　//选择列数进行设置

　　输入列数数或[表达式(E)]:2　　　　　　　　　　　　　//设置列数

　　指定列数之间的距离或[总计(T)/表达式(E)]:25　　　　//设置列间距

　　选择夹点以编辑阵列或[关联(AS)/基点(B)/计数(COU)/间距(S)/列数(COL)/行数(R)/层数(L)/退

出(X)]＜退出＞:R　　　　　　　　　　　　　　　　　　　//选择行数进行设置

　　输入行数或[表达式(E)]:2　　　　　　　　　　　　　　//设置行数

　　指定行数之间的距离或[总计(T)/表达式(E)]:8　　　　　//设置行间距

　　指定行数之间的标高增量或[表达式(E)]:0

　　选择夹点以编辑阵列或[关联(AS)/基点(B)/计数(COU)/间距(S)/列数(COL)/行数(R)/层数(L)/退

出(X)]＜退出＞:　　　　　　　　　　　　　　　　　　　//按 Enter 键退出

3. 常用选项说明

(1) 列数、行数:设置矩形阵列的列数量和行数量。

(2) 间距:列间距与行间距的设置。

(3) 基点:设置阵列的基点。

(4) "关联":阵列完成后的图形为一个整体还是单独的个体。

3.3.3　环形阵列

1. 执行方式

命令行:AR。

工具栏:"环形阵列"按钮。

菜单栏:"修改"|"阵列"|"环形阵列"。

2. 步骤

命令:_ARRAY　　　　　　　　　　　　　　　　　　　　//调用阵列命令

选择对象:指定对角点:找到 3 个　　　　　　　　　　　　//选择要阵列的图形

选择对象:　　　　　　　　　　　　　　　　　　　　　//按回车键结束对象选择

输入阵列类型[矩形(R)/路径(PA)/极轴(PO)]＜矩形＞:PO　//选择极轴阵列

类型=极轴　关联=是

指定阵列的中心点或[基点(B)/旋转轴(A)]:　　　　　　　//选择阵列图形的中心点

选择夹点以编辑阵列或[关联(AS)/基点(B)/项目(I)/项目间角度(A)/填充角度(F)/行(ROW)/层

(L)/旋转项目(ROT)/退出(X)]＜退出＞:F　　　　　　　　//选择"填充角度"选项

　　指定填充角度(+=逆时针,-=顺时针)或[表达式(EX)]＜360＞:360

　　　　　　　　　　　　　　　　　　　　　　　　　//输入填充角度

选择夹点以编辑阵列或[关联(AS)/基点(B)/项目(I)/项目间角度(A)/填充角度(F)/行(ROW)/层

(L)/旋转项目(ROT)/退出(X)]＜退出＞:I　　　　　　　　//选择"项目"选项

　　输入阵列中的项目数或[表达式(E)]＜5＞:5　　　　　　//输入项目数

选择夹点以编辑阵列或[关联(AS)/基点(B)/项目(I)/项目间角度(A)/填充角度(F)/行(ROW)/层

(L)/旋转项目(ROT)/退出(X)]＜退出＞:　　　　　　　　//按 Enter 键完成阵列

3. 常用选项说明

(1) 项目间角度:设置阵列对象之间的角度。

(2) 项目:设置项目数量。

(3) 填充角度:设置环形阵列填充的角度范围。

说明:根据上述的三个条件两两结合可形成三种环形阵列的方式:项目间角度与项目、

项目间角度与填充角度、项目与填充角度。

3.3.4 路径阵列

1. 执行方式

命令行：AR。

工具栏："路径阵列"按钮 。

菜单栏："修改"｜"阵列"｜"路径阵列"。

2. 步骤

命令：_ARRAY   //调用阵列命令

选择对象:指定对角点:找到1个   //选择图形

选择对象: //按Enter键结束对象选择

输入阵列类型[矩形(R)/路径(PA)/极轴(PO)]<矩形>:PA   //选择路径阵列

类型=路径 关联=是

选择路径曲线: //选择路径曲线

选择夹点以编辑阵列或[关联(AS)/方法(M)/基点(B)/切向(T)/项目(I)/行(R)/层(L)/对齐项目(A)/Z方向(Z)/退出(X)]<退出>:B   //选择基点

指定基点或[关键点(K)]<路径曲线的终点>:

选择夹点以编辑阵列或[关联(AS)/方法(M)/基点(B)/切向(T)/项目(I)/行(R)/层(L)/对齐项目(A)/Z方向(Z)/退出(X)]<退出>:I   //选择"项目"选项

指定沿路径的项目之间的距离或[表达式(E)]<302.5901>:800

//输入阵列图形之间的距离

最大项目数=13

指定项目数或[填写完整路径(F)/表达式(E)]<13>:13   //输入阵列的数量

选择夹点以编辑阵列或[关联(AS)/方法(M)/基点(B)/切向(T)/项目(I)/行(R)/层(L)/对齐项目(A)/Z方向(Z)/退出(X)]<退出>:   //按Enter键完成阵列

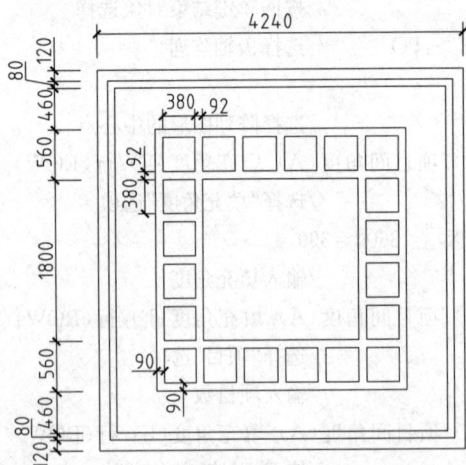

图3-3-14 天花板拼花造型

3. 常用选项说明

（1）对齐项目：设置阵列对象是否与路径对齐，当路径为曲线时更加直观。

（2）方法：设定路径阵列的方式为"定数等分"还是"定距等分"。

3.3.5 进阶与提高

根据所学的知识绘制天花板拼花图案，如图3-3-14所示。用到的命令：圆、直线、对象捕捉、偏移、对象捕捉追踪、矩形阵列、环形阵列等。

此图形文件为光盘中的"实例文件/第三章/3-3-天花板拼花造型"。

实例3.4 花窗造型修改

3.4.1 实例练习

利用修剪、延伸命令完成花窗造型修改，结果如图3-4-1所示。

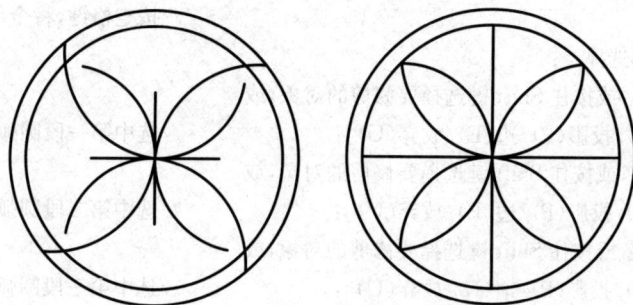

图 3-4-1　花窗造型修改前后

（1）打开实例文件"3-4-花窗造型修改"，文件位置为"实例文件/第三章/3-3-花窗造型修改"。

（2）调用"修剪"命令，将多余的圆弧修剪掉，修剪结果如图 3-4-2 所示。

命令：TR TRIM　　　　　　　　　　　　　　　　//快捷键调用修剪命令

当前设置：投影＝UCS,边＝无

选择剪切边 …　　　　　　　　　　　　　　　//选择内圆为剪切边,按空格键结束选择

选择对象或＜全部选择＞:找到 1 个

选择对象:

选择要修剪的对象,或按住 Shift 键选择要延伸的对象,或

［栏选(F)/窗交(C)/投影(P)/边(E)/删除(R)/放弃(U)］:　　//选中第一段圆弧

选择要修剪的对象,或按住 Shift 键选择要延伸的对象,或

［栏选(F)/窗交(C)/投影(P)/边(E)/删除(R)/放弃(U)］:　　//选中第二段圆弧

选择要修剪的对象,或按住 Shift 键选择要延伸的对象,或

［栏选(F)/窗交(C)/投影(P)/边(E)/删除(R)/放弃(U)］:　　//选中第三段圆弧

选择要修剪的对象,或按住 Shift 键选择要延伸的对象,或

［栏选(F)/窗交(C)/投影(P)/边(E)/删除(R)/放弃(U)］:　　//选中第四段圆弧

选择要修剪的对象,或按住 Shift 键选择要延伸的对象,或

［栏选(F)/窗交(C)/投影(P)/边(E)/删除(R)/放弃(U)］:　　//空格键结束命令

（3）调用"延伸"命令，将四段圆弧和中间十字交叉线进行延伸，结果如图 3-4-3 所示。

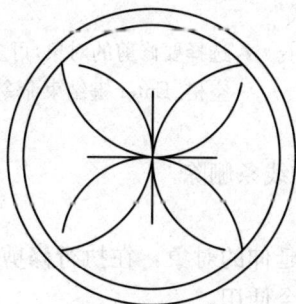

图 3-4-2　墙面拼花修改前后　　　　　图 3-4-3　墙面拼花修改前后

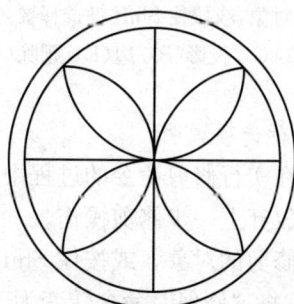

命令：EX　　　　　　　　　　　　　　//快捷键调用修剪命令

EXTEND

当前设置：投影＝UCS,边＝无

选择边界的边 …	//按空格键,将全部对象选择
选择对象或<全部选择>:	
选择要延伸的对象,或按住 Shift 键选择要修剪的对象,或	
[栏选(F)/窗交(C)/投影(P)/边(E)/放弃(U)]:	//选中第一段圆弧
选择要延伸的对象,或按住 Shift 键选择要修剪的对象,或	
[栏选(F)/窗交(C)/投影(P)/边(E)/放弃(U)]:	//选中第二段圆弧
选择要延伸的对象,或按住 Shift 键选择要修剪的对象,或	
[栏选(F)/窗交(C)/投影(P)/边(E)/放弃(U)]:	//选中第三段圆弧
选择要延伸的对象,或按住 Shift 键选择要修剪的对象,或	
[栏选(F)/窗交(C)/投影(P)/边(E)/放弃(U)]:	//选中第四段圆弧
选择要延伸的对象,或按住 Shift 键选择要修剪的对象,或	
[栏选(F)/窗交(C)/投影(P)/边(E)/放弃(U)]:	//选中水平直线左侧
选择要延伸的对象,或按住 Shift 键选择要修剪的对象,或	
[栏选(F)/窗交(C)/投影(P)/边(E)/放弃(U)]:	//选中水平直线右侧
选择要延伸的对象,或按住 Shift 键选择要修剪的对象,或	
[栏选(F)/窗交(C)/投影(P)/边(E)/放弃(U)]:	//选中垂直直线上侧
选择要延伸的对象,或按住 Shift 键选择要修剪的对象,或	
[栏选(F)/窗交(C)/投影(P)/边(E)/放弃(U)]:	//选中垂直直线下侧
选择要延伸的对象,或按住 Shift 键选择要修剪的对象,或	
[栏选(F)/窗交(C)/投影(P)/边(E)/放弃(U)]:	//空格键结束命令

3.4.2 修剪

1. 执行方式

命令行:TR。

工具栏:"修剪"按钮 。

菜单栏:"修改"|"修剪"。

2. 步骤

命令:_TRIM	//调用修剪绘制命令
选择剪切边 …	//选择产生修剪作用的线条
选择对象或<全部选择>:找到 1 个	
选择要修剪的对象,或按住 Shift 键选择要延伸的对象,或	
[栏选(F)/窗交(C)/投影(P)/边(E)/删除(R)/放弃(U)]:	//选择要修剪的对象,可多选,修剪完成按空格、Enter 键结束命令

3. 常用命令行选项说明

(1) 删除:在实行修剪命令的过程中可以不用的线条删除。

(2) 放弃:放弃上一步修剪操作。

(3) 选择要修剪的对象,或按住 Shift 键选择要延伸的对象:在执行修剪命令的过程中,可以按住 Shift 键将"修剪"命令转变为"延伸"命令使用。

3.4.3 延伸

1. 执行方式

命令行:EX。

工具栏:"延伸"按钮 。

菜单栏:"修改"|"延伸"。

2. 步骤

命令:_EXTEND

选择边界的边 ...　　　　　　　　　　　　　　　　//选择要延伸到的目标图形

选择对象或<全部选择>:找到 1 个

选择要延伸的对象,或按住 Shift 键选择要修剪的对象,或

[栏选(F)/窗交(C)/投影(P)/边(E)/放弃(U)]:　　//选择要延伸的对象,可多选,延伸完成按

　　　　　　　　　　　　　　　　　　　　　　　　空格、Enter 键结束命令

3.4.4　进阶与提高

根据所学的知识绘制储物柜立面图。用到的命令有圆、直线、阵列、修剪、延伸等,如图 3-4-4 所示。此图形文件为光盘中的"实例文件/第二章/3-4-绘制储物柜立面"。

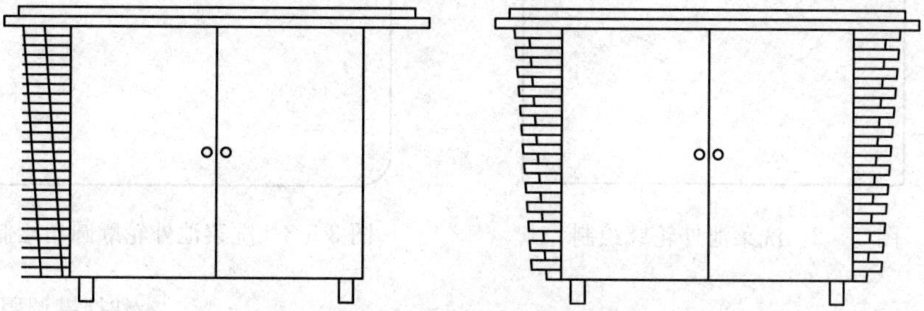

图 3-4-4　储物柜立面图

实例 3.5　洗菜池平面图绘制

3.5.1　实例练习

绘制洗菜池平面图,如图 3-5-1 所示。此图形文件为光盘中的"实例文件/第三章/3-5-洗菜池"。

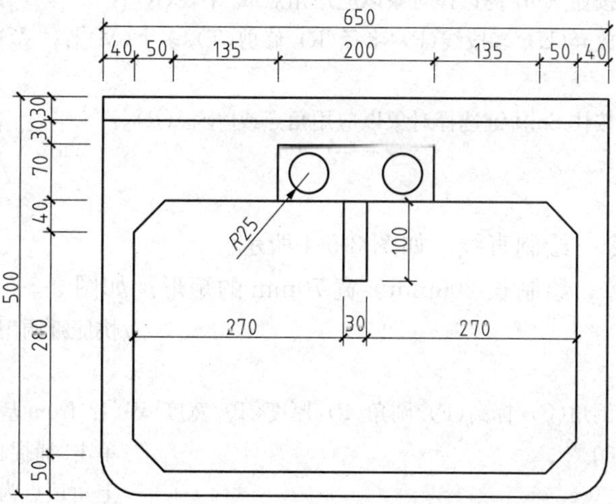

图 3-5-1　洗菜池平面图

所用命令：直线；圆；矩形、圆角、倒角。

【实例练习】

（1）调用矩形命令绘制 650mm×500mm 的洗菜池外轮廓，如图 3-5-2 所示。

（2）调用圆角命令，对洗菜池下方左右两角进行圆角处理，半径均为 50mm，如图 3-5-3 所示。

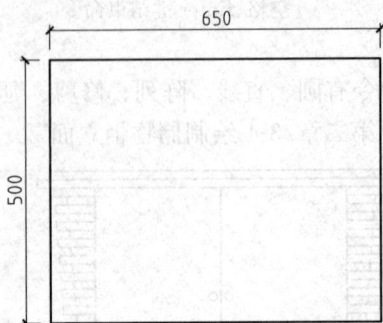

图 3-5-2　洗菜池外轮廓绘制　　　　　　　图 3-5-3　洗菜池外轮廓圆角绘制

命令：F	//快捷键调用圆角命令
FILLET	
当前设置：模式＝修剪，半径＝0.0000	//系统提示当前圆角设置
选择第一个对象或[放弃(U)/多段线(P)/半径(R)/修剪(T)/多个(M)]：R	//选择"半径"选项
指定圆角半径＜0.0000＞：50	//输入圆角半径
选择第一个对象或[放弃(U)/多段线(P)/半径(R)/修剪(T)/多个(M)]：m	//选择"多个"选项，进行多个圆角操作
选择第一个对象或[放弃(U)/多段线(P)/半径(R)/修剪(T)/多个(M)]：	//选择矩形行左侧垂直线
选择第二个对象，或按住 Shift 键选择对象以应用角点或[半径(R)]：	//选择矩形下方水平线
选择第一个对象或[放弃(U)/多段线(P)/半径(R)/修剪(T)/多个(M)]：	//选择选择矩形行右侧垂直线
选择第二个对象，或按住 Shift 键选择对象以应用角点或[半径(R)]：	//选择矩形下方水平线，然后按空格键、Enter 键结束圆角命令

（3）调用直线命令，绘制直线，如图 3-5-4 所示。

（4）调用矩形命令，绘制长 200mm、宽 70mm 的矩形。如图 3-5-5 所示。

命令：REC	//快捷键调用矩形命令
RECTANG	
指定第一个角点或[倒角(C)/标高(E)/圆角(F)/厚度(T)/宽度(W)]：_from 基点：	
＜偏移＞：@225，－60	//单击"捕捉自"功能，以外侧矩形左上角顶点为参考，输入数值确定第一点
指定另一个角点或[面积(A)/尺寸(D)/旋转(R)]：@200，－70	//确定对角点

（5）调用圆形命令绘制半径 25mm 的圆。

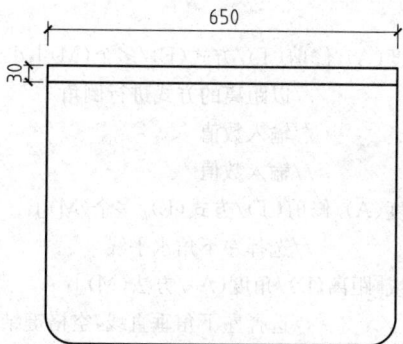

图 3-5-4 直线绘制

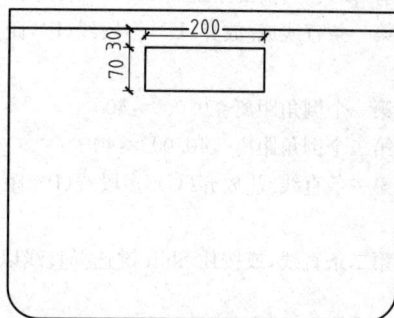

图 3-5-5 洗菜池内部造型绘制

命令:C //快捷键调用圆形命令
CIRCLE
指定圆的圆心或[三点(3P)/两点(2P)/切点、切点、半径(T)]:45 //以小矩形左边垂线的中点为参考
点,捕捉水平极轴输入数值,确定
圆心位置
指定圆的半径或[直径(D)]:25 //输入半径数值
命令:MI //快捷键调用镜像命令

利用镜像命令从镜像处右侧绘制小圆,结果如图 3-5-6 所示。

(6) 调用矩形命令在刚绘制的小矩形下方绘制长度 570mm、宽度 340mm 的矩形,如图 3-5-7所示。

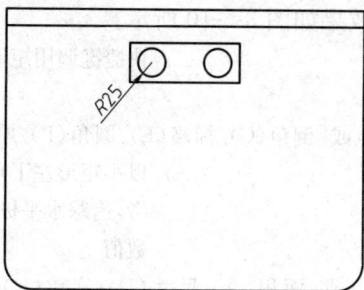

图 3-5-6 洗菜池内部造型绘制(一)

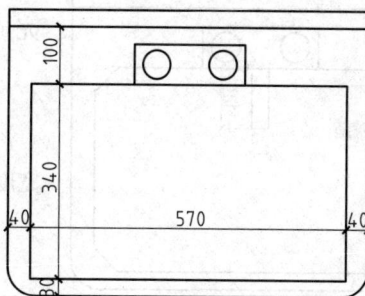

图 3-5-7 洗菜池内部造型绘制(二)

命令:REC //快捷键调用矩形命令
RECTANG
指定第一个角点或[倒角(C)/标高(E)/圆角(F)/厚度(T)/宽度(W)]:_from 基点:<偏移>:
@40,-130 //单击"捕捉自"按钮,以外侧大
矩形左上角点为参考点,确定
第一点
指定另一个角点或[面积(A)/尺寸(D)/旋转(R)]:@570,-340 //输入对角点坐标

(7) 利用倒角命令,对洗菜池内部结构进行绘制。第一个倒角距离与第二个倒角距离均为 40mm。对第一个角进行倒角编辑后的效果如图 3-5-8 所示。

命令:CHA //快捷键调用倒角命令
CHAMFER

("修剪"模式)当前倒角距离 1＝0.00,距离 2＝0.00

选择第一条直线或[放弃(U)/多段线(P)/距离(D)/角度(A)/修剪(T)/方式(E)/多个(M)]:d

//以距离的方式进行倒角

指定第一个倒角距离＜0.00＞:40　　　　　　　　　　　　　//输入数值

指定第二个倒角距离＜40.00＞:40　　　　　　　　　　　　//输入数值

选择第一条直线或[放弃(U)/多段线(P)/距离(D)/角度(A)/修剪(T)/方式(E)/多个(M)]:

//选择左下角水平线

选择第二条直线,或按住 Shift 键选择直线以应用角点或[距离(D)/角度(A)/方法(M)]:

//选择左下角垂直线,空格键结束倒角

命令

用同样的方法,对剩余三个角进行倒角绘制,结果如图 3-5-9 所示。

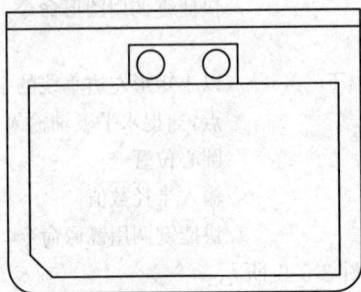

图 3-5-8　洗菜池内部倒角造型绘制　　　　图 3-5-9　洗菜池内部倒角造型绘制

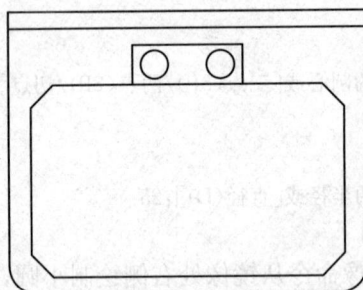

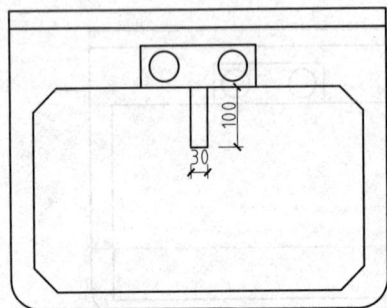

图 3-5-10　最终结果

（8）调用矩形命令,绘制 30mm×100mm 的矩形,完成绘制。最终效果如图 3-5-10 所示。

命令:REC　　　　　　　　　　　　//快捷键调用矩形命令

RECTANG

指定第一个角点或[倒角(C)/标高(E)/圆角(F)/厚度(T)/宽度(W)]:85　　　　　　//以小矩形左下角点为参考,追踪水平极轴,输入数值

指定另一个角点或[面积(A)/尺寸(D)/旋转(R)]:@30,－100　　　　　　　//输入对角点坐标

3.5.2　圆角

1. 执行方式

命令行：F。

工具栏："圆角"按钮。

菜单栏："修改"|"圆角"。

2. 步骤

命令:F　　　　　　　　　　　　　　　　　　　　　　　　//快捷键调用圆角命令

FILLET

当前设置:模式＝修剪,半径＝0.0000　　　　　　　　　　　//系统提示当前圆角设置

选择第一个对象或[放弃(U)/多段线(P)/半径(R)/修剪(T)/多个(M)]:R //选择"半径"选项,重设半径值

指定圆角半径＜0.0000＞:50　　　　　　　　　　　//输入圆角半径

选择第一个对象或[放弃(U)/多段线(P)/半径(R)/修剪(T)/多个(M)]:　　//选择第一个圆角对象

选择第二个对象,或按住 Shift 键选择对象以应用角点或[半径(R)]:　　//选择第二个圆角对象,然后按空格、Enter 键结束命令

3. 常用命令行选项说明

(1) 半径:设定圆角的半径值。

(2) 多个:调用一次圆角命令,可进行多个圆角操作。

(3) 修剪:控制圆角后线条是否修剪,如图 3-5-11 所示,左上角为修剪的结果,右上角为不修剪的结果。

(4) 多段线:选择此选项可对选中的一体图形且闭合的每个角进行圆角操作。

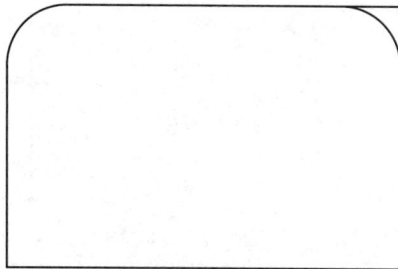

图 3-5-11　修剪与不修剪的区别

3.5.3　倒角

1. 执行方式

命令行:CHA。

工具栏:倒角按钮。

菜单栏:"修改"|"倒角"。

2. 步骤

命令:CHA　　　　　　　　　　　　　　　　　//快捷键调用倒角命令

CHAMFER

("修剪"模式)当前倒角距离 1＝0.0000,距离 2＝0.0000　　//系统提示当前倒角设置

选择第一条直线或[放弃(U)/多段线(P)/距离(D)/角度(A)/修剪(T)/方式(E)/多个(M)]:D

　　　　　　　　　　　　　　　　　　　　　//选择倒角方式

指定第一个倒角距离＜0.0000＞:40　　　　　　　//指定第一个倒角距离

指定第二个倒角距离＜0.0000＞:40　　　　　　　//指定第二个倒角距离

选择第一条直线或[放弃(U)/多段线(P)/距离(D)/角度(A)/修剪(T)/方式(E)/多个(M)]:

　　　　　　　　　　　　　　　　　　　　　//选择第一条倒角线

选择第二条直线,或按住 Shift 键选择直线以应用角点或[距离(D)/角度(A)/方法(M)]:

　　　　　　　　　　　　　　　　　　　　　//选择第二条倒角线,按空格、Enter 键完成命令

3. 常用命令行选项说明

(1) 距离:以指定两段距离的方式进行倒角,如图 3-5-12 所示。

(2) 角度:以指定一个角度和一段距离的方法来进行倒角,如图 3-5-13 所示。

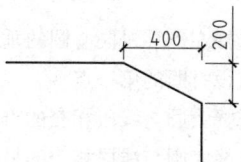

图 3-5-12　"距离"方式

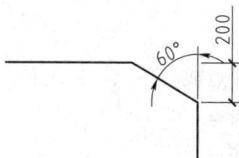

图 3-5-13　"角度"方式

3.5.4 进阶与提高

根据所学知识绘制沙发平面图。用到的命令：多段线、圆角、直线等，如图 3-5-14 所示。此图形文件为光盘中的"实例文件/第三章/3-5-沙发绘制"。

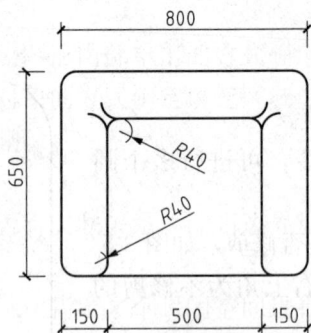

图 3-5-14 沙发绘制

实例 3.6   打断、打断于点、分解、合并

3.6.1 实例练习

【实例练习一】

如图 3-6-1 所示，此图形文件为光盘中的"实例文件/第三章/3-6-打断"。

所用命令：打断。

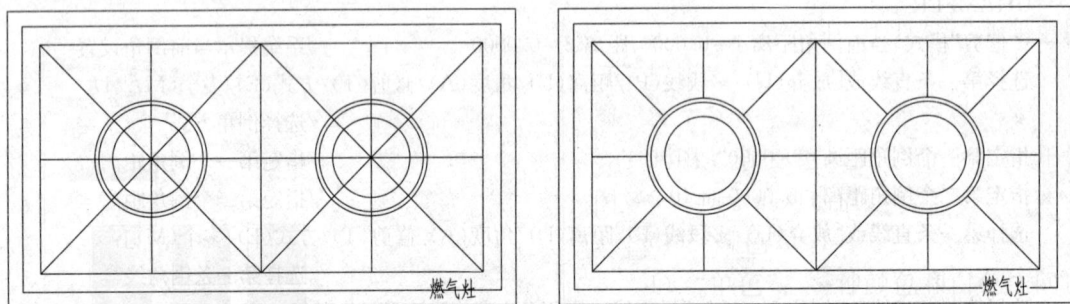

图 3-6-1 利用"打断于点"命令进行修改前后

（1）进行对象捕捉设置：对象捕捉按钮📧上右键选择属性，在弹出的对话框中勾选端点、交点、最近点，如图 3-6-2 所示。

（2）调用打断命令，对圆内部多余的线条进行打断修改，如图 3-6-3 所示。

命令:BR	//快捷键调用打断命令
BREAK	
选择对象：	//选择左侧穿过同心圆的垂线
指定第二个打断点或[第一点(F)]:F	//重设打断的第一点
指定第一个打断点：	//选择大圆与线段相交的点
指定第二个打断点：	//选择大圆与线段相交的另一点

用同样的方法对圆内其他的线段以及穿过文字的线段进行打断，最终效果如图 3-6-4 所示。

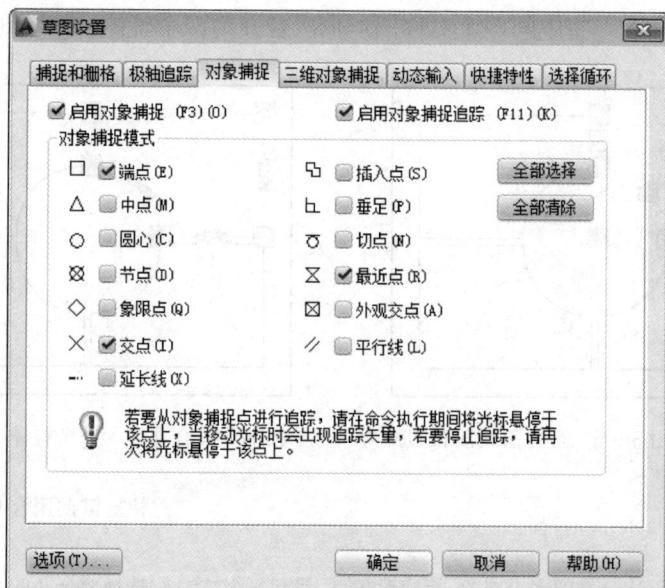

图 3-6-2　捕捉设置

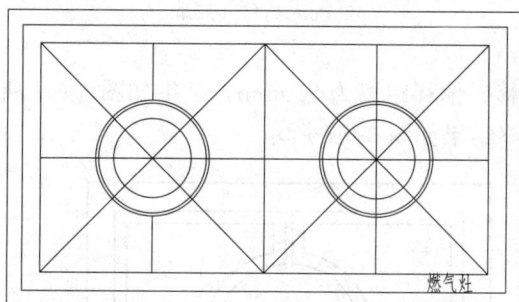

图 3-6-3　打断内部线段

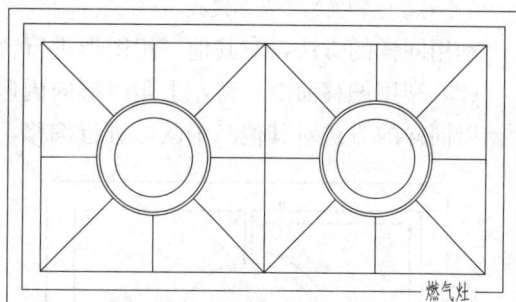

图 3-6-4　最终效果

【实例练习二】

如图 3-6-5 所示，此图形文件为光盘中的"实例文件/第二章/3-6-合并"。
所用命令：合并、偏移。

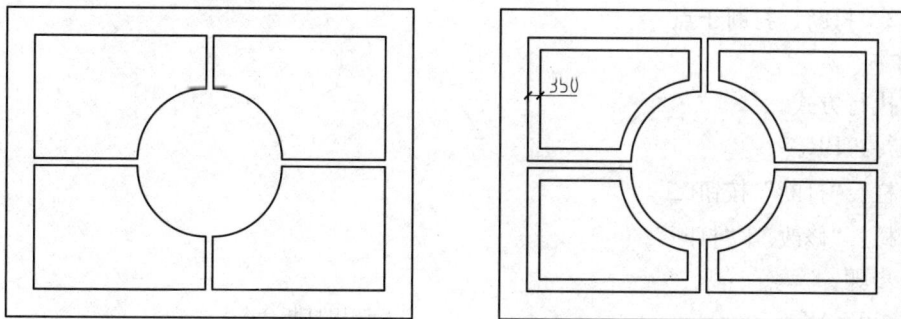

图 3-6-5　合并、偏移修改前后

（1）调用合并命令，将中间四个对称图形依次合并为四个整体，如图 3-6-6 所示。

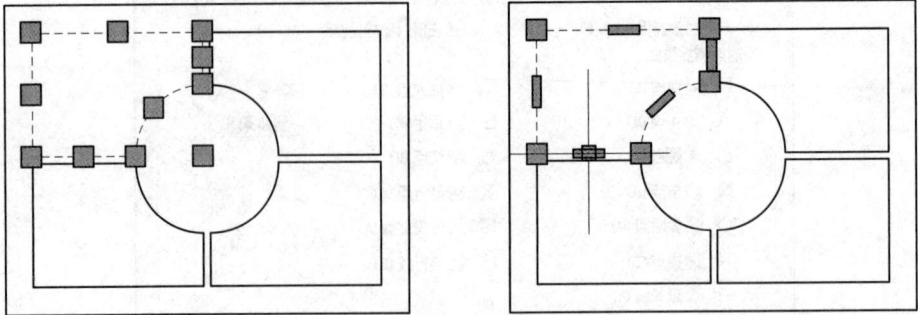

图 3-6-6　合并前线段和圆弧为四个单独部分，合并后为一个整体

命令:J　　　　　　　　　　　　　　　　　　　//快捷键调用合并命令
JOIN
选择源对象或要一次合并的多个对象:指定对角点:找到 5 个　　//选择要合并的对象,选择完成后按
　　　　　　　　　　　　　　　　　　　　　　　　　空格键结束选择

选择要合并的对象:
5 个对象已转换为 1 条多段线　　　　　　　　　　//系统提示合并完成
利用同样的方法，对其他三组图形进行合并。

（2）利用偏移命令，将左上角图形向内侧偏移、偏移距离为 350mm，结果如图 3-6-7 所示。以同样的方法对其他三个图形进行偏移，最终结果如图 3-6-8 所示。

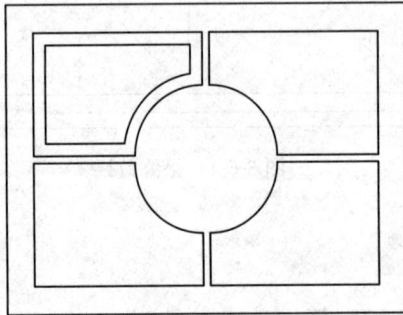

图 3-6-7　偏移结果　　　　　　　　　　　图 3-6-8　最终结果

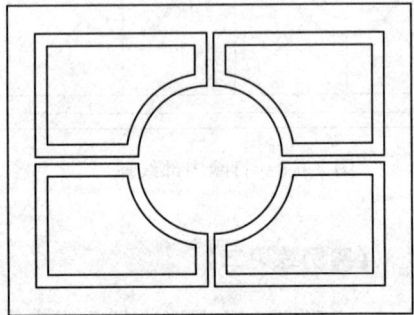

3.6.2　打断、打断于点

1. 打断

（1）执行方式。

命令行：BR。

工具栏："打断"按钮。

菜单栏："修改"|"打断"。

（2）步骤。

命令:_BREAK　　　　　　　　　　　　　　　//调用打断命令
选择对象:　　　　　　　　　　　　　　　　　//选择要打断的对象

指定第二个打断点或[第一点(F)]:f　　　　//系统自动默认选择对象时点击的位置为第
　　　　　　　　　　　　　　　　　　　　　一点,也可以输入 F 重新设定第一个打断点
指定第一个打断点:　　　　　　　　　　//单击确定第一个打断点的位置
指定第二个打断点:　　　　　　　　　　//单击确定第二个打断点的位置并结束命令

2. 打断于点

"打断于点"是指在一点上对图形进行打断,它不能对闭合的 360°曲线,如圆、椭圆等进行操作。

（1）执行方式。工具栏:"打断于点"按钮□。

（2）步骤。

命令:_break　　　　　　　　　　　//调用打断于点命令
选择对象:　　　　　　　　　　　　　//选择打断对象
指定第二个打断点或[第一点(F)]:_f　　//指定打断点完成操作
指定第一个打断点:
指定第二个打断点:@

3.6.3　分解、合并

1. "分解"

将一个整体图形、块分解为单独的直线、曲线、点。

（1）执行方式。

命令行:X。

工具栏:"分解"按钮🞐。

菜单栏:"修改"|"分解"。

（2）步骤。

命令:_EXPLODE　　　　　　　　　//调用分解命令
选择对象:找到 1 个　　　　　　　　　//选择分解对象
选择对象:　　　　　　　　　　　　　//按空格、Enter 键结束命令,选择的对象即被分解

如图 3-6-9 所示为树木图例分解前后的效果对比。圆形、椭圆、样条曲线等不能被分解。

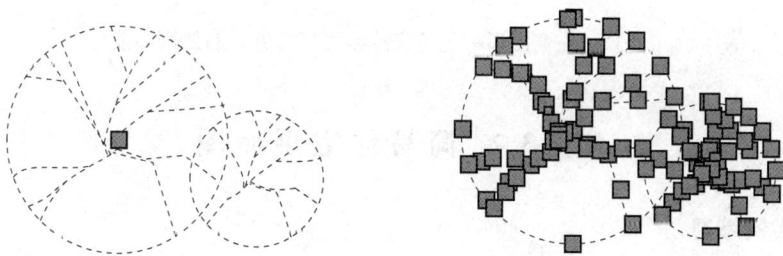

图 3-6-9　分解前、后

2. 合并

（1）执行方式。

命令行:J。

工具栏:"合并"按钮⊹。

菜单栏:"修改"|"合并"。

(2) 步骤。下面将如图 3-6-10 与图 3-6-11 所示的两段圆弧合并为圆,两段圆弧为同圆心、同半径且没有产生位移的两段圆弧。

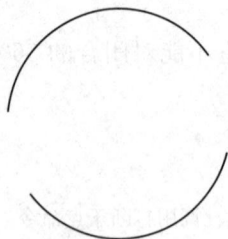

图 3-6-10　合并前　　　　　　　图 3-6-11　合并后

命令:_join	//调用合并命令
选择源对象或要一次合并的多个对象:找到 1 个	//选择上部圆弧
选择要合并的对象:	//选择下部圆弧
选择圆弧,以合并到源或进行[闭合(L)]:	//空格结束选择
选择要合并到源的圆弧:找到 1 个	
已将 1 个圆弧合并到源	//系统提示合并结果并结束命令

(3) 说明。合并可以对直线、曲线以及两者结合的图形进行操作。如果是一笔可以绘制完成的直线、曲线及其组合,则能进行合并;如果不能一笔完成则不能进行合并,如图 3-6-12 所示。

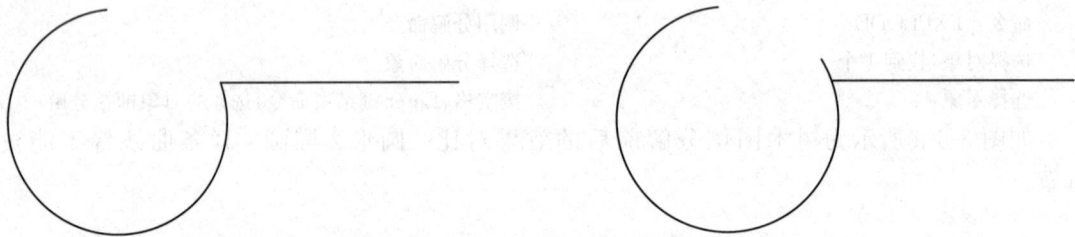

图 3-6-12　左侧图形一笔可完成则可以合并,右侧则不能

实例 3.7　简易住宅平面图

3.7.1　实例练习

绘制简易住宅平面图,如图 3-7-1 所示。此图形文件为光盘中的"实例文件/第三章/3-7-一居室平面图"。

所用命令:构造线、多线、多线编辑、直线、修剪等。

(1) 打开图层特性管理器,建立轴线、墙体、窗户三个新图层,并将轴线层设置为当前层,调整每个图层的颜色、线型,具体设置如图 3-7-2 所示。

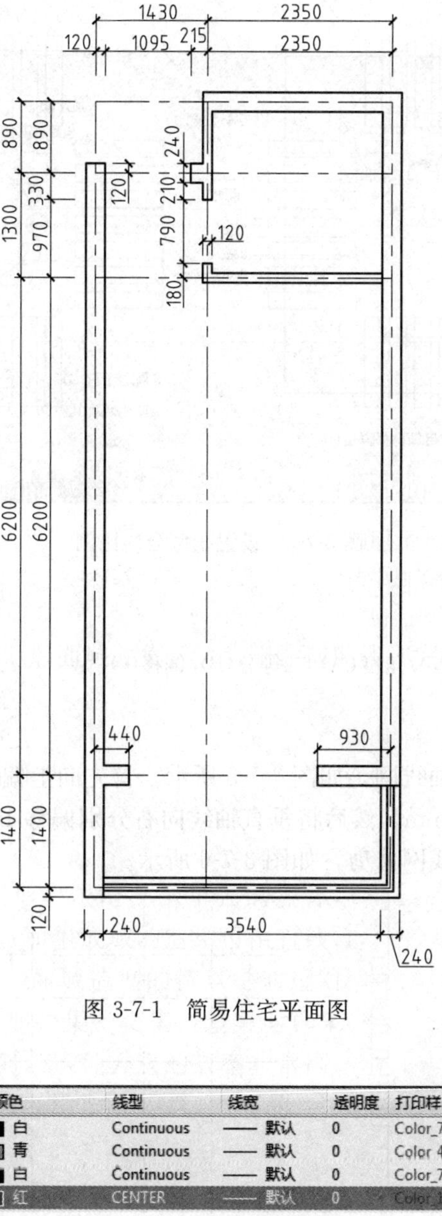

图 3-7-1　简易住宅平面图

状.	名称	开	冻结	锁...	颜色	线型	线宽	透明度	打印样...	打印	新视口冻...	说明
	0				白	Continuous	—— 默认	0	Color_7			
	窗户				青	Continuous	—— 默认	0	Color_4			
	墙体				白	Continuous	—— 默认	0	Color_7			
✓	轴线				红	CENTER	—— 默认	0	Color_1			

图 3-7-2 “图层”设置

(2) 设置线型比例：菜单栏“格式”|“线型”，打开线型管理器对话框，将全局比例因子设置为 20，如图 3-7-3 所示。

(3) 绘制轴线网。

1) 利用构造线命令绘制一条水平轴线和垂直轴线，如图 3-7-4 所示。

```
命令:XL                                                    //快捷键调用构造线命令
XLINE
指定点或[水平(H)/垂直(V)/角度(A)/二等分(B)/偏移(O)]:h      //选择水平选项
指定通过点:                                                //绘图区任意位置点击
```

指定通过点：   //空格键结束命令

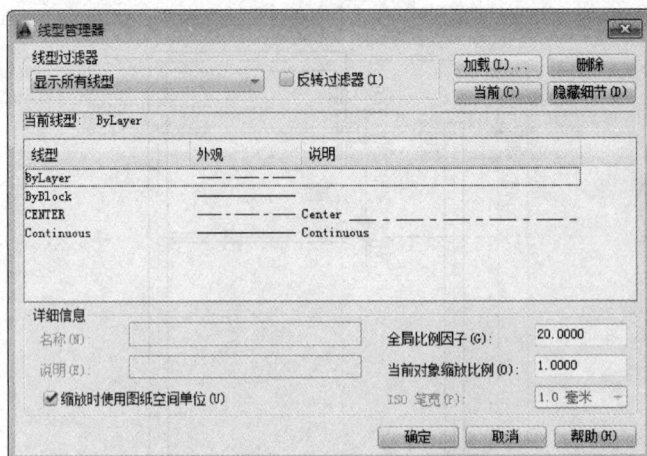

图 3-7-3   设置线型全局比例

命令:XL   //快捷键调用构造线命令

XLINE

指定点或[水平(H)/垂直(V)/角度(A)/二等分(B)/偏移(O)]:v   //选择垂直选项

指定通过点：   //绘图区中点击指定

指定通过点：   //空格键结束命令

2）利用偏移命令做出轴线网，如图 3-7-5 所示。首先向上偏移水平轴线，偏移数值依次为 1400、6200、1300、890mm。然后将垂直轴线向右分别偏移 1430、2350mm。

3）利用修剪命令将轴线网修剪，如图 3-7-6 所示。

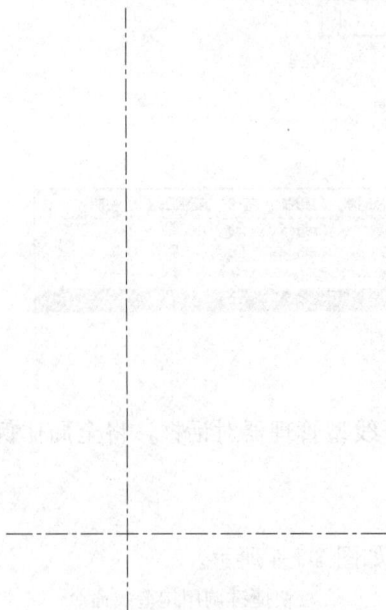

图 3-7-4   水平、垂直构造线   图 3-7-5   偏移出轴线网   图 3-7-6   修剪

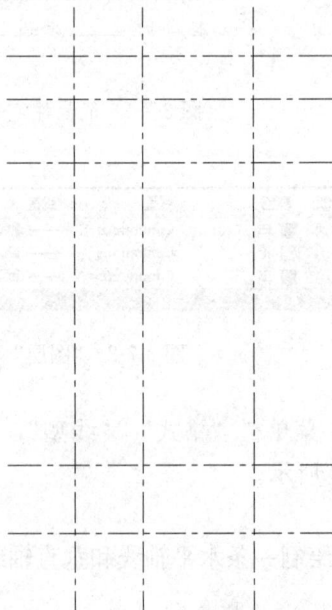

（4）进行多线设置。菜单栏"格式"|"多线样式"或者命令行输入"MLST"按空格键

打开多线设置对话框。根据图纸要求，分别新建宽度为 120、240 的墙线以及宽度为 240 窗户多线。设置参数如图 3-7-7～图 3-7-9 所示。设置完成后将 240 墙线设定为当前样式。

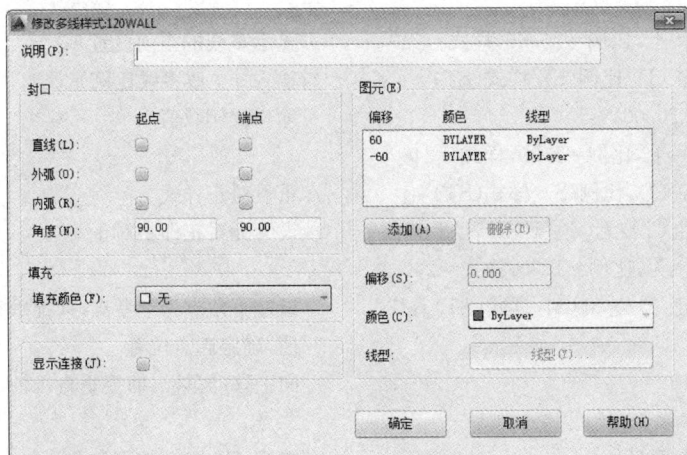

图 3-7-7　120 墙线设置

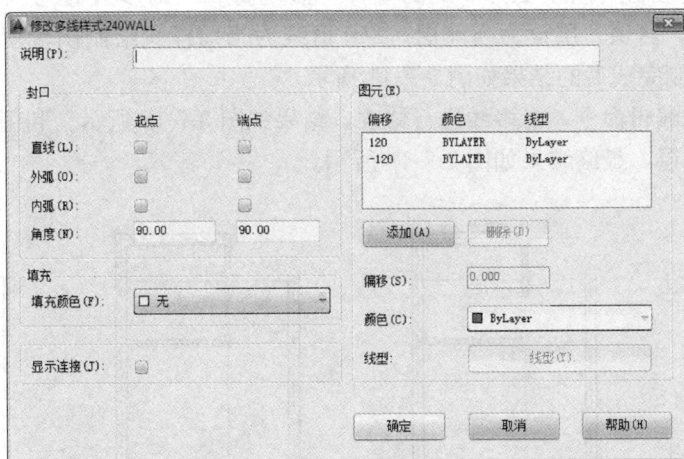

图 3-7-8　240 墙线设置

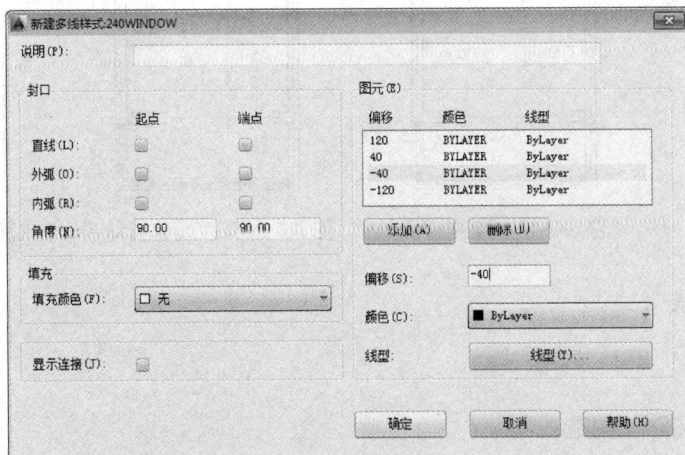

图 3-7-9　240 厚窗线设置

（5）将"墙体"层设为当前层，绘制左侧厚度为 240 的外墙，如图 3-7-10 所示。

命令:ML   //快捷键调用多线命令

MLINE

当前设置:对正＝上,比例＝20.00,样式＝240 //显示多线的当前设置

指定起点或[对正(J)/比例(S)/样式(ST)]:s //输入 s 更改多线比例

输入多线比例＜20.00＞:1   //输入比例数值

当前设置:对正＝上,比例＝1.00,样式＝240

指定起点或[对正(J)/比例(S)/样式(ST)]:j //重设对正样式

输入对正类型[上(T)/无(Z)/下(B)]＜上＞:z //设为无对正即中对正

当前设置:对正＝无,比例＝1.00,样式＝240

指定起点或[对正(J)/比例(S)/样式(ST)]:120 //以左下角点为参考点,捕捉垂直极轴并输入数
                 值,确定起点位置

指定下一点:9140   //向上移动鼠标,捕捉垂直极轴,输入数值确定第
                 二点

指定下一点或[放弃(U)]:   //空格、Enter 键结束命令

以同样的方式绘制其他厚度为 240 的墙体。然后将 120 的多线置为当前，绘制厚度为 120 的墙体。最后，将窗户层设为当前层，240 窗线为当前样式绘制阳台窗户。具体尺寸如图 3-7-1 所示。绘制完成后的结果如图 3-7-11 所示。

（6）利用多线编辑命令，对多线进行修改，结果如图 3-7-12 所示。利用直线命令将墙体补齐，并关闭轴线层，最终结果如图 3-7-13 所示。

图 3-7-10 绘制外墙   图 3-7-11 绘制完成   图 3-7-12 多线编辑结果   图 3-7-13 最终效果

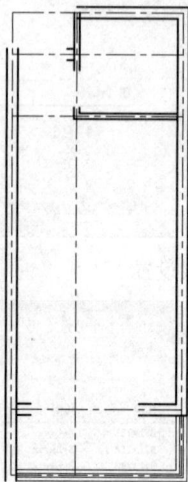

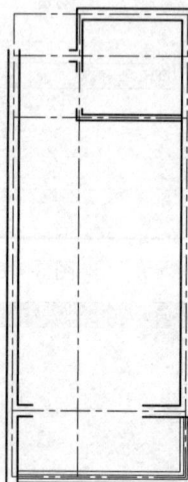

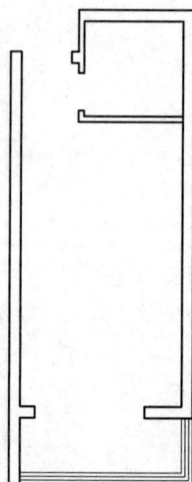

3.7.2　构造线

1. 执行方式

命令行：XL。

菜单栏："绘图"|"构造线"。

工具栏："构造线"按钮 。

2. 步骤

命令:_XLINE　　　　　　　　　　　　　　　　//调用构造线命令
指定点或[水平(H)/垂直(V)/角度(A)/二等分(B)/偏移(O)]:　//指定构造线经过的点
指定通过点:　　　　　　　　　　　　　　　　//指定构造线经过第二点
指定通过点:　　　　　　　　　　　　　　　　//指定构造线所要经过的另一点,
　　　　　　　　　　　　　　　　　　　　　　完成后按按 Esc 键结束构造线
　　　　　　　　　　　　　　　　　　　　　　的绘制

3. 命令行选项说明

(1) 水平:选择该选项,可绘制水平构造线。

(2) 垂直:选择该选项,可绘制垂直的构造线。

(3) 角度:选择该选项,可按指定的角度创建一条构造线。

(4) 二等分:选择该选项,可创建已知角的角平分线。

(5) 偏移:选择该选项,可创建平行于指定对象的构造线。

3.7.3　多线

1. 多线样式

菜单栏中选择"格式"|"多线样式"命令,或者命令行中输入"MLST"后按空格键,打开如图 3-7-14 所示的"多线样式"对话框。

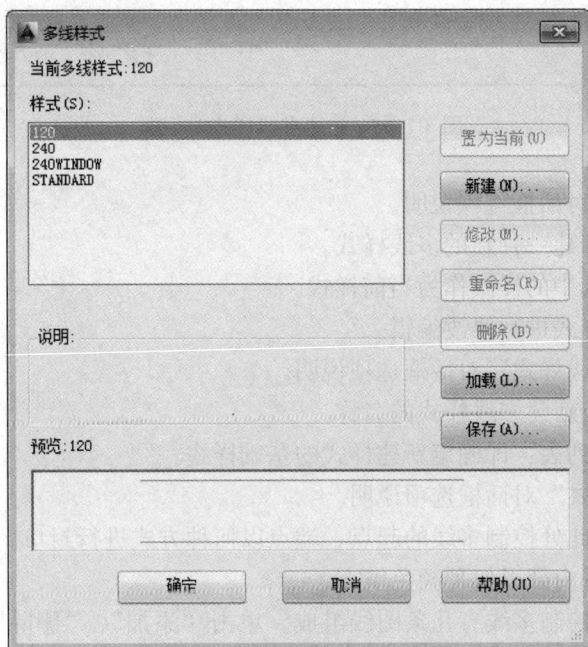

图 3-7-14　"多线样式"对话框

单击"新建"按钮,打开"创建新的多线样式"对话框,如图 3-7-15 所示,在"新样式名"文本输入框中输入名称,单击"继续"按钮即可进入多线设置对话框,如图 3-7-16 所示。

图 3-7-15　输入新样式名称

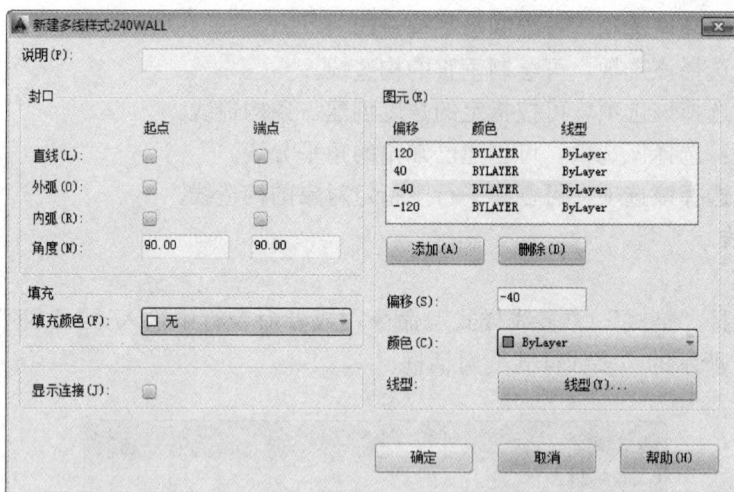

图 3-7-16　新建多线样式对话框

（1）"多线样式"对话框选项说明。

"新建"：单击后新建一种新的多线样式。

"置为当前"：将选中的样式作为当前样式。

"修改"：对多线样式进行修改编辑。

（2）"创建新的多线样式"对话框选项说明。

"新样式名"：输入新建多线样式的名称。

"基础样式"下拉列表：即确定新建样式的基础样式。

（3）"新建多线样式"对话框选项说明。

"封口"选项组：此处控制多线的起点、端点以何种方式进行封口。

"填充颜色"：多线内部以何种颜色填充。

"图元"选项组：控制多线有几条图线组成。单击"添加"、"删除"按钮可增加、删除图元。在选择框中选中要修改的图元，在下边的"偏移"、"颜色"、"线型"中可以进行修改。

2. 多线绘制

（1）执行方式。

命令行：ML。

菜单栏："绘图"｜"多线"。

（2）步骤。

命令：_mline　　　　　　　　　　　　　　　//调用多线命令
当前设置：对正=无，比例=20.00，样式=STANDARD　//多线当前设置
指定起点或[对正(J)/比例(S)/样式(ST)]：　　　　//指定第一点
指定下一点：　　　　　　　　　　　　　　　//指定第二点
指定下一点或[放弃(U)]：　　　　　　　　　//空格、Enter 键结束命令

（3）常用命令行选项说明。

对正：系统提供三种对正方式：上、无、下。对正效果如图 3-7-17 所示。

图 3-7-17　自左至右分别为上、无、下对正

比例：多线的宽度比例。例如，多线样式对话框中设定的总宽度为 240，此处比例为 20，则绘制出的多线实际宽度为 240×20 即 4800。

3. 多线编辑

执行方式：菜单栏"修改"｜"对象"｜"多线"或者直接在绘制好的多线上双击即可打开"多线编辑工具"对话框，如图 3-7-18 所示。

多线编辑工具提供了 4 列 12 种方式。其中，第一列用于编辑修改十字交叉的多线，第二列用于编辑修改 T 字形多线，第三列编辑角点和顶点，第四列编辑多线的剪切。

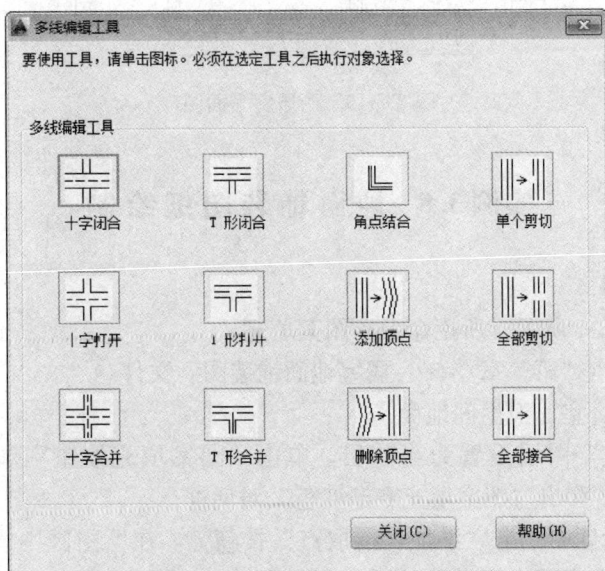

图 3-7-18　"多线编辑工具"对话框

3.7.4　进阶与提高

根据所学的知识绘制两居室户型图，如图 3-7-19 所示。此图形文件为光盘中的"实例文件/第三章/3-7-两居室平面图"。用到的命令：多线、多线编辑、构造线、修剪、直线等

命令。

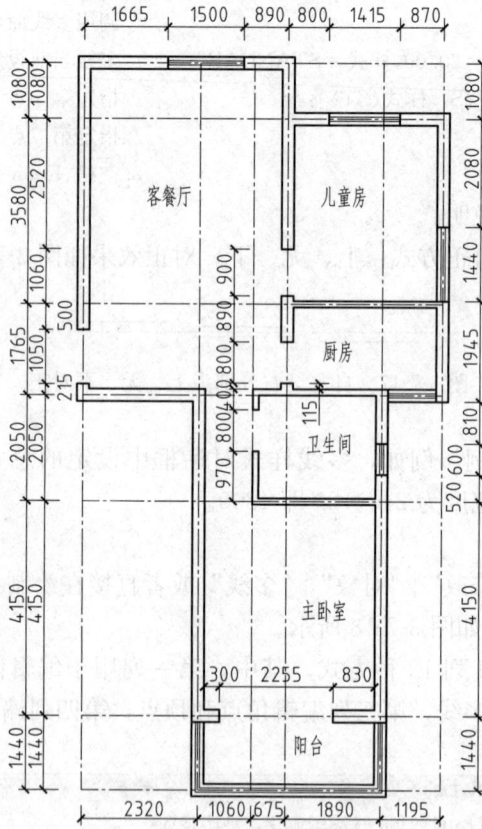

图 3-7-19 两居室平面图

实例3.8 地面铺装图纸绘制

3.8.1 实例练习

实例文件如图 3-8-1 所示。所用命令：图案填充。

（1）打开配套光盘"第三章/3-8—居室地面铺装图"文件。

（2）填充客厅、卧室、卫生间地面。

1）将"地面填充"图层设置为当前层，单击"图案填充按钮" ▨ 或者在命令行输入"H"，然后单击空格，弹出"图案填充和渐变色"对话框。

2）在弹出的对话框中单击"添加：拾取点"按钮▣，在绘图区中客厅、卧室或卫生间内部任意一点单击，选中填充区域，然后进行如图 3-8-2 所示的设置。设定完成后单击"确定"按钮结束命令，完成后的结果如图 3-8-3 所示。

（3）以同样的方式填充阳台地面、客厅与阳台衔接的地面、入户门地面。填充参数设置如图 3-8-4～图 3-8-6 所示。填充结果如图 3-8-7 所示。

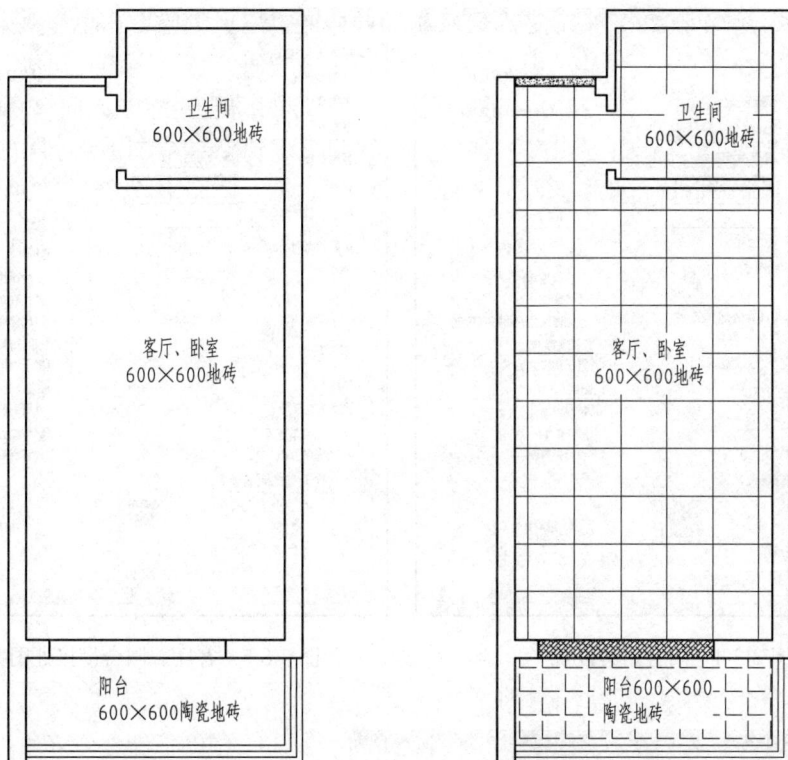

图 3-8-1　一居室地面铺装图

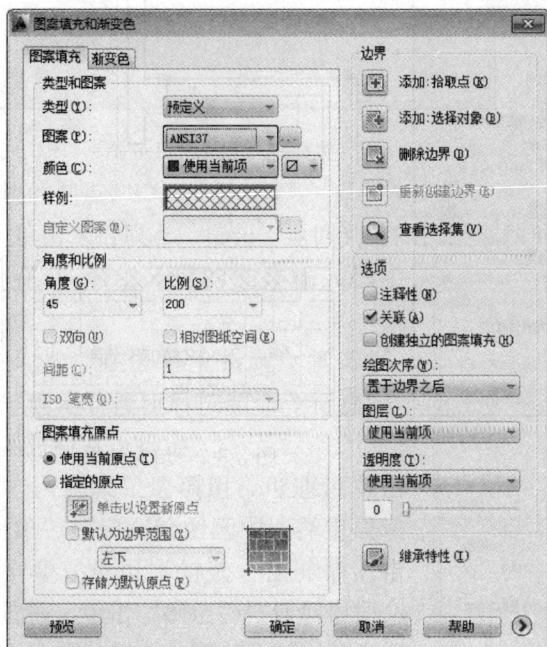

图 3-8-2　填充图案设置

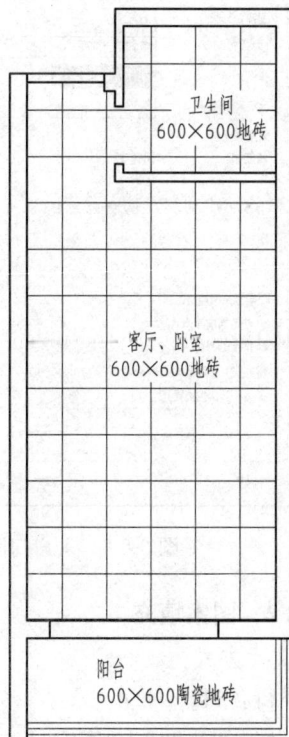

图 3-8-3　填充结果

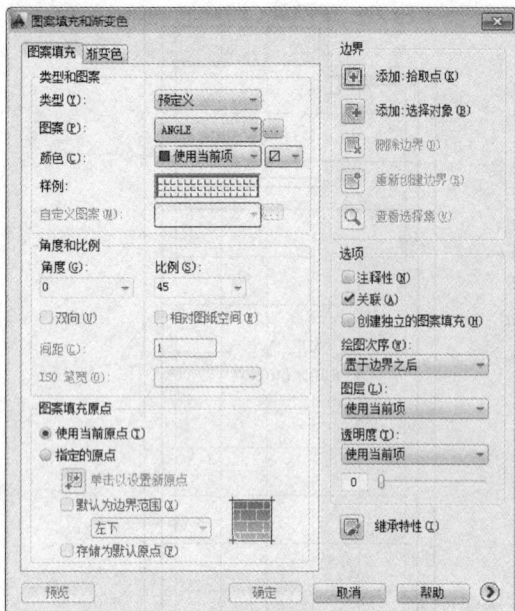

图 3-8-4　阳台图案设置

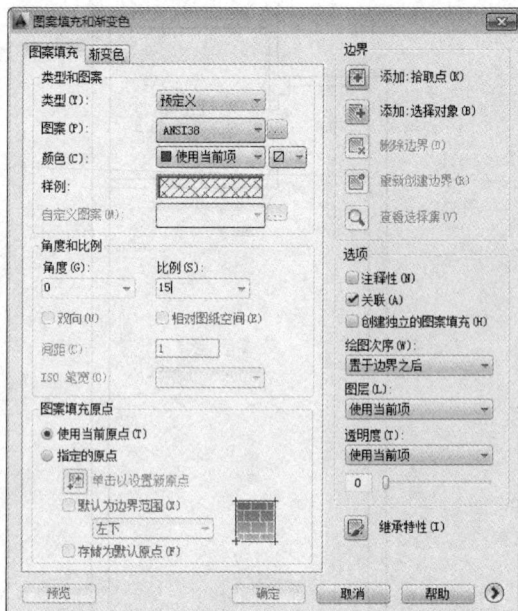

图 3-8-5　客厅、阳台衔接处图案设置

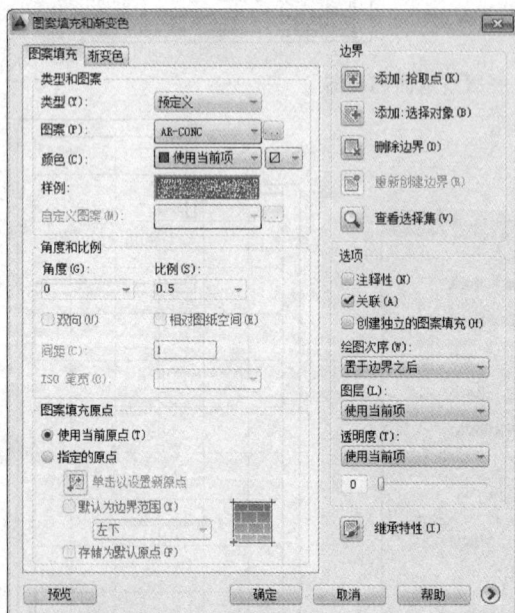

图 3-8-6　入户门图案设置

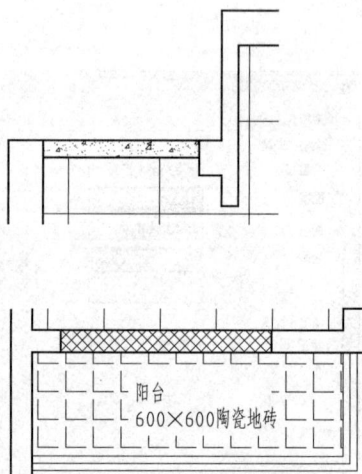

图 3-8-7　填充结果

3.8.2　图案填充

1. 执行方式

命令行：H。

菜单栏："绘图" | "图案填充"。

工具栏："绘图"工具栏"图案填充"按钮。

2."图案填充"选项卡设置

打开"图案填充和渐变色"对话框，单击对话框的"更多选项"⑨按钮，显示完整的对话窗口，如图 3-8-8 所示。

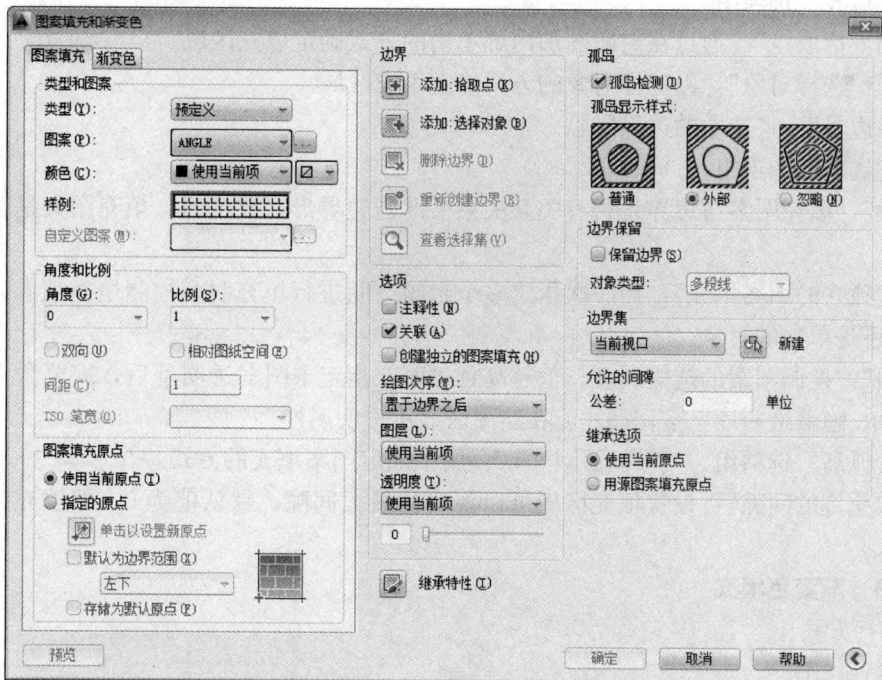

图 3-8-8　"图案填充和渐变色"对话框

"图案填充"选项卡：

（1）类型和图案选项组。

"类型"：选择填充图案的类型。"用户定义"选项表示用户临时定义图案填充；"自定义"表示可选用".PAT"文件中的填充图案。"预定义"表示可选用 AutoCAD 的标准图案文件中的填充图案。

"图案"：可通过下拉列表中的图案名称进行选择，也可以单击卜拉列表框右侧的按钮，弹出如图 3-8-9 所示的"填充图案选项板"对话框，从中进行选择。

"颜色"：选择填充图案颜色。

"样例"：预览选中图案的效果。单击"样例"预览框中的图案也可以弹出如图 3-8-9 所示的"填充图案选项板"。

（2）"角度和比例"选项组。

"角度"：打开下拉列表选择填充图案的旋转角度。

"比例"：确定填充图案的疏密。数值越小图

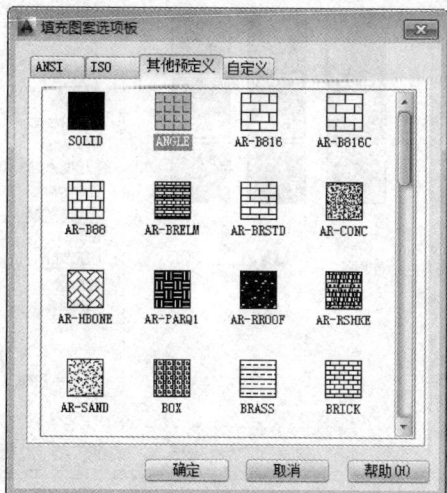

图 3-8-9　"填充图案选项板"对话框

案越密集，越大越稀疏。

（3）"图案填充原点"选项组。

"指定的原点"：通过在绘图区指定的方式，重新指定图案填充的起始点。

（4）"边界"选项组。

"添加：拾取点"：通过在封闭图形内部单击的方式确定填充区域。

"添加：选择对象"：以选择对象的方式确定填充区域。

"删除边界"：将选中的边界删除。

（5）"选项"选项组。

"关联"：填充图案与边界是否有关联关系。即当边界形状改变时，填充图案是否会随之变化。

"创建独立的图案填充"：当一次指定多个封闭空间进行填充时，控制填充结束后图案为整体对象还是单独的对象。

"透明"：控制图案的透明属性。值越高越透明。指定了图案透明度后，需要激活状态栏中的"显示/隐藏透明度"按钮■才能在绘图区显示透明属性。

（6）"孤岛"选项组。"孤岛显示样式"：用于确定图案填充的方式。

（7）"允许的间隙"：设置填充区域可以忽略的最大间隙。默认值为 0，即填充区域必须是封闭的。

3.8.3　渐变色填充

1. 执行方式

命令行：GD。

菜单栏："绘图"|"渐变色"。

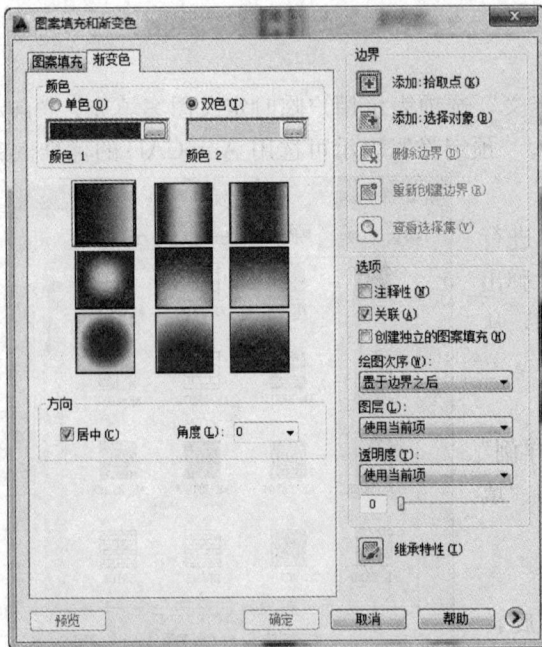

工具栏："绘图"工具栏"渐变色填充"按钮■。

2. "渐变色"选项卡框设置

调用"渐变色填充"命令，打开如图 3-8-10 所示的对话框。

（1）"颜色"。

1）"单色"：一种颜色和白色之间进行渐变。

2）"双色"：两种颜色之间进行渐变。颜色的选择可通过单击颜色条右侧的按钮弹出"选择颜色"对话框进行选择。

（2）渐变方式：AutoCAD 提供了 9 种基本的渐变样式。

（3）"方向"：

1）"居中"复选框：控制渐变的样式是否居中。

2）"角度"下拉列表：控制渐变样式的角度。

图 3-8-10　"渐变色"对话框

3.8.4 进阶与提高

根据所学的知识绘制户型地面填充图案，如图 3-8-11 所示。用到的命令：图案填充等。此图形文件为光盘中的"实例文件/第三章/3-8-两居室地面铺装图"。

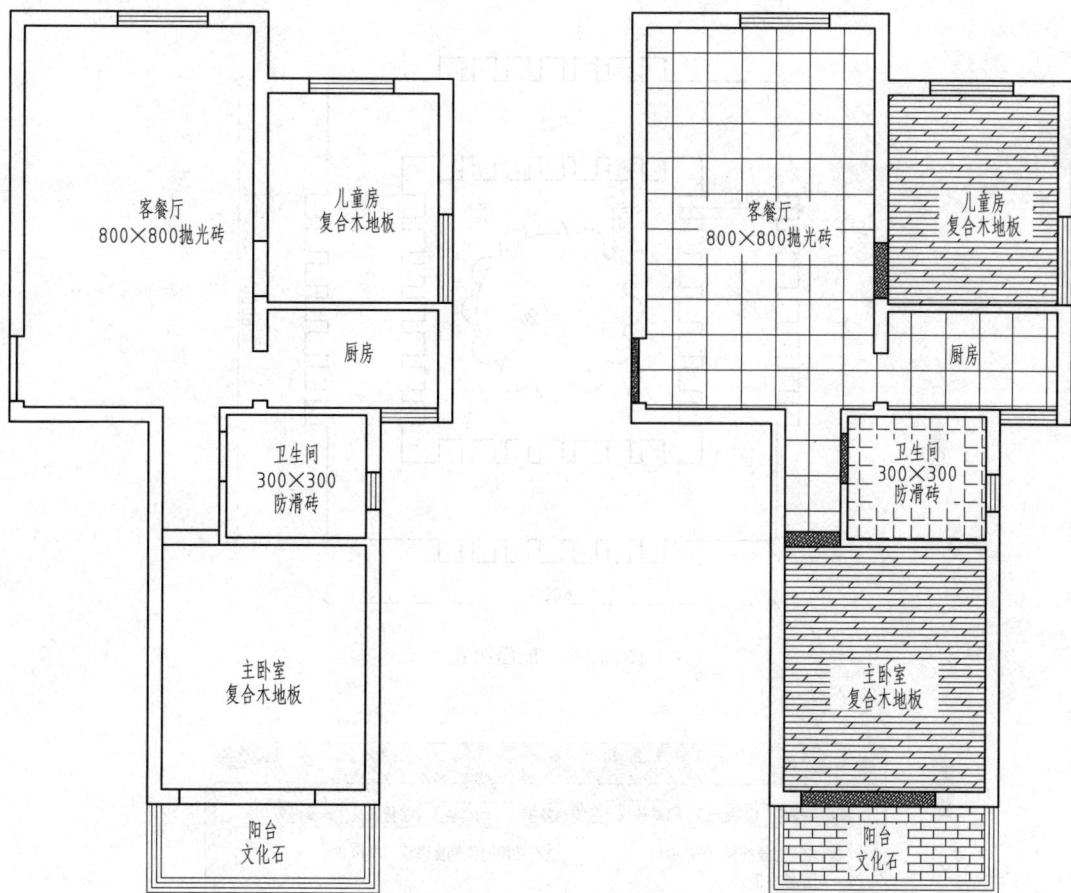

图 3-8-11 两居室地面铺装图

实例 3.9 绘制地面拼花

3.9.1 实例练习

实例如图 3-9-1 所示。此图形文件为光盘中的"实例文件/第三章/3-9-地面拼花"。所用命令：矩形、圆、面域、实体编辑。

（1）设置对象捕捉，勾选端点、圆心、交点；激活极轴追踪，如图 3-9-2 所示。

（2）绘制地面拼花基础图形。首先绘制两条轴线为图形的辅助线，运用"矩形"和"圆"命令绘制基础图形，并用偏移和阵列命令对图形进行修改，结果如图 3-9-3 所示。

1）绘制最外部大矩形，尺寸为 6000mm×6000mm。

2）利用偏移命令将大矩形向内偏移 1000mm。

3）以 A 点为圆心绘制半径为 1000mm 的大圆。以水平辅助线与大圆的左侧交点为圆心绘制半径为 200mm 的小圆。

4）利用矩形命令绘制左侧最小的矩形。

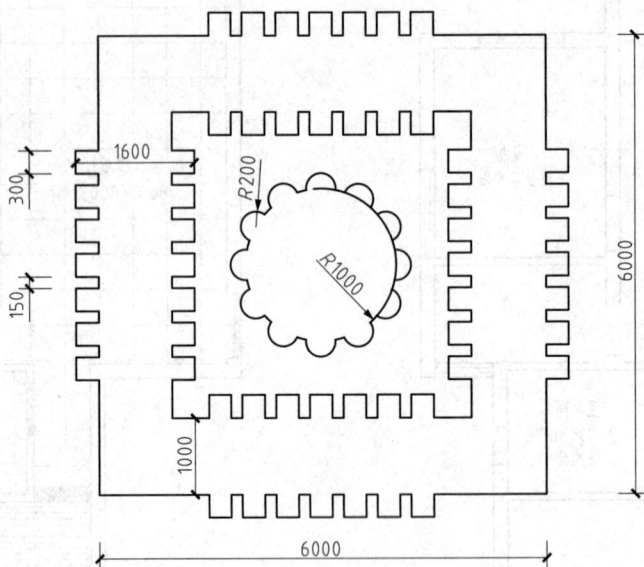

图 3-9-1　地面拼花

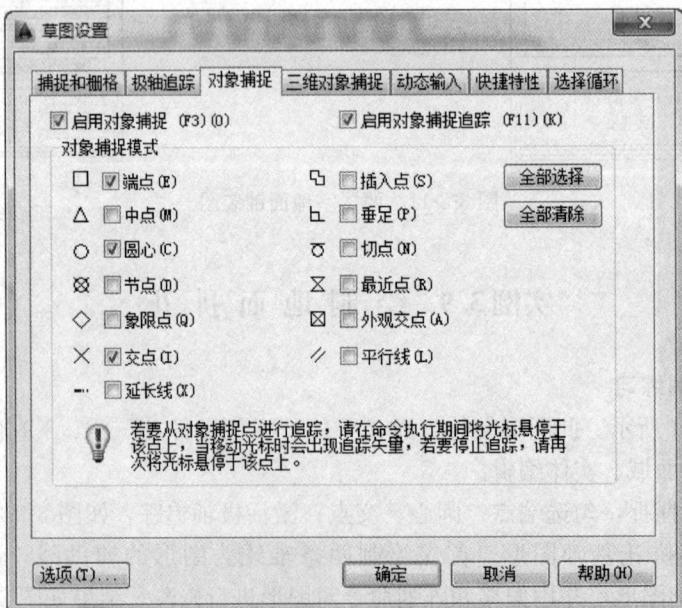

图 3-9-2　捕捉设置

命令:_rectang　　　　　　　　　　　　　　//调用矩形命令

指定第一个角点或[倒角(C)/标高(E)/圆角(F)/厚度(T)/宽度(W)]:_from 基点:<偏移>:@－300,

－150　　　　　　　　　　　　　　　　　//调用"捕捉自"命令,指定水平参考

线与大矩形左侧垂直线交点为参考

点,输入数值确定第一点

指定另一个角点或[面积(A)/尺寸(D)/旋转(R)]:@1600,300　　//输入相对坐标值,确定第二点

（3）调用矩形阵列命令,关掉关联选项,阵列行数为 4,行间距为 450,列数为 1 的小的矩形组,如图 3-9-4 所示。

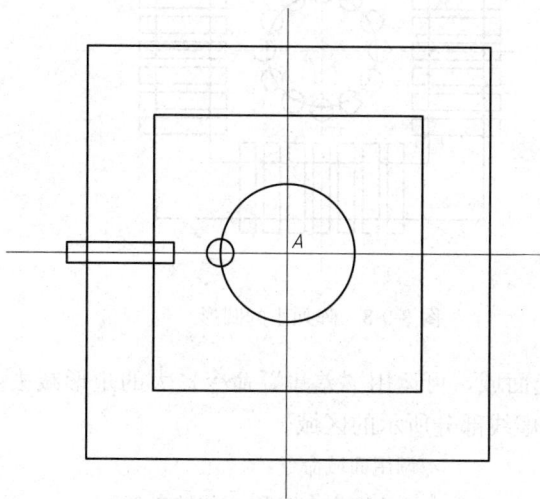

图 3-9-3　拼花基础图形　　　　　　　　图 3-9-4　阵列小的矩形

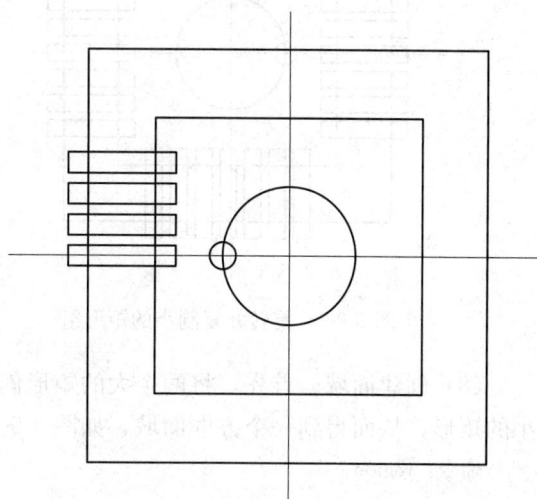

（4）以水平参考线为镜像线,将刚完成的小矩形组进行镜像,结果如图 3-9-5 所示。

（5）再次运用镜像命令将制作出的小的矩形组镜像到右侧,镜像线为垂直辅助线,如图 3-9-6 所示。

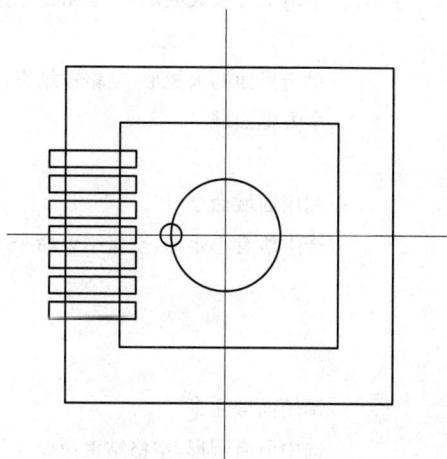

图 3-9-5　镜像小的矩形组　　　　　　　图 3-9-6　镜像矩形组到右侧图

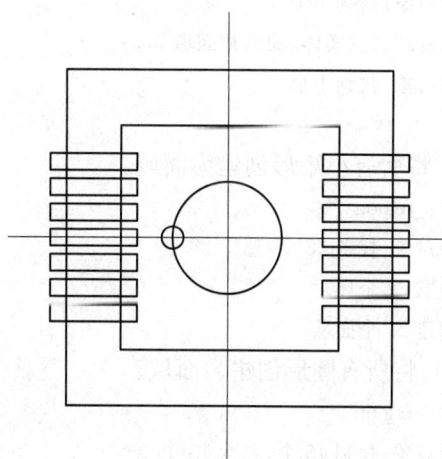

（6）运用旋转命令将两组小矩形复制旋转到上下两侧，如图 3-9-7 所示。

（7）调用环形阵列命令，关掉关联选项，将小圆以 A 为中心点阵列 12 个，如图 3-9-8 所示。

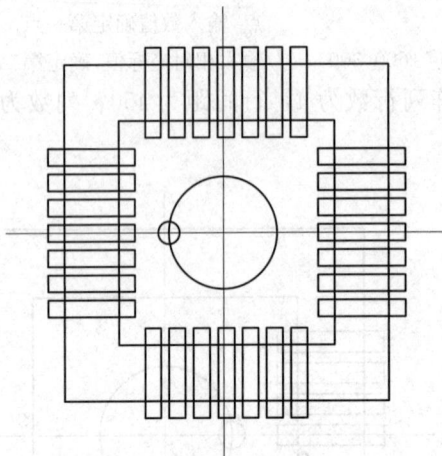

图 3-9-7　旋转并复制小的矩形组	图 3-9-8　阵列小的圆形

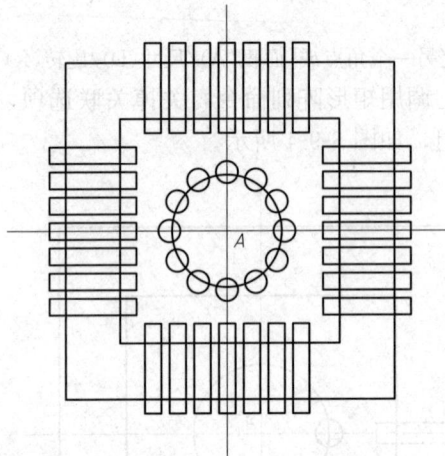

（8）创建面域。首先，将两个大的矩形创建面域，再运用"差集"命令，大的矩形减去小的矩形，从而得到一个方框面域，如图 3-9-9 虚线部分所示的区域。

命令：_region	//调用面域命令
选择对象：找到 2 个，总计 2 个	//选中两个大矩形，空格结束命令
已提取 2 个环。	
已创建 2 个面域。	

调用差集命令，用大矩形减去小矩形

命令：_subtract 选择要从中减去的实体、曲面和面域…	//调用差集命令
选择对象：找到 1 个	//单击最外层大的矩形，空格键结束
选择要减去的实体、曲面和面域…	
选择对象：找到 1 个	//单击里面的大矩形，空格键结束，形成一个方框面域

（9）将所有小矩形创建为面域。

命令：_region	//调用面域命令
选择对象：找到 28 个，总计 28 个	//选中所有小矩形，空格结束命令
已提取 28 个环。	
已创建 28 个面域。	

（10）将所有圆形创建为面域。

命令：_region	//调用面域命令
选择对象：找到 13 个，总计 13 个	//选中所有圆形，空格结束命令
已提取 13 个环。	
已创建 13 个面域。	

（11）将圆形面域进行并集，如图 3-9-10 所示。

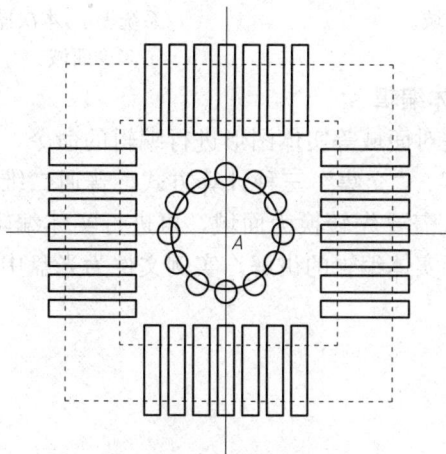

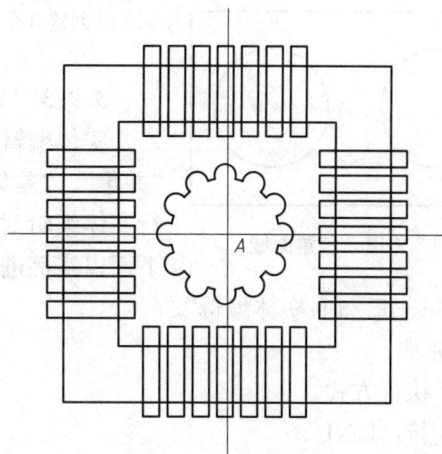

图 3-9-9　创建面域　　　　　　　　　　　　　图 3-9-10　圆面域并集

命令:_union　　　　　　　　　　　　　　　　//调用并集命令
选择对象:找到 13 个,总计 13 个　　　　　　　//选中所有圆形面域
选择对象:　　　　　　　　　　　　　　　　//空格完成命令,所有圆面域并集在一起

（12）方框面域与多个小矩形面域并集，然后删除辅助线，完成最终的效果，如图 3-9-11
所示。

命令:_union　　　　　　　　　　　　　　　　//调用并集命令
选择对象:指定对角点:找到 21 个　　　　　　　//选择方框与小矩形,空格完成命令
选择对象:

3.9.2　面域

面域是指二维的封闭图形，域是一个单独的实体，
具有面积、周长等几何特征，而组成域的造型可由直线、
圆、圆弧、曲线等形式围合。面域造型的特点是通过对
面域对象的实体编辑操作，如并集、交集、差集运算来
构成图形，当边界比较复杂时，这种方法的效率非常高。
如果对象为面域，图案填充时也是非常快捷、方便的。

1. 执行方式

命令行：REG。

工具栏命令："绘图"工具栏上的"面域"按钮▣。

菜单命令："绘图"|"面域"。

图 3-9-11　地面拼花最终造型

2. 步骤

使用面域命令将图形创建为面域，如图 3-9-12 所示。

命令:_region　　　　　　　　　　　　　　　//调用矩形命令
选择对象:找到 1 个　　　　　　　　　　　　//选择矩形
选择对象:找到 1 个,总计 2 个　　　　　　　　//选择左侧圆形
选择对象:找到 1 个,总计 3 个　　　　　　　　//选择右侧圆形
选择对象:　　　　　　　　　　　　　　　　//按 Enter 键结束命令
已提取 3 个环。

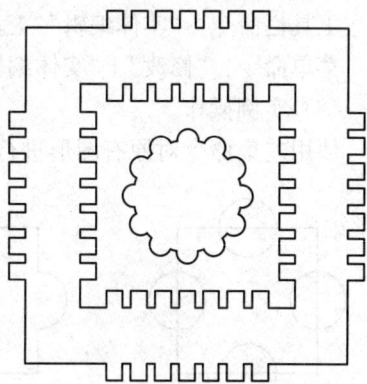

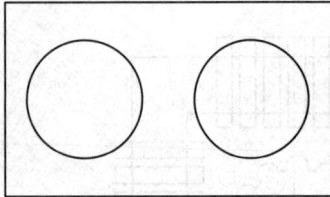

图 3-9-12　创建面域

已创建 3 个面域。　　　　　　　　　　//系统提示,本次操作创建
　　　　　　　　　　　　　　　　　　　　了多少面域

3.9.3　实体编辑

实体编辑是对面域等实体图形进行编辑的命令,可采用"并集"、"差集"、"交集"三种计算方式。普通二维图形进行实体编辑时,需要先转换为面域,再进行实体编辑操作。下面以实例进行实体编辑的讲解。实例文件为光盘中的"实例文件/第三章/3-9-实体编辑"。

1. 并集

(1) 执行方式。

命令行:UNI。

工具栏命令:"实体编辑"工具栏上的"并集"按钮◎。

菜单命令:"修改"|"实体编辑"|"并集"。

(2) 实例操作。

使用并集命令对原有图形进行修改,如图 3-9-13 所示。

命令:_union　　　　　　　　　　　　//调用并集命令
选择对象:找到 5 个　　　　　　　　　　//提示选中的对象数量
选择对象:　　　　　　　　　　　　　//单击空格、Enter 键结束操作。

2. 差集

(1) 执行方式。

命令行:SU。

工具栏命令:"实体编辑"工具栏上的"差集"按钮◎。

菜单命令:"修改"|"实体编辑"|"差集"。

(2) 实例操作。

使用差集命令对原有图形进行修改,如图 3-9-14 所示。

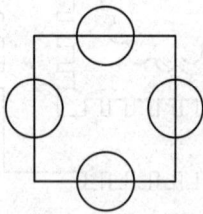  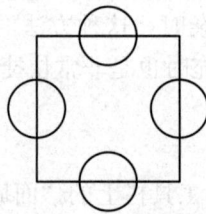 

图 3-9-13　并集　　　　　　　　　　　　　　图 3-9-14　差集

命令:_subtract　　　　　　　　　　//调用差集命令
选择对象:找到 1 个　　　　　　　　　//选择矩形面域
选择对象:　　　　　　　　　　　　//按空格键确定
选择对象:找到 4 个　　　　　　　　　//选择 4 个圆形面域
选择对象:　　　　　　　　　　　　//按空格键结束命令

3. 交集

(1) 执行方式。

命令行:IN。

工具栏命令："实体编辑"工具栏上的"交集"按钮◎。

菜单命令："修改"|"实体编辑"|"交集"。

（2）实例操作。

使用交集命令对原有图形进行修改，如图 3-9-15 所示。

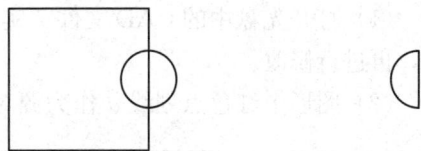

图 3-9-15　交集

命令:_intersect	//调用交集命令
选择对象:找到 2 个	//选择矩形面域和圆形面域
选择对象:	//按空格键结束命令

3.9.4　进阶与提高

根据所学的知识绘制造型图案。用到的命令：对象捕捉、极轴追踪、圆、多边形、面域、实体编辑等，如图 3-9-16 所示。此图形文件为光盘中的"实例文件/第二章/3-9-地漏"。

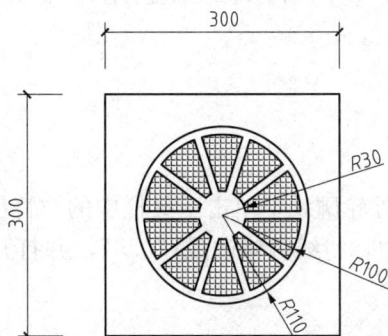

图 3-9-16　地漏

实例 3.10　更改对象特性：快捷特性、特性、特性匹配、钳夹点

在 AutoCAD 中，每个对象都有自己的特性，系统赋予这些对象的线型、线宽、颜色、图层等属性，通过特性匹配、特性、快捷特性等命令可改变对象的属性。

3.10.1　实例练习

实例文件如图 3-10-1 所示。所用命令：特性、快捷特性、钳夹点、镜像。

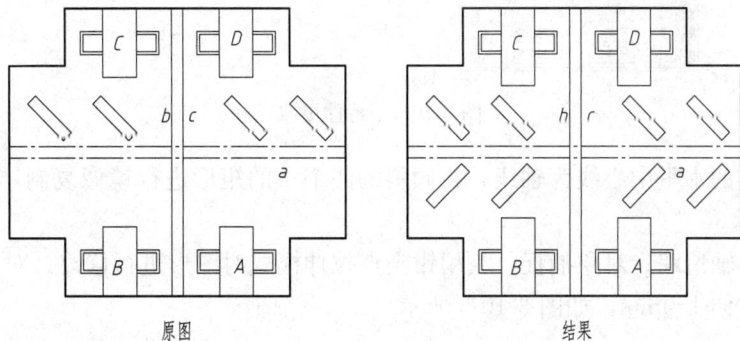

原图　　　　　　　　　　　　　　结果

图 3-10-1　对象属性修改

（1）打开光盘中的 CAD 文件"实例文件/第三章/3-10-编辑对象属性"，将原图形复制一个，再进行修改。

（2）图形中红色点划线 *a* 作为源对象，对线段 *b*、*c* 进行特性匹配，如图 3-10-2 所示。

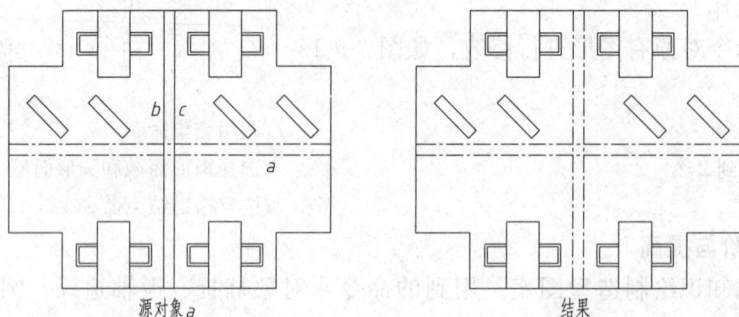

图 3-10-2　快捷特性

命令：MA MATCHPROP	//调用特性匹配命令
选择源对象：	//选择红色点划线 a
选择目标对象或[设置(S)]：	//选择图形中的线段 b 和 c
选择目标对象或[设置(S)]：	//按空格键结束命令

（3）对象属性修改：选中外轮廓线，单击工具栏中的"特性"按钮或者按快捷键 Ctrl＋1 键，在打开的"特性"面板中，将线宽修改成"0.5"，并打开显示线宽按钮，修改后的效果如图 3-10-3 所示。

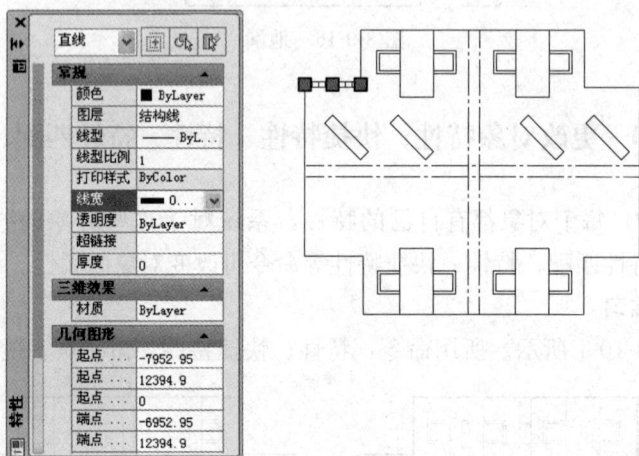

图 3-10-3　特性更改

（4）以图形的水平中心线为轴线，将倾斜的四个小的矩形进行镜像复制，修改后的效果如图 3-10-4 所示。

（5）激活极轴追踪、对象捕捉，利用钳夹点拉伸模式对图形进行修改。对矩形 *B* 上方水平线垂直向上拉伸 150mm，如图 3-10-5 所示。

命令：	//选择矩形 B
命令：	//选种上侧水平线的中间钳夹点

指定拉伸点或[基点(B)/复制(C)/放弃(U)/退出(X)]:150　　　　//输入垂直向上拉伸的数值

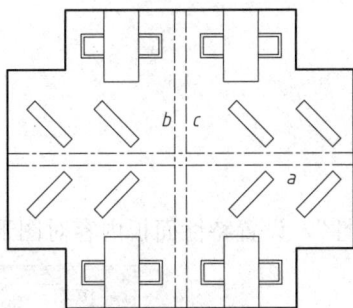

图 3-10-4　图形镜像

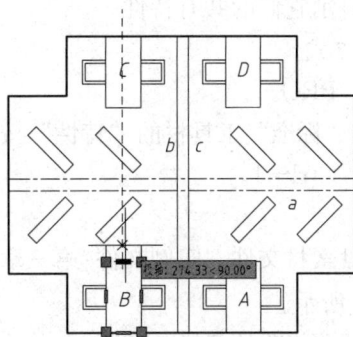

图 3-10-5　修改矩形 B

（6）运用如上方法对矩形 A、C、D 进行修改，最终结果如图 3-10-6 所示。

3.10.2　快捷特性

以浮动面板的形式显示选中图形的特性信息，并可以进行编辑修改。

1. 执行方式

命令行：Ctrl＋Shift＋P。

工具栏：状态栏的"快捷特性"按钮图。

2. 步骤

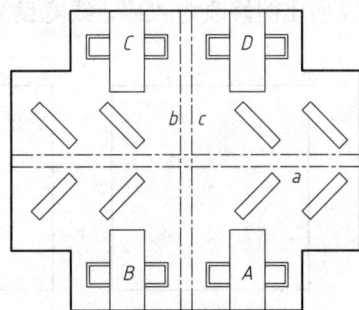

图 3-10-6　最终结果

打开光盘素材文件"实例文件/第三章/3-10-快捷特性"，利用快捷特性对图形进行修改，如图 3-10-7 所示。

（1）激活状态栏的快捷特性按钮图。

（2）单击对象 b，显示快捷特性面板，如图 3-10-8 所示。修改对象 b 的图层属性为"轴线"层，"线型为""CENTER"，结果如图 3-10-9 所示。

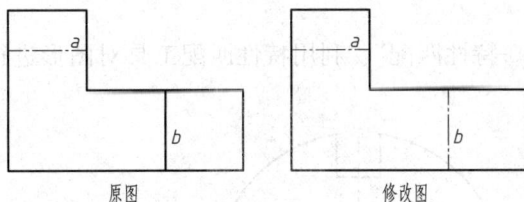

原图　　　　　　　　修改图

图 3-10-7　快捷特性

图 3-10-8　修改前

图 3-10-9　修改后

3.10.3　特性

在 AutoCAD 中，系统赋予每个对象的属性，如线型、线宽、颜色、图层等特性。要改变对象的属性，可以通过"特性"面板。在打开的特性面板中列出了所选对象的属性。

绘图中，所选对象不同，特性面板中显示的

内容也不同。如选择单个对象，面板中就会显示出此对象的所有特性。如选择多个对象时，特性面板中显示它们的共有特性。

1. 执行方式

命令行：PRO。

工具栏："标准"工具栏的"特性"按钮 🖼。

快捷键：Ctrl+1。

2. 步骤

打开光盘素材文件"实例文件/第三章/3-10-特性"，设置特性面板内容对图形进行修改，如图 3-10-10 所示。

（1）选择要修改的虚线 a 和 b。

（2）单击工具栏中的特性按钮 🖼，打开"特性"浮动面板，将线型比例修改为"4"，线宽设为 0.300，如图 3-10-11 所示。

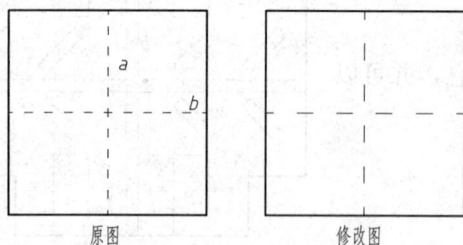

图 3-10-10　"特性"修改

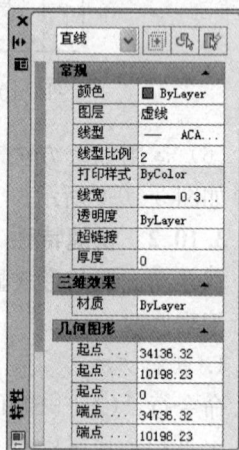

图 3-10-11　"特性"面板

3.10.4　特性匹配

1. 执行方式

命令行：MA。

工具栏：工具栏的"特性匹配"按钮 🖼。

菜单命令："修改"|"特性匹配"。

2. 步骤

打开光盘素材文件"实例文件/第三章/3-10-特性匹配"，利用特性匹配工具对图形进行修改，如图 3-10-12 所示。

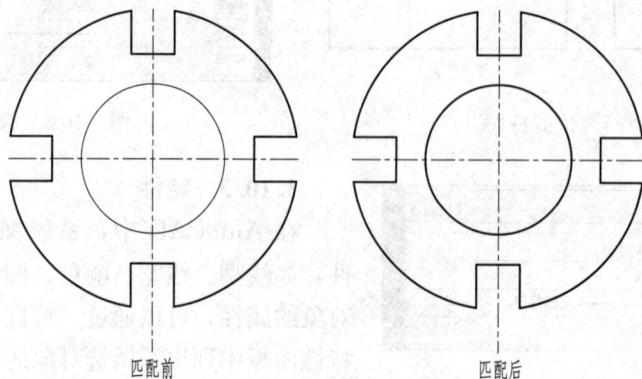

图 3-10-12　匹配前后

命令：_matchprop　　　　　　　　　　　　　//调用特性匹配命令

选择源对象：　　　　　　　　　　　　　　//单击外圈大圆形

选择目标对象或[设置(S)]：　　　　　　　　//单击小圆形,然后按空格键确定完成。

3.设置说明

在进行对象属性匹配时,默认情况下,CAD 系统对选中的源对象所有属性进行复制。如果只想让目标对象的部分属性与源对象相同,可在选择源对象后,根据命令行的提示,输入"s",打开"特性设置"对话框,如图 3-10-13 所示。

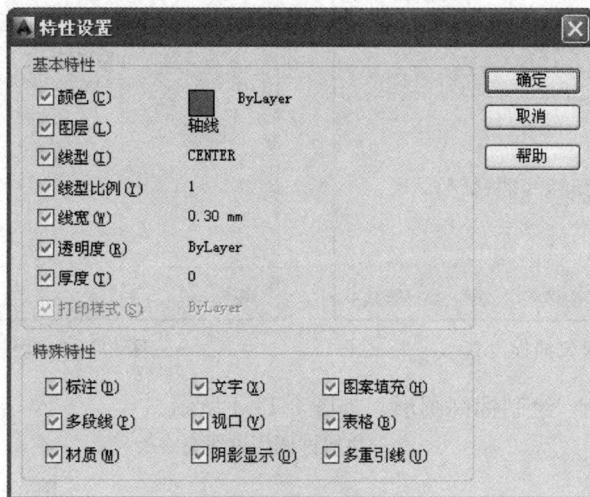

图 3-10-13　"特性设置"对话框

3.10.5　钳夹点

在 AutoCAD 中,当选择对象后,形体会出现若干个蓝色方块,这些方块称为"钳夹点"。选中某一个钳夹点后,其颜色变为红色,可以对它进行移动操作;也可以在选中的点上右击,打开右键菜单,进行移动、镜像、旋转、缩放、拉伸等修改。

打开光盘素材"实例文件/第三章/3-10-钳夹点",将左图修改成右图,如图 3-10-14所示。

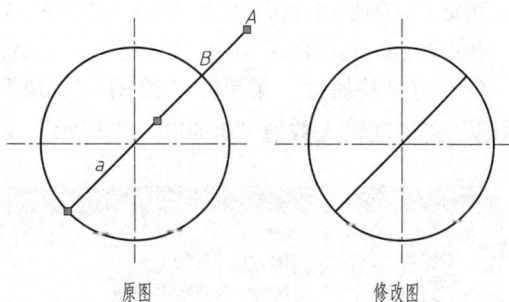

图 3-10-14　钳夹点拉伸

命令：　　　　　　　　　　　　　　　　//选择线段 a

命令：　　　　　　　　　　　　　　　　//选择钳夹点 A

＊＊拉伸＊＊

指定拉伸点或[基点(B)/复制(C)/放弃(U)/退出(X)]：　　//将 A 点移动到点 B

实例3.11　标高图块的绘制

3.11.1　实例练习

实例文件如图 3-11-1 所示。此图形文件为光盘素材"实例文件/第三章/3-11-标高图块"。

0.300

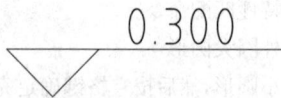

图 3-11-1 标高符号

所用命令：直线、交点捕捉、极轴追踪。

（1）进行"对象捕捉"设置：勾选端点、交点、延长线；极轴追踪设置：将增量角设为 45°，如图 3-11-2、图 3-11-3 所示。

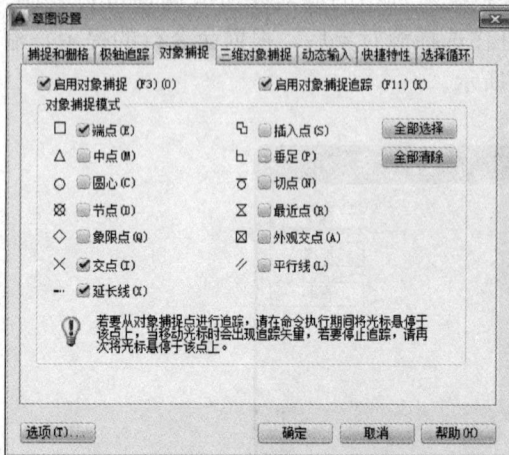

图 3-11-2 对象捕捉设置

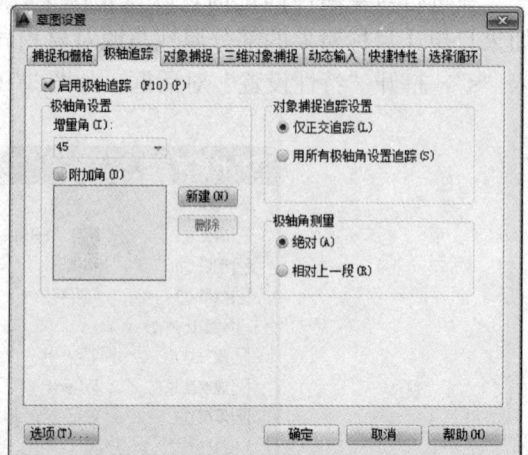

图 3-11-3 极轴追踪设置

（2）调用直线命令，绘制标高图形，如图 3-11-4 所示。

命令:L	//快捷键调用直线命令

LINE

图 3-11-4 标高图形

指定第一个点：	//绘图区任意指定 A 点为第一点
指定下一点或[放弃(U)]:150	//向左移动鼠标捕捉水平极轴线输入数值
指定下一点或[放弃(U)]:35	//捕捉-45 度极轴线输入数值
指定下一点或[闭合(C)/放弃(U)]：	//在 45 度极轴线与水平线的交点处点击
指定下一点或[闭合(C)/放弃(U)]：	//空格完成绘制

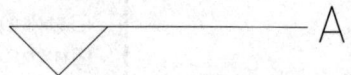

（3）定义块属性。菜单栏"绘图"|"块"|"定义属性"打开"属性定义"对话框。在"标记"文本框输入数值"0.300"、"提示"文本框输入"请输入标高数值"、文字样式设为"长仿宋体"、文字高度为"25"，如图 3-11-5所示。然后单击"确定"按钮返回绘图区，将定义的属性"0.300"放到如图 3-11-6 所示的位置。

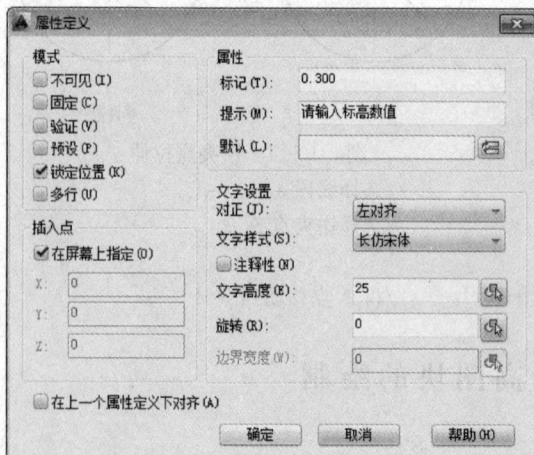

（4）创建块。单击"创建块"按钮或者在命令行中输入"B"后按空格键，调用"创建块"命令，弹出"块定义对话框"，设置如图 3-11-7 所示。将名称命名为"标高"，图块基点拾取在最下方交点处。设定完成后单击"确定"按钮弹出"编辑属性"对话框，进行如图 3-11-8 的设置，然后单击"确定"按钮完成块的创建。

图 3-11-5 定义属性设置

（5）插入块。单击"创建块"按钮▣或者在命令行输入"I"
后按空格键，弹出"插入"对话框，在"名称"下拉列表中选择
"标高"块名称，插入点"在屏幕中指定"，"比例"为 1，"旋转"
角度为 0，具体设置如图 3-11-9 所示。设置完成单击"确定"按
钮，在绘图区中指定插入点，此时再次弹出如图 3-11-8 所示的"编辑属性"对话框，在其中的

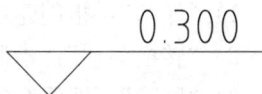

图 3-11-6　放置属性

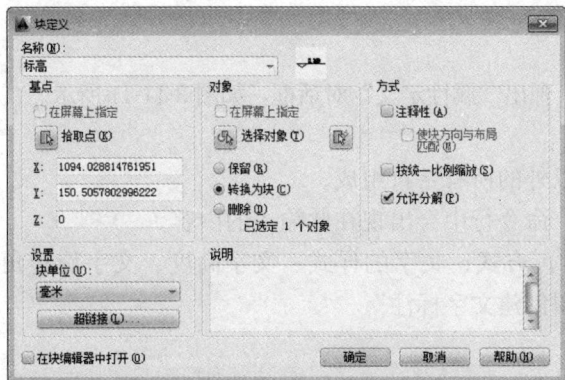

图 3-11-7　块定义设置

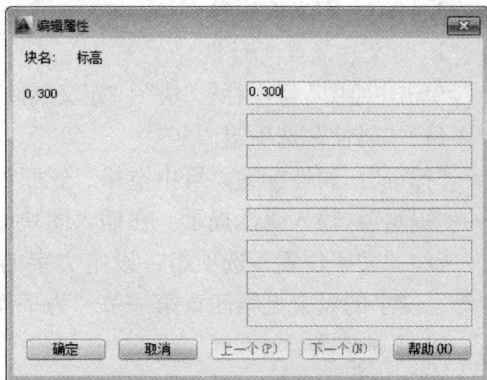

图 3-11-8　编辑属性设置

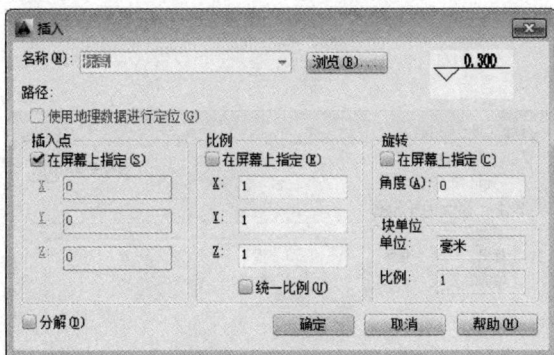

图 3-11-9　插入块设置

文本输入框中输入合适的数值即可。

3.11.2　创建图块

1. 执行方式

命令行：B。

工具栏："创建块"按钮▣。

2. "块定义"对话框设置

利用快捷键调用"创建块"命令，弹
出"块定义"对话框，如图 3-11-10 所示。

（1）"名称"：输入块的名称。

（2）"基点"选项组：控制以何种方
式指定块的基点。

1）单击"拾取点"按钮，返回到绘图区拾取块的基点。

2）在 X、Y、Z 后的文本输入框中
直接输入。

3）勾选"在屏幕上指定"复选框，
在单击"确定"按钮后按照命令行提示，
在屏幕上进行基点指定。

（3）"对象"选项组：可通过单击
"选择对象"按钮在绘图区中选择组成块
的图形对象；也可以勾选"在屏幕上指
定"复选框，单击"确定"按钮后根据命
令行提示选择对象。在定义块时，分为以
下三种方式。

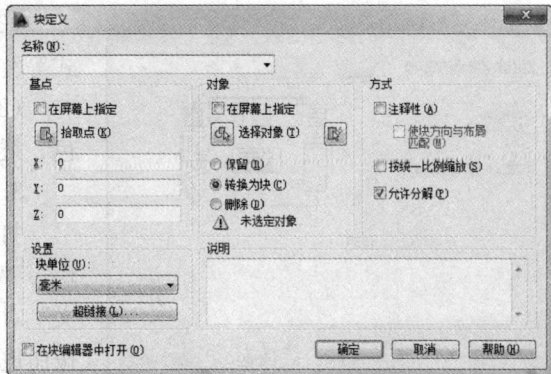

图 3-11-10　"块定义"对话框

1）"保留"：指创建块后，源对象仍然保留创建前各自独立的状态。

2）"转换为块"：指源对象在创建后直接转化为块。

3）"删除"：即源对象在创建块完成后删除。

（4）"允许分解"：控制新创建的块是否可以用"分解"命令进行分解。

（5）"设置"选项组中"块单位"：控制插入块时的单位。

3.11.3　定义块属性

1. 定义块属性对话框

单击"绘图"菜单栏|"块"|"定义属性"，弹出"属性定义"对话框，如图 3-11-11 所示。

（1）"属性"选项组。

"标记"：属性标签，可由空格、感叹号以外的所有字符组成。

"提示"：输入属性提示。在插入图块时，命令行中会出现在此输入的内容。

（2）"文字位置"选项组：设定文字的对正方式、文字的样式、文字高度、文字旋转角度等。文字的设置见第四章第一节"为平面图创建文字标注"。

2. 编辑块属性

菜单栏"修改"|"对象"|"属性"|"单个"，然后选中定义的块属性或者在定义了属性的块上双击可以打开如图 3-11-12 的"增强属性编辑器"对话框，单独对块属性进行编辑。

（1）"属性"选项卡：控制块属性的值。

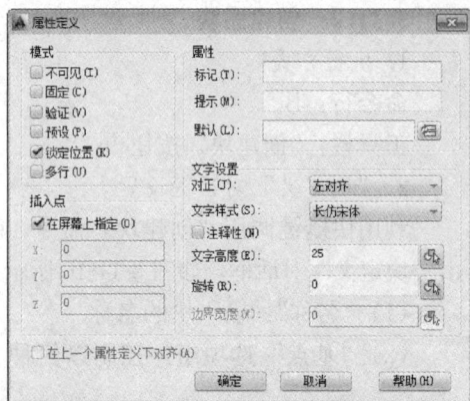

图 3-11-11　定义属性

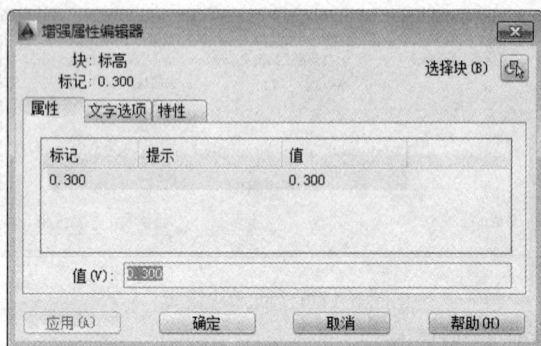

图 3-11-12　增强属性编辑器对话框

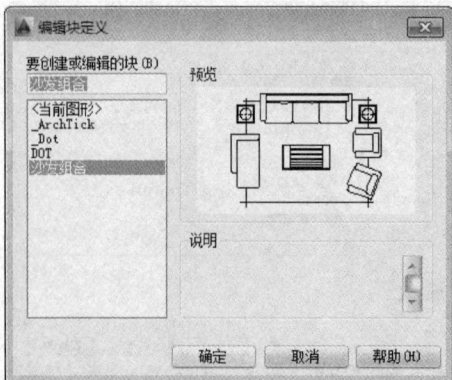

图 3-11-13　编辑块定义对话框

（2）"文字选项"选项卡：控制属性的文字样式等。

（3）"特性"选项卡：控制块属性的图层、颜色、线型、线宽等特性。

3.11.4　编辑图块

打开光盘文件"实例文件/第三章/3-11-沙发块"。双击块，打开如图 3-11-13 所示的"编辑块定义"对话框，在列表栏中选择块名称，单击"确定"按钮进入"编辑块"子窗口，如图 3-11-14 所示。

在编辑块子窗口中，二维绘图、修改命令均

可使用。在子窗口上侧工具条中，"保存块定义"按钮 ： 将修改保存在当前块中；"将块另存为"按钮 ： 将修改后的块另存为一个；"关闭块编辑器"按钮：关闭当前的编辑图块子窗口。在左侧"块编写选项板—所有选项板"中单击"基点"按钮 可以重新指定图块的基点位置。

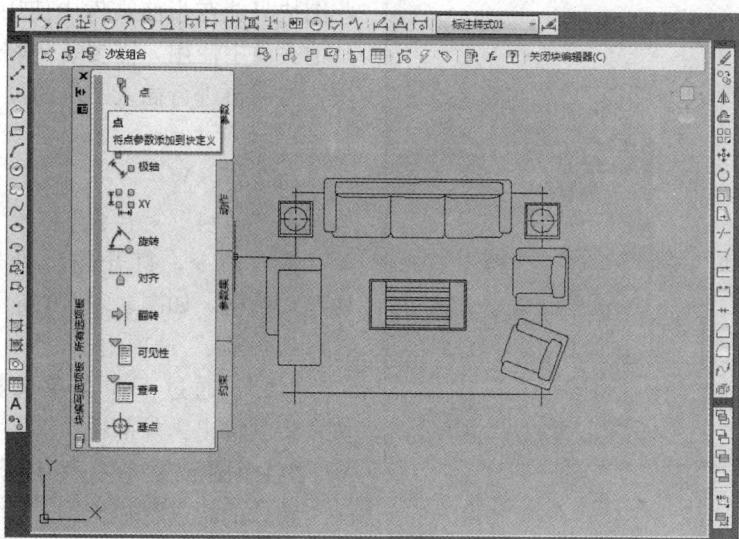

图 3-11-14　编辑块子窗口

3.11.5　插入图块

1. 执行方式

命令行：I。

工具栏：插入块按钮 。

2. 插入块对话框

单击工具栏"插入块"按钮，打开如图 3-11-15 所示的对话框。

（1）"名称"下拉菜单：选择要插入的图块名称。如果图块为外部块，需要单击"浏览"按钮打开"选择图形文件"对话框，选择要导入的块，然后单击"打开"按钮即可再次回到"插入块"对话框。

（2）"插入点"选项组：指定块的插入点。方式有两种：一种是勾选"在屏幕上指定"复选框在屏幕上进行指定；另一种是在 X、Y、Z 后的文本输入框中输入插入点的坐标。

（3）"比例"选项组：指定块插入时的缩放比例。

1）"在屏幕上指定"复选框，根据命令行提示在屏幕上指定。

2）X、Y、Z 后的文本框中输入缩放比例可控制每个轴向的缩放数值。勾选"统一比例"复选框，X、Y、Z 三个轴向

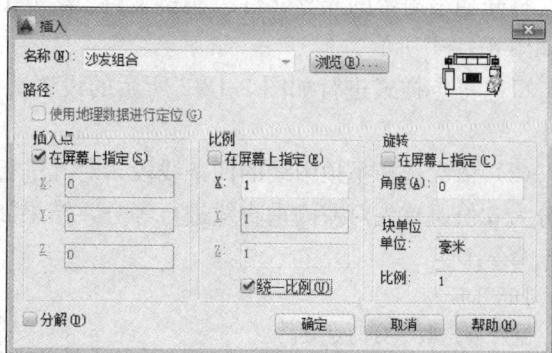

图 3-11-15　"插入"块对话框

的比例均由 X 轴向的比例确定。

(4) 旋转：控制插入块的旋转角度。

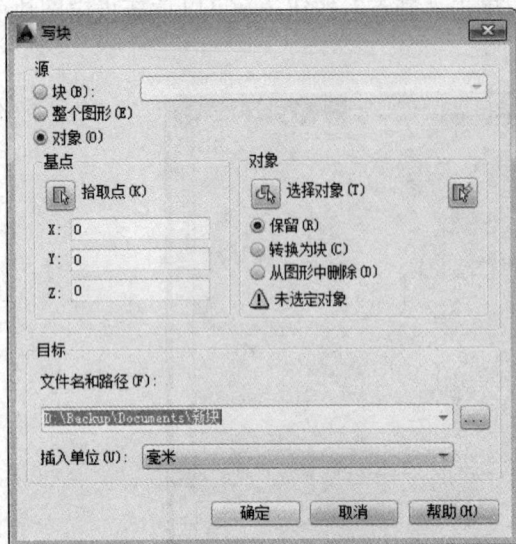

图 3-11-16　"写块"对话框

3.11.6　输出为外部块

在 CAD 文件中创建完成图块后，默认此图块只能在当前文件中使用。如果想要在其他文件中使用，需要首先将其输出为外部块，然后再进行插入图块的操作。

1. 执行方式

命令行：W。

2. "写块"对话框

输入命令，打开输出为外部块即"写块"对话框，如图 3-11-16 所示。

(1) "源"选项组。

"块"：通过下拉菜单选择已经存在的块，将其输出为外部块。

"整个图形"：将文件中所有的图形作为一个整体的块进行输出。

"对象"：可以通过在绘图区中选择图形对象的方式输出块。"基点"与"对象"子选项组的用法与"创建块"对话框中的用法一致。

(2) "目标"选项组。

"文件名和路径"：指定块输出的名称和路径。

"插入单位"：控制插入该块时的单位。

实例 3.12　点　的　绘　制

3.12.1　实例练习

【实例练习】　吊顶筒灯的布置

打开随书附带的光盘文件"实例文件/第三章/3-12-点的绘制练习"，制作吊顶筒灯。结果如图 3-12-1 所示。

(1) 将点样式进行如图 3-12-2 所示的设置。点大小为 100 单位，并"按绝对单位设置大小"。

(2) 依次选择吊顶中线的四条线段，对其进行定数等分。垂直线段等分为 5 份，水平线等分为 3 份。首先对左侧垂直线进行等分，结果如图 3-12-3 所示。

```
命令:DIV                                      //快捷键调用定数等分命令
DIVIDE
选择要定数等分的对象:                          //选中要等分的对象
输入线段数目或[块(B)]:5                        //输入等分数量结束命令
```

以同样的方式对其他线条进行等分。等分完成后，将这四条线段删除，最终结果如

图 3-12-4所示。

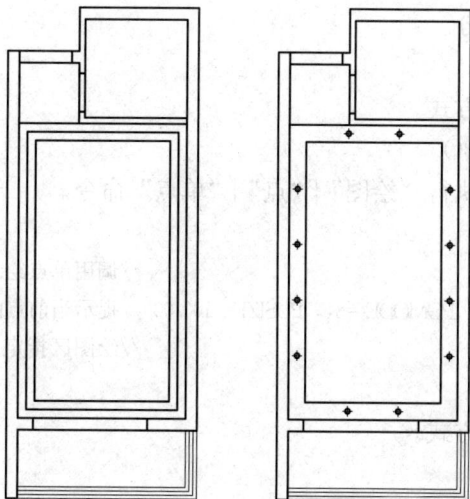

图 3-12-1　制作吊顶筒灯

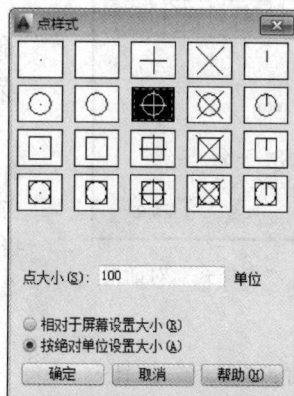

图 3-12-2　设置点样式

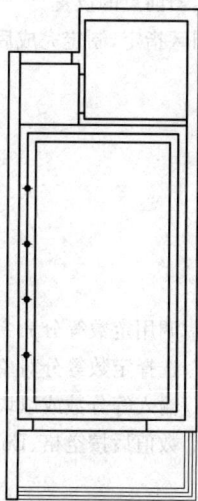

图 3-12-3　等分左侧垂直线

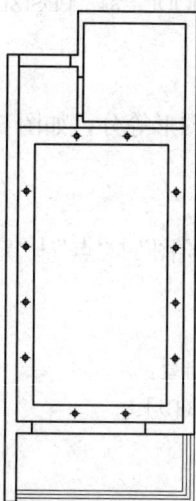

图 3-12-4　最终效果

3.12.2　点样式

命令行输入"DDP"然后空格或者选择菜单栏"格式"|"点样式"打开点样式设置对话框，如图 3-12-5 所示。

CAD 提供了 20 种点的样式，可以从中进行选择。

"点大小"：输入数值确定点的大小。点的大小提供了度量两种方式：一种是"相对于屏幕设置大小"，这种方式会根据屏幕的大小产生点的大小变化（利用重生模型命令，即命令行输入"RE"后空格，可看到变化）；另一种是"按绝对单位设置大小"，即以固定尺寸来确定大小，不会随屏幕变化。

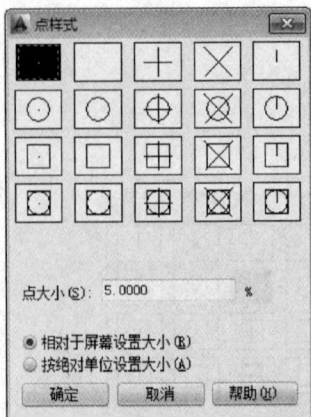

图 3-12-5 "点样式"对话框

3.12.3 点的绘制

CAD 提供了四种点的绘制样式，分别为单点、多点、定数等分、定距等分。

1. 单点

（1）执行方式。

命令行：PO。

菜单栏：执行"绘图"|"点"|"单点"命令。

（2）步骤。

命令：_point   //调用单点绘制命令
当前点模式：PDMODE=34　PDSIZE=100.00 //提示当前点的设置
指定点：   //绘图区指定

2. 多点

（1）执行方式。

工具行："多点"按钮 。

菜单栏：执行"绘图"|"点"|"多点"命令。

（2）步骤。

命令：_point   //调用多点绘制命令
当前点模式：PDMODE=34　PDSIZE=100.00 //提示当前点的设置
指定点：＊取消＊   //绘图区指定，制定完成后按 Esc 键结束命令

3. 定数等分

以确定的数量将图形等分，如图 3-12-6 所示。

（1）执行方式。

命令行：DIV。

菜单栏：执行"绘图"|"点"|"定数等分"命令。

（2）步骤。

命令：_divide   //调用定数等分命令
选择要定数等分的对象：   //选择定数等分对象
输入线段数目或[块(B)]:8   //输入等分数或以块来代替点样式，输入
                                            数值后按空格、Enter 键结束命令

4. 定距等分

以固定的距离将图形进行等分，如图 3-12-7 所示。

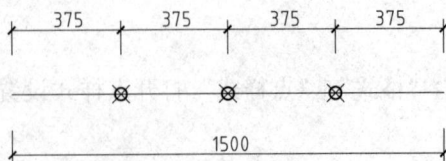

图 3-12-6 定数等分　　　　图 3-12-7 定距等分

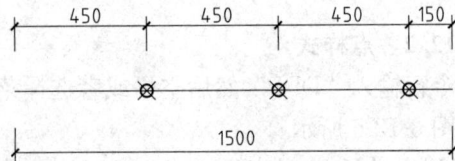

（1）执行方式。

命令行：ME。

菜单栏：执行"绘图"|"点"|"定数等分"命令。

（2）步骤。

命令：_measure   //调用定距等分命令
选择要定距等分的对象：   //选择定距等分对象
输入线段数目或［块（B）］：1000   //输入距离或以块来代替点样式，输入数值后按空格、Enter 键
                                    结束命令

3.12.4 进阶与提高

根据所学的知识绘制轴线符号以及会议桌平面图。用到的命令：创建块、定义块属性、
点的绘制等，如图 3-12-8、图 3-12-9 所示。此图形文件为光盘中的"实例文件/第三章/3-12-
轴线符号""实例文件/第三章/3-12-会议桌平面图"。

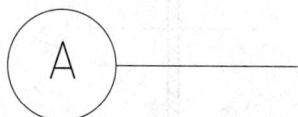

图 3-12-8 轴线符号   图 3-12-9 会议桌平面图

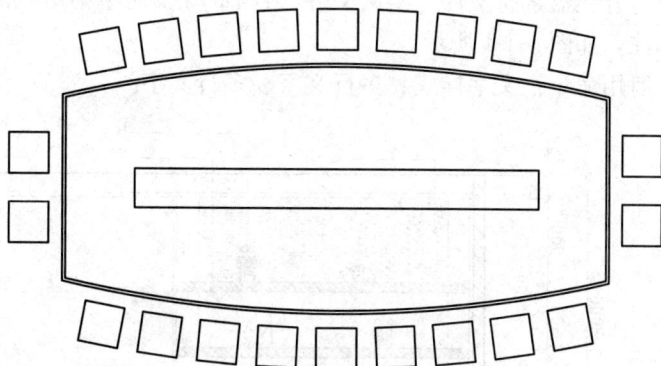

第4章 文本与表格

实例4.1 为立面图创建文字标注

4.1.1 实例练习

打开光盘素材文件"实例文件/第四章/4-1-居室书房立面图",将该居室书房立面进行文字标注,如图 4-1-1 所示。

所用命令:文字样式、多行文字、多行文字。

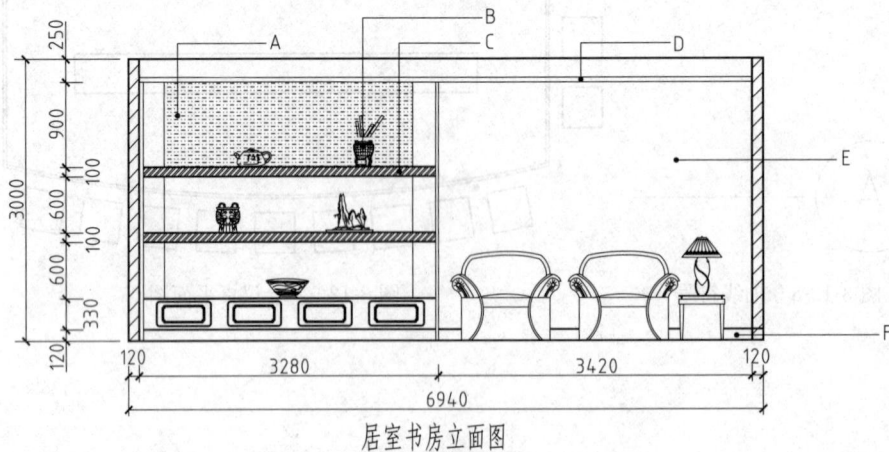

居室书房立面图

图 4-1-1 居室书房立面图

【实例操作】

(1) 命令行输入"ST",然后空格或者找到菜单栏"格式"|"文字样式",打开"文字样式"设置对话框。新建"长仿宋"样式,字体为"仿宋","宽度因子"为 0.7,并置为当前样式,如图 4-1-2 所示。

(2) 将"文字"图层置为当前层。调用"单行文字"命令进行文字标注。

命令:_text　　　　　　　　　　　　　　　　//调用"单行文字"命令

当前文字样式:"长仿宋" 文字高度: 150.00 注释性: 否 对正: 左
　　　　　　　　　　　　　　　　　　　　　//系统提示当前创建的文字信息

指定文字的起点或[对正(J)/样式(S)]:　　　//单击图纸 A 点位置

指定高度<150.00>:150　　　　　　　　　　//输入文字高度

指定文字的旋转角度<0.00>:　　　　　　　//指定文字旋转角度,输入标注文字"装
　　　　　　　　　　　　　　　　　　　　　饰壁纸"

依次在绘图区中 B、C、D、E、F 处创建当行文字"艺术品"、"实木染色"、"石膏板吊顶"、"素色壁纸"、"塑木踢脚线"。输入完成 F 处的文字标注后双击 Enter 键结束命令,如

图 4-1-3 所示。

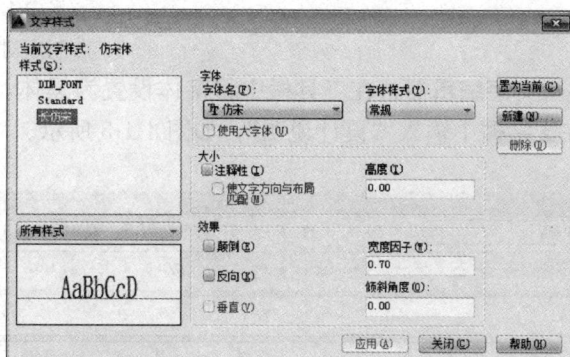

图 4-1-2　创建文字样式

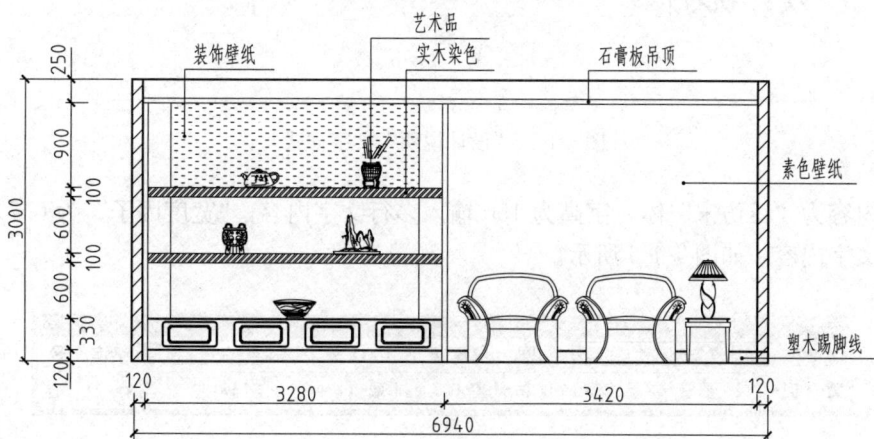

图 4-1-3　创建单行文字样式

（3）调用"多行文字"命令，指定文本框范围，如图 4-1-4 所示。

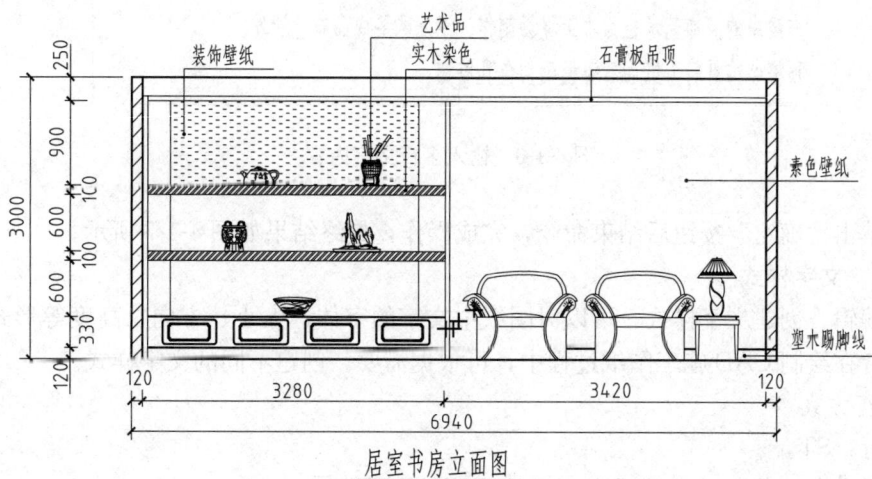

居室书房立面图

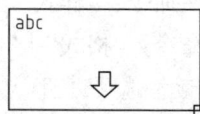

图 4-1-4　指定多行文字范围

命令：MTEXT

指定第一角点：   //指定多行文字第一点

指定第二角点：   //制定对角点，确认文本框范围

指定范围后弹出多行文字编辑器，在工具栏中将字体设置为黑体，"文字高度"为 260，"宽度因子"为 0.7。在文字框中输入"设计说明"，如图 4-1-5 所示。

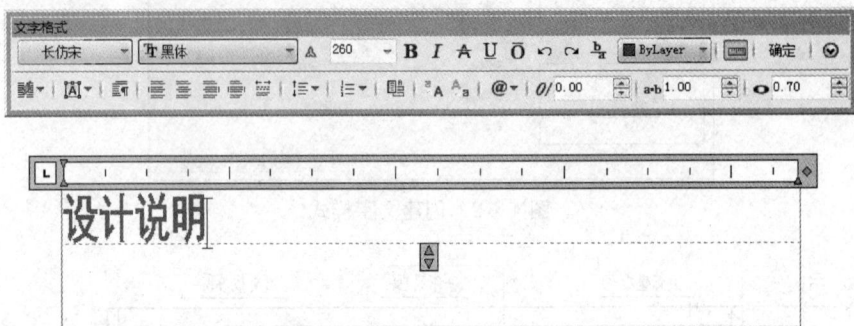

图 4-1-5 "设计说明"文字样式

其他内容为"长仿宋"体，字高为 150 输入多行文字内容，"宽度因子"为 0.7。在文字框中输入文字内容，如图 4-1-6 所示。

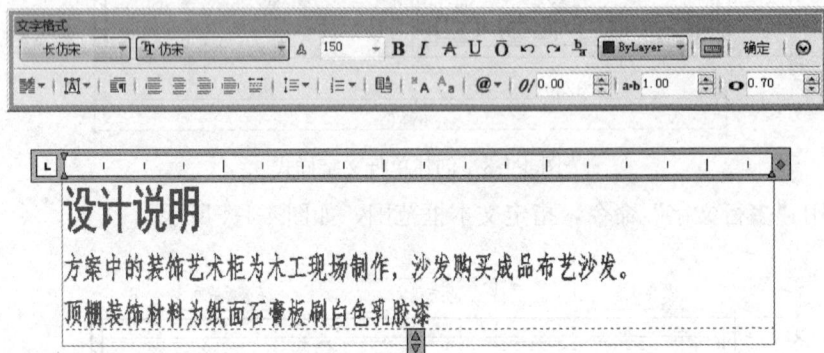

图 4-1-6 输入多行文字内容

（4）单击"确定"按钮后结束命令，完成操作，最终结果如图 4-1-7 所示。

4.1.2 文字样式

通过编辑、创建文字样式，可以对图纸中文字的字体、大小、方向、高度等形式进行设置，设计者在绘制 CAD 施工图纸过程中，可根据需要，创建不同的文字样式。

1. 执行方式

命令行：ST。

工具栏命令："样式"工具栏上的"文字样式"按钮![A]。

菜单命令："格式"|"文字样式"。

2. 对话框选项说明

执行"文字样式"命令，弹出"文字样式"对话框，如图 4-1-8 所示。单击"新建"按

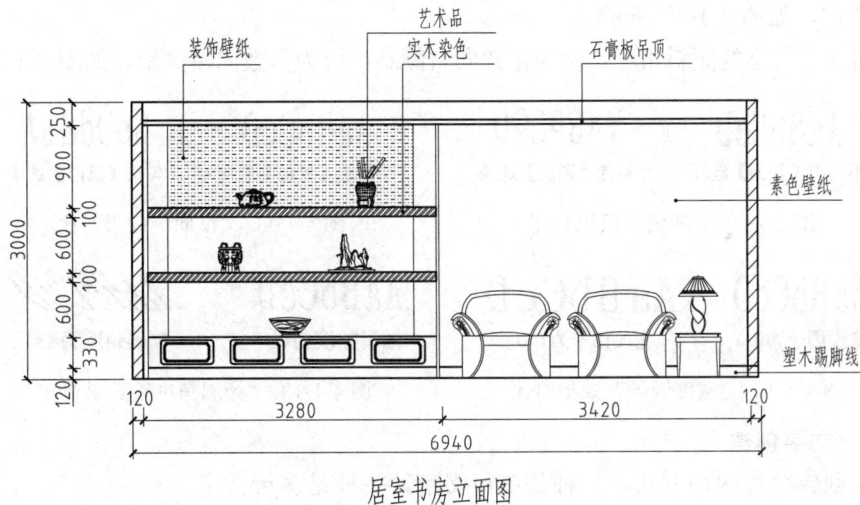

图 4-1-7　最终结果

钮弹出"新建文字样式"对话框，如图 4-1-9 所示。在"样式名"文本输入框中输入名字，单击"确定"按钮，回到"文字样式"对话框。

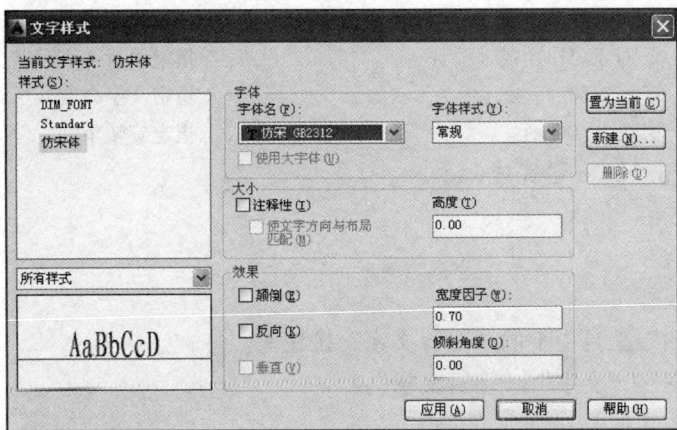

图 4-1-8　"文字样式"对话框

（1）"样式"列表框：列出了当前文件中所有的文字样式。

（2）"字体"选项组：控制字体的类型。

（3）"高度"：设置字体的大小。

（4）"效果"选项组：

图 4-1-9　"新建文字样式"对话框

颠倒：勾选其复选框时，文字将上下颠倒显示，如图 4-1-10 所示。

反向：勾选其复选框时，文字将起止反向显示，如图 4-1-11 所示。

宽度因子：文字的高宽比，数值小于 1 时，文字变窄；大于 1 时，文字变宽。默认的宽度因子为"1"，如图 4-1-12 所示。

　　倾斜角度：文字的倾斜角度，值为正数向右倾斜，值为负数向左倾斜，如图 4-1-13 所示。

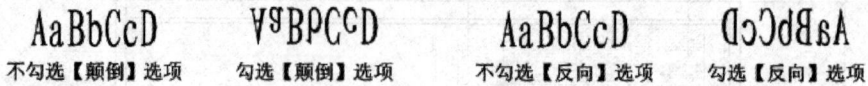

图 4-1-10　"颠倒"效果对比　　　　　　　　　图 4-1-11　"反向"效果对比

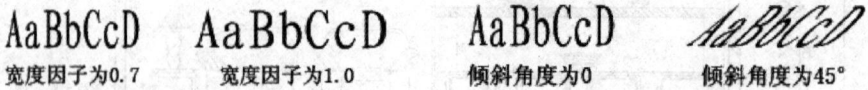

图 4-1-12　"宽度因子"效果对比　　　　　　　图 4-1-13　"倾斜角度"效果对比

4.1.3　文字创建

文字的创建分为两种方式，一种是单行文字，一种是多行文字。

1. 创建单行文字

（1）执行方式。

命令行：TE。

菜单命令："绘图"｜"文字"｜"单行文字"。

（2）步骤。

命令：TEXT	//调用单行文字命令
当前文字样式："长仿宋" 文字高度：150.00 注释性：否 对正：左	
	//系统提示当前文字样式
指定文字的起点或[对正(J)/样式（S）]：	//指定单行文字起点
指定高度＜150.00＞：150	//指定文字高度
指定文字的旋转角度＜0.00＞：	//指定旋转角度

输入文字后双击 Enter 键完成命令。

2. 创建多行文字

（1）执行方式。

命令行：T。

工具栏："绘图"工具栏上的"多行文字"按钮**A**。

菜单栏："绘图"｜"文字"｜"多行文字"。

（2）步骤。

命令：_mtext	//调用多行文字命令
当前文字样式："长仿宋" 文字高度：150 注释性：否	//系统提示当前文字样式
指定第一角点：	//指定第一个角点
指定对角点或[高度(H)/对正 （J)/行距 （L)/旋转 （R)/样式 （S)/宽度 （W)/栏 （C)]：	
	//指定对角点。通过第一角点和对角点确定多行文字输入框的位置

执行上述命令后，弹出多行文字编辑器。

（3）多行文字编辑器说明。多行文字编辑器窗口，如图 4-1-14 所示。

"样式"下拉列表 长仿宋体 ▼：选择已有的文字样式。

"字体"下拉列表 仿宋_GB2312 ▼：设置文字所需要的字体类型。

图 4-1-14　多行文字编辑器

"字体高度" 300：对文字的高度进行设置。

"文字颜色" □ByLayer：设置文字颜色。

"编号" ：给段落文字添加编号。

"符号" @·：插入常用符号。

"宽度因子" 0.70：设置文字的高宽比。

实例 4.2　绘制图例说明

在 AutoCAD 中创建表格对象时，首先生成的是一个空白表格，然后在生成的表格中录入文字信息。根据需要可以在表格中修改其宽度和高度，还可对表格进行删除、合并、拆分等操作。

4.2.1　实例练习

创建如图 4-2-1 所示的门窗样式表。该图形文件为"实例文件/第四章/4-2-绘制门窗样式表"。

(1) 单击工具栏中的表格按钮，打开"插入表格"对话框，设定插入方式为

门 窗 表				
代码	框外围尺寸	洞口尺寸	门窗类型	
M1	1480×2390	1500×2400	硬木带亮自由门	
M2	980×2390	1000×2400	胶合板门	
C1	1770×1770	1800×1800	塑钢双玻推拉窗	

图 4-2-1　门窗表

"指定插入点"，列数为 5，列宽为 40；数据行数 3，行高 1。设置"第一行单元样式"、"第二行单元样式"、"第三行单元样式"均为"数据"，如图 4-2-2 所示。

(2) 单击"确定"按钮，在绘图区任意位置单击确定表格插入点，创建空白表格，如图 4-2-3所示。

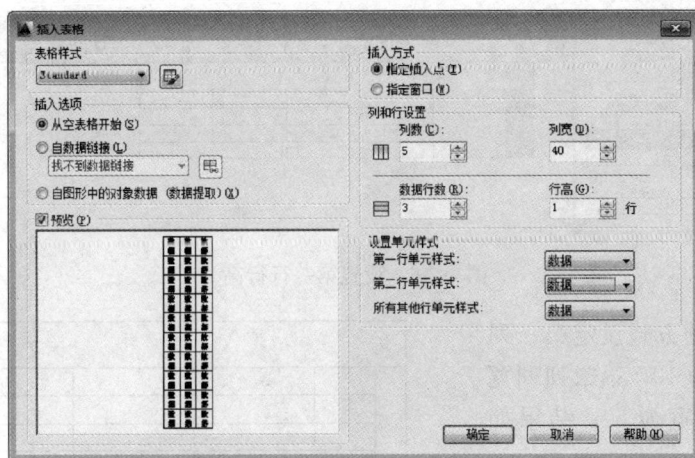

图 4-2-2　"插入表格"对话框

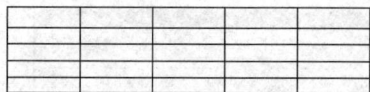

图 4-2-3　生成空白表格

（3）合并第一行单元格。选中第一行所有单元格，打开"表格编辑"框口中的"合并"下拉列表，选择"按行"选项，如图 4-2-4 所示。

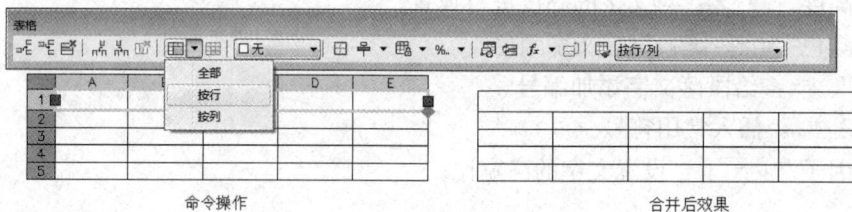

命令操作　　　　　　　　　　　　　　　　合并后效果

图 4-2-4　合并第一行单元格

（4）用同样的方法合并左侧四个小单元格，如图 4-2-5 所示。

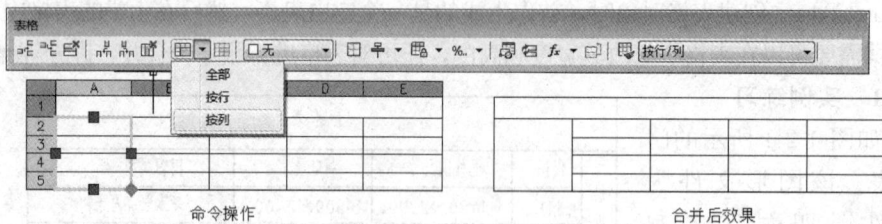

命令操作　　　　　　　　　　　　　　　　合并后效果

图 4-2-5　合并列单元格

（5）选中第一行，单击鼠标右键在弹出的菜单中选择"特性"，在打开的"特性"面板中找到"单元高度"，输入数值"15"，其他行的高度 11，如图 4-2-6 所示。

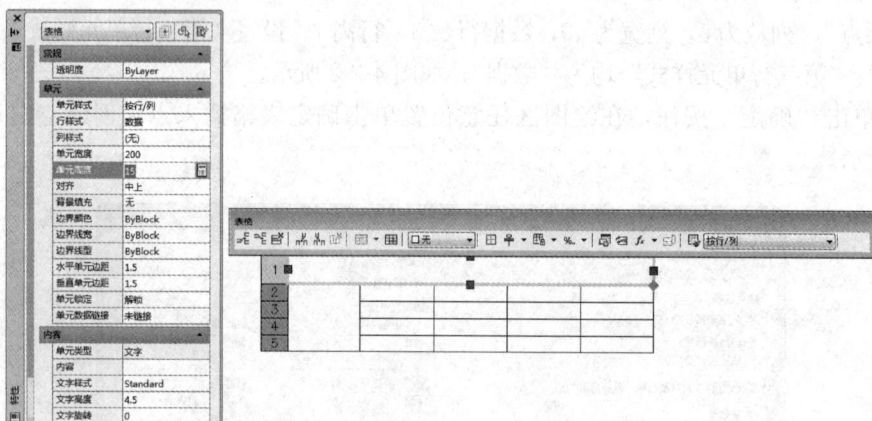

图 4-2-6　设置第一行行高

（6）用同样的方式设定第一列的"单元宽度"为 10，第二列列宽为 20，第五列列宽为 60，结果如图 4-2-7所示。

（7）输入文字。通过"特性"

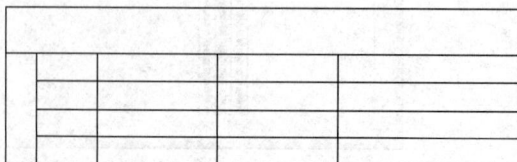

图 4-2-7　更改第一行行高以及第一、二、五列列宽后的效果

对话框，将第一行单元格文字的高度设为 5.5，其他单元格文字的高度为 4.5。设置完成后双击进入每个单元格输入文字，所有文字字体均为"仿宋"，第一行文字加粗显示，如图 4-2-8 所示。

门 窗 表				
一层办公楼	代码	框外围尺寸	洞口尺寸	门窗类型
	M1	1480×2390	1500×2400	硬木带亮自由门
	M2	980×2390	1000×2400	胶合板门
	C1	1770×1770	1800×1800	塑钢双玻推拉窗

图 4-2-8 输入文字

（8）设置单元格中文字的对齐方式：第一行、第一、二、三、四列以及第五列上方单元格均为"正中"，第五列其他三个单元格为左中，如图 4-2-9 所示。

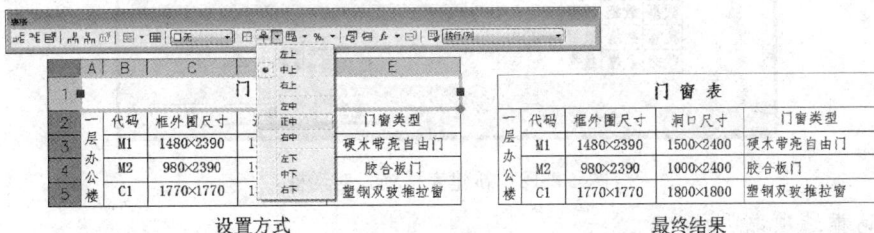

设置方式　　　　　　　　　　最终结果

图 4-2-9 更改对齐方式

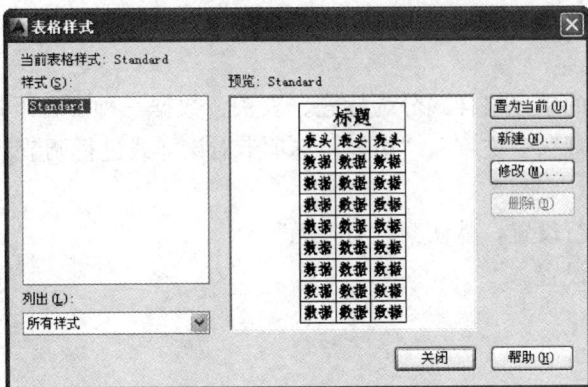

图 4-2-10 表格样式对话框

4.2.2 表格样式

1. 执行方式

命令行：TABLESTYLE。

工具栏命令："样式"工具栏上的"表格样式"按钮 。

菜单命令："格式"｜"表格样式"。

2. 步骤

（1）单击"表格样式"按钮 ，打开"表格样式"对话框，如图 4-2-10 所示，在该对话框中可"新建"、"修改"、"删除"以及"置为当前"。

（2）单击"新建"按钮，弹出"创建新的表格样式"对话框，在"新样式名"中命名"表格样式"，"基础样式"选择"Standard"，为新样式提供默认设置，如图 4-2-11 所示。

（3）单击"继续"按钮，打开"新建表格样式"对话框，如图 4-2-12 所示。在"表格方向"下拉菜单中选择"向下"，在"单元样式"中依次选择"标题"、"表头"、"数据"选项，在"常规"、"文字"、"边框"等选项中可做相应的设置。

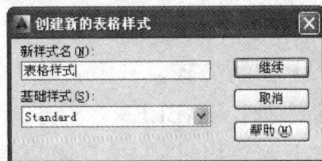

图 4-2-11 "创建新的表格样式"对话框

（4）设置完成后，单击"确定"按钮，返回"表格样式"对话框，再单击"置为当前"按钮，即可将新建的表格样式作为当前样式。

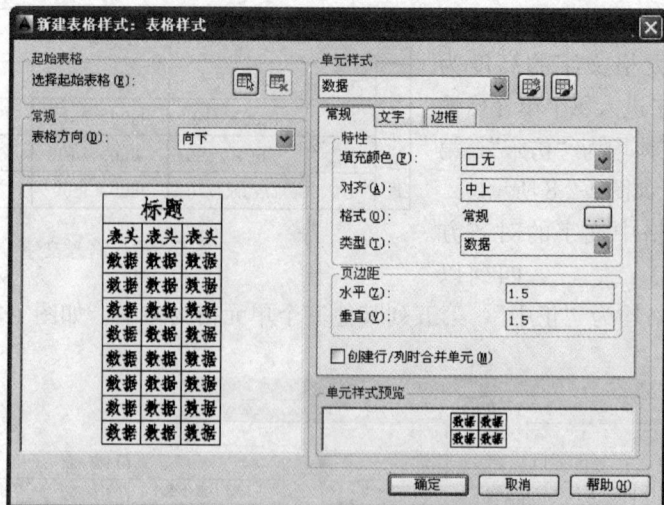

图 4-2-12　新建表格样式对话框

3. 对话框选项说明

(1) "表格方向" 下拉列表。

"向下"：创建从上至下的表格对象，顺序为标题、表头、数据。

"向上"：创建从下至上的表格对象，顺序为数据、表头、标题。

(2) "单元样式"。

可通过下拉列表选择样式。表格默认的单元格样式分为标题、表头、数据三种。在下拉列中选择一种样式后，可通过下方的"常规"、"文字"、"边框"选项卡对该样式进行调节。

(3) "常规" 选项卡。

"填充颜色"：对单元格的背景颜色进行设置，默认颜色为"无"。

"对齐"：将单元格中的文字进行对齐设置。

(4) "文字" 选项卡。

设置文字的样式。

(5) "边框" 选项卡：设置线框所用线条的宽度、线型、颜色、双线等特性。

4.2.3　表格的创建与修改

设定完表格样式后，就可以在绘图区中插入表格了。

1. 表格的创建

(1) 执行方式。

命令行：TABLE。

工具栏："绘图"工具栏"表格"按钮▦。

菜单栏："绘图"|"表格"。

(2) "插入表格"对话框。

单击"绘图"工具栏"表格"按钮即可打开如图 4-2-13 所示的对话框。

1) "表格样式"选项组：选择插入表格的样式。

2) "插入方式"选项组。

"指定插入点"：通过指定表格的一个点来创建表格。这种方式需要将列数、列宽、数据行数、行高四个信息均设定好。

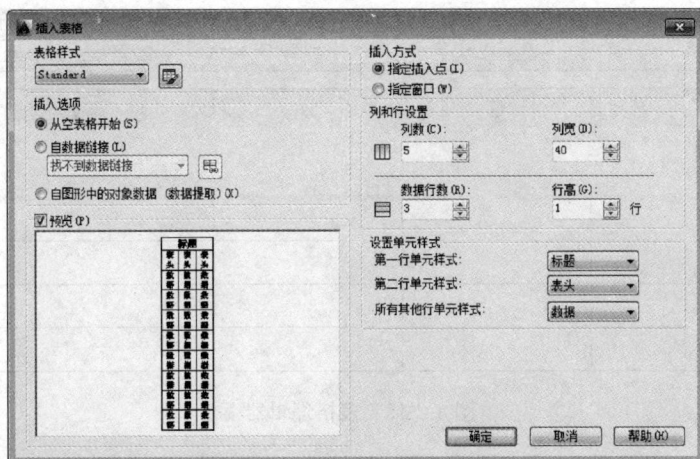

图 4-2-13　插入表格对话框

"指定窗口"方式：通过在绘图区指定窗口的方式创建表格。这种方式要求列设置中"列数"、"列宽"设定一项，行设置中"数据行数"、"行高"设定一项。例如，在对话框中设定了"列数"和"行高"，未设定的"列宽"和"数据行数"需要在指定窗口时确定。

3）"列和行设置"：设定列、行的数值。

4）"设置单元样式"选项组：设置第一行、第二行、其他单元格的样式。

2. 表格的修改

（1）更改行高、列宽：按快捷键 Ctrl＋1 键打开"特性"面板，选中要修改的行或者列，在"特性"面板的"单元宽度"、"单元高度"中修改，如图 4-2-14 所示。

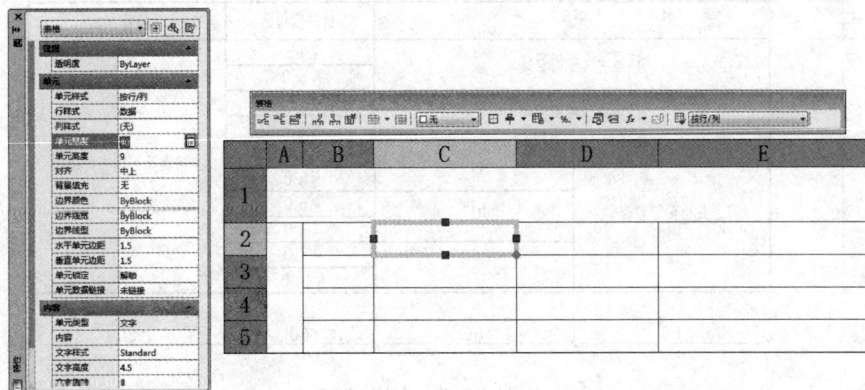

图 4-2-14　更改单元高度、宽度

（2）表格编辑器。单击选中单元格后，会在表格的上方出现表格编辑器，如图 4-2-15所示。

1）行、列数的设置：单击编辑器中的 按钮进行操作，可插入、删除行和插入、删除列。

2）单元格合并拆分：单击编辑器中的 左侧按钮可进行单元格合并，右侧按钮可进行单元格拆分。合并单元格的方式分为"按行"、"按列"、"全部"三种。

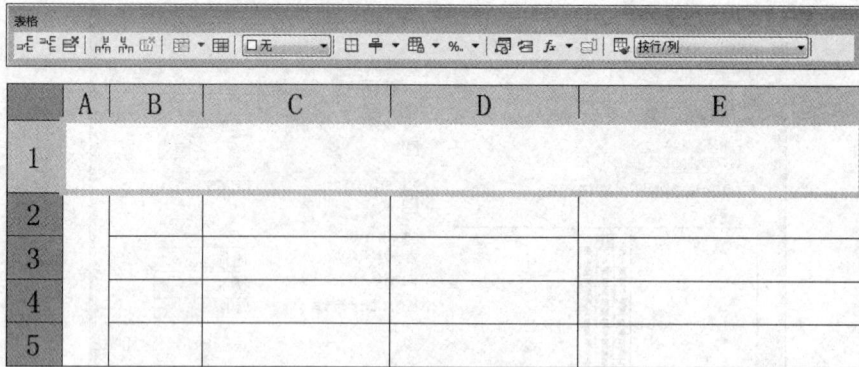

图 4-2-15　表格编辑器

3）单元格背景色：通过单击 |□无　　▼| 打开下拉菜单，选择填充单元格的背景色。

4）单元格对齐方式：单击 ▼ 打开下拉菜单，选择对齐方式。

5）双击单元格，可以输入文字内容。

实例 4.3　进 阶 与 提 高

根据所学的知识绘制如下表格。作图步骤依次是创建表格样式、创建及修改空白表格、输入表格中的文字内容等，如图 4-3-1 所示。此图形文件为光盘中的"实例文件/第四章/4-3-表格"。

木质门安装留缝限值和检查方法			
项目		留缝限值	检验方式
门扇与上框间留缝		≥1.5	用塞尺、钢直尺检查
		≤4.0	
门扇与侧框间留缝		≥1.5	
		≤4.0	
门扇与地面间留缝	外门	≥4.0	
		≤6.0	
	内门	≥6.0	
		≤8.0	
	卫生间	≥8.0	
		≤10.0	

图 4-3-1　表格

第 5 章　尺寸标注与管理

实例 5.1　为居室平面图进行尺寸标注

5.1.1　实例练习

打开光盘素材文件"实例文件/第五章/5-1-居室平面图",将该居室平面图进行尺寸标注,如图 5-1-1 所示。

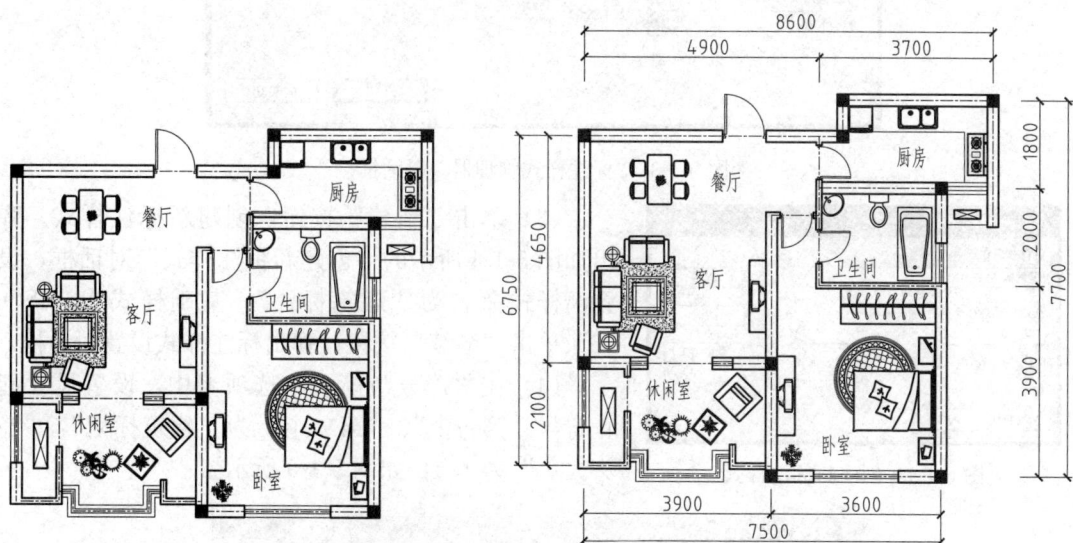

图 5-1-1　居室平面图标注前后

(1) 新建一个图层,命名为"尺寸标注",并设置图层颜色为绿色,线型为 Continuous,线宽为默认线宽,将其设置为当前图层,如图 5-1-2 所示。

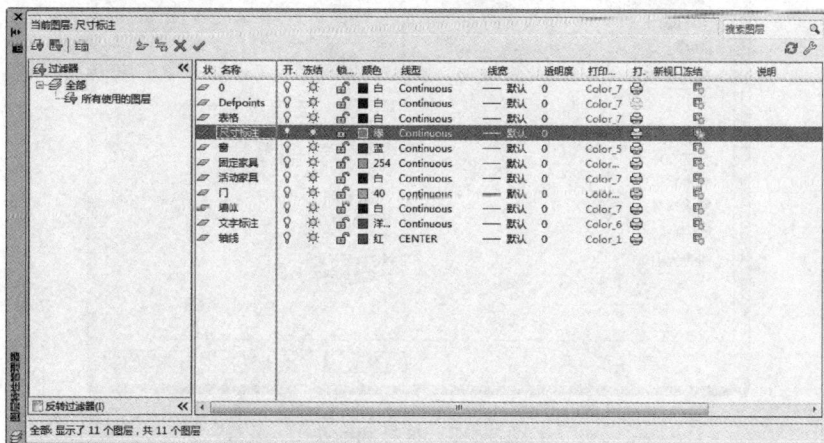

图 5-1-2　图层设置

（2）设置标注样式：在"格式"下拉菜单中选择"标注样式"，打开对话框，如图 5-1-3 所示。

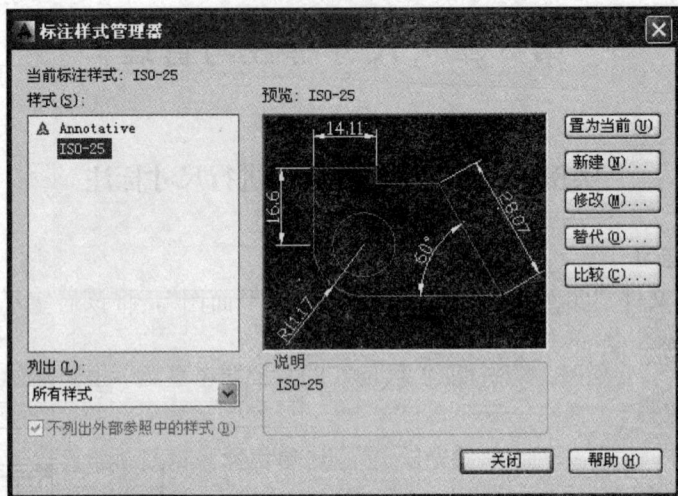

图 5-1-3 "标注样式管理器"对话框

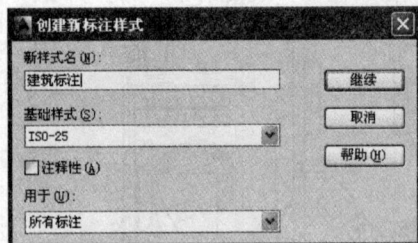

图 5-1-4 创建新标注样式

（3）单击"新建"按钮，创建新标注样式。弹出如图 5-1-4 所示的"创建新标注样式"对话框，设置新样式命名为"建筑标注"，基础样式为"ISO-25"单击"继续"按钮，弹出标注样式设置对话框。

（4）在"符号与箭头"选项卡中，设置尺寸起止符号"第一个"、"第二个"为"建筑标记"，"箭头大小"为 1.5，如图 5-1-5 所示。

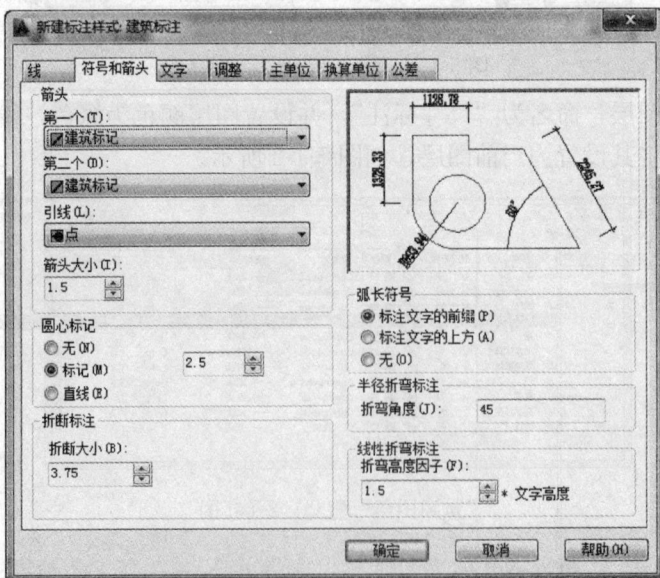

图 5-1-5 符号和箭头

（5）在"线"选项卡中，设置"超出标记"、"超出尺寸线"的值为 1，勾选"固定长度的尺寸界线"并将其设为 5，如图 5-1-6 所示。

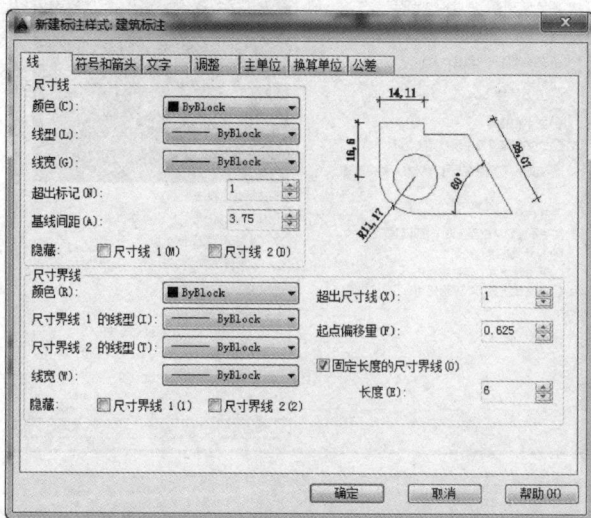

图 5-1-6 设置"线"选项卡

（6）在"文字"选项卡中，设置文字样式为"长仿宋体"，文字高度为 2.5，文字位置在"垂直"下拉列表中设置为"上"，"水平"位置为"居中"，如图 5-1-7 所示。

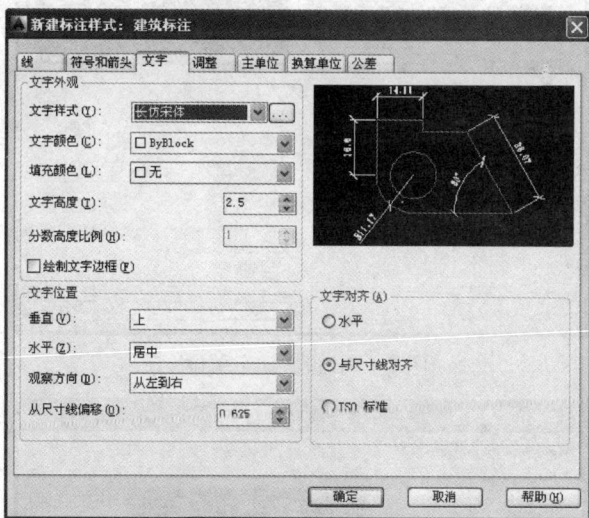

图 5-1-7 设置"文字"

（7）在"调整"选项卡中，根据实际情况将"使用全局比例"设置为"100"，如图 5-1-8 所示。

（8）在"主单位"选项卡中，设置"线性标注"的精度为"0"，如图 5-1-9 所示。

（9）设置完成后单击"确定"按钮，回到如图 5-1-10 所示的对话框。将该样式置为当前标注样式，然后单击"关闭"按钮。

（10）激活"对象捕捉"按钮 ，设置捕捉类型为"端点""中点""交点""延长线"和"垂足"，如图 5-1-11 所示。

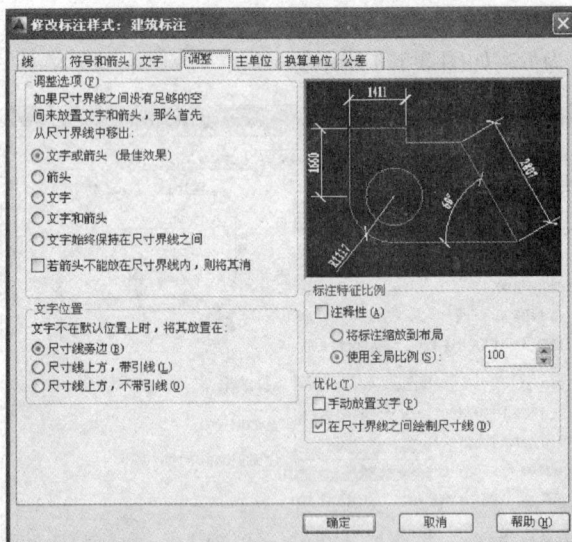

图 5-1-8　设置"调整"

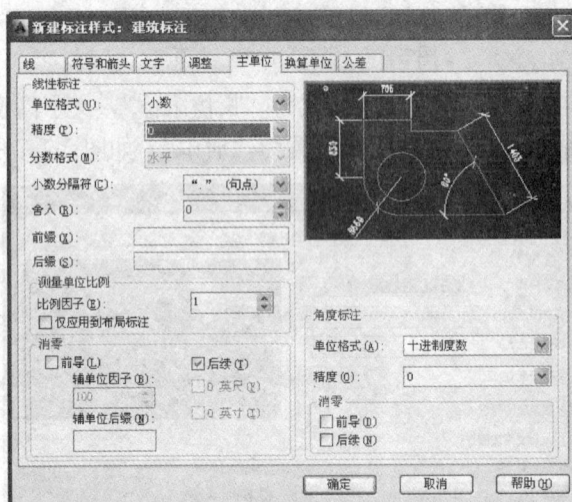

图 5-1-9　设置"主单位"

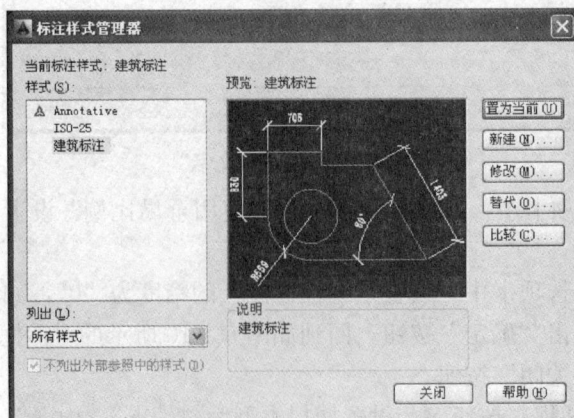

图 5-1-10　设置"置为当前"

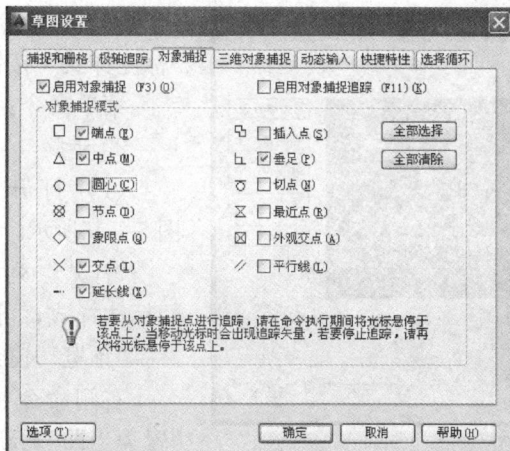

图 5-1-11 设置"对象捕捉"

（11）单击标注工具栏中的"线性标注"按钮，对居室平面图中进行标注。横向与纵向轴线的交点设置为尺寸标注的起始点和终止点，如图 5-1-12 所示。

同样的方式，依次对居室平面图四周的轴线间尺寸进行标注，如图 5-1-13 所示。

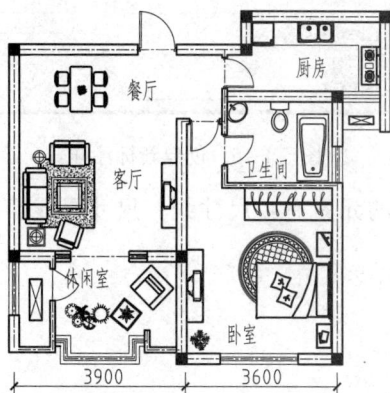

图 5-1-12 线性尺寸标注

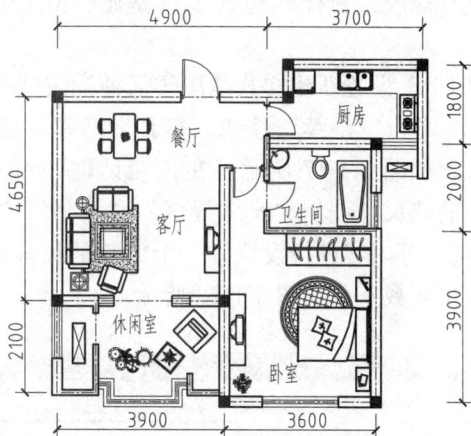

图 5-1-13 细部尺寸标注

（12）在外围标注总尺寸，完成图纸尺寸标注，如图 5-1-14 所示。

5.1.2 标注样式管理器

尺寸标注是建筑、室内制图中非常重要的一个组成部分，它能够准确无误地反映物体的尺寸大小、相互之间的位置关系等。进行尺寸标注之前，需要首先设定好标注样式，这样可以提高标注效率。在 AutoCAD 中标注样式的设置需要通过"标注样式管理器"来实现。

1. 执行方式

命令行：D。

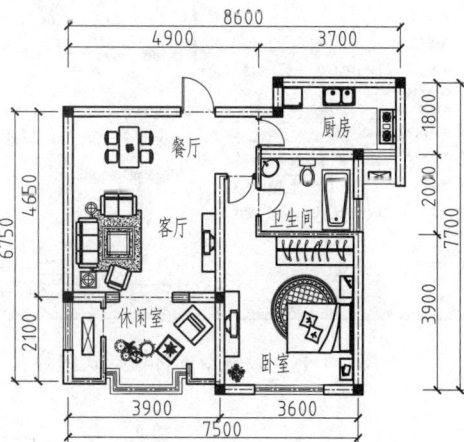

图 5-1-14 最终效果

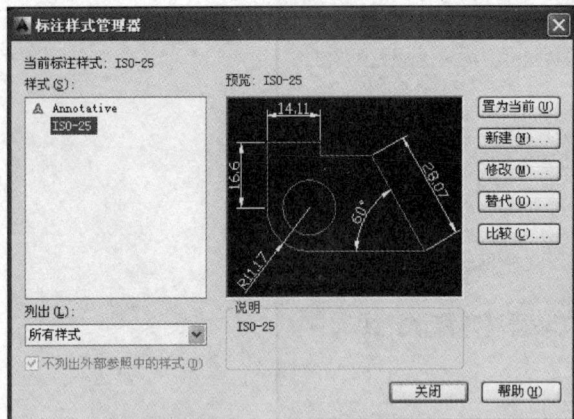

图 5-1-15　标注样式管理器

工具栏命令："样式"工具栏上的"标注样式"按钮 。

菜单命令："格式"│"标注样式"。

2. 步骤

（1）打开标注样式管理器，如图 5-1-15 所示。

"样式"列表：显示了文件中现有的标注样式，可在此进行样式的选择。

"预览"窗：预览选定的标注样式。

右侧命令按钮：可以进行样式的"置为当前""新建""修改""替代"等操作。

（2）单击"新建"按钮，弹出"创建新标注样式"对话框，如图 5-1-16 所示。

"新样式名"：在下边文本框中输入样式名称。

"基础样式"：新建样式在选定的"基础样式"之上进行修改。新样式包含了"基础样式"所有的设定。

"用于"设置新建样式是用于何种标注情况。

（3）单击"继续"按钮，打开"新建标注样式"对话框，如图 5-1-17 所示。在该对话框中可对尺寸标注中的"尺寸线""尺寸界线""符号""文字""主单位"等内容进行设置。一个完整的尺寸标注包含的元素有：尺寸线、尺寸界线、起止符号、尺寸数字，如图 5-1-18 所示。

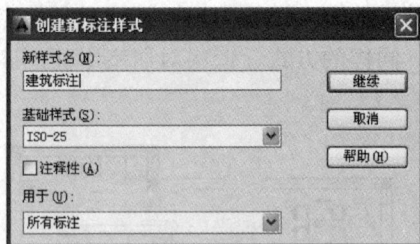

图 5-1-16　创建新标注样式

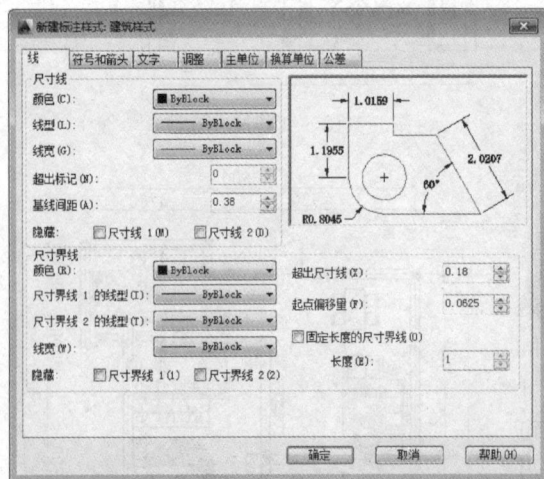

图 5-1-17　设置新的标注样式内容

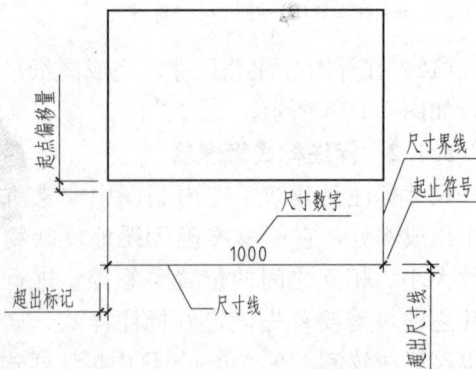

图 5-1-18　尺寸标注包含元素

1)"线"选项卡，如图 5-1-17 所示。

"尺寸线"选项组：对尺寸线的颜色、线型、线宽特性进行设定。

"尺寸界线"选项组：对尺寸界线的颜色、线型、线宽特性进行设定。勾选"固定长度的尺寸线"复选框后，可以在长度文本框中输入固定的尺寸界线长度。

2)"符号和箭头"选项卡，如图 5-1-19所示。

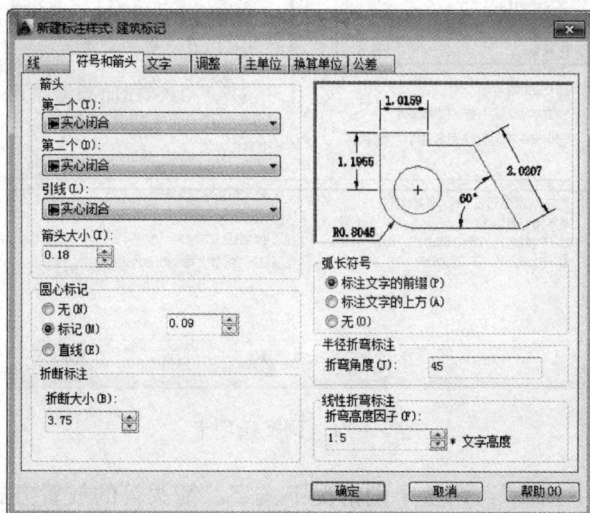

图 5-1-19　符号和箭头选项卡

"箭头"选项组中，"第一个"、"第二个"下拉列表选择起止符号的形式。一般常用的线性标注符号为"建筑标记"。"引线"符号，是指在引线标注的符号。

3)"文字"选项卡，如图 5-1-20 所示。

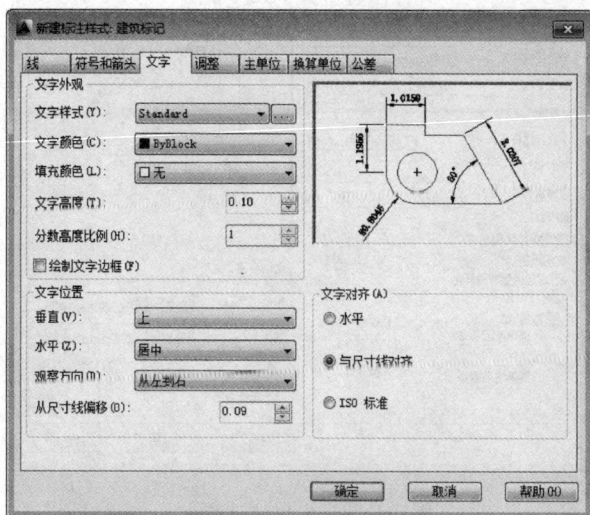

图 5-1-20　文字选项卡

"文字外观"选项组设置文字的样式、文字颜色、填充颜色、文字高度等特性。"文字位置"选项组中,"从尺寸线偏移"是指尺寸数字下方与尺寸线之间的距离。

4)"调整"选项卡,如图 5-1-21 所示。

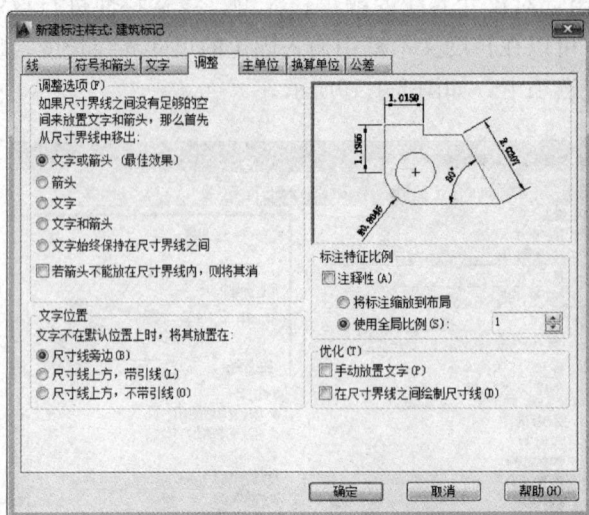

图 5-1-21 调整选项卡

"调整选项"、"文字位置":调整个别情况下文字、箭头等的放置方式。

"使用全局比例":调整标注元素的比例。如,文字高度为 2.5,此处全局比例为 100,则创建出来的实际标注文字高度为 250;"箭头"大小为 1.5,此处全局比例为 50,则创建出来的实际箭头大小为 75。

5)"主单位"选项卡,如图 5-1-22 所示。

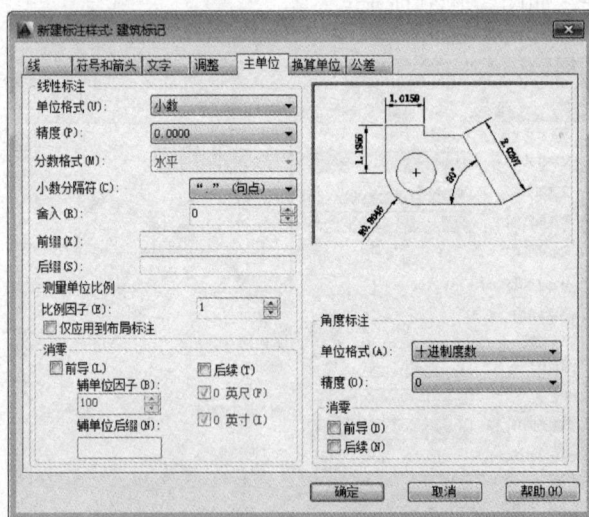

图 5-1-22 主单位选项卡

"线性标注"选项组:控制线性标注的主单位设置。

"单位精度":调整小数点后保留的位数。

"消零"选项组中的"后续"复选框，勾选后，自动消除小数点后无意义的零。如，勾选前标注的数值为 200.50，勾选后则为 200.5；勾选前为 1000.00，勾选后则为 1000，如图 5-1-23 所示。

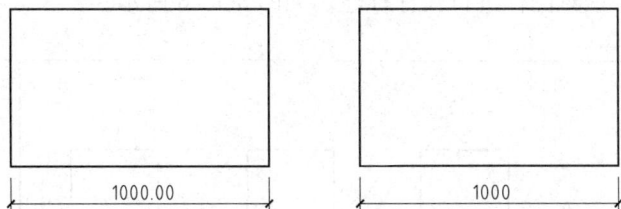

图 5-1-23 "线性标注"选项组中的"后续"消零复选框勾选前后

5.1.3 标注

在设置完成尺寸标注样式后，就可以对图样进行尺寸标注了。

1. 线性标注

（1）执行方式。

命令行：DLI。

工具栏命令："标注"工具栏上的"线性标注"按钮。

菜单栏："标注"|"线性标注"。

（2）实例练习。打开实例文件"实例文件/第五章/5-1-线性标注"，用"线性标注"命令对图样进行尺寸标注，如图 5-1-24 所示。

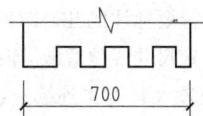

图 5-1-24 线性标注

命令:_dimlinear
指定第一个尺寸界线原点或<选择对象>:   //指定被注线段的左侧点
指定第二条尺寸界线原点: //选取被注线段长度的终止点
指定尺寸线位置或   //拖动鼠标将尺寸线放置在图样下方适当的位置，然后
                                    单击鼠标左键完成操作
[多行文字(M)/文字（T)/角度（A)/水平（H)/垂直（V)/旋转（R)]:
标注文字=700   //系统提示标注的长度

2. 对齐标注

对齐标注的尺寸平行于被标注的线段。常用于标注带倾斜角度的线段。

（1）执行方式。

命令行：DAL。

工具栏命令："标注"工具栏上的"对齐标注"按钮。

菜单栏："标注"|"对齐标注"。

（2）实例练习。打开实例文件"实例文件/第五章/5-1-对齐标注"，单击"绘图"菜单的下拉列表"对齐"，对图样进行尺寸标注。"对齐标注"与"线性标注"操作方法一致，这里不再赘述，如图 5-1-25 所示。

图 5-1-25 对齐标注

3. 快速标注

（1）执行方式。

命令行：QD。

工具栏命令："标注"工具栏上的"快速标注"按钮 。

菜单命令："标注"|"快速标注"。

（2）实例练习。打开实例文件"实例文件/第五章/5-1-快速标注"，单击"标注"菜单的下拉列表"快速标注"，对图样进行尺寸标注，如图 5-1-26 所示。

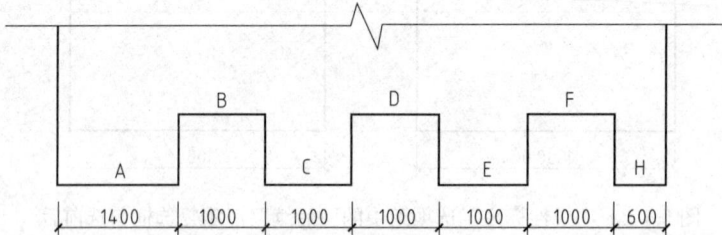

图 5-1-26　快速标注

命令：_qdim

关联标注优先级＝端点

选择要标注的几何图形：找到 1 个　　　　　//鼠标单击线段 A

选择要标注的几何图形：找到 1 个,总计 8 个　//依次选中线段 B、C、D、E、F、H

选择要标注的几何图形：　　　　　　　　　//空格键结束选择

指定尺寸线位置或[连续(C)/并列 (S)/基线 (B)/坐标 (O)/半径 (R)/直径 (D)/基准点 (P)/编辑 (E)/设置 (T)] <连续>：　　　　　//移动鼠标，点击确定尺寸线位置

4. 连续标注

"连续标注"即以上一次完成的尺寸标注端点为起点沿同一方向继续标注。

（1）执行方式。

命令行：DCO。

工具栏命令："标注"工具栏上的"连续标注"按钮 。

菜单命令："标注"|"连续标注"。

（2）实例练习。打开实例文件"实例文件/第五章/5-1-连续标注"，单击"标注"菜单的下拉列表"连续"，对图样进行尺寸标注，如图 5-1-27 所示。

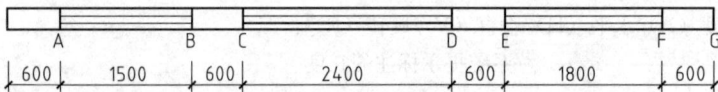

图 5-1-27　连续标注

5. 角度标注

（1）执行方式。

命令行：DIMANG。

工具栏命令："标注"工具栏上的"角度标注"按钮 。

菜单命令："标注"|"角度"。

（2）实例练习。打开实例文件"实例文件/第五章/5-1-角度标注"，用 DIMANGULAR 命令创建尺寸标注，如图 5-1-28 所示。

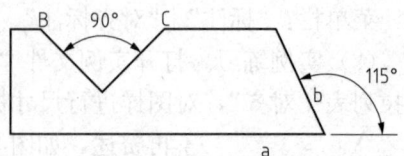

图 5-1-28　角度标注

命令：_dimangular

选择圆弧、圆、直线或<指定顶点>：　　　　//选择线段 a

选择第二条直线：　　　　　　　　　　　　//选择线段 b

指定标注弧线位置或[多行文字(M)/文字（T）/角度（A）/象限点（Q)]：//指定位置

标注文字＝115　　　　　　　　　　　　　　　　　　　　//系统提示标注的角度数值

6．半径、直径标注

（1）执行方式。

命令行：DIMRAD、DIMDIA。

工具栏命令：标注工具栏上的"半径标注"按钮⊙、"直径标注"按钮⊘。

菜单命令："标注"｜"半径"、"直径"。

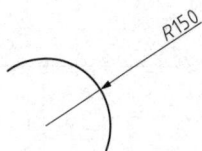

（2）实例练习。打开实例文件"实例文件/第五章/5-1-半径标注"，用"半径标注"命令创建尺寸标注，如图 5-1-29 所示。

图 5-1-29　半径标注

命令:_dimradius

选择圆弧或圆：　　　　　　　　　　　　　　　　//选择圆弧

标注文字＝150

指定尺寸线位置或[多行文字(M)/文字（T）/角度（A)]：　//移动光标指定标注文字的位置

打开实例文件"实例文件/第五章/5-1-直径标注"，单击"标注"工具栏"直径"按钮，对图样进行尺寸标注，如图 5-1-30 所示。

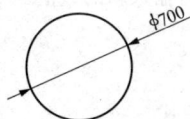

5.1.4　标注修改

1．调整位置

图 5-1-30　直径标注

（1）打开实例文件"实例文件/第五章/5-1-标注修改"，点击尺寸标注中的"2695"尺寸，选择尺寸界线的端点，向下移动，调整位置，如图 5-1-31 所示。

（2）选择图纸中"100"的尺寸标注，单击数字上的钳夹点，移动到指定位置，如图 5-1-32 所示。

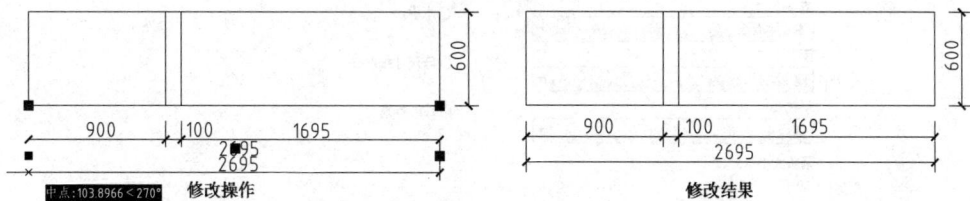

图 5-1-31　修改标注尺寸位置

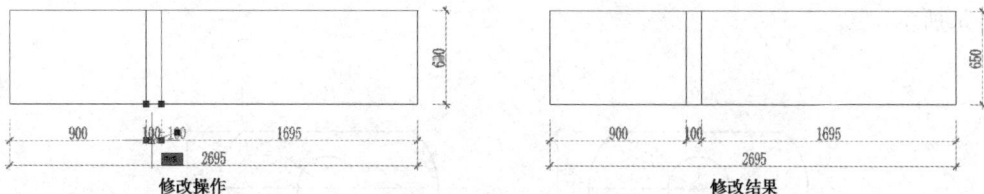

图 5-1-32　修改尺寸数字位置

2. 修改标注文字

（1）执行方式。

命令行：DDE。

工具栏命令："文字"工具栏上的"编辑"按钮。

（2）操作步骤。将尺寸数字为 600 的标注修改为 650。结果如图 5-1-33 所示。

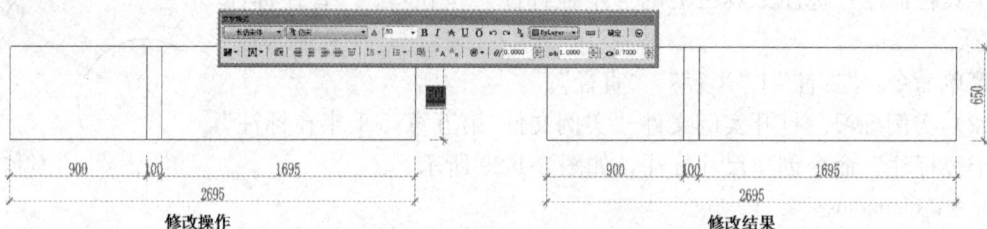

图 5-1-33　尺寸标注文字编辑

命令：_ddedit

选择注释对象或［放弃（U）］：　　　　//选择图形中 600 的尺寸标注，打开文字编辑器，输入新的数值 650

点击确定，结束操作。

3. 标注更新

在进行尺寸标注时，可通过标注更新命令使尺寸标注更新为新的标注样式。

（1）执行方式。工具栏命令："标注"工具栏上的标注更新按钮。

菜单命令："标注"|"更新"。

（2）实例练习。打开实例练习文件"实例文件/第五章/5-1-标注更新"。在"建筑标注"样式基础上新建"替代样式"，更改的部分设置如图 5-1-34 所示。

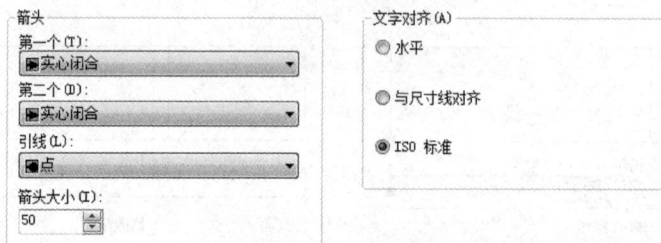

图 5-1-34　设置修改部分

设置完成后关闭，调用"标注更新"命令，选中直径标注并按空格键结束命令，结果如图 5-1-35所示。

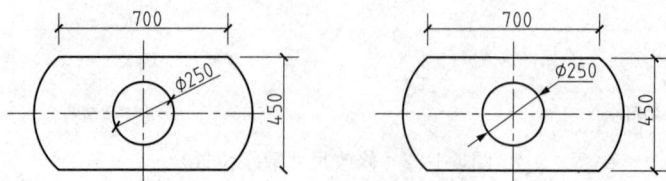

图 5-1-35　最终结果

5.1.5 多重引线

为了说明图纸中某一对象的属性及性质，在 AutoCAD 中可以通过多重引线的方法，快速清晰地标识图纸的说明、标准等内容。

1. 执行方式

命令行：MLD。

工具栏："多重引线"工具栏上的"多重引线"按钮 。

菜单栏："标注"｜"多重引线"。

2. 实例练习

打开实例练习文件"实例文件/第五章/5-1-多重引线"，如图 5-1-36 所示。

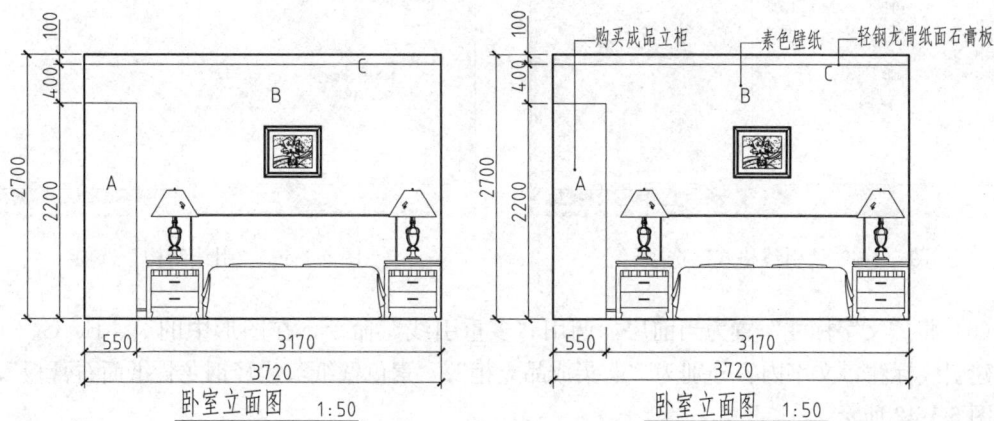

图 5-1-36 卧室立面图

（1）单击多重引线样式按钮 ，打开多重引线样式管理器，如图 5-1-37 所示。

（2）创建新的多重引线样式，单击"新建"按钮 ，打开新建对话框，在"新样式名"中输入"引线"，单击"继续"，如图 5-1-38 所示。

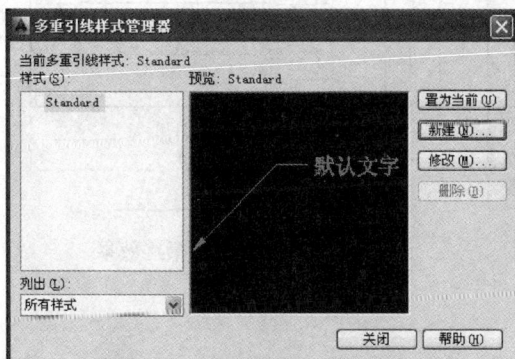

图 5-1-37 多重样式管理器

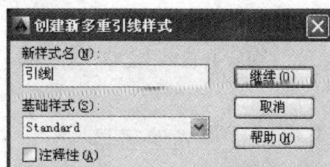

图 5-1-38 创建新的多重样式

（3）在"引线格式"选项卡中的设置"箭头"符号为"点"，大小为 10，如图 5-1-39 所示。

（4）在"引线结构"选项卡中，"最大引线点数"为 2，取消"设置基线距离"复选框，如

图 5-1-40 所示。

（5）在"内容"选项卡中，将"文字高度"设置为 80，"文字样式"为"长仿宋体"，"连接位置-左"、"连接位置-右"均为"第一行中间"，如图 5-1-41 所示。单击"确定"按钮，完成设置。

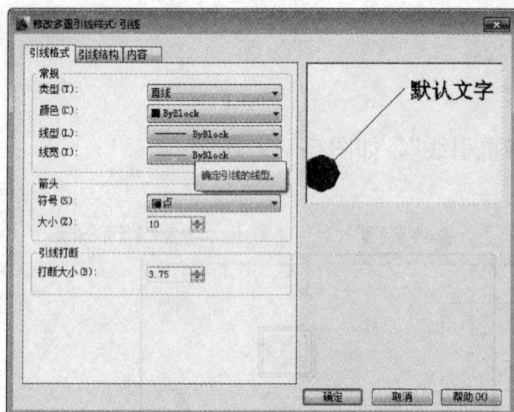

图 5-1-39　"引线格式"选项

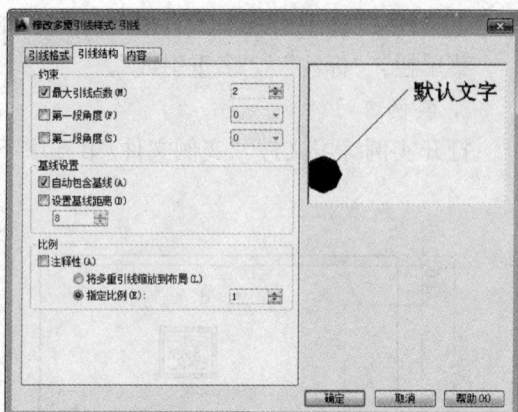

图 5-1-40　"引线结构"选项

（6）将"文字标注"置为当前层，调用"多重引线"命令，在图形中的 A、B、C 三点附近创建引线标注，文字内容分别为"购买成品立柜"、"素色壁纸"、"轻钢龙骨纸面石膏板"，效果如图 5-1-42 所示。

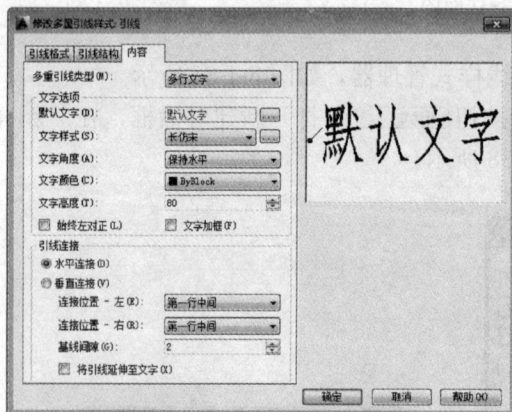

图 5-1-41　"文字"选项

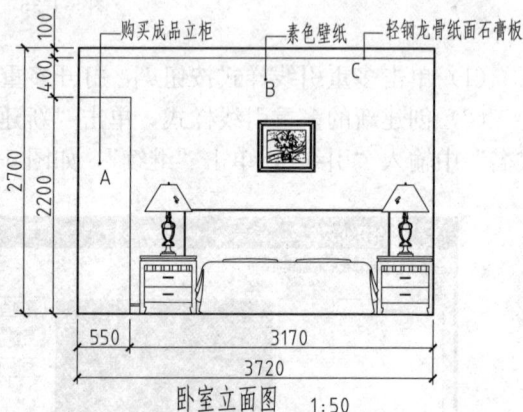

图 5-1-42　最终效果

3. 多重引线样式管理器

（1）"引线格式"选项卡，如图 5-1-39 所示。设置引线的格式特性。

"常规"选项区域：用于设置引线的外观特性。

"箭头"选项区域：用于设置箭头的样式与大小。

（2）"引线结构"选项卡，如图 5-1-40 所示。用于设置引线的结构。

"约束"选项区域：用于引线的点数以及第一段、第二段引线的角度。

"基线设置"选项区域：用于设置是否自动包含基线，以及基线的距离。

（3）"内容"选项卡，如图 5-1-41 所示。用于设置引线中的文字内容特性。

"文字选项"选项区域：设置文字特性。

"引线连接"选项区域：用于设置引线与文字之间的位置关系。

实例5.2 进 阶 与 提 高

根据所学知识对公共空间室内立面图进行尺寸标注，如图 5-2-1 所示。此图形文件为光盘中的"实例文件/第五章/5-2-公共空间室内立面图"。

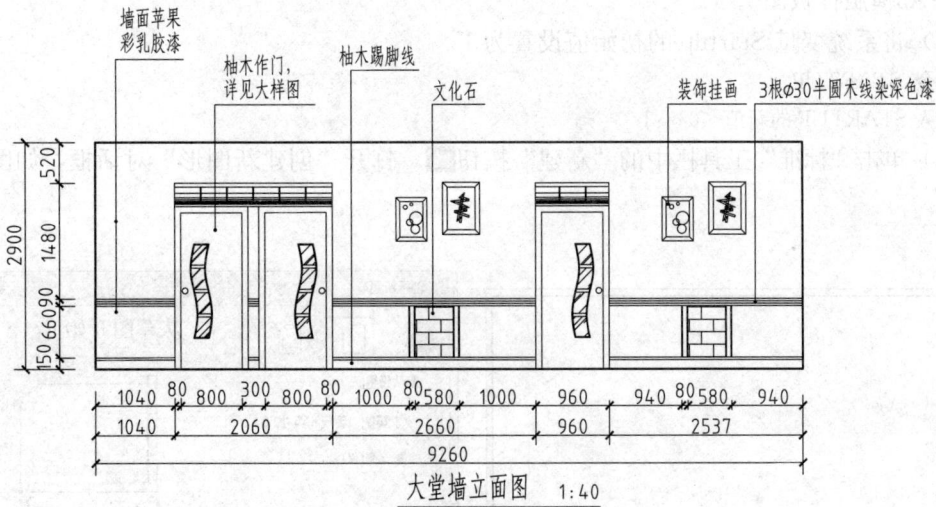

图 5-2-1 公共空间室内立面图

第6章 样板图与打印输出

实例6.1 建立 A3 横版样板图

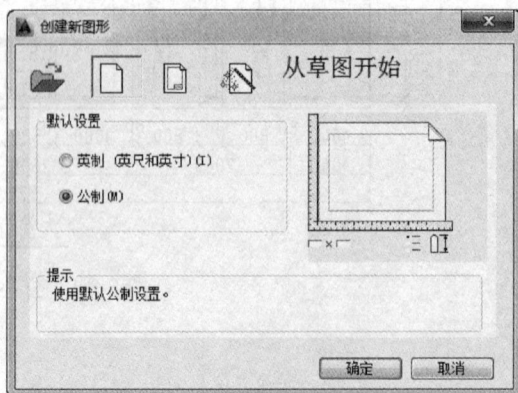

建立 A3 横版样板图，如图 6-1-1 所示。此样板文件为光盘素材中的"实例文件/第六章/6-1-A3横版样板图"。

（1）将系统变量 Startup 的初始值设置为 1。

命令：STARTUP

输入 STARTUP 的新值＜0＞：1

（2）单击"标准"工具栏中的"新建"按钮■，打开"创建新图形"对话框，如图 6-1-2 所示。

图 6-1-1　A3 横版样板图　　　　　　图 6-1-2　"创建新图形"对话框

（3）在打开的"创建新图形"对话框中单击"使用向导"按钮■，使用高级设置，设置作图单位、角度单位、角度方向、设置作图区域大小等。快速设置只可以设置作图单位和作图区域大小，如图 6-1-3 和图 6-1-4 所示。

建筑、室内工程制图误差为±0.5mm，保留一位小数即可，但使用 AutoCAD 作图时，经常要用到阵列、修剪、复制等命令，为了提高作图精度，用户尽可能在实际应用中设置较高的精度，所以单位就保留默认。

（4）单击下一步(N)＞按钮，弹出图 6-1-5 所示的对话框，设置角度测量单位为默认的"十进制度数"，精度为"0"。

（5）单击下一步(N)＞按钮，设置角度测量的起始方向，如图 6-1-6 所示。

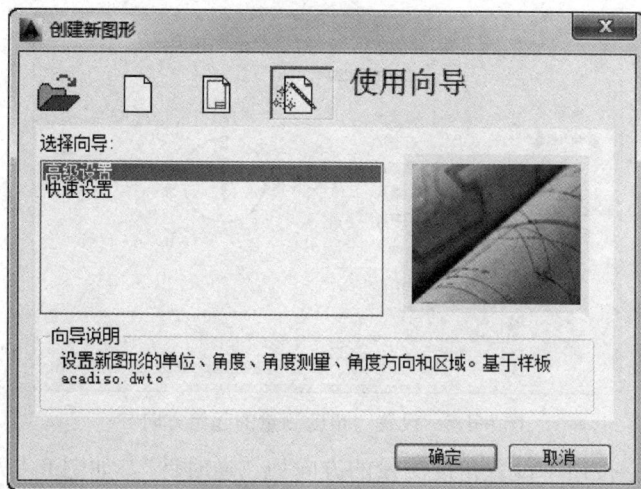

图 6-1-3　"使用向导"中的"高级设置"

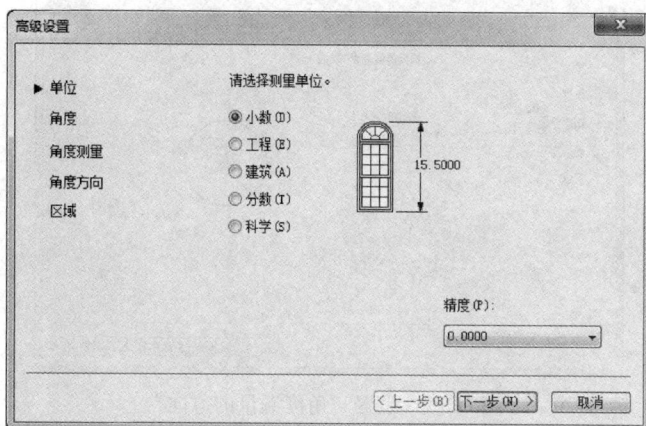

图 6-1-4　"高级设置"对话框中的"角度"设置

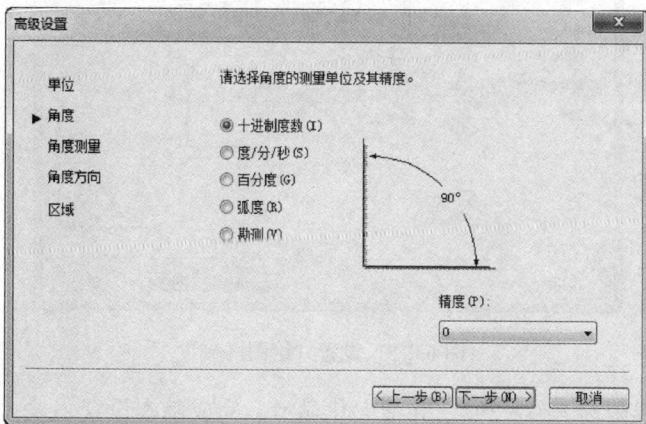

图 6-1-5　设置"角度"

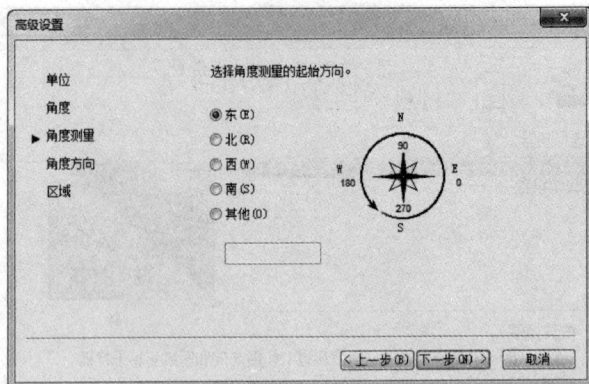

图 6-1-6　设置"角度测量的起始方向"

（6）单击 下一步(N) 按钮，设置角度测量的方向为"逆时针"，如图 6-1-7 所示。

（7）单击 下一步(N) 按钮，设置绘图区域，如图 6-1-8 所示。在宽度和长度文字框中分别输入"420"、"297"，设置绘图区域，然后单击 完成 按钮。

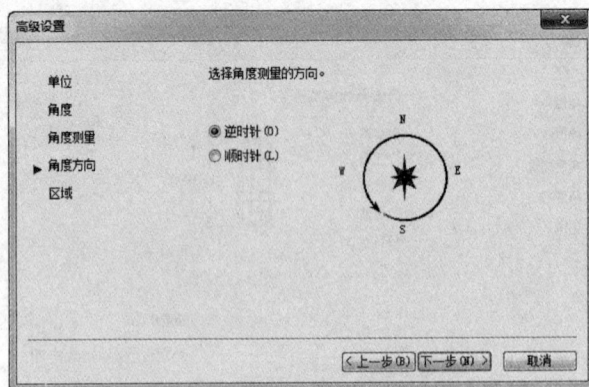

图 6-1-7　设置"角度测量的方向"

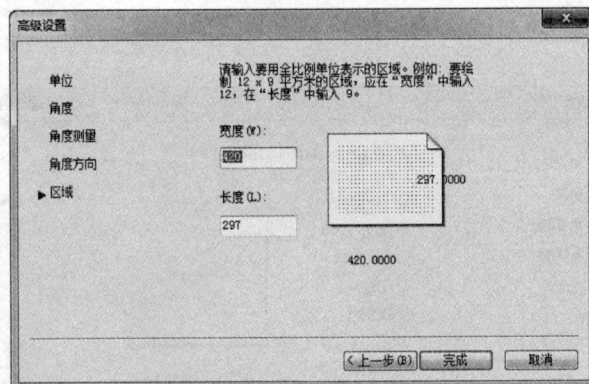

图 6-1-8　设置"绘图区域"

（8）设置图形界限为 420×297，并最大化显示。完成基本设置。

（9）设置图层：单击"图层特性管理器"按钮，在"图层特性管理器"对话框中设置图层如图 6-1-9 所示。

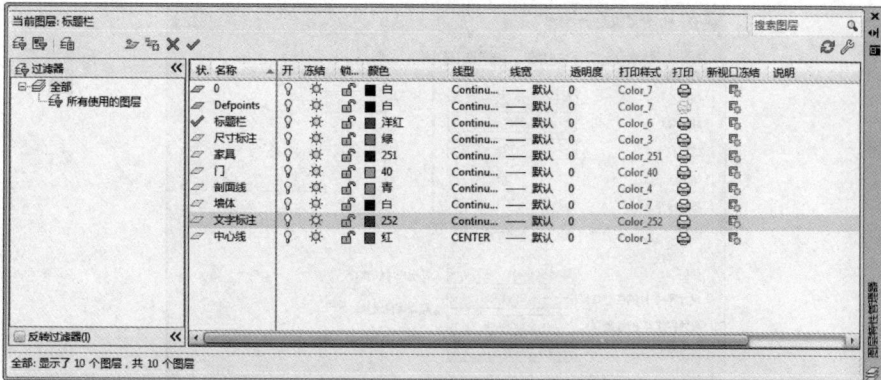

图 6-1-9　"图层"设置

（10）设置文字样式：单击菜单栏"格式"|"文字样式"，弹出"文字样式"对话框，如图 6-1-10 所示。设置如下两种文字样式。

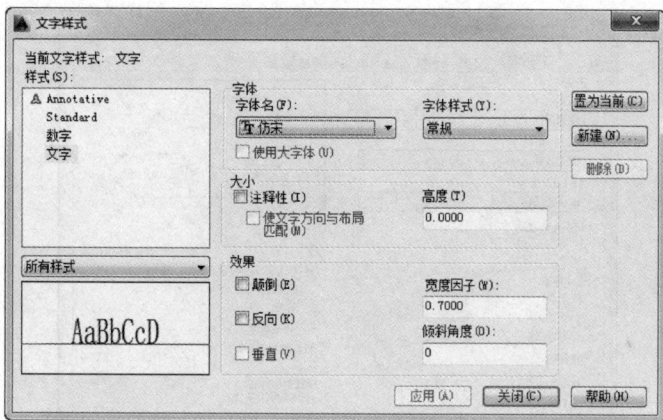

图 6-1-10　"文字样式"对话框

1）数字：字体为 romans. shx，宽度因子为 0.7，用于尺寸标注及书写字母。

2）文字：字体为仿宋，宽度因子为 0.7，用于填写标题栏、工程做法等有文字的地方。

（11）单击"标注样式"按钮，设置"建筑尺寸样式"，设置结果如图 6-1-11～图 6-1-14 所示。

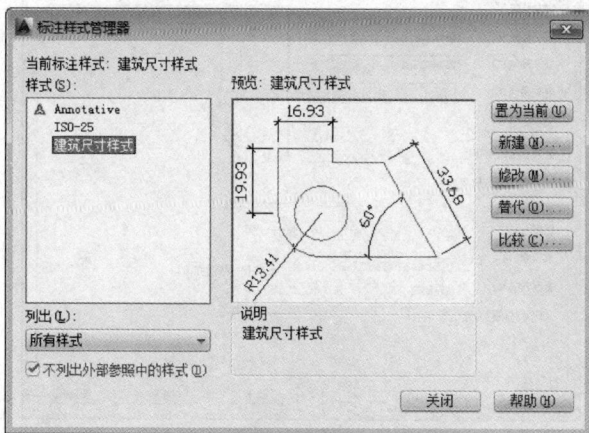

图 6-1-11　"标注样式管理器"

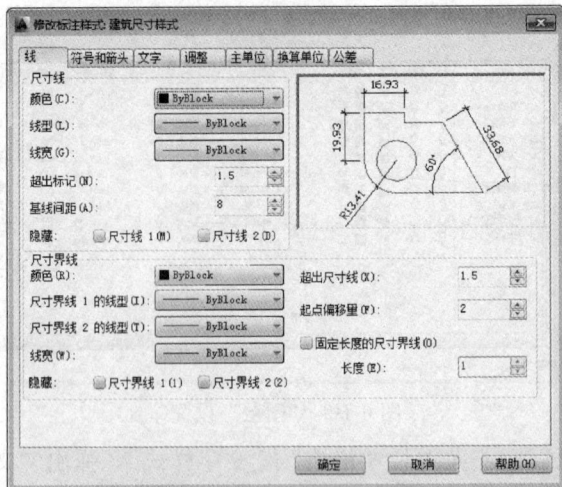

图 6-1-12　"线"选项卡设置

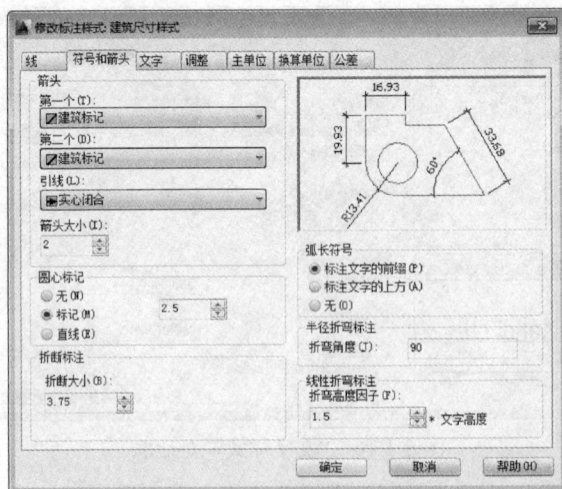

图 6-1-13　"符号和箭头"选项卡设置

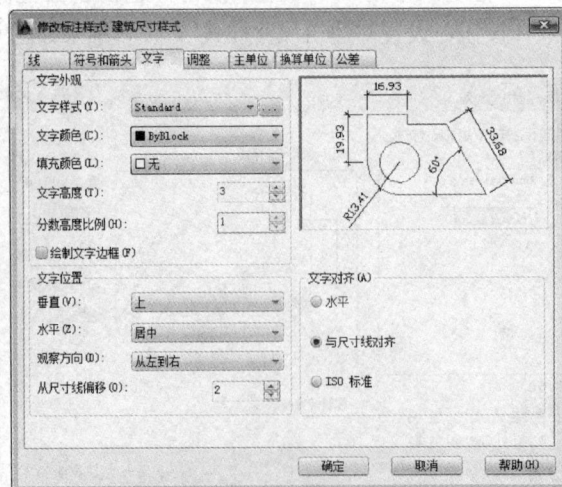

图 6-1-14　"文字"选项卡设置

（12）在图层列表下拉列表中选择"标题栏"图层，将其设置为当前图层。

（13）单击矩形按钮▢，以（0，0）点为第一个角点，（420，297）为第二个角点，绘制矩形。

（14）重复矩形命令，以（25，5）点为第一个角点，（415，292）为第二个角点，绘制矩形，结果如图 6-1-15 所示。

（15）单击表格按钮▦，弹出"插入表格"对话框，如图 6-1-16 所示。

图 6-1-15 图框

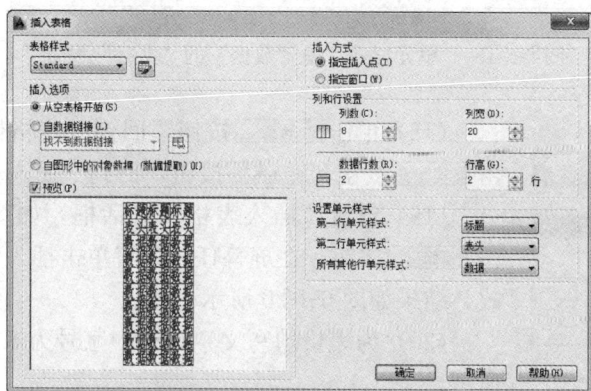

图 6-1-16 "插入表格"对话框

（16）单击▣按钮，启动"表格样式"对话框，再单击 修改(M)... 按钮，弹出"修改表格样式"对话框，设置如图 6-1-17、图 6-1-18 所示。

（17）在"单元样式"下拉列表中选择"标题"和"表头"，如图 6-1-19 所示，并设置同上。

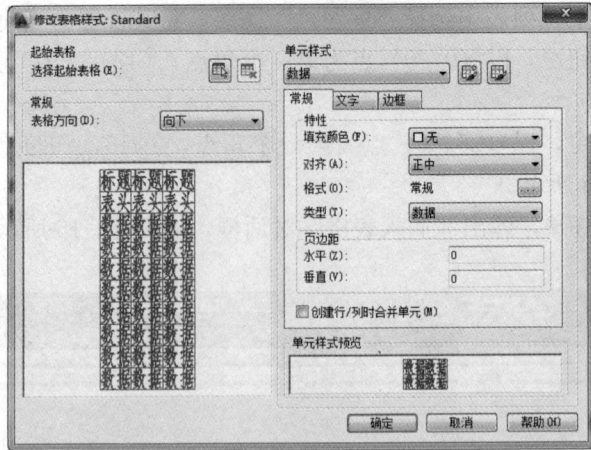

图 6-1-17 "单元样式"中"数据"的"常规"设置

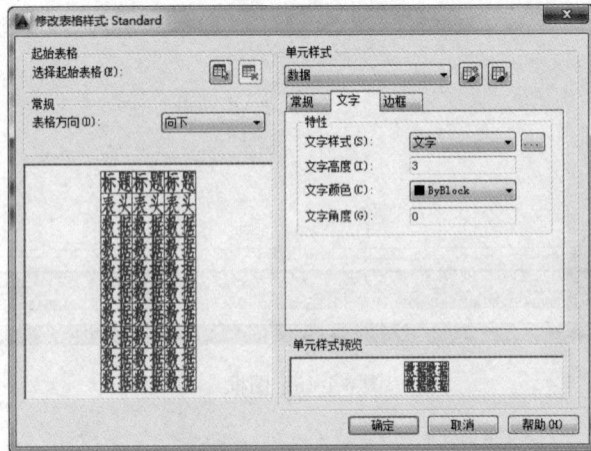

图 6-1-18 "单元样式"中"数据"的"文字"设置

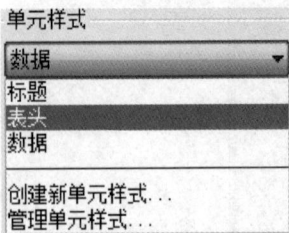

图 6-1-19 "单元
样式"切换

（18）单击 确定 按钮，回到"表格样式"对话框。再单击 置为当前(U) 按钮和 关闭 按钮，回到"插入表格"对话框。

（19）设置"插入表格"对话框，如图 6-1-16 所示，再单击 确定 按钮，在屏幕任意位置单击插入表格。对表格进行修改，结果如图 6-1-20 所示。

（20）为表格填写文字，其中字号为 3 号，结果如图 6-1-21 所示。

（21）单击"移动"按钮选择表格，捕捉右下角点为基点，将其移到内侧图框的右下角点处，结果如图 6-1-22 所示。

（22）选择标题栏的内线框，在"对象特性"工具栏"线型控制"下拉列表中将线宽设为 0.3mm，如图 6-1-23 所示。

表格修改前

表格修改后

图 6-1-20　表格修改前后对比

图 6-1-21　填写文字

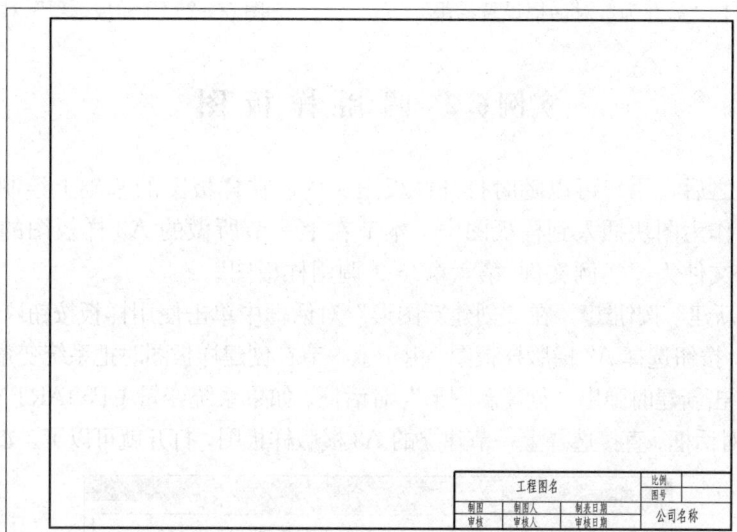

图 6-1-22　表格移动后

（23）单击 按钮，打开"另存为"对话框。在"文件类型"下拉列表中选择"AutoCAD 图形样板 ∗

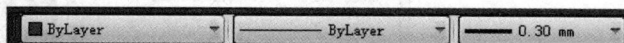

图 6-1-23　内线框线宽设为 0.30mm

.dwt"，在文件名处输入"A3 横版"，如图 6-1-24 所示，再单击"保存"按钮。弹出"样板选项"对话框，在"说明"文本输入框中输入如图 6-1-25 所示的内容。单击 确定 保存样板图。

说明："样板图"文件实际上是包含一定的绘图环境和参数变量，但并未绘制图形的空白文件，当将此空白文件保存为 .dwt 格式后，就成为样板文件。用户在样板文件的基础上绘图，能够避免许多参数的重复性设置，大大节省绘图时间，不但提高绘图效率，还可以使绘图的图形更符合规范、更标准，保证图面、质量的完整统一。

样板文件中的相关参数设置并不是唯一不变的，读者可以根据实际情况设置或补充各种变量。

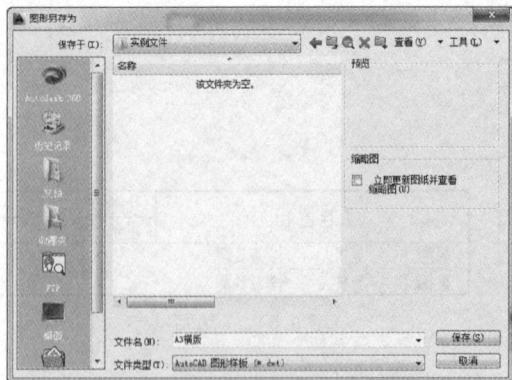

图 6-1-24　"另存为"对话框设置结果　　　　图 6-1-25　"样板选项"对话框

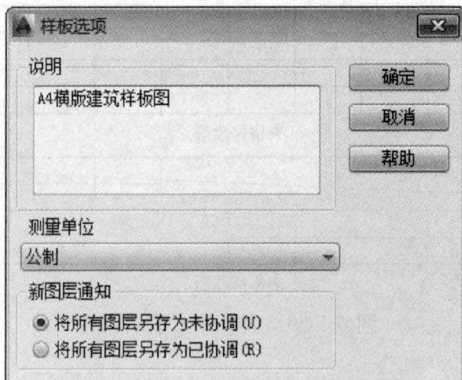

实例 6.2　调 用 样 板 图

建立样板图之后，用户可以随时打开样板图文件，在样板图的基础上绘制新图形，也可以将画好的图形作为图块插入到样板图中。本节在上一节所做的 A3 样板图的基础上绘制图形。绘制完成的文件为"实例文件/第六章/6-2-调用样板图"。

（1）单击"新建"按钮　，在"创建新图形"对话框中单击使用样板按钮　，如图 6-2-1 所示。单击"浏览"按钮选择 A3 横版样板图。由于上一节在创建样板图时把系统变量 UPSTART 的值改为 1，所以单击新建时弹出"创建新图形"对话框。如果系统变量 UPSTART 的值为 0，将弹出"选择样板"对话框。直接选择上一节建立的 A3 横版样板图，打开就可以了。如图 6-2-2 所示。

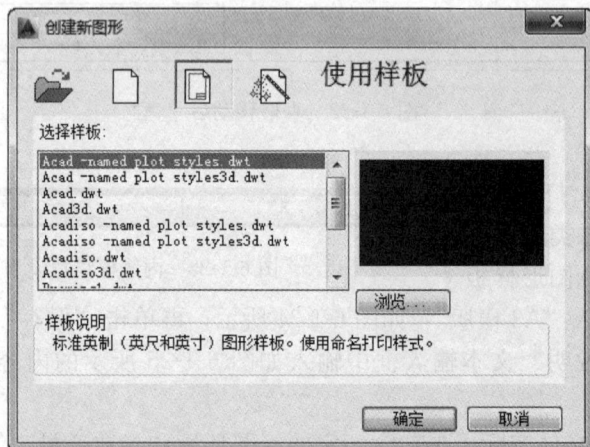

图 6-2-1　"创建新图形"对话框

（2）将第五章完成的图纸"5-1-居室平面图"打开并复制到新的文件中。

（3）将绘制的平面图放到 A3 图框中。有两种方式：①规范的操作方式，即将图纸按比例缩小，放到 A3 图框中；②则是将图框按比例放大，然后将图纸放到图框中。第二种方式属于非规范操作，但因为这种方式操作简单，所以在要求不太严格的图纸中经常采用。

1）将图纸缩小的正规操作步骤。

选中复制过来的平面图，根据 1∶50 的比例，利用缩放命令将其缩小为原来的 1/50，如

图 6-2-3所示。可以看出，图形已经被标注完全遮挡，且标注尺寸数值错误，这是因为图形的比例缩小了，但是标注并没有跟着变化造成的。

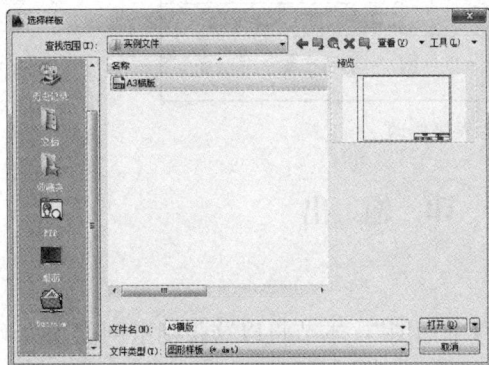

图 6-2-2　"选择样板"对话框

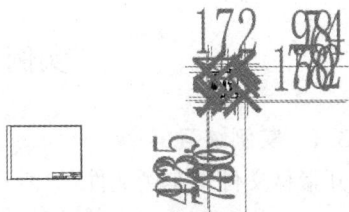

图 6-2-3　缩小平面图

以原有的标注样式"建筑标注"为基准，新建标注样式，并将其置为当前。新的标注样式名称为"副本-建筑标注"，设置如图 6-2-4、图 6-2-5 所示。在"调整"选项卡下，将"使用全局比例"的数值设为现有数值的 1/50，即设为 2；"主单位"选项卡下，将测量单位"比例因子"设为现有数值的 50 倍。

利用"标注更新" 将图中所有的标注更新为新的样式。利用"移动命令"将更新后的图纸移动到 A3 图框中的合适位置，完成设置，如图 6-2-6 所示。

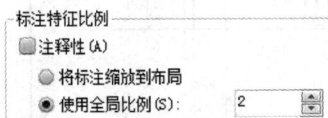

图 6-2-4　全局比例设置

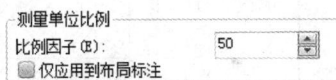

图 6-2-5　测量单位比例因子设置

2）将图框放大的操作步骤。选中 A3 图框，利用"缩放"命令，按 1：50 的比例将其放大 50 倍。然后利用"移动"命令，平面图移动到 A3 图框中即可。

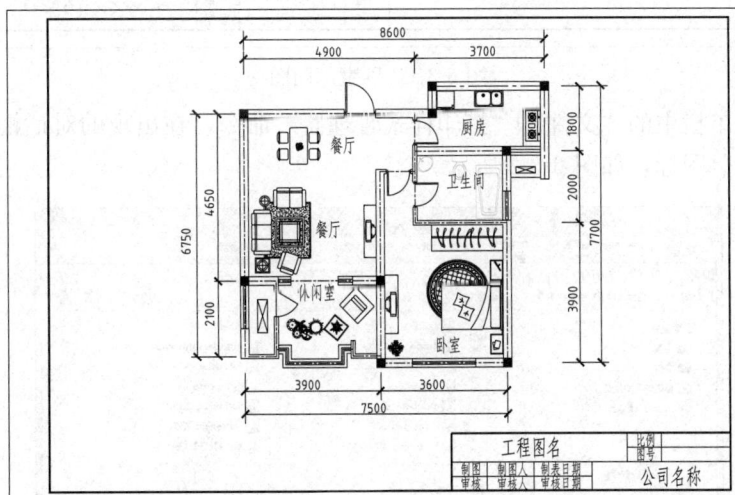

图 6-2-6　最终效果

（4）根据实际情况更改双击表格中的文字进行修改，如图 6-2-7 所示，完成作图。

平面布置图			比例	1:50
			图号	ZS-003
制图	（姓名）	制表日期	公司名称	
审核	（姓名）	审核日期		

图 6-2-7　表格修改

实例 6.3　打　印　输　出

6.3.1　实例练习

打开素材文件"实例文件/第六章/6-3-别墅剖面图"，本节将以这张别墅剖面图为例，讲述从模型空间打印输出图形的过程，打印预览效果如图 6-3-1 所示。

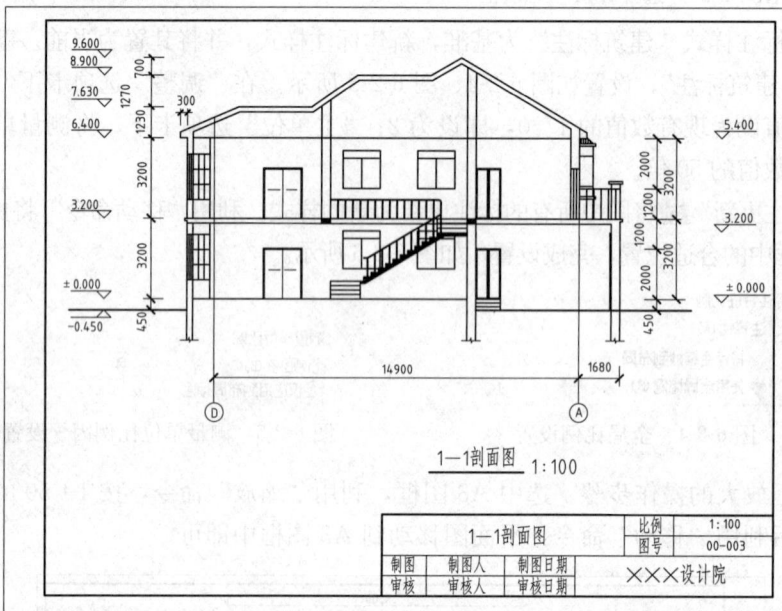

图 6-3-1　别墅剖面图

（1）选择菜单栏中的"文件"|"打印样式管理器"命令，在出现的对话框中双击"添加打印样式表向导"图标，如图 6-3-2 所示。

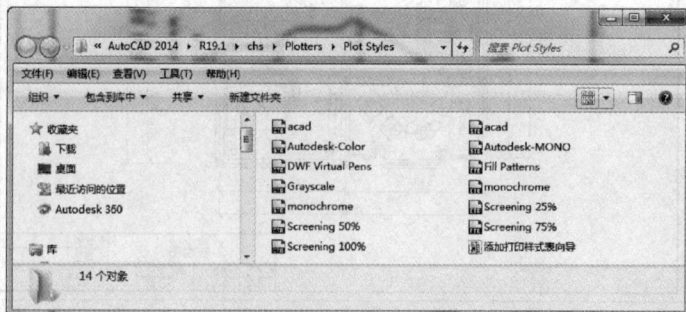

图 6-3-2　打印样式管理器

（2）在"添加打印样式表"对话框中单击 下一步(N) > 按钮，如图 6-3-3 所示。

（3）在"添加打印样式表-开始"对话框中选择"创建新打印样式表"，单击 下一步(N) > 按钮，如图 6-3-4 所示。

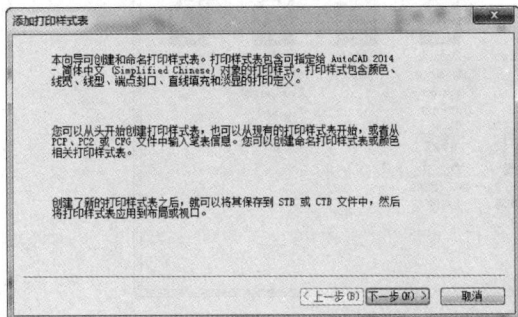

图 6-3-3　"添加打印样式表"对话框

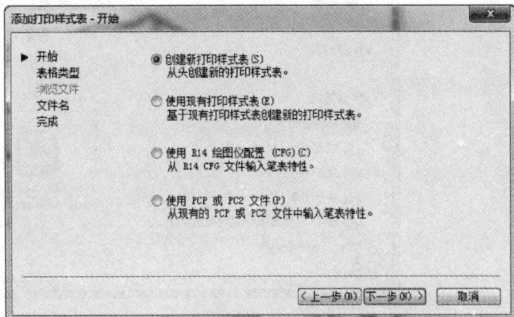

图 6-3-4　"添加打印样式表-开始"对话框

（4）在"添加打印样式表-选择打印样式表"对话框选择"颜色相关打印样式表，"单击 下一步(N) > 按钮，如图 6-3-5 所示。

（5）在"添加打印样式表-文件名"对话框中输入"打印样式 A4"，然后单击 下一步(N) > 按钮，如图 6-3-6 所示。

（6）在"添加打印样式-完成"对话框中单击 完成(F) 按钮，如图 6-3-7 所示。此时在路径：\ Users \ Administrator \ AppData \ Roaming \ Autodesk \ AutoCAD2014 \ R19. 1 \ chs \ Plotters \ Plot Styles 中已经存在了名称为"打印样式 A4. ctb"的文件。

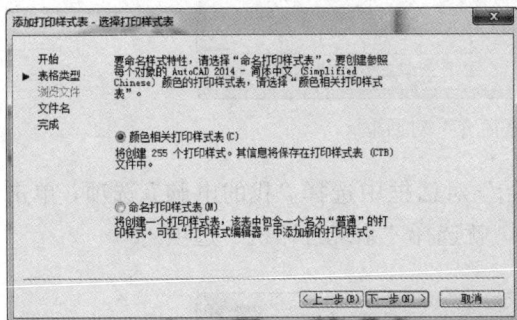

图 6-3-5　"添加打印样式表-选择打印样式表"对话框

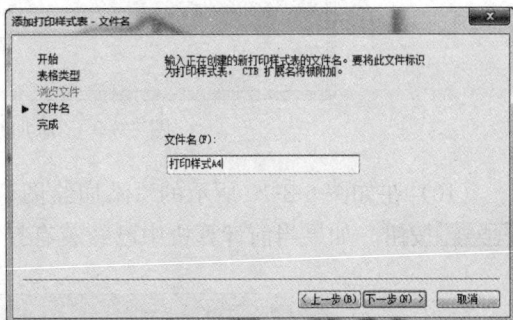

图 6-3-6　"添加打印样式表-文件名"对话框

（7）打开本书光盘中的"实例文件/6-3-别墅剖面图 . dwg"。

（8）选择菜单栏中的"文件"-"绘图仪管理器"命令，如图 6-3-8 所示在出现的资源管理器中双击"添加绘图仪向导"图标。

（9）在"添加绘图仪-简介"对话框中单击 下一步(N) > 按钮，如图 6-3-9 所示。

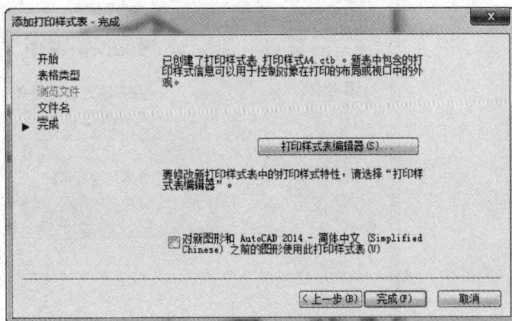

图 6-3-7　"添加打印样式-完成"对话框

图 6-3-8 "添加绘图仪向导"图标位置

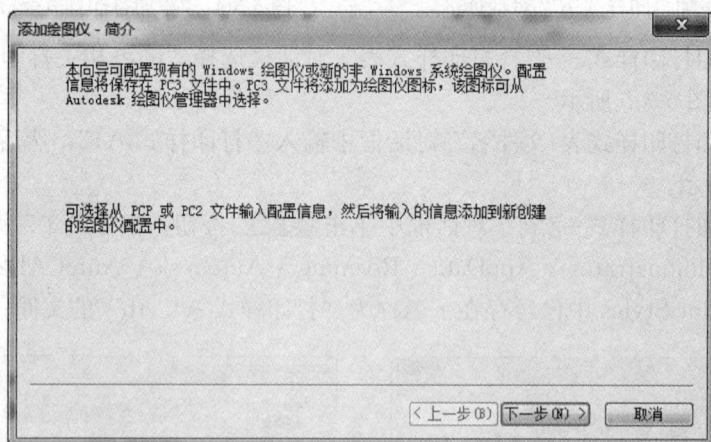

图 6-3-9 "添加绘图仪-简介"对话框

（10）在如图 6-3-10 所示的"添加绘图仪-开始"对话框中选择"我的电脑"选项，单击
下一步(N)>按钮。如果当前计算机中已经装有打印机，就选择"系统打印机"选项。

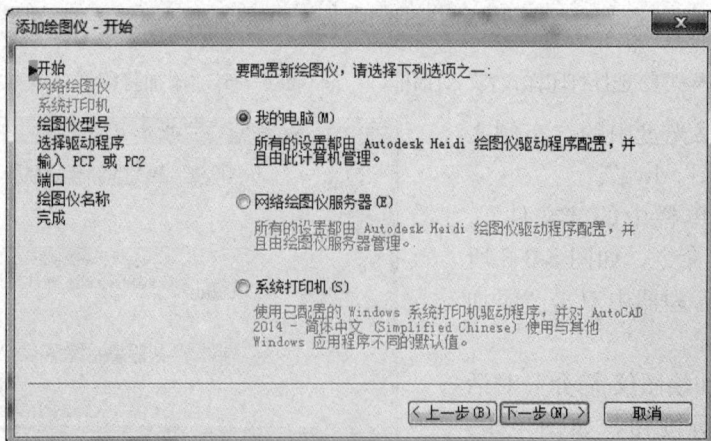

图 6-3-10 "文字样式"对话框

（11）在如图 6-3-11 所示的"添加绘图仪-绘图仪型号"对话框中选择 DesignJet 430 C4713A 型号打印机，再单击 下一步(N) 按钮。

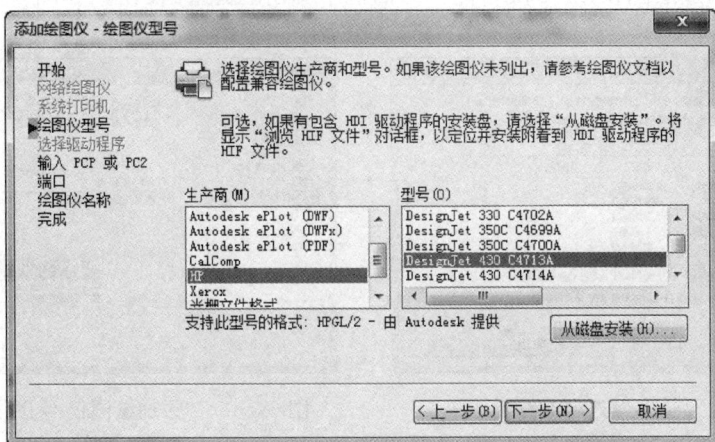

图 6-3-11　"添加绘图仪-绘图仪型号"对话框

（12）在"驱动程序信息"对话框中单击 完成(F) 按钮，如图 6-3-12 所示。

（13）在"添加绘图仪-输入 PCP 或 PC2"对话框中单击 下一步(N) 按钮，如图 6-3-13 所示。

图 6-3-12　"驱动程序信息"对话框

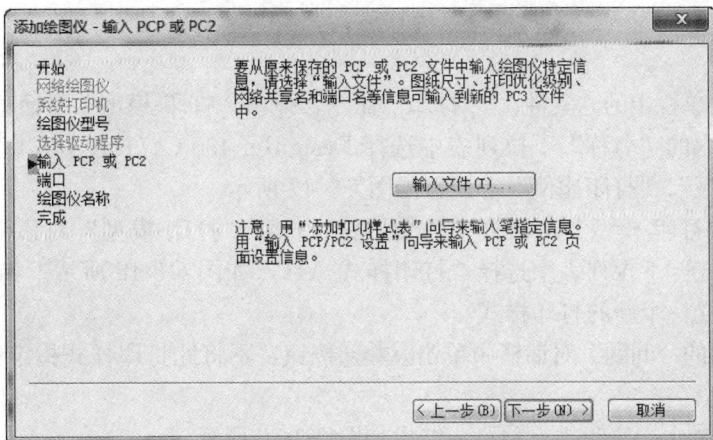

图 6-3-13　"添加绘图仪-输入 PCP 或 PC2"对话框

（14）在"添加绘图仪-端口"对话框中选择 LPT1 端口，单击 下一步(N) 按钮，如图 6-3-14 所示。

（15）在"添加绘图仪-绘图仪名称"对话框中单击 下一步(N) 按钮，如图 6-3-15 所示。

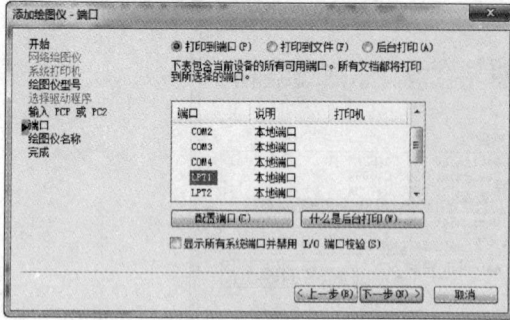

图 6-3-14　"文字"选项卡设置

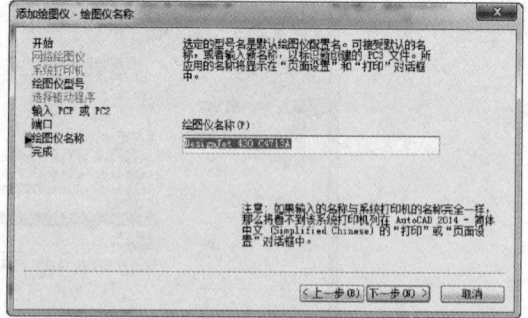

图 6-3-15　"添加绘图仪-绘图仪名称"对话框

（16）在"添加绘图仪-完成"对话框中单击 继续(O) 按钮，完成添加绘图仪的设置，如图 6-3-16 所示。

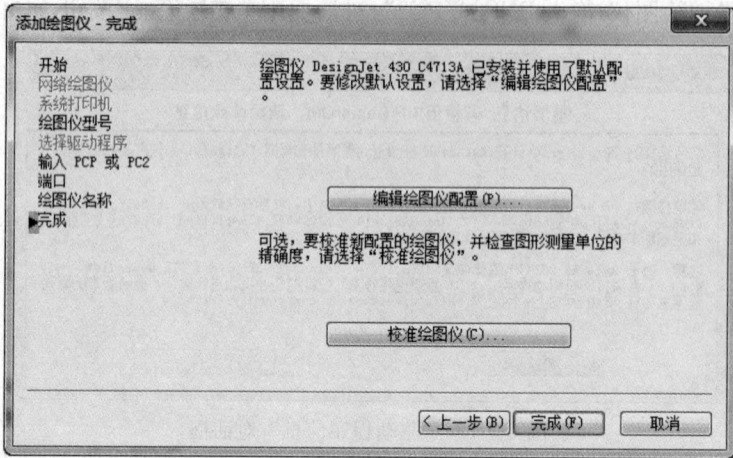

图 6-3-16　"添加绘图仪-完成"对话框

（17）选择菜单栏中的"文件"-"打印"命令，弹出"打印-模型"对话框，在"打印机/绘图仪"分组框内的"名称"下拉列表中选择 DesignJet-430-C4713A.pc3 型打印机，"图纸尺寸"、"打印区域"、"打印比例"等设置如图 6-3-17 所示。

（18）单击"打印-模型"对话框中的 ⊙ 按钮，打开"打印-模型"对话框中的其他分组框，在"打印样式"下拉列表中选择"打印样式 A4"，如图 6-3-18 所示。如果选择"新建"选项，也可以建立一个新的打印样式。

（19）在弹出的"问题"对话框中单击 否(N) 按钮，不将此打印样式指定给所有布局，如图 6-3-19 所示。

（20）单击 预览(P)... 按钮进行预览，结果如图 6-3-20 所示。

（21）预览结果并不完整，这是因为选择的 A4 纸带有不可打印边距，屏蔽掉了一部分图

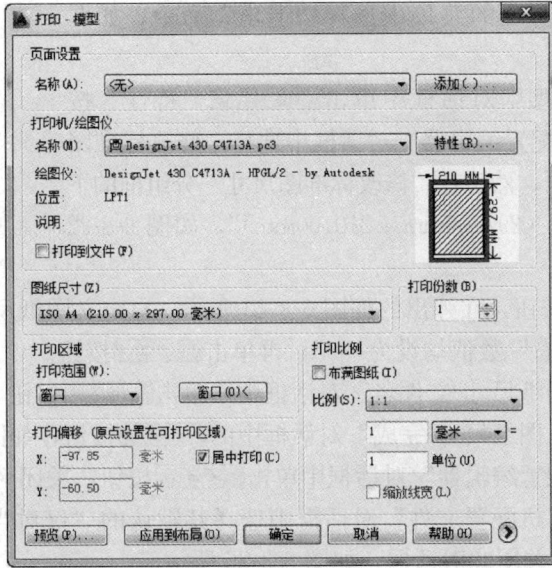

图 6-3-17　"打印-模型"对话框设置效果

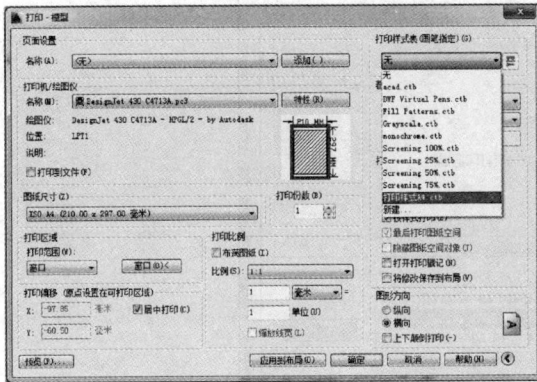

图 6-3-18　"打印-模型"对话框

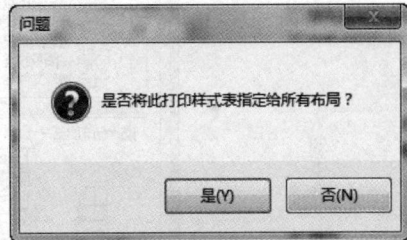

图 6-3-19　"问题"对话框

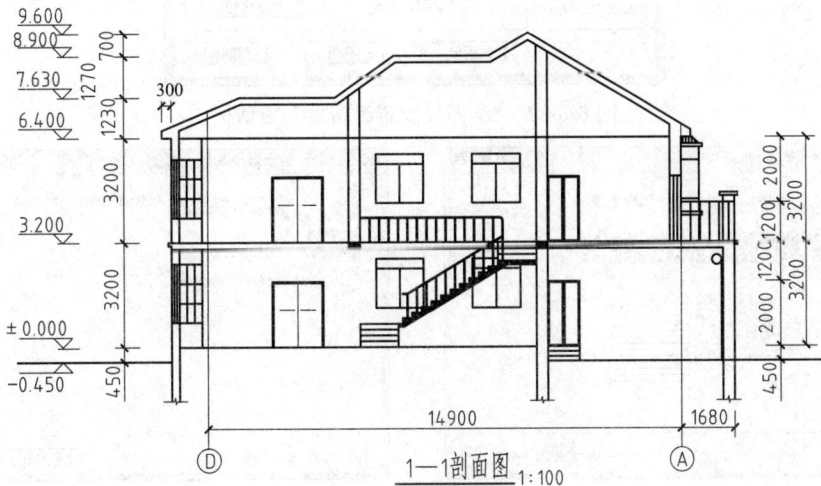

1—1剖面图 1:100

图 6-3-20　预览结果

线。单击鼠标右键，在弹出的菜单中选择"退出"命令，如图
6-3-21所示。

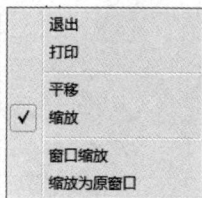

（22）在"打印-模型"对话框中单击 特性(R).... "特性"按
钮，在弹出的"绘图仪配置编辑器"对话框中选择"修改标准图
尺寸（可打印区域）"项，然后在"修改标准图尺寸"分组框的下
拉列表中选择"ISO A4（297.00mm×210.00mm）"，如图 6-3-22
所示。

（23）单击 修改(M).... 按钮，在弹出的如图 6-3-23 所示"自定义图纸尺寸-可打印区域"对话
框中的"上、下、左、右"数值均设为"0"，再单击 下一步(N) > 按钮。

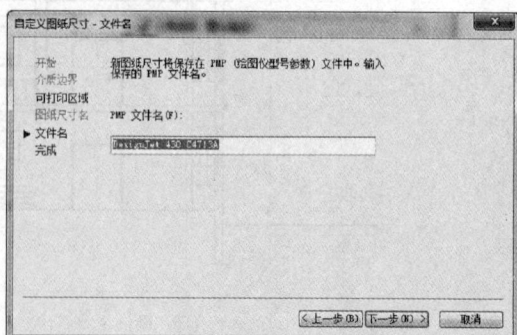

（24）在"自定义图纸尺寸-文件名"对话框中，单击 下一步(N) > 按钮，如图 6-3-24 所示。

（25）单击"自定义图纸尺寸-完成"对话框中的 完成(F) 按钮，如图 6-3-25 所示。

（26）在"绘图仪配置编辑器"对话框中单击 确定 按钮，关闭对话框。

（27）在"修改打印机配置文件"对话框中选择其默认的"仅对当前打印应用修改"选
项，单击 完成(F) 按钮，关闭此对话框，如图 6-3-26 所示。

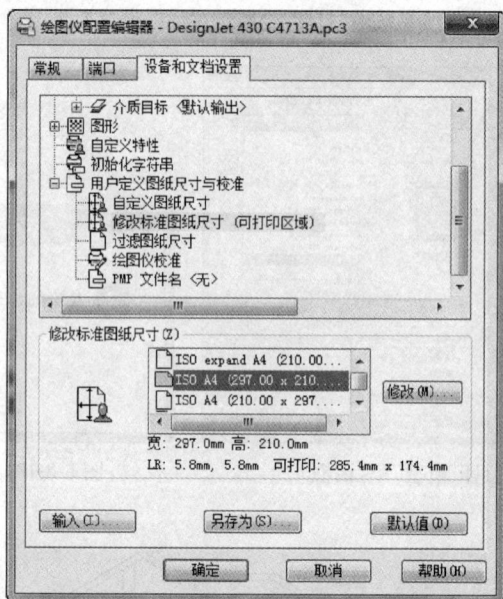

图 6-3-21 "退出"
命令的位置

图 6-3-22 "绘图仪配置编辑器"对话框

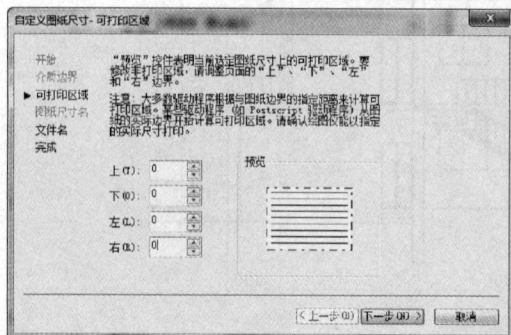

图 6-3-23 "自定义图纸尺寸-可打印区域"对话框设置　　　　图 6-3-24 "自定义图纸尺寸-文件名"对话框

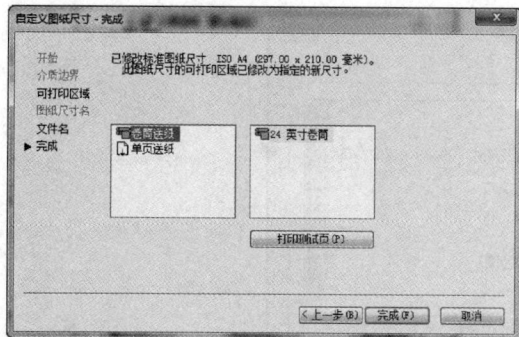

图 6-3-25　"自定义图纸尺寸-完成"对话框

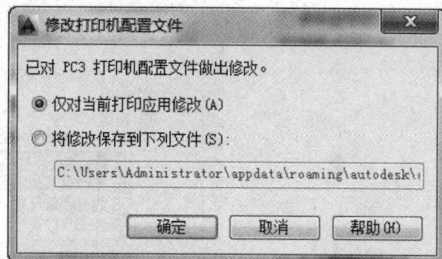

图 6-3-26　"修改打印机配置文件"对话框

（28）预览效果如图 6-3-1 所示。

6.3.2　打印输出

1. 命令执行方式

命令行：PRI。

快捷键：Ctrl＋P。

其他方式："文件"菜单栏｜"打印"。

2. "打印"对话框设置

调用打印命令后弹出"打印"对话框，单击右下角"更多选项"按钮 ⊙ ，将页面全部展开，如图 6-3-27 所示。

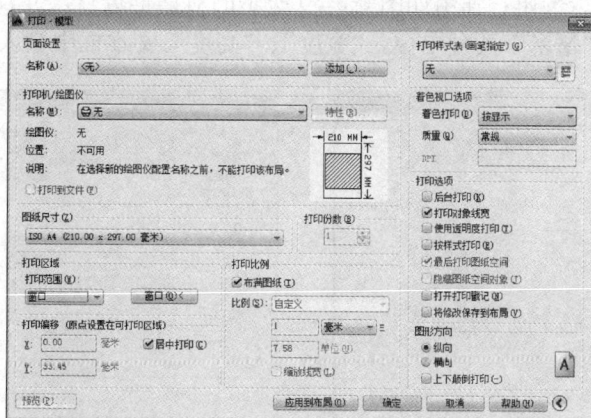

图 6-3-27　"打印"设置对话框

3. 常用选项说明

（1）打印机/绘图仪选项组。在"名称"下拉菜单中，可以选择设定好的打印机/绘图仪。如果需要打印成图片，选择 PublishToWeb JPG. pc3 或者 PublishToWeb JPG. pc3；打印电子书格式可选择 DWG To PDF. pc3。

（2）图纸尺寸。打开下拉列表，可以选择设定好的图纸尺寸。如果这些尺寸不能满足用户需要，也可以进行自定义设置。设置方式如下（以打印 PDF 格式的文件为例）：

1）单击"打印机/绘图仪"选项组名称下拉菜单中选择 DWG To PDF. pc3，单击"特性"按钮，弹出对话框，如图 6-3-28 所示。

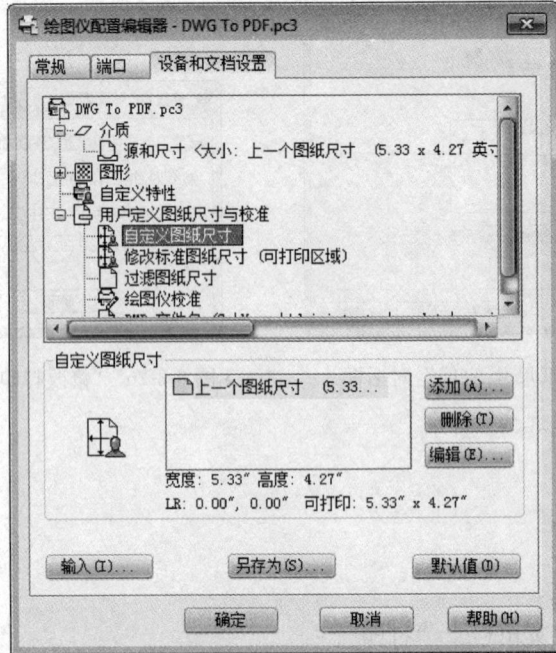

图 6-3-28　添加自定义尺寸

2）选择"自定义图纸尺寸"，然后单击"添加"按钮弹出对话框，如图 6-3-29 所示。

3）单击"下一步"按钮，弹出如图 6-3-30 所示的对话框进行尺寸设定。"单位"下拉菜单中可选择"英寸"、"毫米"两种单位，"宽度"、"高度"文本框中输入相应的数值。

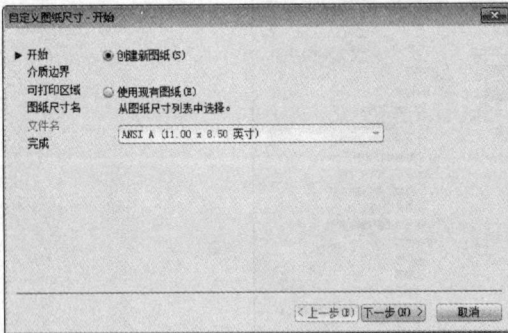

图 6-3-29　添加自定义尺寸

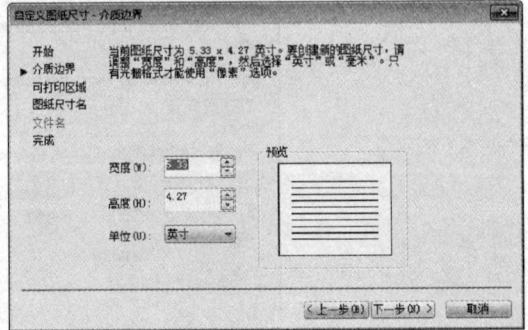

图 6-3-30　根据实际需要更改尺寸

4）单击"下一步"按钮，弹出如图 6-3-31 所示的对话框，调整"上、下、左、右"数值进行打印区域的设置。

5）单击"下一步"按钮，弹出如图 6-3-32 所示的对话框，自定义图纸名称。

6）单击"下一步"按钮，弹出的对话框如图 6-3-33 所示，单击"完成"按钮完成设定。

7）回到如图 6-3-28 所示的对话框，单击"确定"按钮，完成自定义尺寸的设定。然后在"图纸尺寸"下拉列表中找到设定好的图纸尺寸名称即可。

（3）打印范围选项组。

1）"窗口"：选择窗口后，AutoCAD界面会回到绘图界面，通过拖拉矩形框的方式确定打印范围。

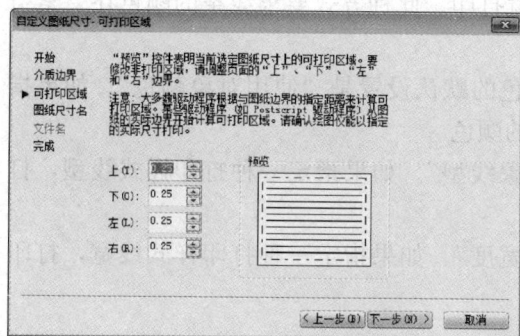

图 6-3-31　打印区域设定

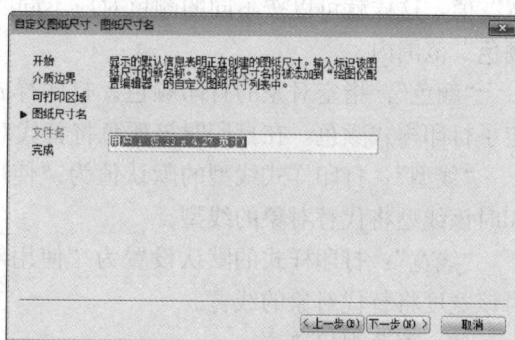

图 6-3-32　图纸名称设定

2）"显示"：按照当前的绘图区图纸显示区域进行打印。

（4）打印偏移。

居中打印：勾选后，选中的打印范围居中。

（5）打印样式表。可以从下拉列表中选择设定好的打印样式表。如果需要打印线宽，可以根据图层设置和根据颜色设置两种方式。

1）根据图层设置打印线宽。在"图层特性管理器"对话框中设置各图层的线宽，这样就能打印出带线宽的图形。

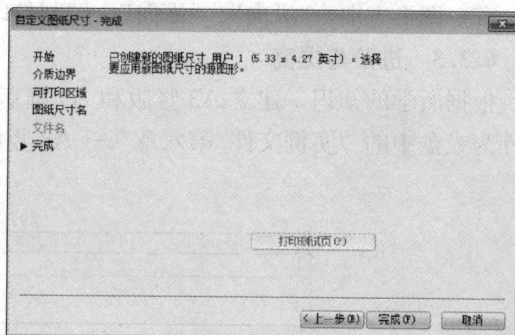

图 6-3-33　完成设定

2）根据颜色设置打印线宽。单击编辑按钮，弹出如图 6-3-34 所示的"打印样式表编

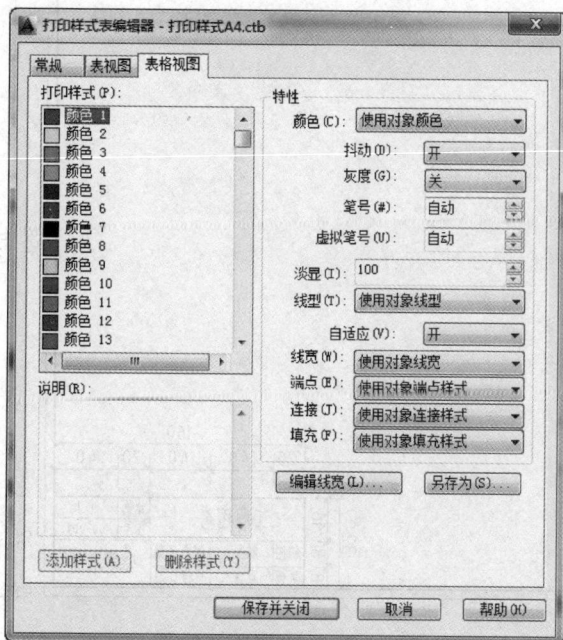

图 6-3-34　"打印样式编辑器"对话框

辑器"对话框，在"打印样式"列表中选择颜色，再在"线宽"下拉列表中选择相应的"线宽"值，这样就可以按不同的颜色对应不同的线宽打印。此种方式要求线条的颜色在"索引颜色"范围内。

"颜色"：指定对象的打印颜色。打印样式颜色的默认设置是"使用对象颜色"。如果指定了打印样式颜色，在打印时该颜色将替代对象的颜色。

"线型"：打印样式线型的默认值为"使用对象线型"。如果指定一种打印样式线型，打印时该线型将代替对象的线型。

"线宽"：打印样式的默认设置为"使用对象宽度"。如果指定一种打印样式线宽，打印时该宽度将替代对象的线宽。

（6）着色视口选项。

"质量"：选择打印时的图纸精细程度。

（7）图形方向。"纵向"、"横向"：控制打印时的图形方向。

6.3.3　进阶与提高

根据所学的知识，建立 A3 竖版和 A4 横版样板图。如图 6-3-35 和图 6-3-36 所示。图形文件为光盘中的"实例文件/第六章/6-3-A3 竖版"和"实例文件/第六章/6-3-A4 横版"。

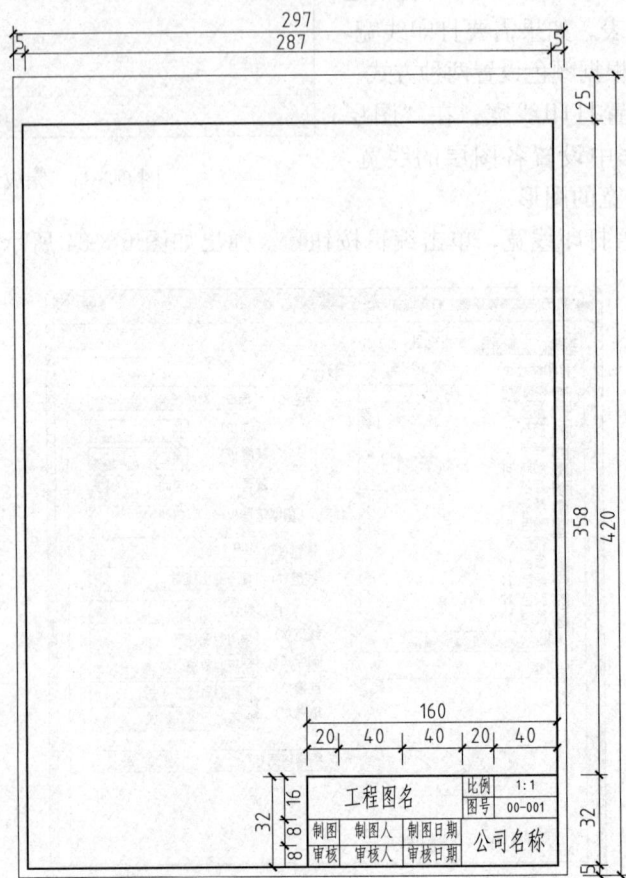

图 6-3-35　A3 竖版样板图

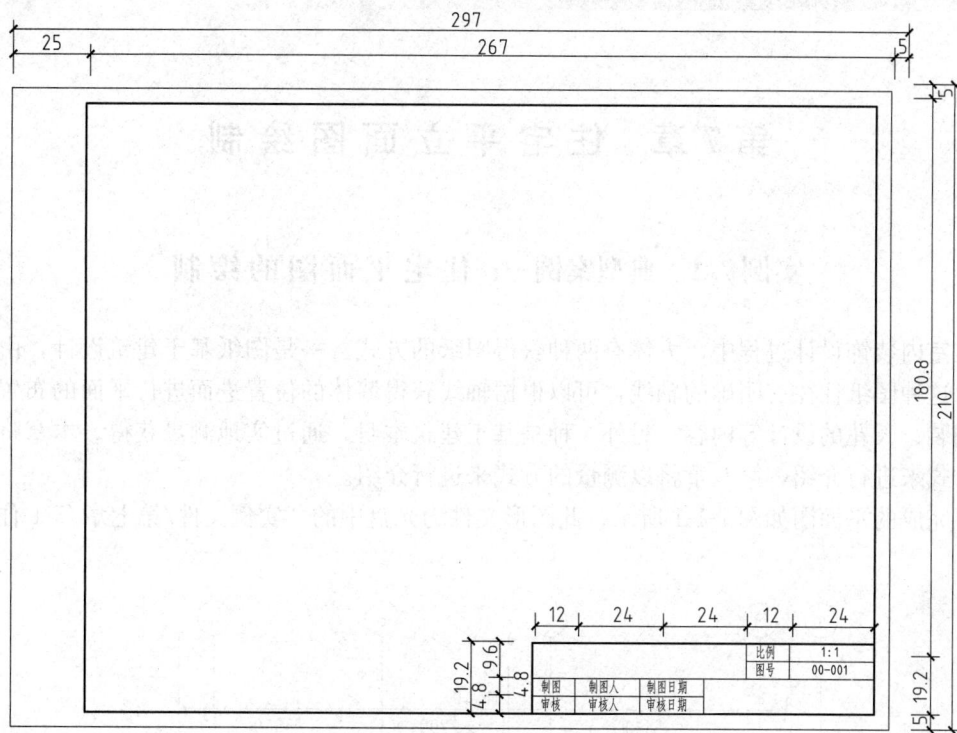

图 6-3-36　A4 横版样板图

第7章 住宅平立面图绘制

实例7.1 典型案例一：住宅平面图的绘制

在室内装饰设计过程中，大体有两种获得图纸的方式。一是图纸基于建筑设计，由甲方给定，这种图纸往往有明确的轴线，可以根据轴线获得墙体的位置进而进行平面的布置、地面的铺装、天花的设计等内容；另外一种是基于建筑本身，通过实地测量获得。本章将以轴线的方式来进行介绍，第八章将以测量的方式来进行介绍。

要完成的平面图如图7-1-1所示。此图形文件为光盘中的"实例文件/第七章/7-1-住宅平面图"。

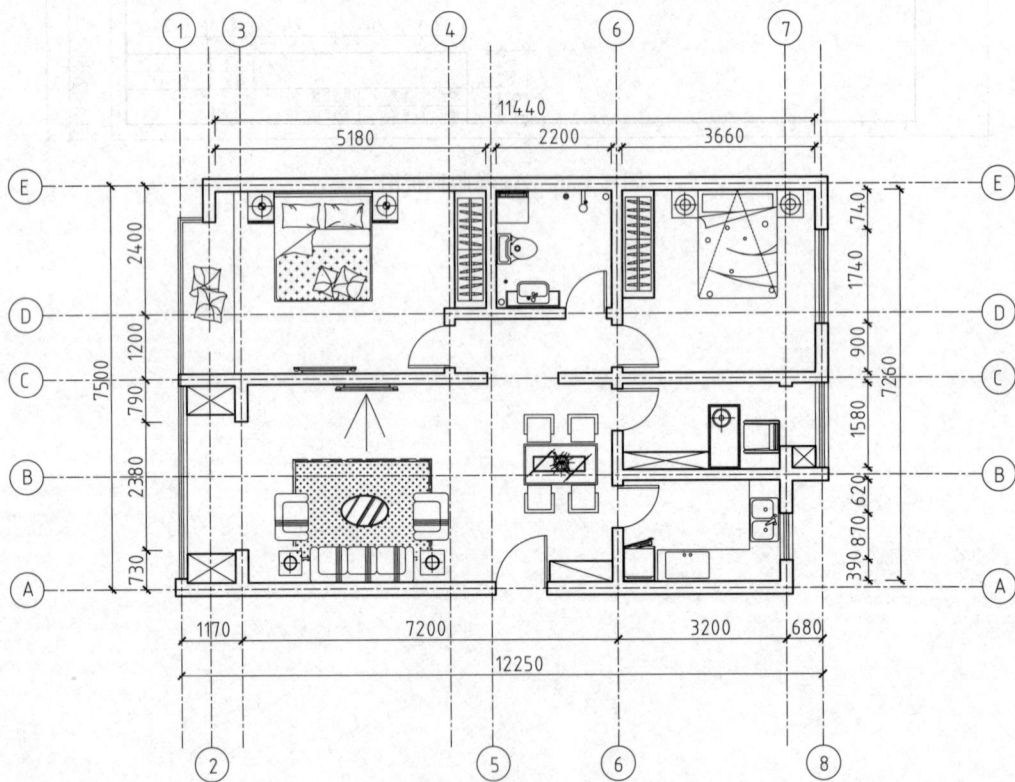

图7-1-1 住宅平面布置图

7.1.1 绘图前的准备工作

1. 新建文档和保存文档

打开 AutoCAD 2014 文件，单击"文件"|"新建"命令，以"教材样板图"为样板文件进行新建，如图7-1-2所示。在此样板文件中，保存了"图层""文字样式""标注样式"等设置，有助于提高作图速度，避免重复性的工作。如果以其他样板文件进行新建，需要根

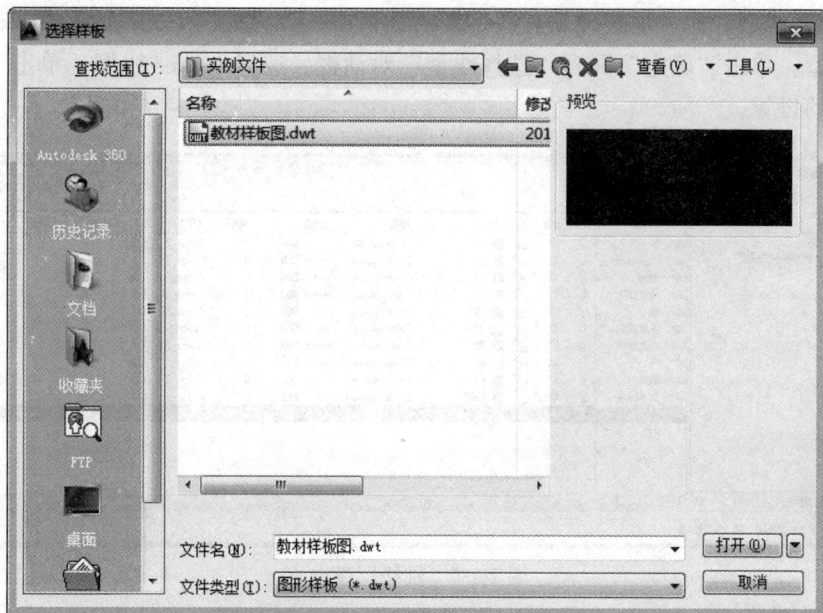

图 7-1-2 新建文件

据本节中的设置自己建立图层、标注样式、文字样式等。

单击"打开",这样所绘制的图形文件将在此样板图的设置下来完成绘制。

单击"文件"|"保存"按钮,将文件保存到指定的位置。另外,在绘制过程中,应该养成随时保存的习惯。

2. 设置单位

单击"格式"|"单位"按钮,弹出"图形单位"对话框。将"长度"和"角度"选项组中的"精度"均设定为"0.00","插入时的缩放单位"设为毫米,如图7 1 3所示。

7.1.2 绘制轴线

(1)绘图过程中是以轴线为基准线,进而确定墙体的位置。所以首先绘制定位轴线。

图 7-1-4 轴线层

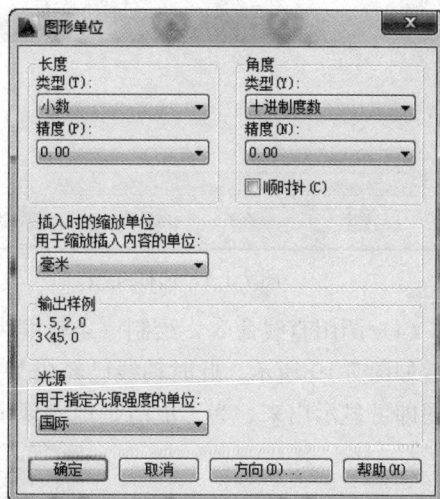

图 7-1-3 设置单位

(2)在样板文件中,已经建立了如图 7-1-4 所示的图层。

(3)找到"轴线"图层,并设置为当前图层。定位轴线是建筑主要承重构件位置的线,根据制图规范,轴线应采用"点划线"。单击"图形特性管理器"按钮,将弹出如图 7-1-5 所示的图层特性管理器。单击轴线的线型,将弹出如图 7-1-6 所示的"选择线型"对话框。单击

"加载"来加载线型。在"加载或重载线型"对话框中，选择如图 7-1-7 所示的 center 线型作为轴线的线型。单击"确定"回到"选择线型"对话框。选择 center 线型，单击"确定"完成轴线线型的设置。

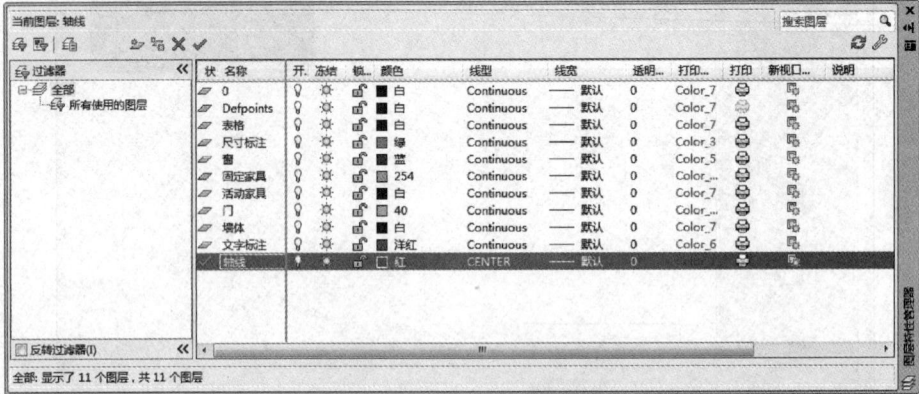

图 7-1-5   轴线层设定

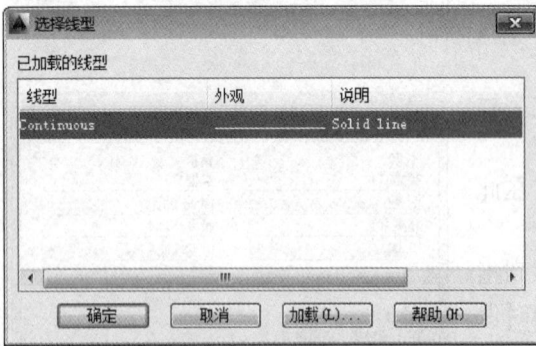

图 7-1-6   选择线型

图 7-1-7   加载线型

（4）调用直线命令，绘制一条长度为 18000 的水平线，长度为 13000 的垂直线。绘制完成后如图 7-1-8 所示。此时轴线已经成为点划线，但由于线型比例的原因，看不出来，放大视图即可显示出来。为了更清楚地表现出点划线的效果，可以选择这两条点划线，单击鼠标右键，找到"特性"，这时在弹出的面板中，改变"线型比例"数值，即可使点划线清晰地表现出来，如图 7-1-9 所示。

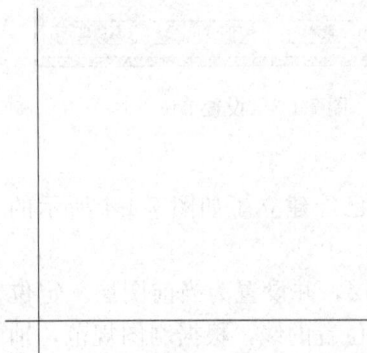

图 7-1-8   轴线绘制

图 7-1-9   设定线型比例

（5）通过偏移工具，完成其他轴线的绘制。水平轴线向上偏移的尺寸分别为 2100、1800、1200、2400mm。垂直线向右偏移的尺寸分别为 570、600、4000、800、2400、3200、

680mm。偏移完成后的效果如图 7-1-10 所示。

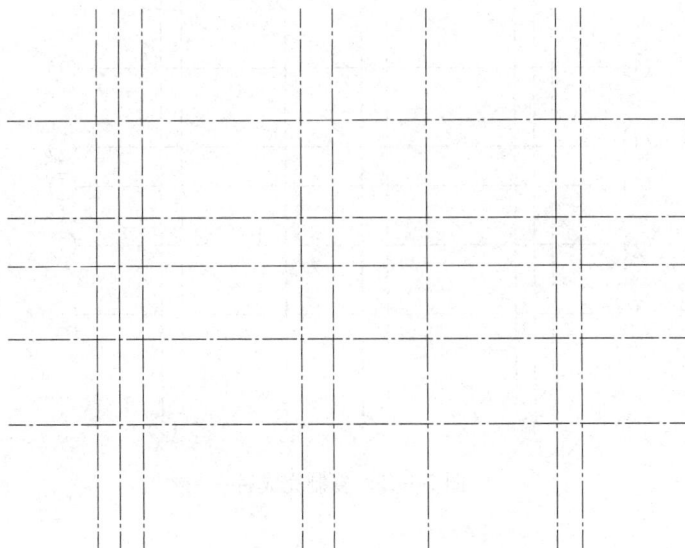

图 7-1-10　轴线网

（6）绘制定位轴线的编号圆。以轴线的
端点为圆心绘制半径为 400 的圆，按 Enter
键，将绘制一个圆，如图 7-1-11 所示。通过
移动命令，将其移动到轴线的端部，如
图 7-1-12所示。

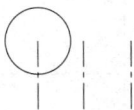

图 7-1-11　绘制圆　　　图 7-1-12　移动圆

（7）书写标号圆中的文字。国家制图的相关标准规定，横向的定位轴线圆用阿拉伯数
字，从左向右依次标注，纵向的定位轴线用大写拉丁字母，从下往上依次标注。

利用多行文字创建轴线编号，文字样式为"长仿宋体"，高度为 300，如图 7-1-13 所示。
运用"移动"工具，将数字"1"移动到合适的位置，如图 7-1-14 所示。

图 7-1-13　输入编号

运用"复制"工具进行复制，完成后的效果如图 7-1-15 所示。
复制完成后，再双击文字进行修改，修改完成的效果如图 7-1-16
所示。

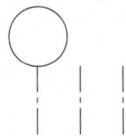

图 7-1-14　移动位置

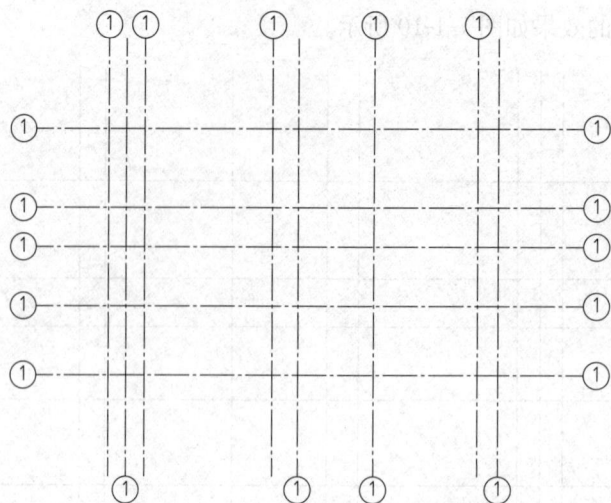

图 7-1-15　复制完成后

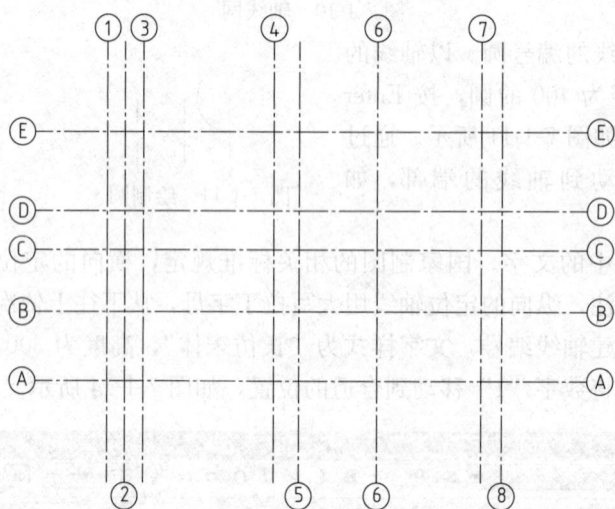

图 7-1-16　更改各个轴线的编号

7.1.3　绘制墙体

（1）将"墙体"图层设置为当前图层。

（2）设置多线样式。墙体的绘制运用"多线"命令来完成。此建筑结构包含两种墙体的类型：外墙和内墙。外墙的厚度为 240，内墙的厚度为 200。下面以外墙的设置为例来说明多线的设置方法。单击"格式"｜"多线样式"，会弹出"多线样式"对话框。单击"新建"按钮，会弹出如图 7-1-17 所示的对话框。输入名称为"waiqiang"，单击"确定"按钮。

在弹出的"修改多线样式对话框"中，进行如图 7-1-18 所示的设置。设置完成后单击"确定"按钮，并将"waiqiang"的多线样式"置为当前"，结束对多线样式的编辑。

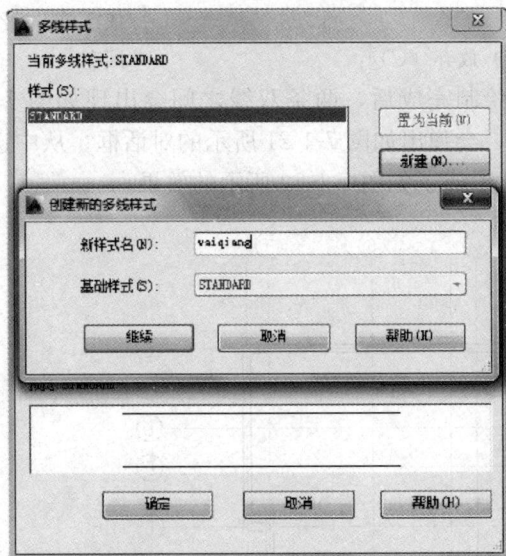

图 7-1-17　输入新样式名称

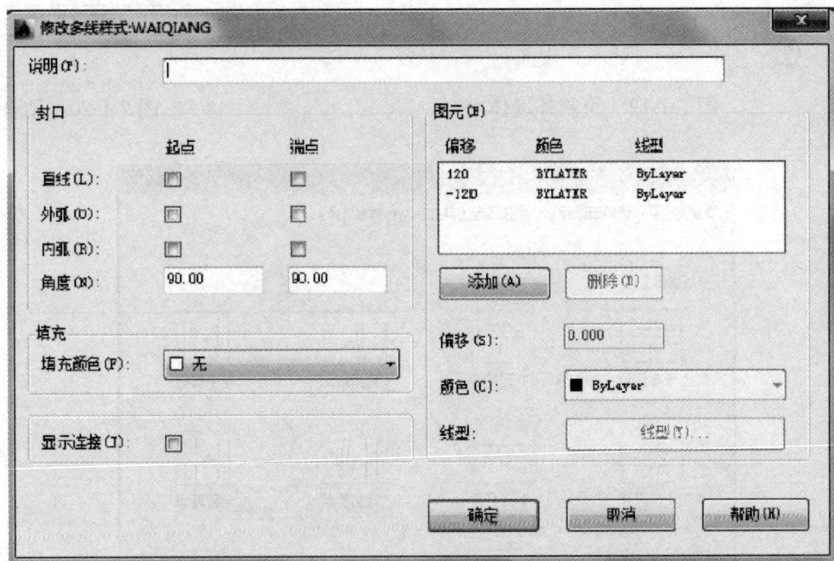

图 7-1-18　参数设置

（3）多线绘制。在命令行输入"ml"，沿建筑的外墙开始绘制墙体。多线的对正方式为"无"，比例为 1。绘制的过程如图 7-1-19 所示。绘制的过程中应捕捉轴线的交点，并打开"正交"来完成绘制。

命令：ML MLINE　　　　　　　　　　　　　　　//命令行输入"ml"

当前设置：对正＝无，比例＝1.00，样式＝WAIQIANG　　//进行对应的设置

指定起点或[对正(J)/比例（S）/样式（ST）]：　　//单击起点

指定下一点：　　　　　　　　　　　　　　　//单击轴线交点

指定下一点或［放弃（U）］：　　　　　　　　//单击轴线交点

……　　　　　　　　　　　　　　　　　　　　//依次单击轴线交点

指定下一点或 [闭合 (C)/放弃 (U)]:　　　　　　//回车

（4）多线编辑修改。绘制完成后，两条双线之间会出现如图 7-1-20 所示的情况。单击
"修改"|"对象"|"多线"，会弹出如图 7-1-21 所示的对话框。从中选择合适的多线编辑工具
进行修改（T 形打开），就形成了如图 7-1-22 所示的效果。

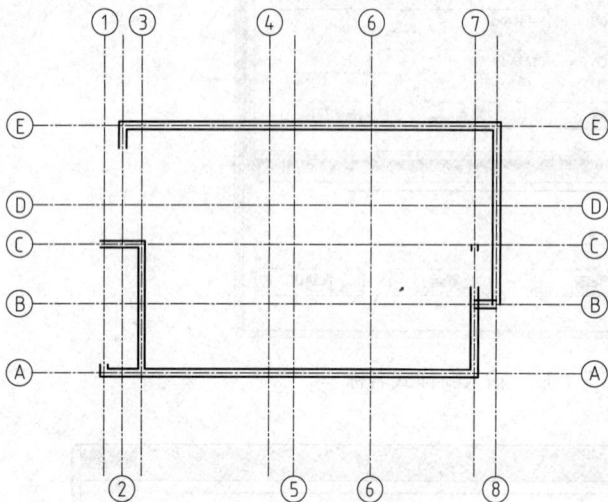

图 7-1-19　绘制外墙体

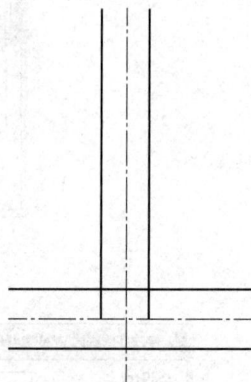

图 7-1-20　结合点

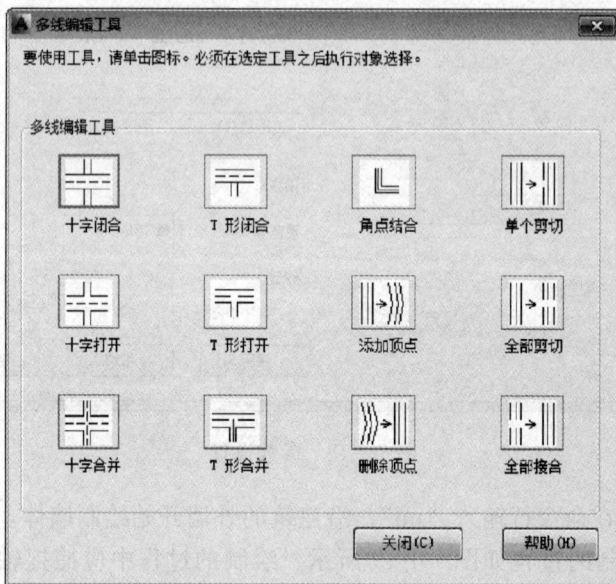

图 7-1-21　多线编辑工具

内墙绘制采用和外墙绘制相同的方法。内墙的厚度为"200"。绘制完成后，也会出现交
接的情况，借助于图 7-1-21 所示的编辑工具中的"十字合并"、"T 形合并"完成修改。修改
完成后的效果如图 7-1-23 所示（此时可以将"轴线"图层暂时关闭）。为了便于以后的操作，
可将多线分解。

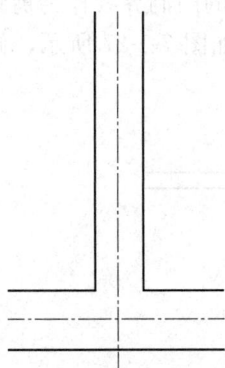

图 7-1-22 编辑修改后   图 7-1-23 编辑修改结果

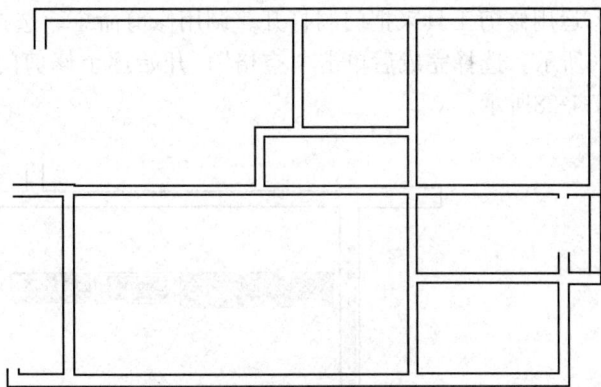

7.1.4 修剪门窗洞口

（1）运用"直线"工具绘制门、窗洞口所在的位置，并将部分开放的外墙图线用线段补齐闭合。绘制完成后的效果如图 7-1-24 所示，各部位的尺寸如图 7-1-25 所示。

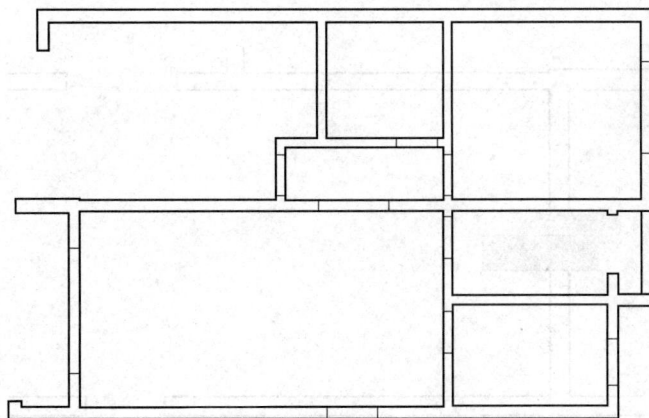

图 7-1-24 门、窗洞位置

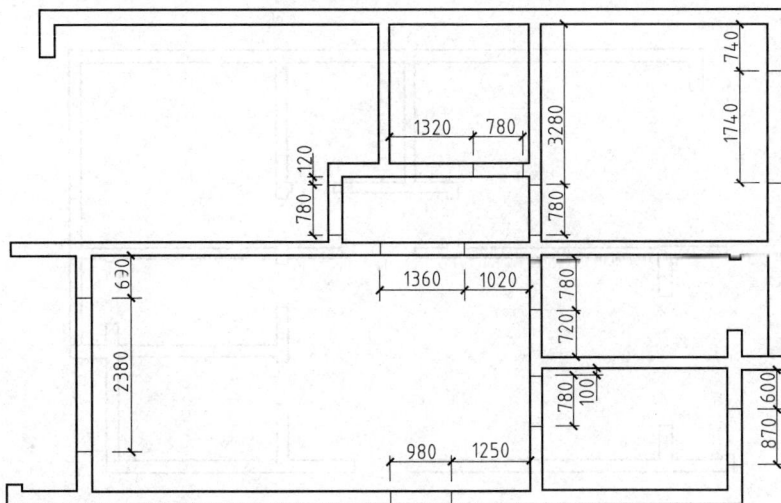

图 7-1-25 门、窗洞详细尺寸

（2）运用修剪工具来把门洞打开。调用修剪命令。选择所有的门洞界线作为剪切边，如图 7-1-26所示。选择完成后单击"空格"，开始逐个修剪门洞，如图 7-1-27 所示，修改完成后如图 7-1-28所示。

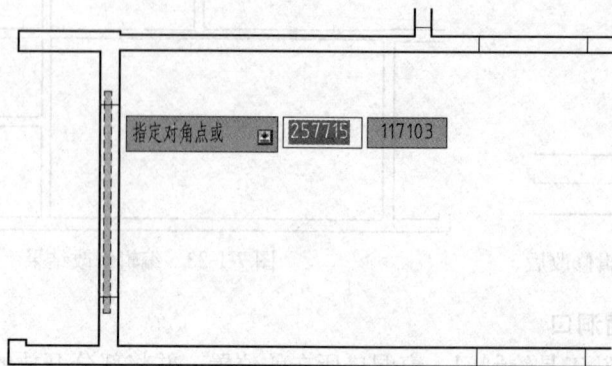

图 7-1-26 选择剪切边

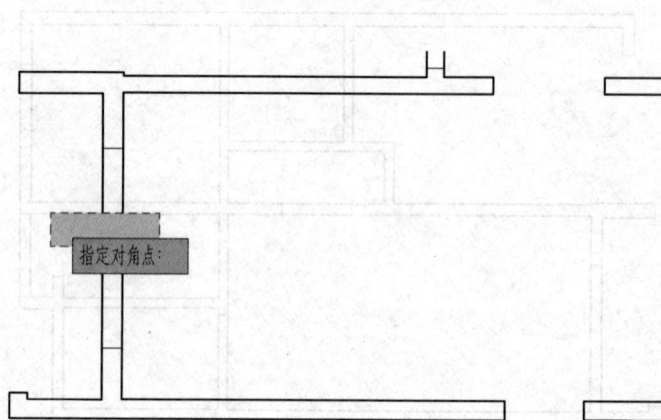

图 7-1-27 选择修剪线条

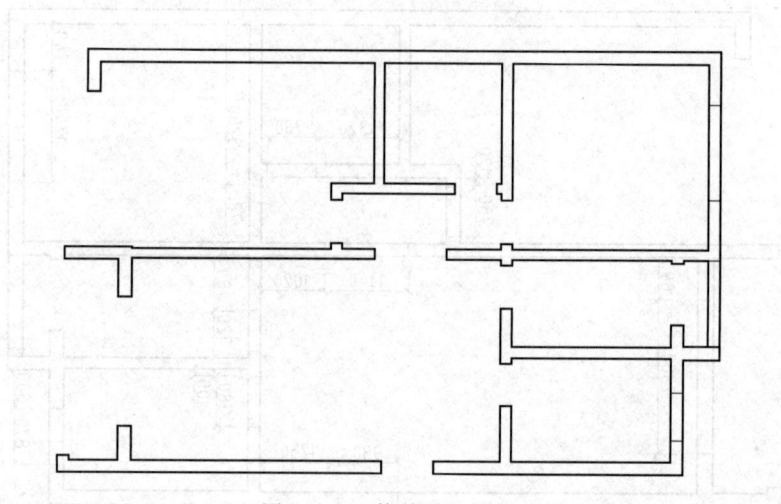

图 7-1-28 修剪后的效果

7.1.5 绘制窗

将"窗"图层设置为当前图层。设置名称为"boli"的多线样式。多线的设置面板如图 7-1-29 所示。然后调用多线命令,捕捉相应的点绘制线型。绘制完成后的效果如图 7-1-30 所示。

图 7-1-29 多线样式

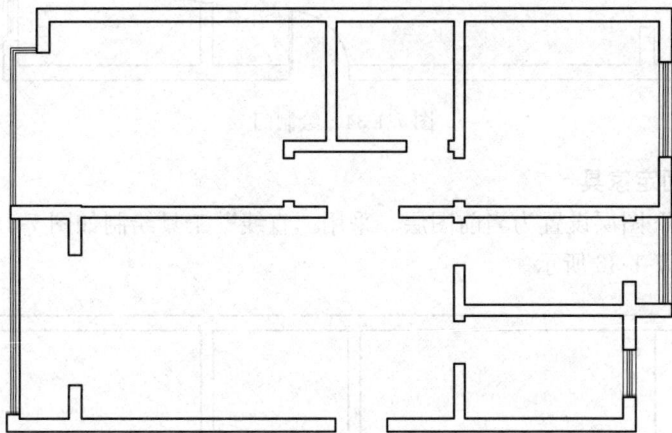

图 7-1-30 窗口绘制

7.1.6 绘制门

以次卧室的门的绘制为例,将"门"图层设置为当前图层。

(1)首先绘制矩形。以 B 点为第一点绘制 780×45 的矩形。绘制完成后的效果如图 7-1-31 所示。

(2)绘制圆弧。以圆心、起点、端点的方式绘制圆弧。B 点为圆心,A 点为起点,C 点为端点。绘制的过程参照图 7-1-32,绘制完成后的效果如图 7-1-33 所示。

其他的门通过"复制""镜像""旋转"等工具配合完成。入户门尺寸不同,需要重新绘制,绘制方法同上。完成后的效果如图 7-1-34 所示。

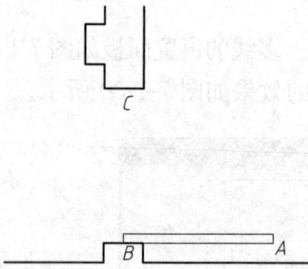

图 7-1-31 绘制矩形   图 7-1-32 绘制圆弧   图 7-1-33 完成后的效果

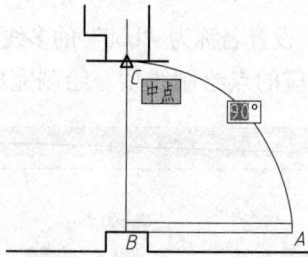

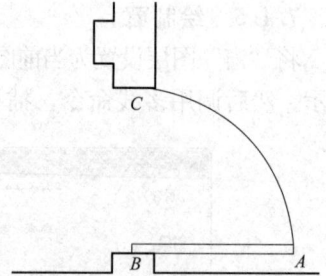

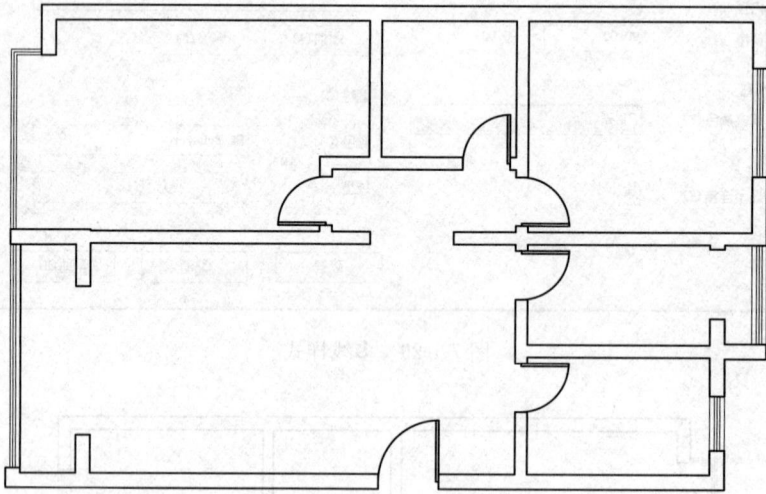

图 7-1-34 绘制门

7.1.7 绘制固定家具

将"固定家具"图层设置为当前图层。采用"直线"工具绘制如图 7-1-35 所示的固定家具。尺寸参照如图 7-1-36 所示。

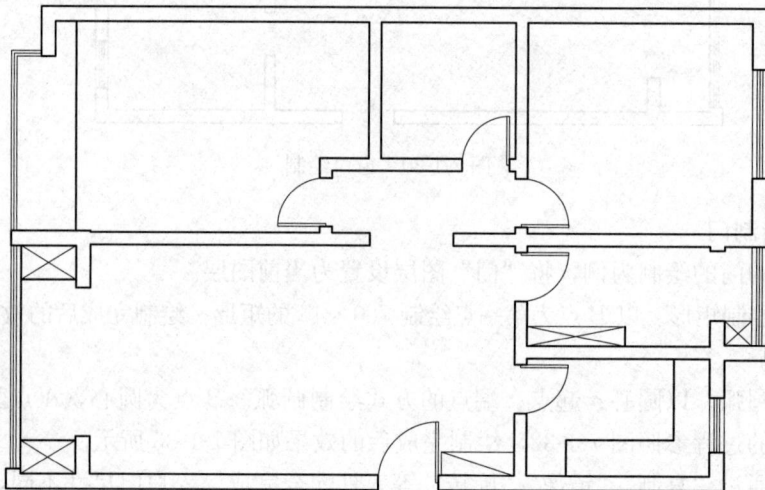

图 7-1-35 绘制固定家具

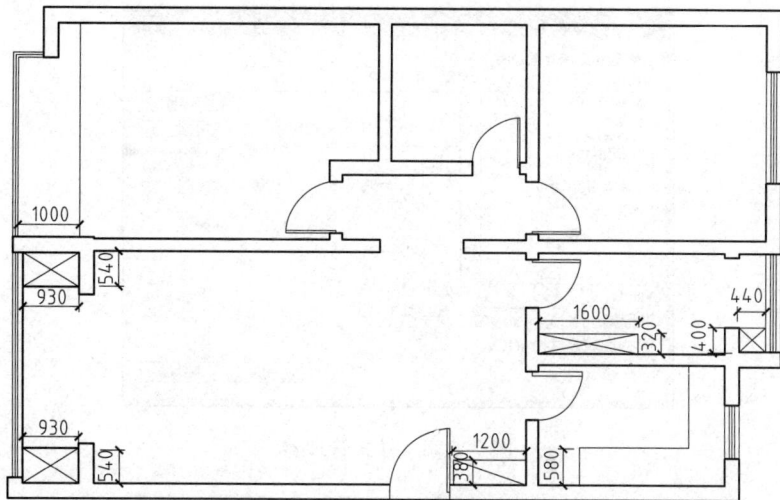

图 7-1-36　固定家具详细尺寸

7.1.8　导入家具

将"活动家具"图层设置为当前图层。在图库中选择合适的家具，采用 Ctrl＋C 与 Ctrl＋V 相配合的方式复制到当前文件中。然后采用"旋转"、"移动"、"缩放"等命令进行调整并将其移动到合适的位置。完成后的效果如图 7-1-37 所示。

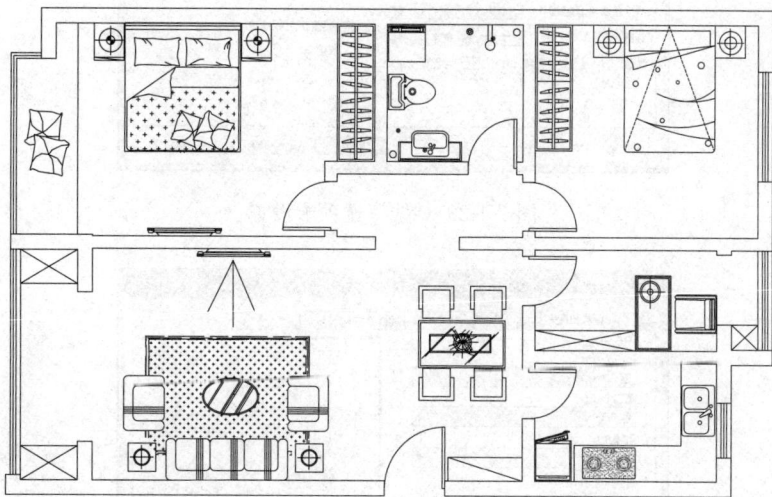

图 7-1-37　导入家具

7.1.9　尺寸标注

将"尺寸标注"图层作为当前图层。打开轴线图层，将轴线图形显示出来。

调用的样板文件中，已经包含了名称为"标注样式 01"的标注样式，可以直接调用。单击"格式"|"标注样式"，弹出如图 7-1-38 所示的对话框，将"标注样式 01"置为当前。其设置如图 7-1-39～图 7-1-41 所示。

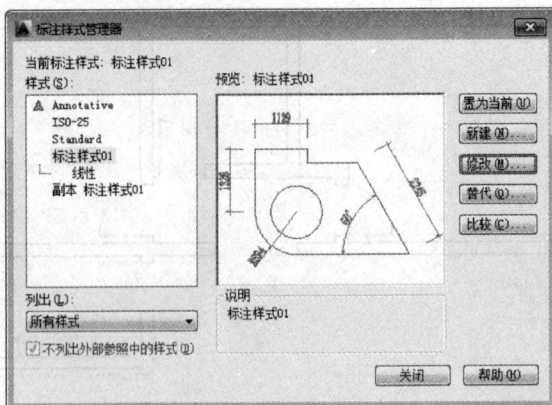

图 7-1-38　样式管理器

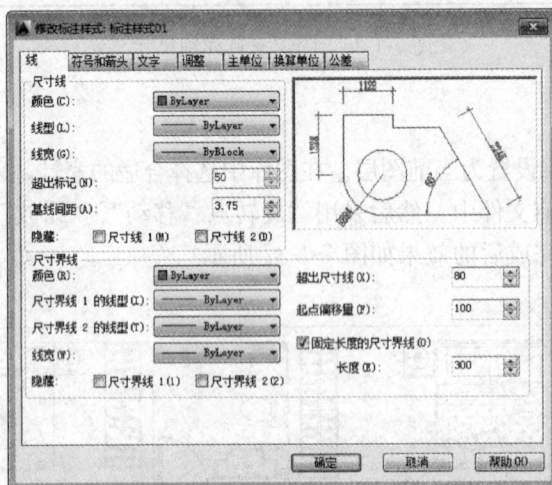

图 7-1-39　"线"选项卡设置

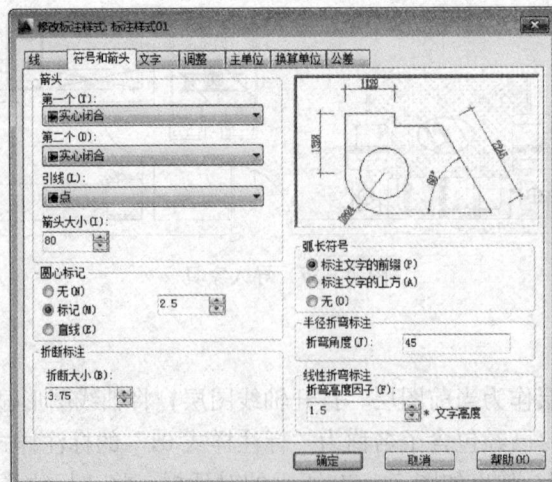

图 7-1-40　"符号和箭头"选项卡设置

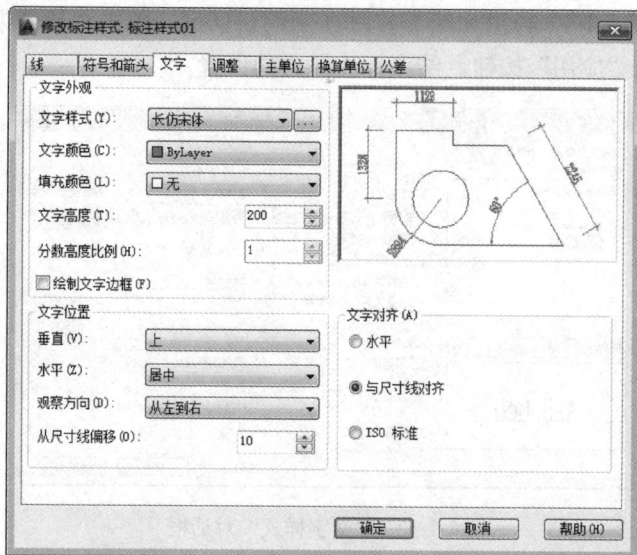

图 7-1-41　"文字"选项卡设置

调用"线型标注"、"连续标注"命令进行标注，标注完成后的效果如图 7-1-42 所示。

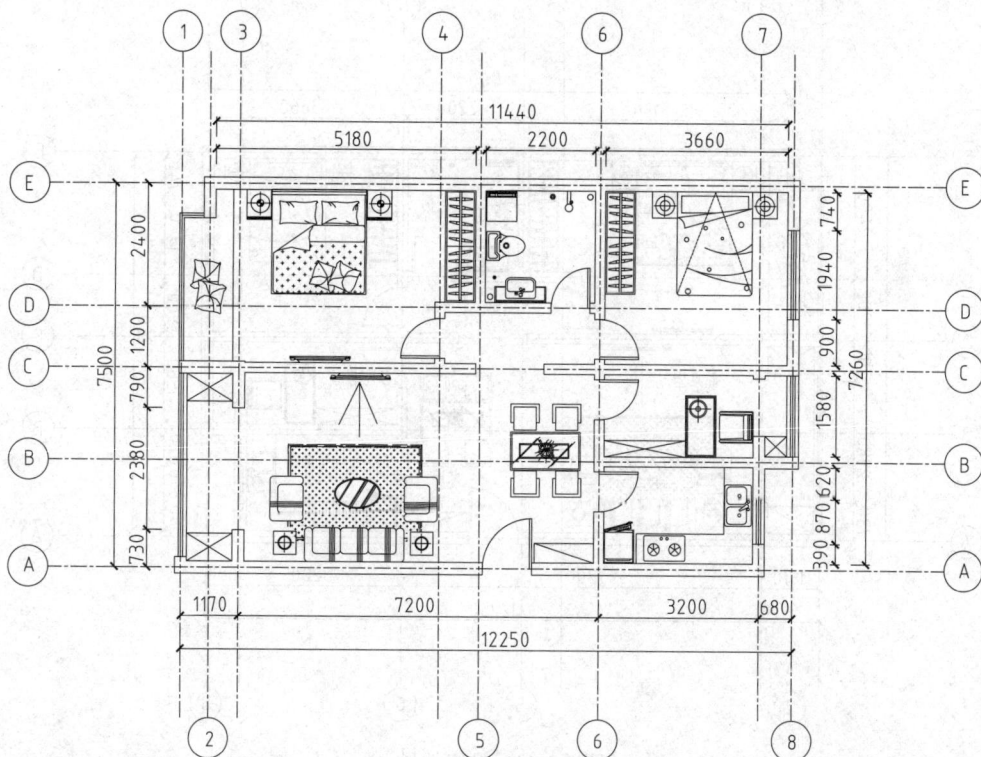

图 7-1-42　标注尺寸

7.1.10　文字输入

将"文字标注"图层作为当前图层。

调用的样板文件中，已经包含了名称为"长仿宋体"的文字标注样式，可以直接调用。

单击"格式"|"文字样式",弹出如图 7-1-43 所示的对话框,单击"长仿宋体",再单击"置为当前"按钮,单击"应用"按钮。结束标注样式的设置。

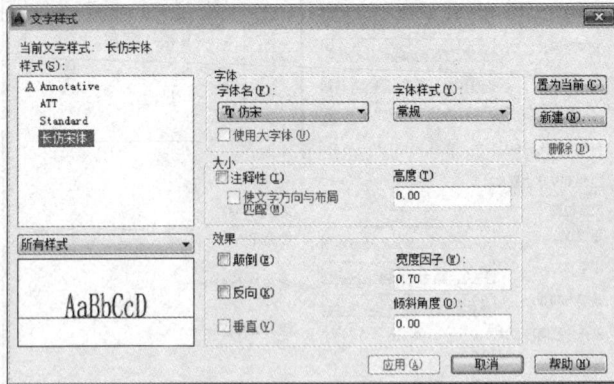

图 7-1-43 "文字样式"对话框

利用多行文字工具在绘图区域书写如图 7-1-44 所示的文字,书写完成后的整体效果如图 7-1-44所示。至此,居室空间平面图绘制完成,Ctrl+S 保存文档。

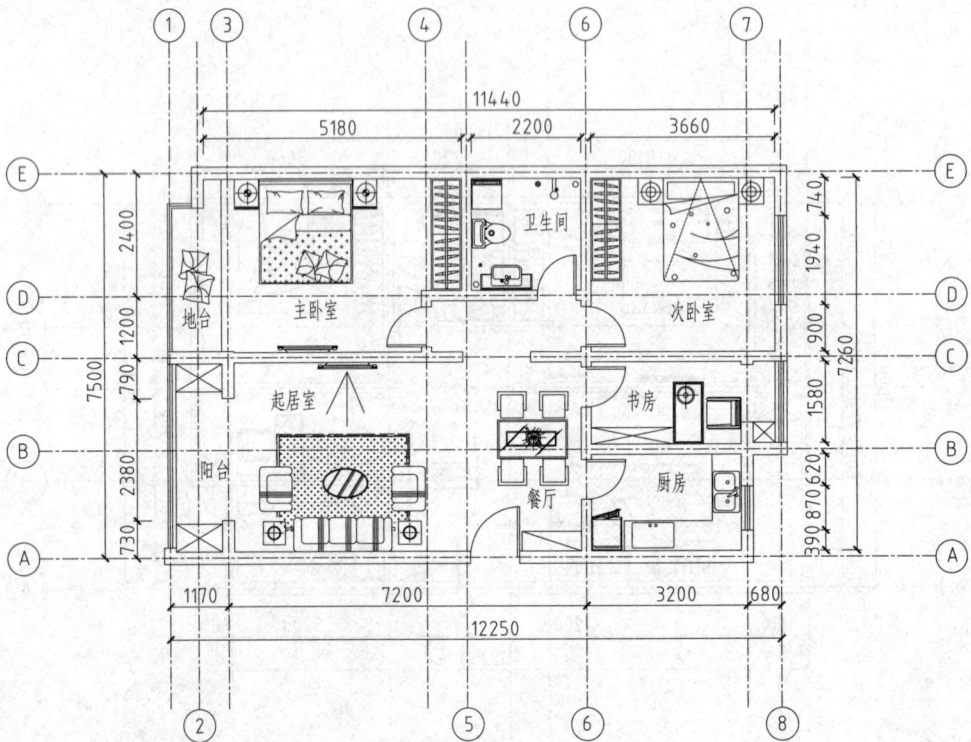

图 7-1-44 最终效果

7.1.11 进阶与提高

综合所学的知识,绘制三居室平面布置图,如图 7-1-45 所示。此图形文件为光盘中的"实例文件/第七章/7-1-居室平面布置图"。

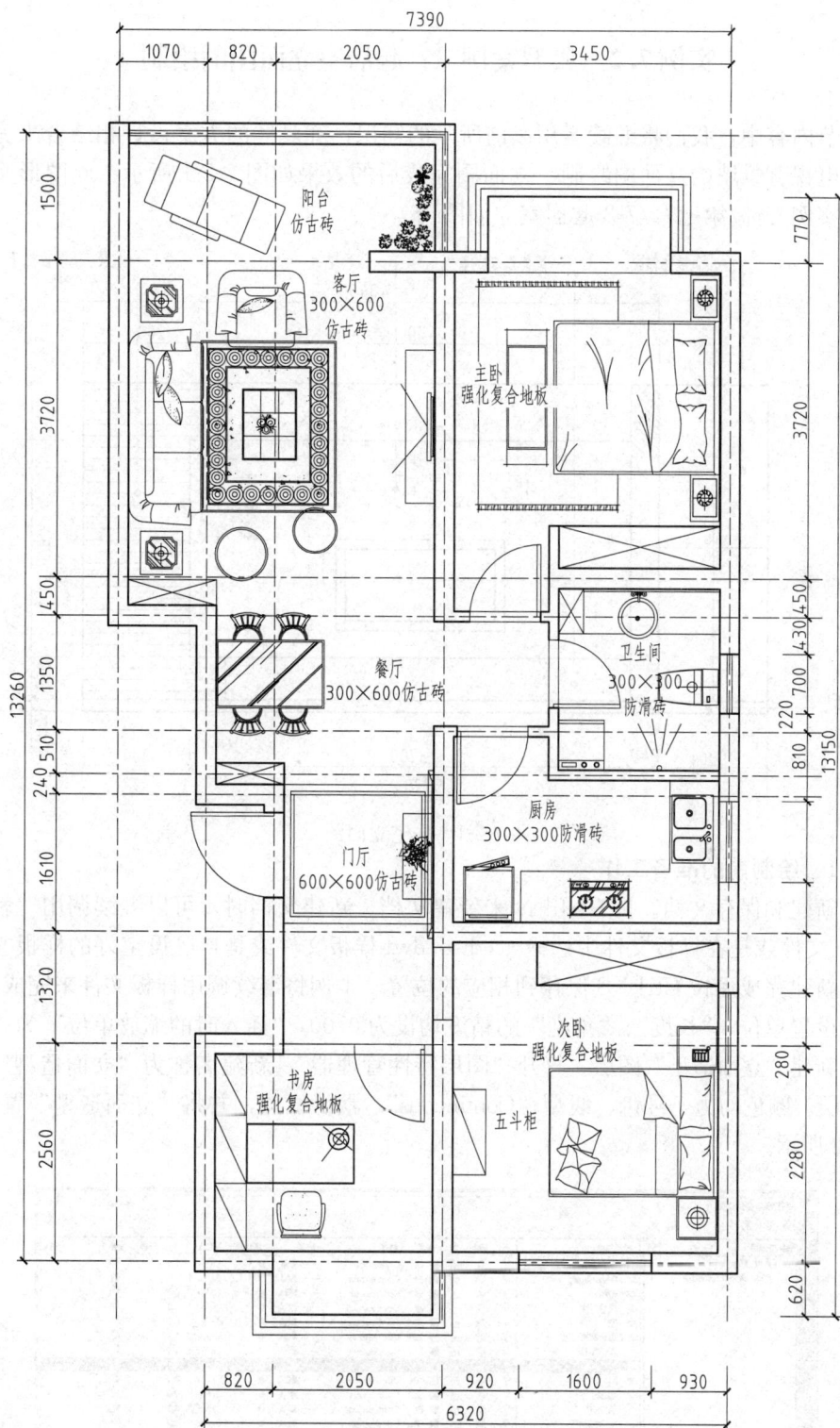

图 7-1-45　居室平面布置图

实例7.2　典型案例二：起居室立面图的绘制

在本节内容中，我们将继续运用以前所学的知识，和具体的方案设计相结合来完成住宅中起居室电视背景墙的立面图绘制。立面图完成后的效果如图 7-2-1 所示。此图形文件为光盘中的"实例文件/第七章/7-2-起居室立面图"。

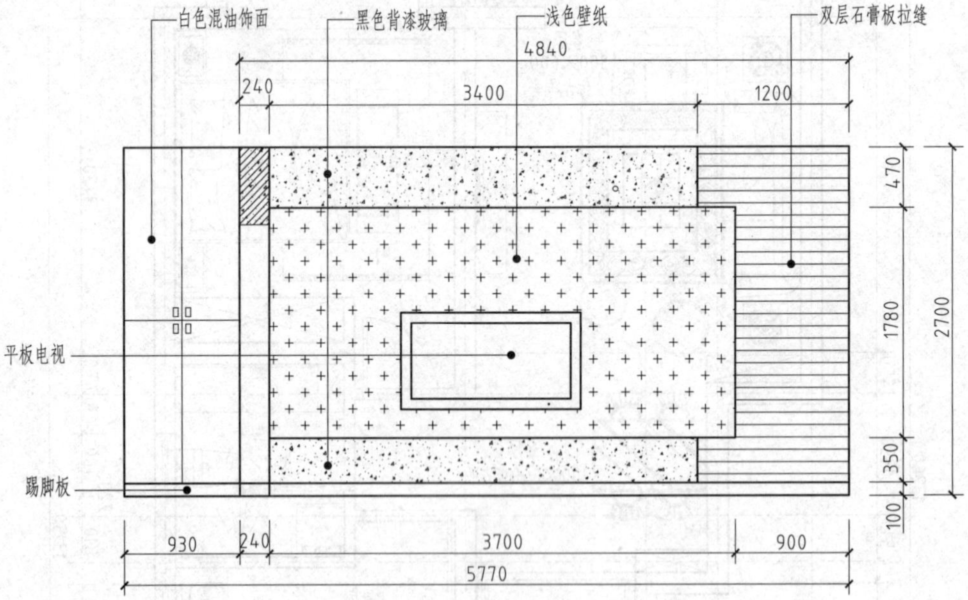

图 7-2-1　住宅立面图

7.2.1　绘制前的准备工作

（1）新建和保存文档。按 Ctrl+N 来新建文档。新建文档时，可以继续调用"教材样板图.dwt"文件或是在样板文件中选择 acadiso.dwt 样板文件或是自己设定好的样板文件来进行绘制。新建完成后按 Ctrl+S 保存到相应的位置。本例将继续调用样板文件来完成绘制。

（2）设置单位，"长度"、"角度"的精度均设为 0.00，"插入时的缩放单位"为"毫米"。

（3）新建"立面造型"图层。打开"图层特性管理器"，新建名称为"立面造型"和"填充"的图层。颜色均为 7 号色、线型"Continuous"，默认线宽，并将"立面造型"置为当前，如图 7-2-2 所示。

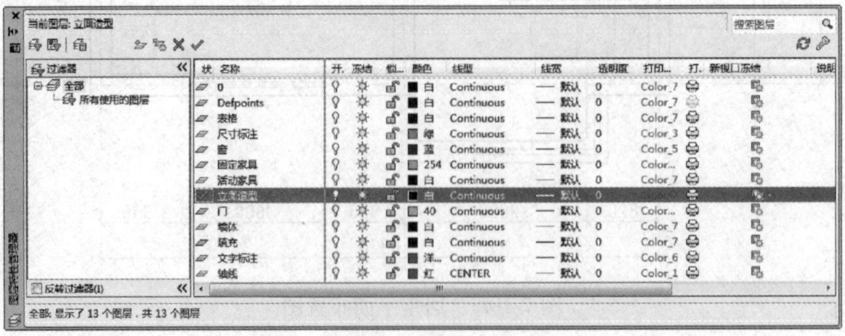

图 7-2-2　图层设定

7.2.2　绘制主要的分隔线型

因为平立面图是相互关联的，平面图的平面布局表明了各部位所在的位置关系和尺寸的大小，所以，在绘制立面图的过程中，可以利用平面的平面布局来完成立面图主要线型的绘制。

打开平面图文件，将电视背景墙所在部位复制到立面图的文件中来，复制完成后的效果如图 7-2-3 所示。

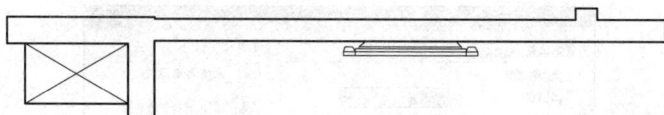

图 7-2-3　平面位置

（1）首先绘制室内地坪线和屋顶的水平线。启动直线命令，在平面图的上方画一条水平线作为地坪线，长度略长于此平面图。运用偏移工具，偏移距离 2700，设定为房高线，绘制完成后如图 7-2-4 所示。

（2）立面线型的绘制。利用直线命令，以平面图中的主要结构点为起点，顶棚的直线为终点绘制立面的分割线。绘制完成后的效果如图 7-2-5 所示。

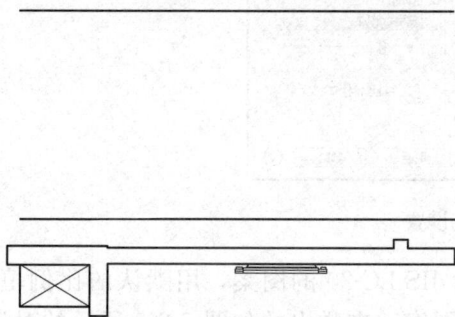

图 7-2-4　绘制地坪线、房高线　　　　　　　　　图 7-2-5　立面结构绘制

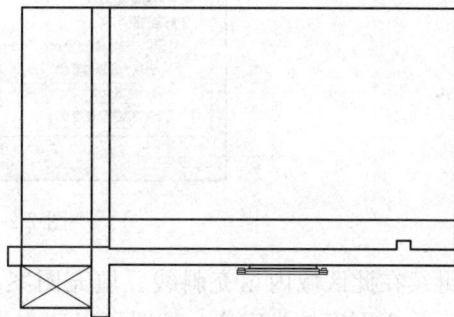

（3）修剪成型。在命令行输入"tr"调用修剪命令，点选地面线为剪切的边线，按空格键结束边界设置，框选四条边界线，完成剪切，删除下部的平面图形，这样就完成了立面大轮廓的绘制。利用直线绘制出阳台与起居室之间的垭口线，高度为 2100。绘制完成后的效果如图 7-2-6 所示。

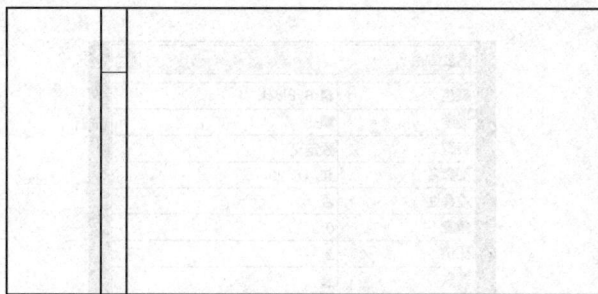

图 7-2-6　修剪成型

7.2.3 填充墙体的材质

选择"填充"图层为当前图层。

在此立面图中，门洞上方为剖面，需要填充钢筋混凝土的材质。命令行输入"H"空格，弹出"图案填充和渐变色"对话框，如图 7-2-7 所示。在对话框中，选择名称为"AR-CONC"的图案，比例为 1，角度为 0，门洞上方区域为填充区域。填充后的效果如图 7-2-8 所示。

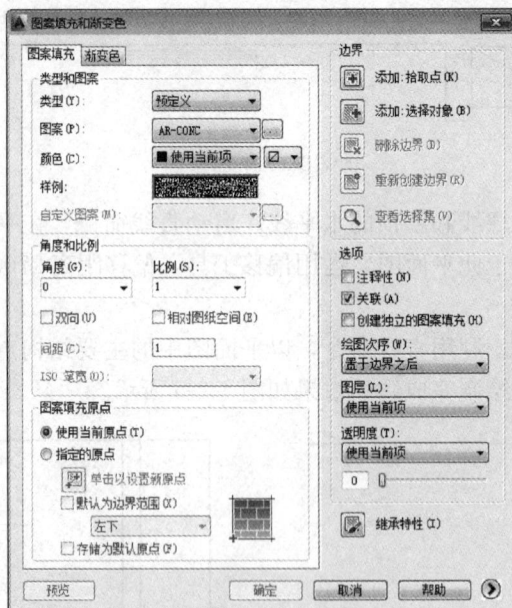

图 7-2-7　填充设置

继续在此区域内填充斜线。填充图案名称为 JIS-LC-20 的图案，用默认的比例填充。填充后发现图案较为密集。这时可以双击填充的图案，在弹出的如图 7-2-9 所示的对话框中，调整"比例"的数值大小。本例将比例由"1"调整为"2"，此时图案大小较为合适。填充后的效果如图 7-2-10 所示。在实际的填充中，有时不可能一次填充成功，这时需要观察填充的效果：如果填充的图案较稀疏，可以调小比例的数值；如果填充的图案较密集，可以调大比例的数值。

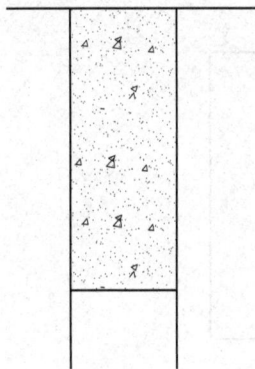

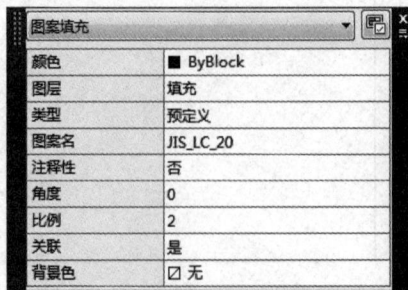

图 7-2-8　填充效果　　　　图 7-2-9　填充设置修改　　　　图 7-2-10　填充效果

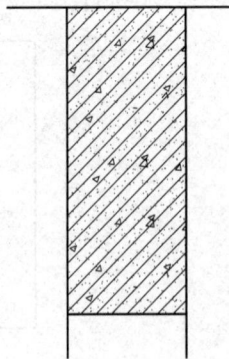

7.2.4　绘制立面的造型

选择"立面造型"图层为当前图层。运用"直线"工具绘制墙面的分隔造型。运用偏移工具偏移出踢脚板，高度为 100。运用"直线"、"矩形"、"镜像"命令绘制储藏柜的立面造型。绘制完成后选择储藏柜的线型，更改为"固定家具"图层，绘制完成的效果如图 7-2-11 所示。各部位的尺寸如图 7-2-12 所示。

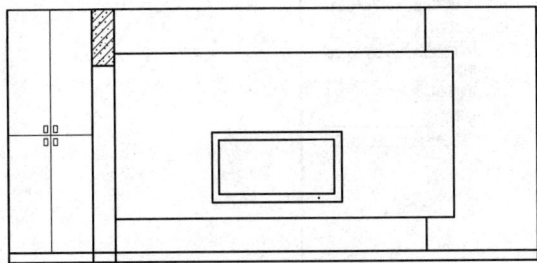

图 7-2-11　绘制立面造型

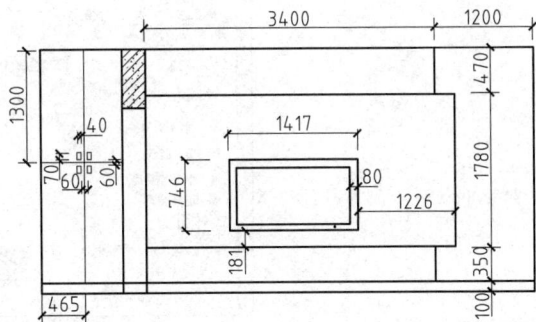

图 7-2-12　立面详细尺寸

7.2.5　立面造型图案的填充

选择"填充"图层为当前图层。运用图案填充工具来完成立面图案的填充。

"黑色背漆玻璃"材质的设置如图 7-2-13 所示。"浅色壁纸"材质的设置如图 7-2-14 所示。"双层石膏板拉缝"材质的设置如图 7-2-15 所示。

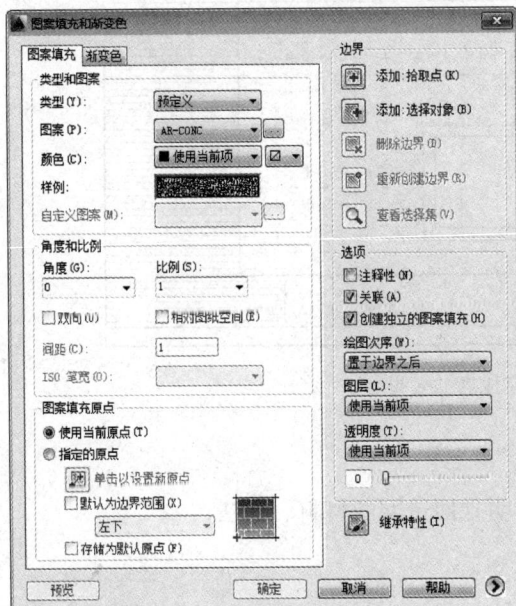

图 7-2-13　"黑色背漆玻璃"填充设置

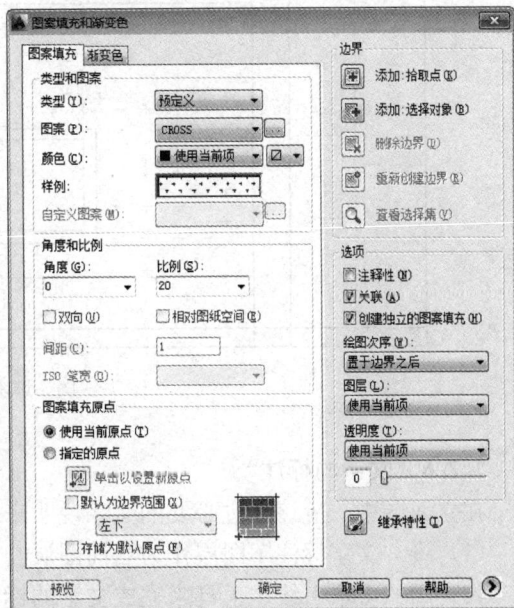

图 7-2-14　"浅色壁纸"填充设置

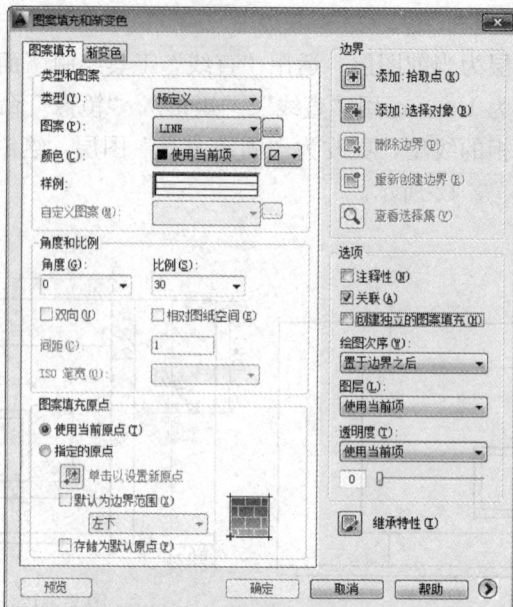

图 7-2-15 "双层石膏板拉缝"填充设置

填充完成后的效果如图 7-2-16 所示。

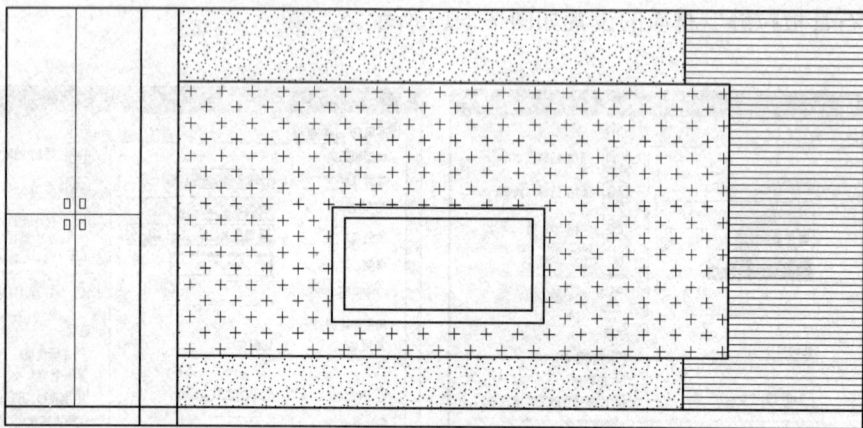

图 7-2-16 填充完成后的效果

7.2.6 文字的标注

在立面图中，应该通过必要的文字说明来表明立面造型的材料、做法。

（1）将"文字标注"图层作为当前图层。

（2）用"多重引线"工具来完成文字的标注。

首先设置"多重引线"的格式。新建多重引线的样式，多重引线的"引线格式""引线结构""内容"的设置参照图 7-2-17～图 7-2-19 进行设置。

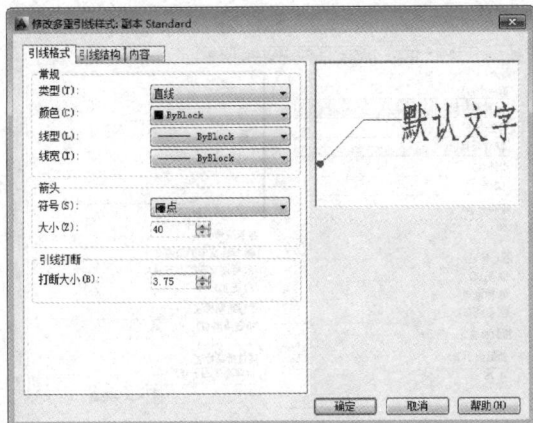

图 7-2-17　"引线格式"设置

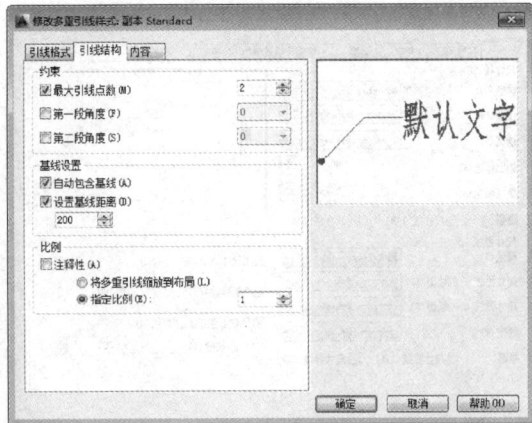

图 7-2-18　"引线结构"设置

接下来在图形中合适的位置进行标注，标注完成后的效果如图 7-2-20 所示。

7.2.7　尺寸数字的标注

（1）将"尺寸标注"图层作为当前图层。

（2）调用"样板文件"中的"标注样式 01"，修改标注样式如图 7-2-21～图 7-2-23 所示。

（3）调用"线性标注"配合"连续标注"命令进行尺寸标注。标注完成后的效果如图 7-2-24 所示。

7.2.8　进阶与提高

综合所学的知识，绘制如图 7-2-25 所

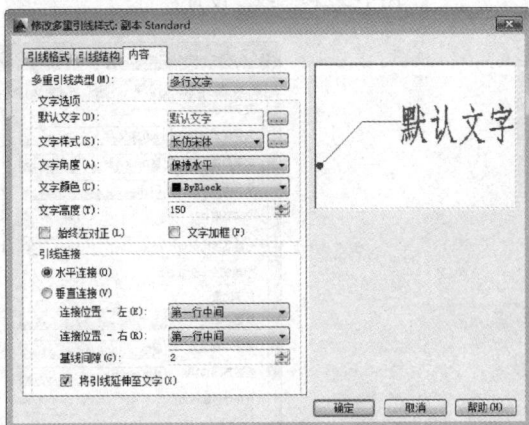

图 7-2-19　"内容"设置

示的沙发背景墙。在绘制的过程中，体会各种命令在制图中的应用。图样如图 7-2-25 所示。此图形文件为光盘中的"实例文件/第七章/7-2-卧室立面图"。

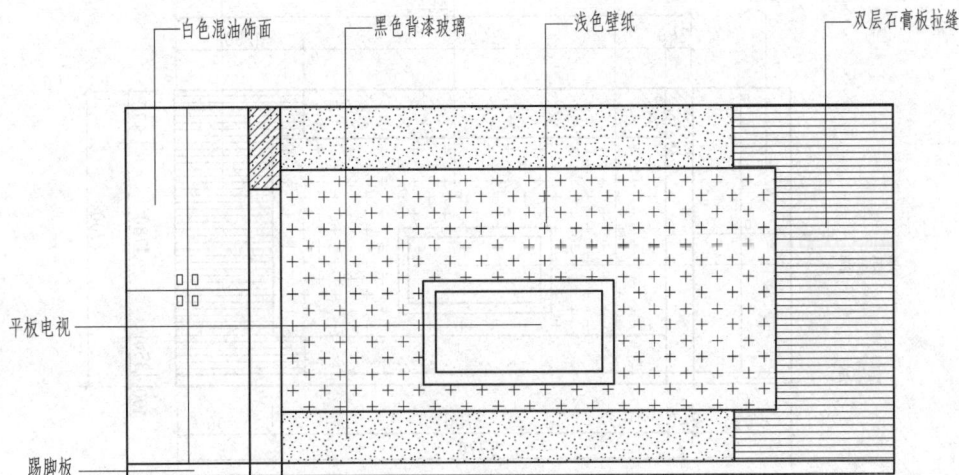

图 7-2-20　标注完成后的效果

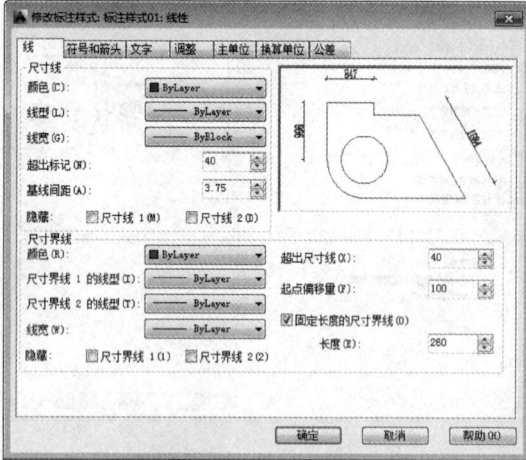

图 7-2-21 "线"设置

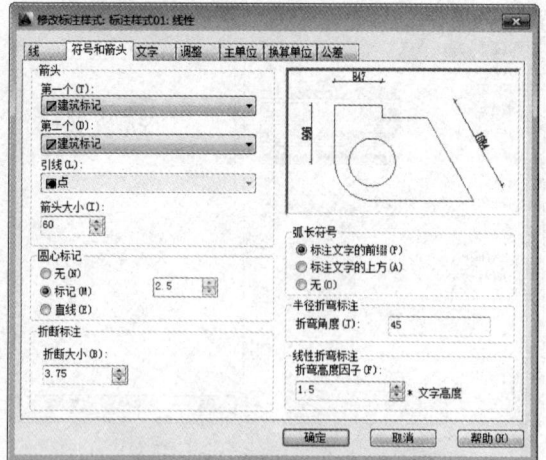

图 7-2-22 "符号和箭头"设置

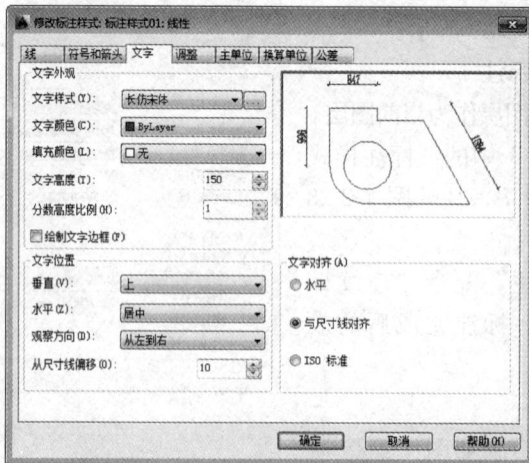

图 7-2-23 "文字"设置

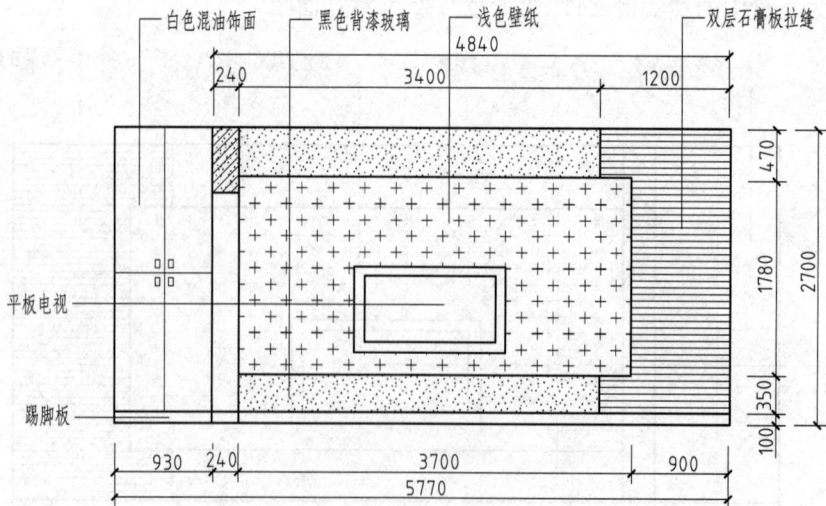

图 7-2-24 最终效果

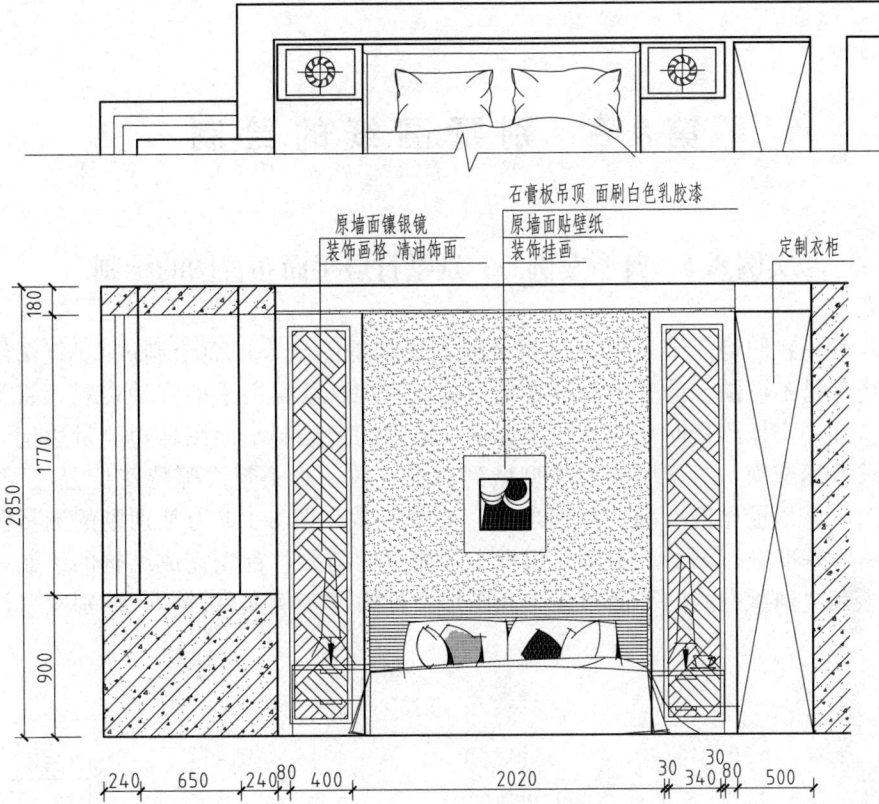

石膏板吊顶 面刷白色乳胶漆

原墙面镶银镜　　原墙面贴壁纸　　　　　　　　定制衣柜
装饰画格 清油饰面　装饰挂画

图 7-2-25　室内立面图

第8章 别墅图纸的绘制

实例8.1 典型案例一：别墅首层平面布置图的绘制

在第 8 章，我们将介绍采用实地测量的方式获得图纸，进而绘制成 CAD 图纸。作为设计师，量房是不可缺少的基本功。在量房的过程中，获得一手的实地资料，将为设计的展开打好基础。实地测量时，应该按照巡视一遍房间、绘制平面图、边测量边记录的方式展开。力求数据准确，对于墙体的类型做到心中有数，对于管线等特殊位置应予以标注。绘制的草图应该尽量比例准确，数据翔实，心中有数。图 8-1-1 为某别墅的测量图纸，尺寸均以内墙为基准进行测量。本例将根据实地测量的结果，首先完成结构的绘制，然后结合设计理念完成别墅空间的平面布置。此图形文件为"实例文件/第八章/别墅首层平面布置图"。

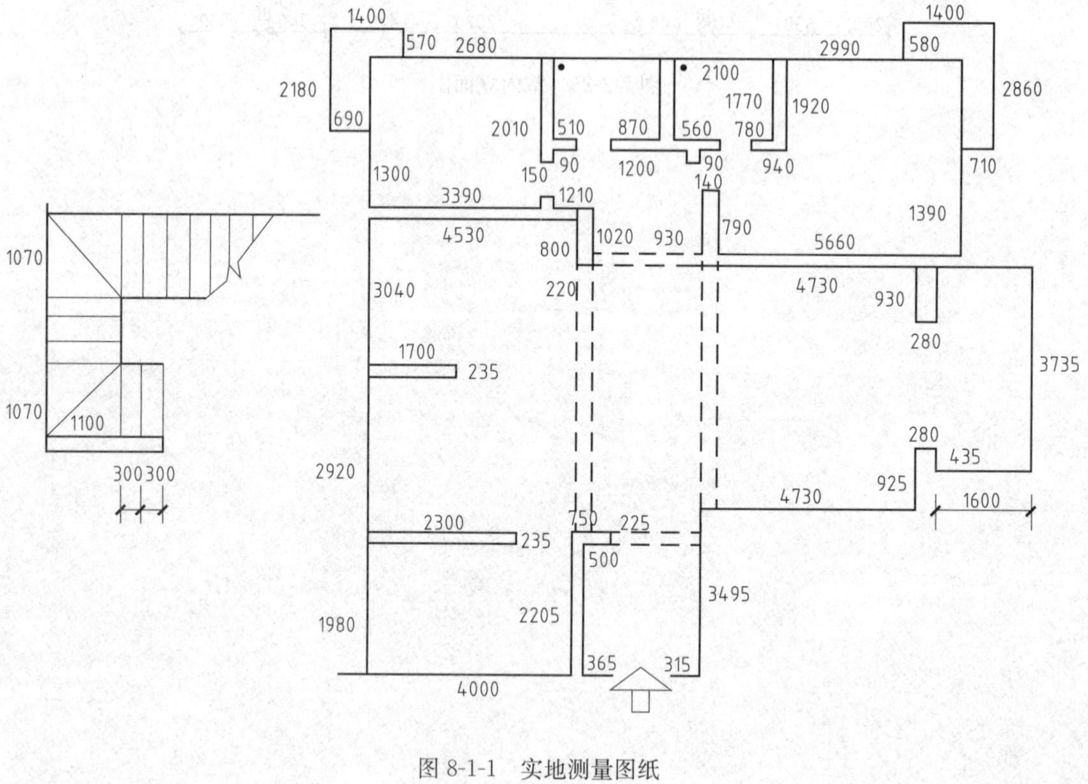

图 8-1-1　实地测量图纸

8.1.1 绘图前的准备工作

（1）新建文档和保存文档。以"教材样板文件图"为样板文件，建立文件并保存在相应的位置上。

（2）设置单位。单击"格式"|"单位"按钮，弹出"图形单位"对话框。将"长度"和"角度"选项组中的"精度"均设定为"0.00"，"插入时的缩放单位"设为 mm。

8.1.2 绘制墙线

将"墙体"图层作为当前图层。

（1）依据测量的结果，从入口处开始绘制，按 F8 键打开正交模式，运用"直线"工具绘制别墅内部的所有墙体。在绘制的过程中，注意将测量数据进行微调、整合。因为墙体在建造过程中，除特殊情况下的斜墙体、曲面墙体外，大多数都是保持横平竖直的线，所以，应该保持数据间的对应关系，从而保证墙体的垂直走向，避免出现倾斜的线。

绘制内部结构线时一般从门口部位开始画起。再依次绘制其他部位的线，最后再回到入口部位。绘制完成后的图样如图 8-1-2 所示。各部位的细部尺寸参照图 8-1-3 所示。

（2）运用"偏移"工具，偏移出外部墙体的厚度，偏移距离为 240mm，偏移完成后的图样如图 8-1-4 所示。偏移完成后利用"修剪""圆角""直线"等命令进行修改，结果如图 8-1-5 所示。

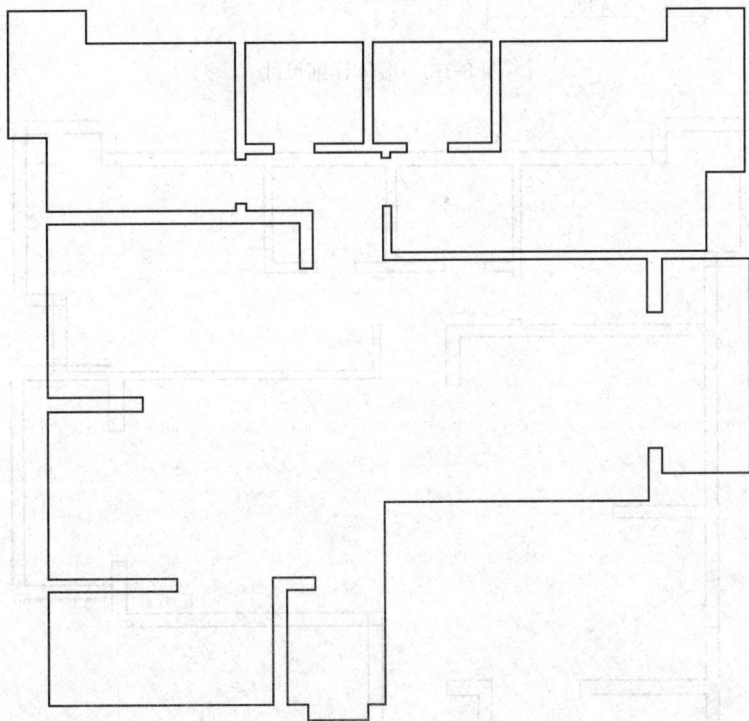

图 8-1-2 绘制墙线

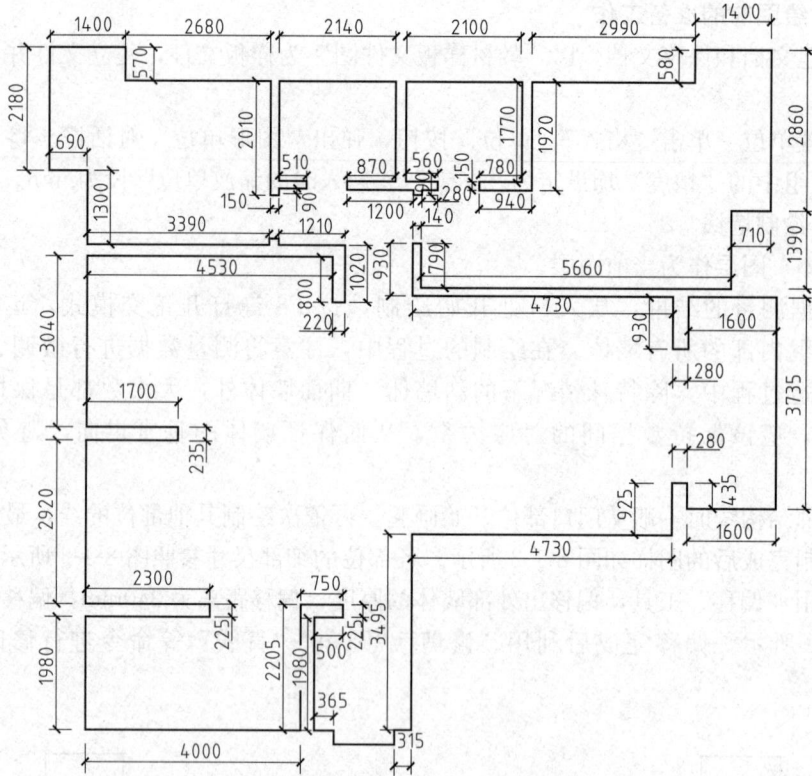

图 8-1-3　墙体详细尺寸

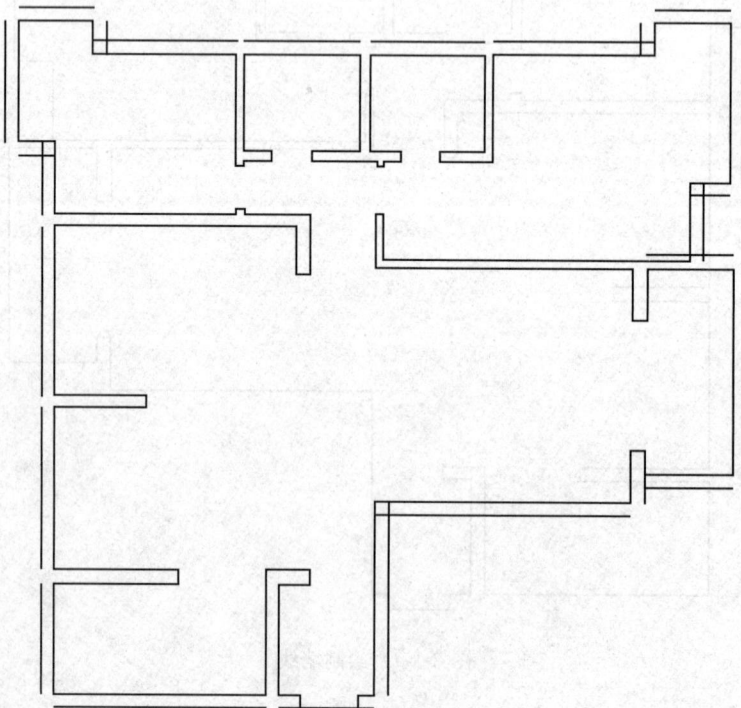

图 8-1-4　偏移墙线

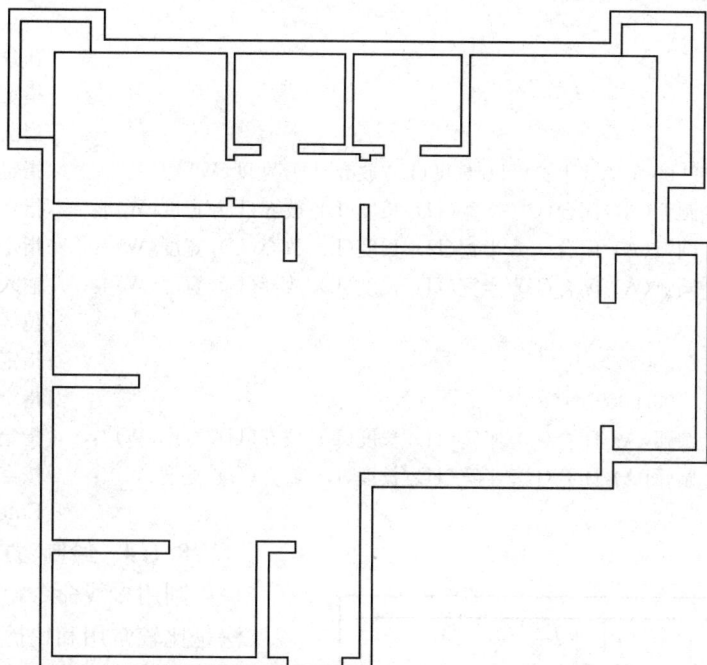

图 8-1-5　墙线编辑修改后

8.1.3　绘制楼梯

（1）运用直线工具，配合偏移、修剪、夹点、延长等工具在楼梯间位置绘制，结果如图 8-1-6 所示。各部位的尺寸参照图 8-1-7 所示。

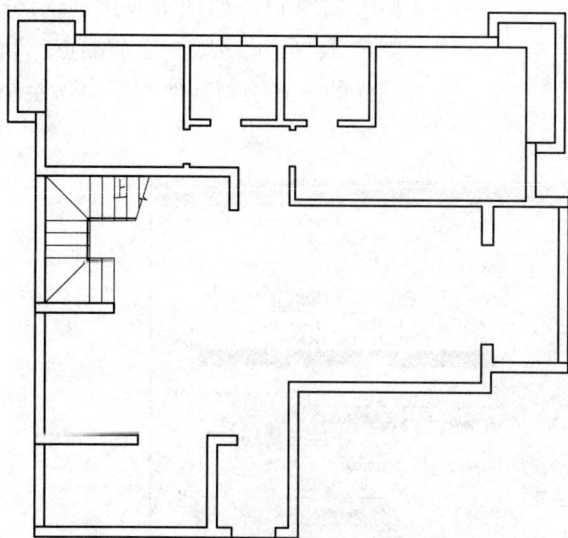

图 8-1-6　楼梯间绘制的效果

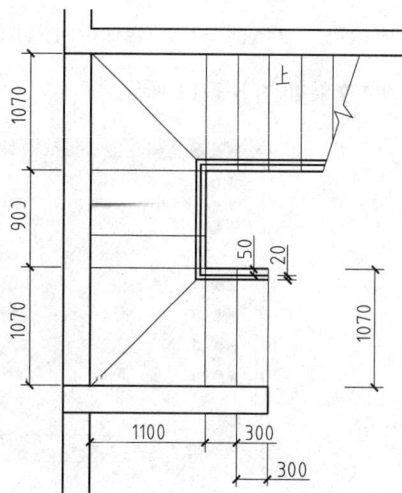

图 8-1-7　楼梯间详细尺寸

（2）运用"多段线"工具按钮 绘制上行箭头，运用"文本"工具书写"上"，表明楼梯的走向。绘制完成后的效果如图 8-1-8 所示。

命令：_pline

指定起点：　　　　　　　　　　　　　　　　　　　　　　　//在合适的位置点击，

　　　　　　　　　　　　　　　　　　　　　　　　　　　　指定 A 点作为起点

　　　　　　　　　　　　　　　　　　　　　　　　　　　　当前线宽为 0.0000

指定下一个点或[圆弧(A)/半宽(H)/长度(L)/放弃(U)/宽度(W)]：　//指定 B 点

指定下一点或[圆弧(A)/闭合(C)/半宽(H)/长度(L)/放弃(U)/宽度(W)]：　//指定 C 点

指定下一点或[圆弧(A)/闭合(C)/半宽(H)/长度(L)/放弃(U)/宽度(W)]：　//指定 D 点

指定下一点或[圆弧(A)/闭合(C)/半宽(H)/长度(L)/放弃(U)/宽度(W)]：w //输入宽度选项，重新定

　　　　　　　　　　　　　　　　　　　　　　　　　　　　位线宽

指定起点宽度<0.0000>：100　　　　　　　　　　　　　　//指定起点宽度为 100

指定端点宽度<100.0000>：0　　　　　　　　　　　　　　//指定起点宽度为 0

指定下一点或[圆弧(A)/闭合(C)/半宽(H)/长度(L)/放弃(U)/宽度(W)]：　//指定 E 点

指定下一点或[圆弧(A)/闭合(C)/半宽(H)/长度(L)/放弃(U)/宽度(W)]：　//按空格或按

　　　　　　　　　　　　　　　　　　　　　　　　　　　　Enter 键结束命令

8.1.4　绘制窗户

利用多线命令绘制窗户，这种方法是比较常用和快捷的。将"窗"图层设置为当前图层。设置名称为"chuang"的多线样式，多线的设置面板如图 8-1-9 所示。

捕捉绘制窗户地方的外墙线，在命令行中输入"ml"，设置多线"对正"方式为"无"，"比例"为 1，开始绘制窗户。如图 8-1-10 所示分别制定 a、b、c、d、e 五个端点。利用同样的方式绘制其他的窗户，绘制完

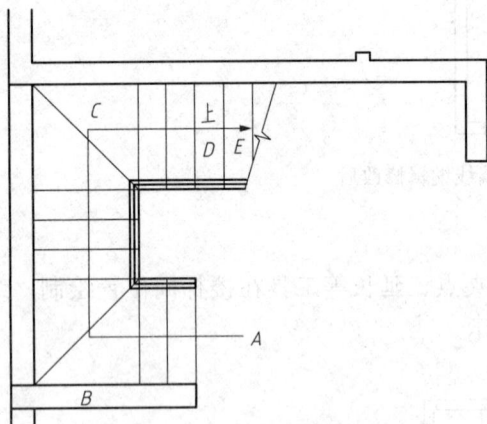

图 8-1-8　楼梯走向指示线

成后的效果如图 8-1-11 所示。

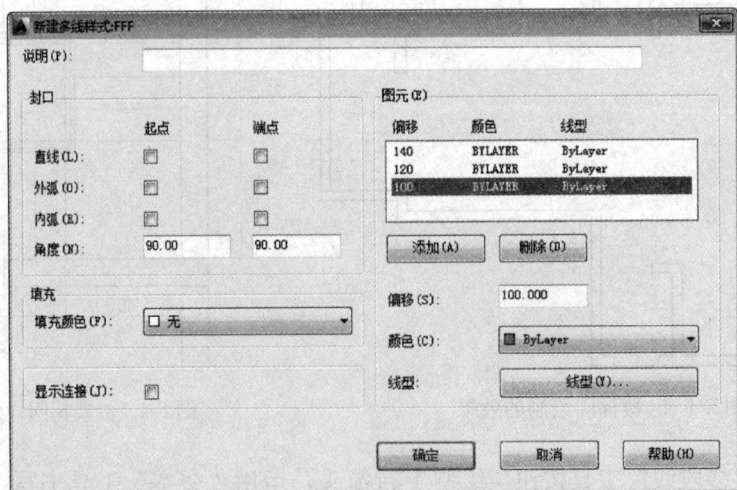

图 8-1-9　新建窗的多线样式

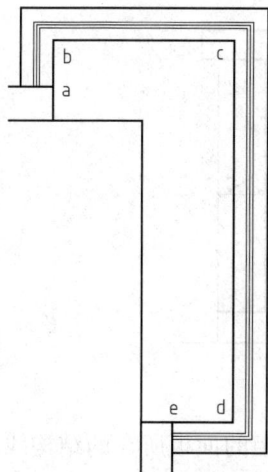

图 8-1-10　绘制步骤　　　　　　　　　　图 8-1-11　完成后的效果

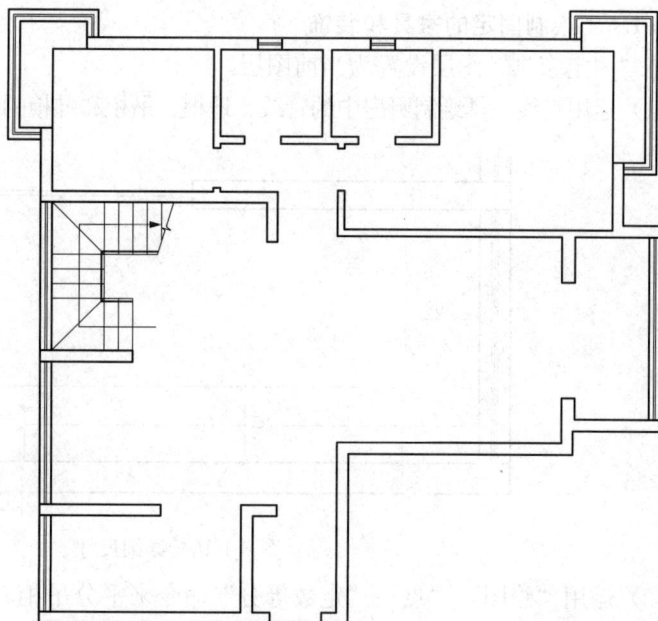

8.1.5　绘制门

将"门"图层设置为当前图层。在此例中，需要绘制平开门和推拉门。卧室、卫生间的平开门的绘制借助"矩形"工具、"圆弧"工具来完成，厨房的推拉门借助"矩形"工具来完成。完成后的效果如图 8-1-12、图 8-1-13 所示。相应的尺寸如图 8-1-14、图 8-1-15 所示。

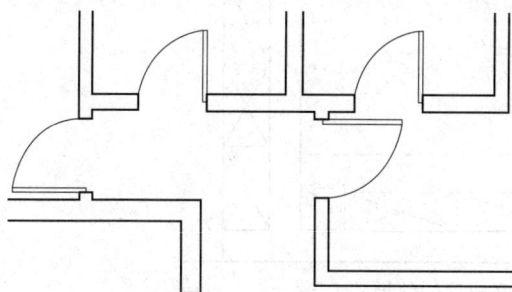

图 8-1-12　绘制平开门　　　　　　　　　　图 8-1-13　绘制推拉门

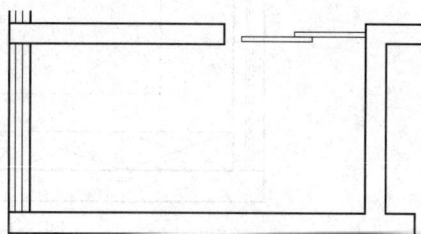

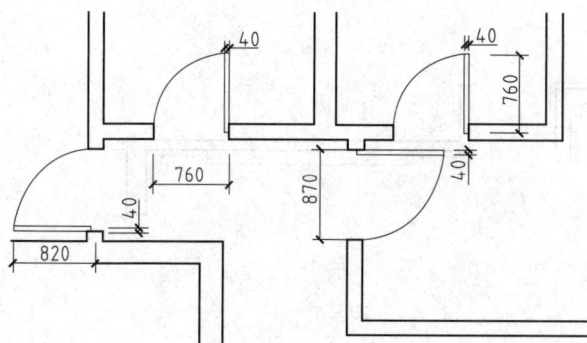

图 8-1-14　平开门详细尺寸　　　　　　　　图 8-1-15　推拉门详细尺寸

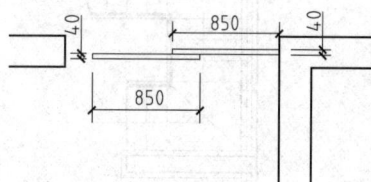

8.1.6　绘制固定的家具和装饰

将"固定家具"图层设置为当前图层。

（1）运用直线工具绘制厨房中的管线、地柜、吊柜和鞋柜的结构线，尺寸如图 8-1-16 所示。

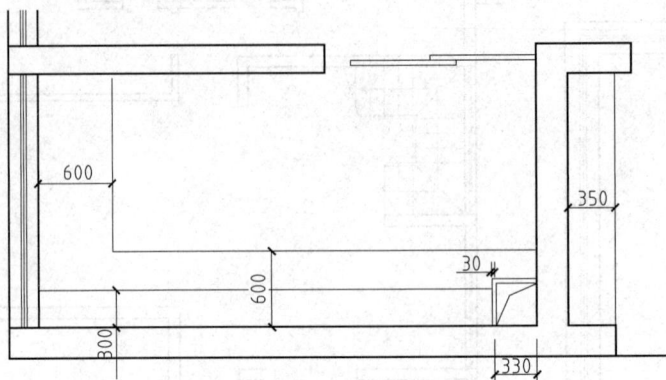

图 8-1-16　详细尺寸

（2）运用"绘图"|"点"|"定数等分"命令来平分吊柜、鞋柜的面板所在的结构线。等分完成后，由于点的样式的原因，无法在绘图区观看等分后的效果，可以通过"格式"|"点样式"来更改点样式进行观察。调用"直线"命令捕捉相应的等分点完成绘制。图形绘制完成后，将厨房内橱柜的线条选中，在"特性"工具栏中修改其线型为 ACAD _ IS003W100。最终的效果如图 8-1-17 所示。

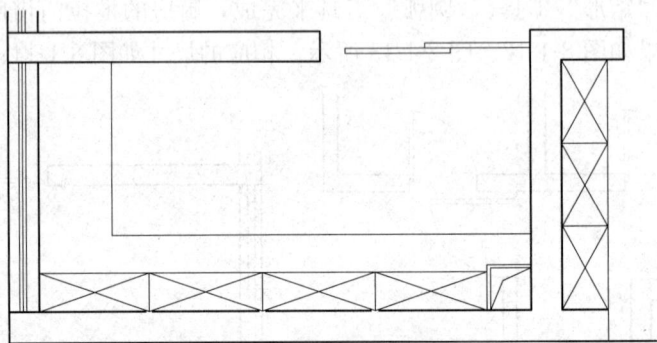

图 8-1-17　完成后的效果

（3）绘制楼梯间的大理石装饰线型，尺寸如图 8-1-18 所示。电视背景墙的线脚导入成品线脚，尺寸如图 8-1-19 所示。

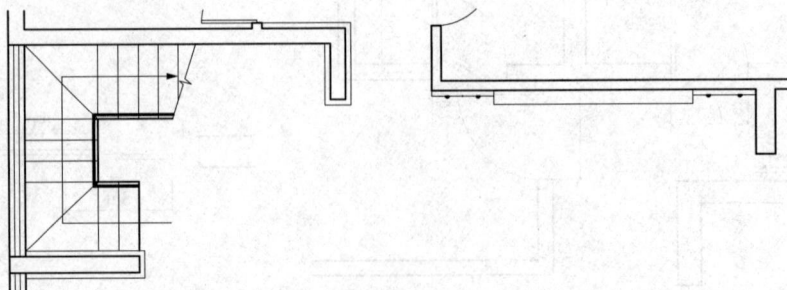

图 8-1-18　绘制大理石装饰线型、导入线脚

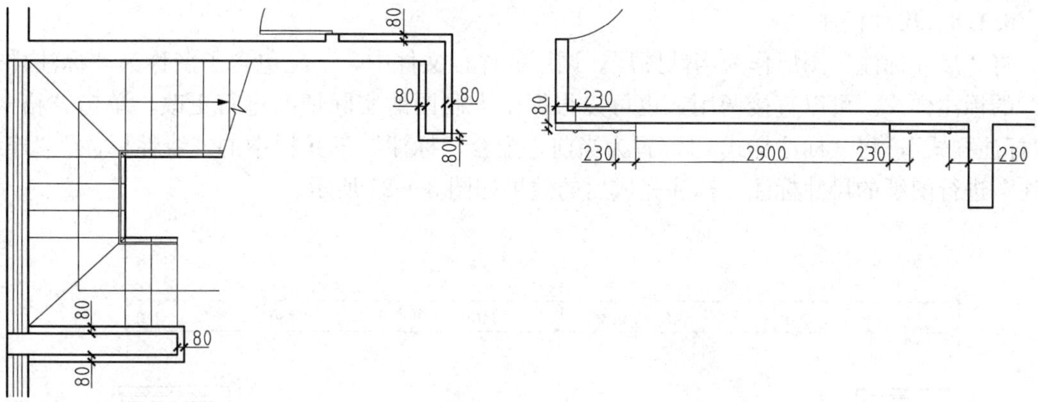

图 8-1-19　细部尺寸

8.1.7　活动的家具

将"活动家具"图层设置为当前图层。在图库中选择合适的家具，采用 Ctrl＋C 与 Ctrl＋V相配合的方式复制到当前文件中。利用"缩放"编辑尺寸，"旋转""移动"命令调整位置。完成后的效果如图 8-1-20 所示。

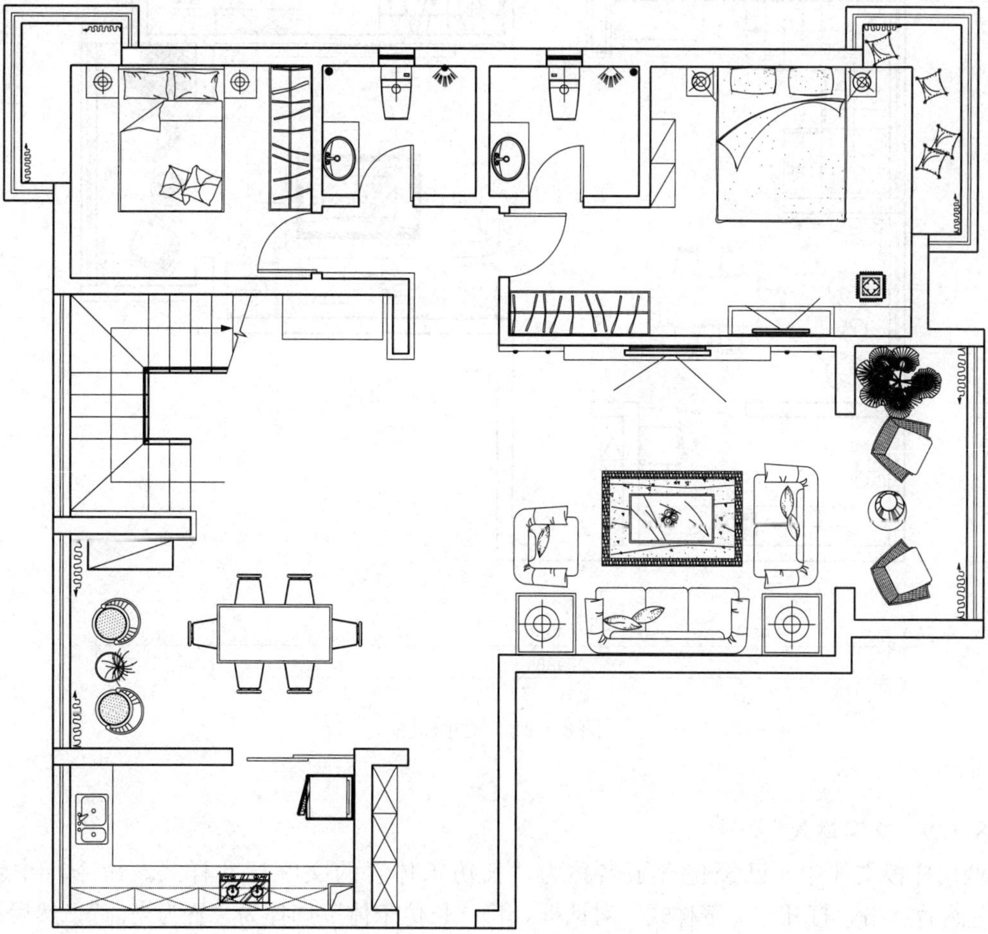

图 8-1-20　插入家具图块

8.1.8　尺寸标注

将"尺寸标注"图层作为当前图层。调用的样板文件中，已经包含了名称为"标注样式01"的标注样式。可以直接调用，也可以根据个人制图的实际情况进行更改。单击"格式"|"标注样式"，将"标注样式01"置为当前。配合"标注"工具栏中的"线性标注""连续标注"进行图纸的尺寸标注。标注完成后的效果如图 8-1-21 所示。

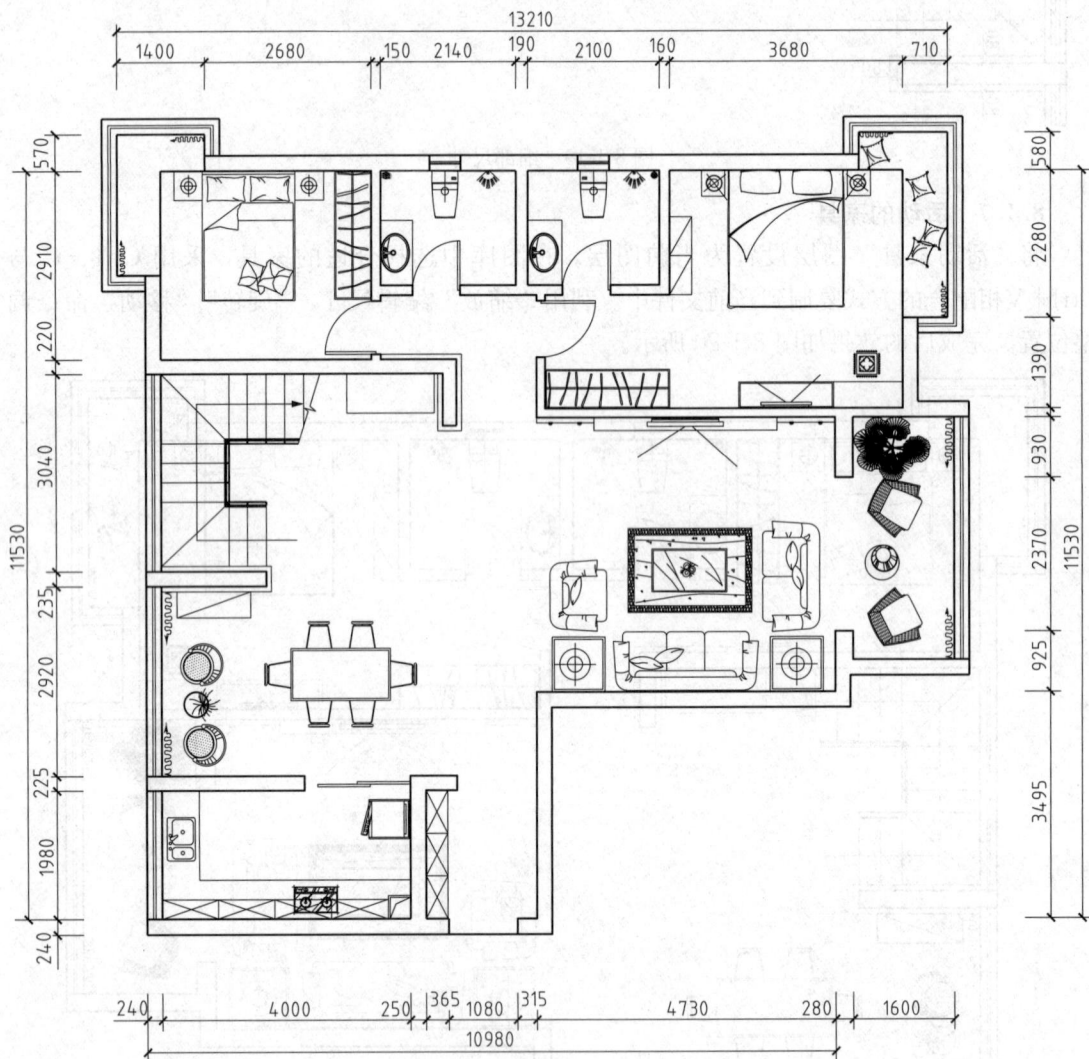

图 8-1-21　尺寸标注

8.1.9　文字输入

调用样板文件中，已经包含了名称为"长仿宋体"的文字标注样式。命令行中输入"ST"然后空格，打开"文字样式"对话框，将"长仿宋体"选择为"置为当前"，然后单击"应用"按钮。结束标注样式的设置。

单击绘图工具栏的"多行文字"按钮 A，在相应区域完成文字的书写。可以先书写一个，再通过复制的方式产生其他的文字，然后通过双击文字修改来完成所有文字的书写。书写完成后的整体效果如图 8-1-22 所示。至此，图纸的绘制完成。按 Ctrl＋S 键保存文档。

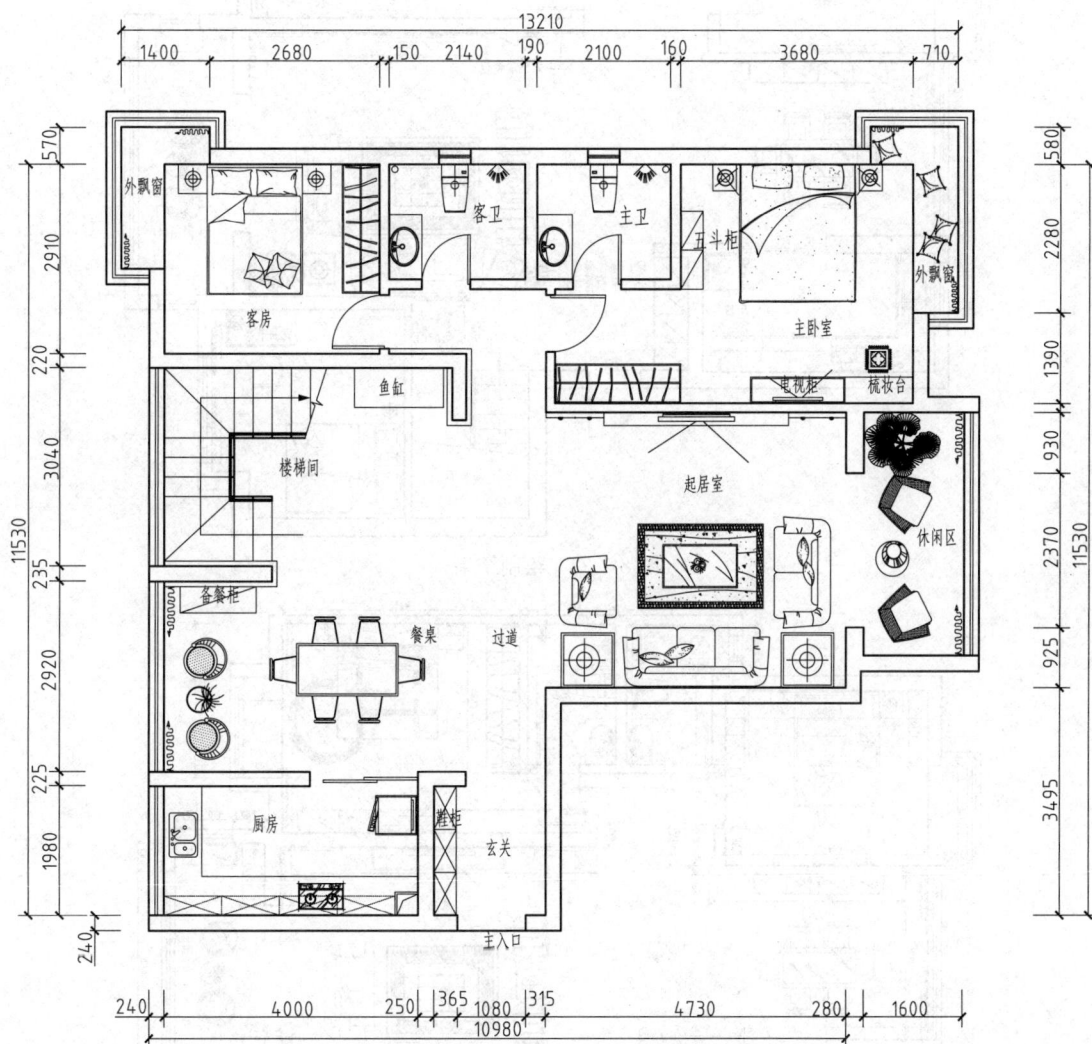

图 8-1-22　文字标注

8.1.10　进阶与提高

综合所学的知识，运用沿内墙依次绘制的方式绘制以下空间，进而进行空间的布置。在绘制的过程中，体会各种命令在制图中的应用。如图 8-1-23 所示，具体尺寸图样参照图 8-1-24 所示。此图形文件为光盘中的"实例文件/第八章/8-1-别墅平面布置图"。

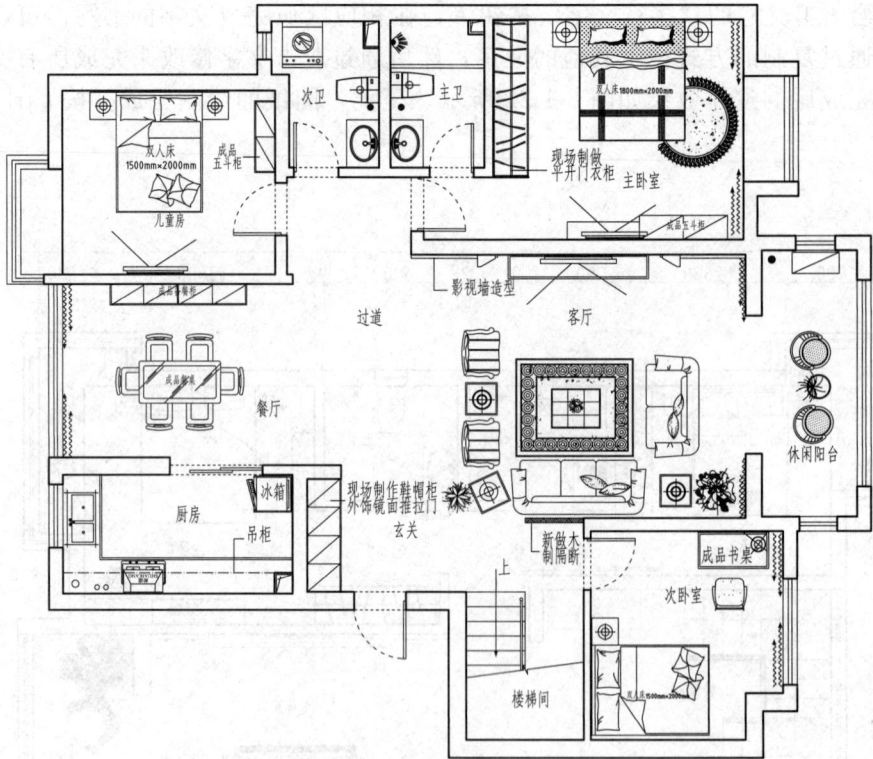

图 8-1-23　绘制结果

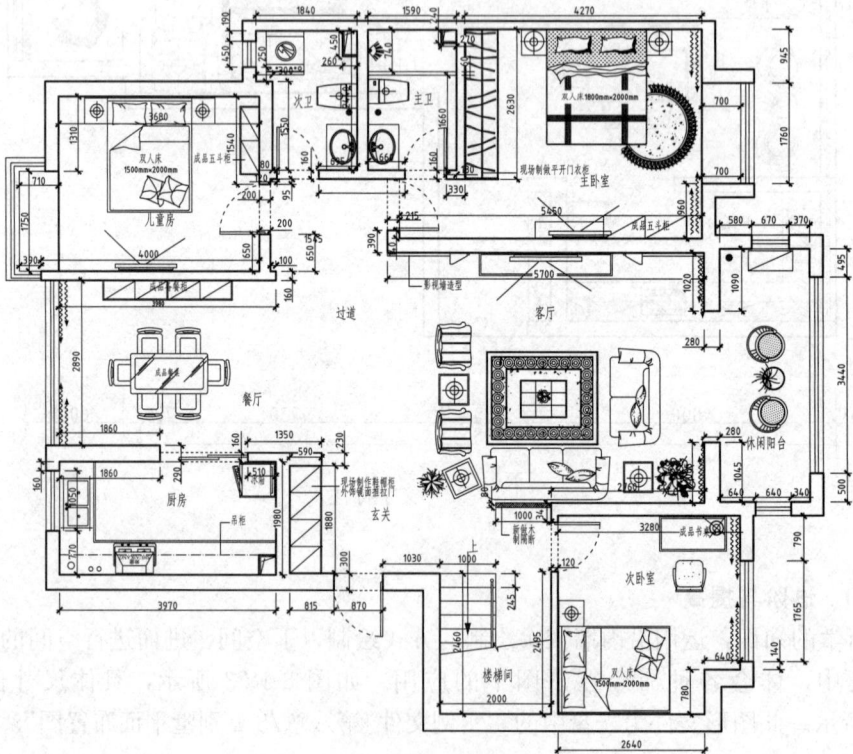

图 8-1-24　细部尺寸

实例 8.2　典型案例二：别墅首层地面铺装图的绘制

地面铺装图体现了地面铺装材料的种类以及地面铺装材料的规格，以及一些细部的做法，是指导地面施工的主要图样。铺装图的绘制主要以填充为主，因此需要对填充的边界有明确的界限。在绘制过程中，可以多通过"矩形"工具、"多段线"工具等保持图样的界限闭合。

别墅首层的地面铺装图的绘制可以在首层平面布置图的基础上来完成。这样可以大大节约作图的时间。本节图形文件位于"实例文件/第八章/8-2-别墅首层地面铺装图"。

8.2.1　新建并保存文档

（1）打开 AutoCAD 2014 应用程序，单击"文件"工具栏的"新建"按钮，弹出"选择样板"对话框，单击"查找范围"设定好的"教材样板图.dwt"为样板文件。建立完成后，按 Ctrl＋S 键保存到合适的位置。

（2）新建"地面分割线"图层，颜色为红色，线型为 Continuous。新建"地面填充"图层，颜色为 7 号色，线型为 Continuous，如图 8-2-1 所示。

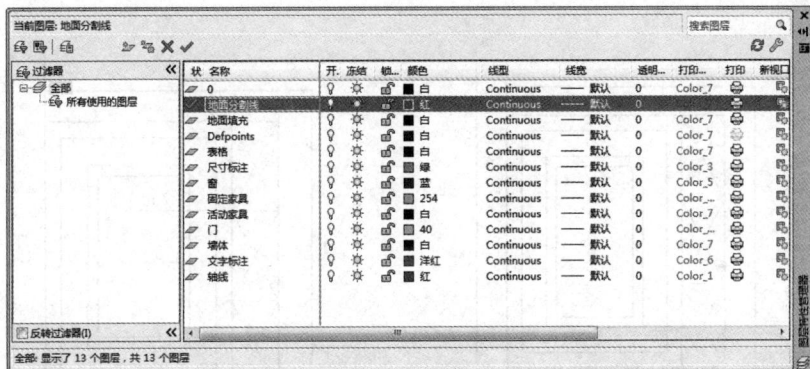

图 8-2-1　设置图层

8.2.2　导入平面图并删除家具、门等

打开首层的平面布置图，将首层的平面布置图用 Ctrl＋C 配合 Ctrl＋V 的方式，导入新建的文件中。将门、家具设备等，配合删除工具，或是 Delete 键删除。只留下门厅处的鞋柜和厨房中的管道。完成后的效果如图 8-2-2 所示。

8.2.3　绘制地面分割线型

将"地面分割线"图层作为当前图层。逐个绘制各房间地面的分割线。

1. 门厅地面分割线的绘制

运用"矩形"工具，配合"偏移"工具，绘制门厅地面的分割线，如图 8-2-3 所示。偏移的尺寸如图 8-2-4 所示。

2. 起居室地面分割线的绘制

运用"矩形"工具，配合"偏移"工具，绘制门厅地面的分割线，如图 8-2-5 所示。偏移尺寸如图 8-2-6 所示。

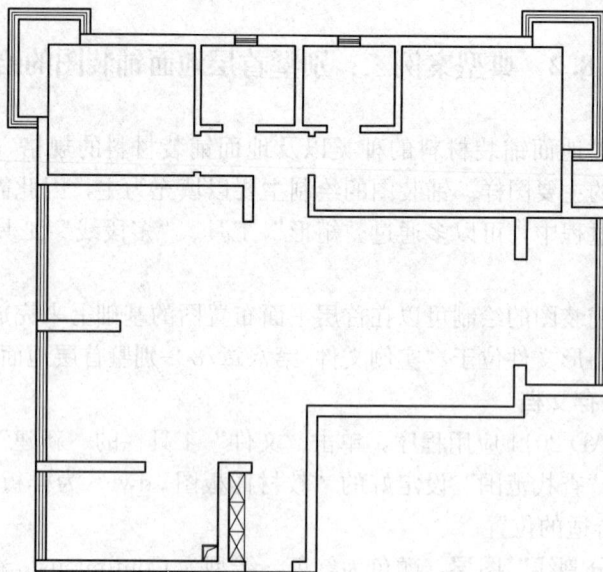

图 8-2-2　调入平面布置图

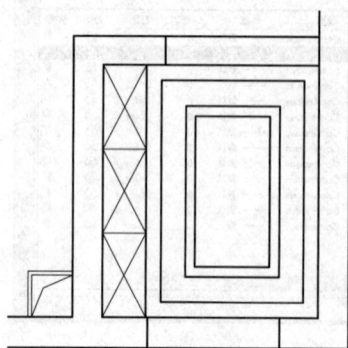

图 8-2-3　绘制门厅分割线

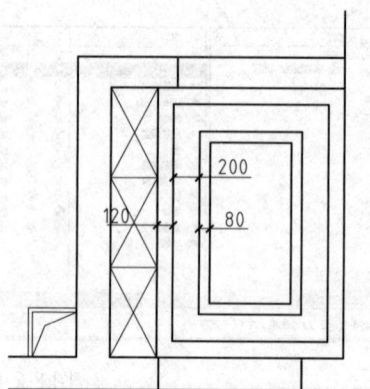

图 8-2-4　细部尺寸

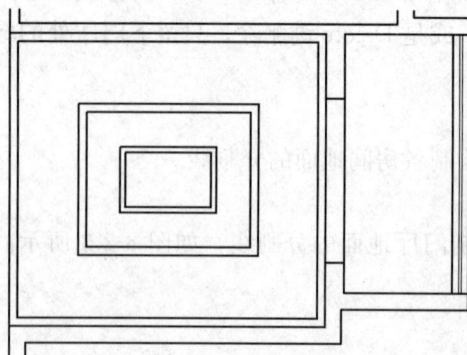

图 8-2-5　起居室分割线

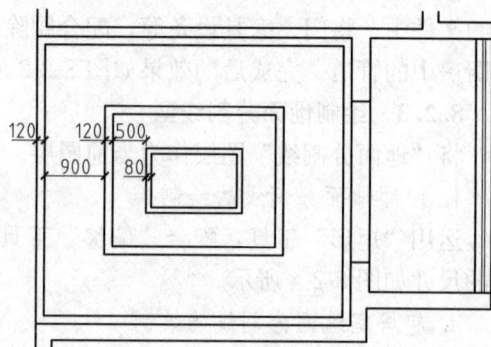

图 8-2-6　细部尺寸

3. 主卧、客卧、主卫、客卫过门石的绘制

运用"直线"工具绘制主卧、客卧、主卫、客卫的过门石，同时这四个空间也就完成了封闭，效果如图 8-2-7 所示。

4. 楼梯间和餐厅地面分割线的绘制

运用"多段线"工具，配合偏移工具，绘制楼梯间和餐厅地面的分割线，如图 8-2-8 所示。餐厅地面外侧矩形的绘制，需要配合捕捉自工具，以 A 点作为参考点来进行绘制，具体尺寸如图 8-2-9 所示。

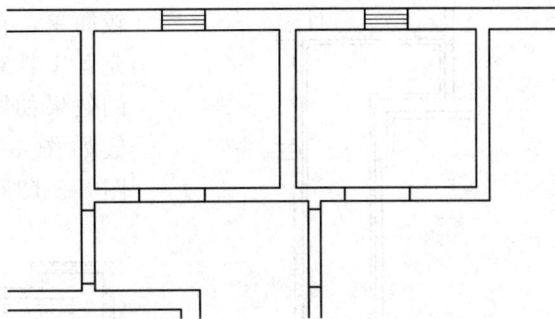

图 8-2-7 绘制过门石

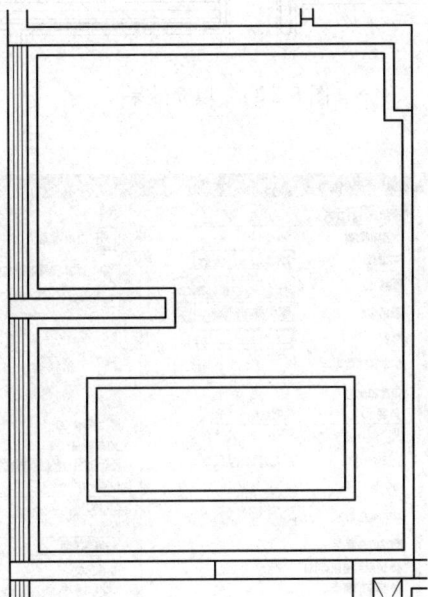

图 8-2-8 楼梯间、餐厅地面分割线

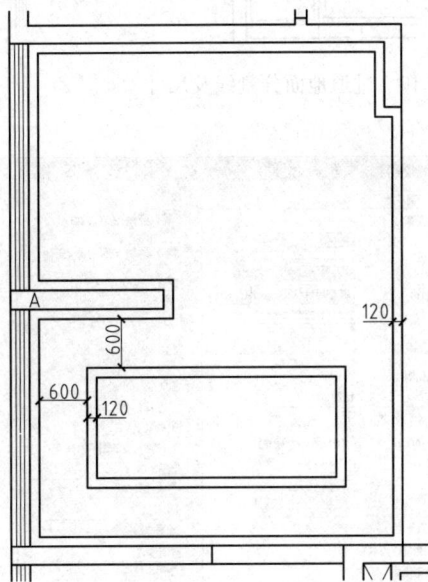

图 8-2-9 细部尺寸

餐厅外侧矩形绘制：

命令：REC //快捷键调用举行命令
RECTANG
指定第一个角点或[倒角(C)/标高(E)/圆角(F)/厚度(T)/宽度(W)]：_from 基点：<偏移>：@720,-720
　　//点击捕捉工具栏"捕捉自"按钮，指定 A 点为临时追踪点，并输入矩形的第一点相对于 A 点的坐标
指定另一个角点或[面积(A)/尺寸(D)/旋转(R)]：@3310,-1480 //输入坐标确定第二点

5. 过道地面分割线的绘制

运用多段线工具，配合偏移工具，绘制过道地面的分割线，尺寸如图 8-2-10 所示。
这样就完成了所有空间地面分割线的绘制。在绘制过程中，一定要注意所绘制线型的闭合，否则在后期的填充中会遇到问题。

8.2.4 地面铺装材料的填充

将"地面填充"图层作为当前图层。

1. 主卧、客卧、主卫、客卫地面铺装材质的填充

主卧、客卧的实木复合地板、主卫、客卫的 300mm×300mm 防滑地砖材质的铺贴相对

较简单，在工艺上也比较好理解，可以运用"填充"工具对这四个房间进行图例填充。填充完成后的效果如图 8-2-11 所示。实木复合地板的填充参数如图 8-2-12 所示，防滑地砖的填充参数如图 8-2-13 所示。

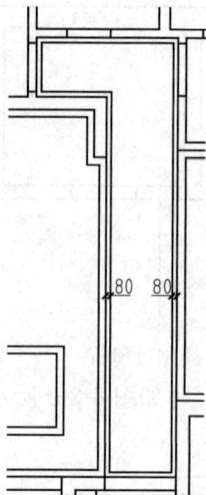

图 8-2-10   过道地面分割线及尺寸

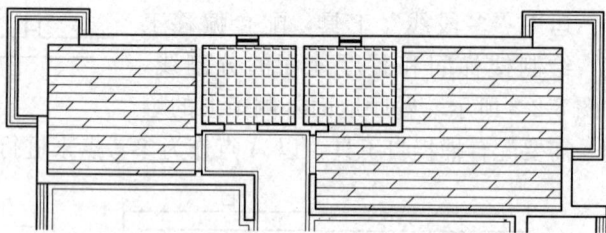

图 8-2-11   填充效果

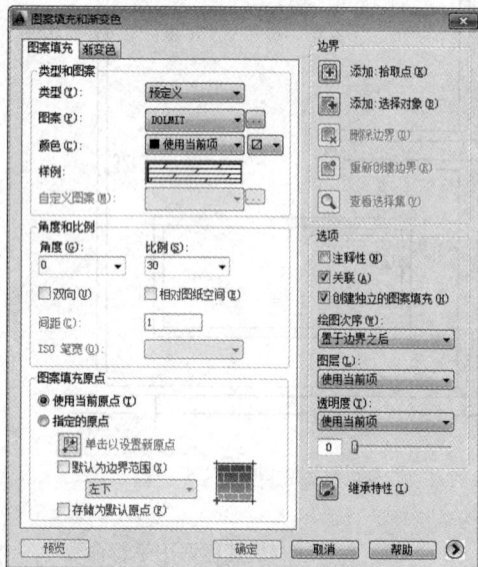

图 8-2-12   地板填充设置

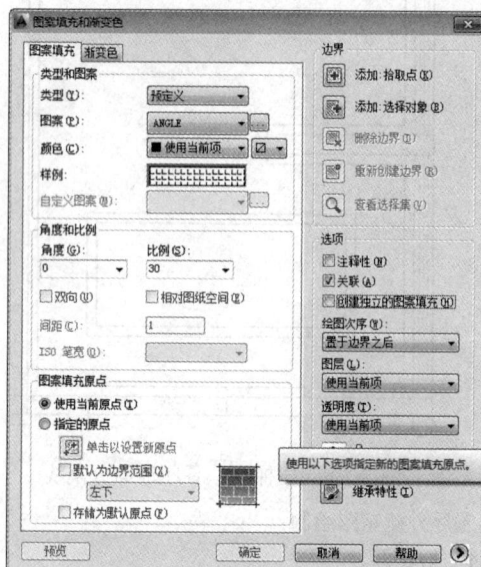

图 8-2-13   防滑砖填充设置

2. 楼梯间和餐厅地面铺装材质的填充

作为主要的空间，砖的铺贴一定要讲究方法。此空间以餐厅为主要视角之一，应该保证餐厅主视角地砖的完整性。为使图纸和施工更好地结合，这个空间的填充图案采用"用户定义"的方式，这样既能按照实际的地面砖尺寸进行设定，又能指定铺贴的起点。在一些比较严格的地砖铺设图中经常采用此方法。

填充图案的设置如图 8-2-14 所示："类型"改为"用户定义"；勾选"角度和比例"选项组中的"双向"复选框，并将"间距"按照实际地砖宽度设定，即设定为 600；选择"指定的原点"选项，然后单击"单击以设置新原点"按钮，在绘图区中指定 B 点作为新原点。最终铺贴完成后的效果如图 8-2-15 所示。

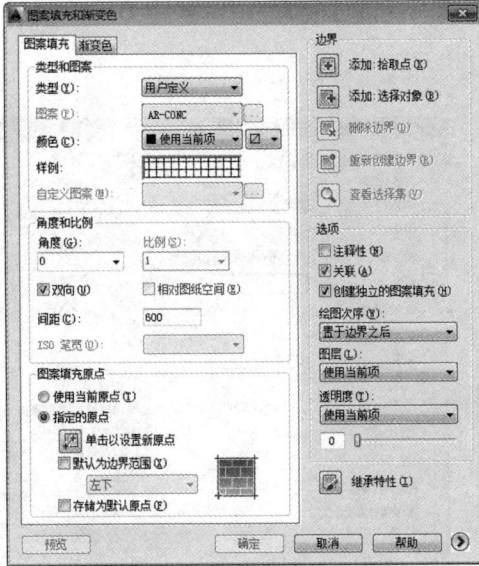

图 8-2-14　餐厅、楼梯间填充设置

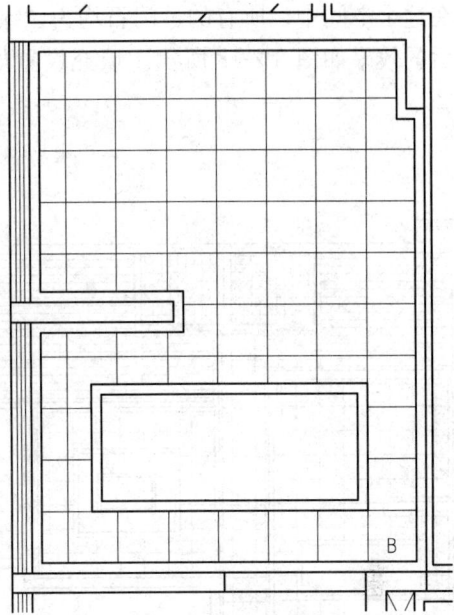

图 8-2-15　填充效果

过道地面、起居室地面 600mm×600mm 的米色地砖的铺贴与这种铺贴方式类似。过道和起居室空间应注意对称铺贴。过道填充图案的原点重新指定为：追踪 *C* 点水平极轴，向右移动输入距离 250mm，效果如图 8-2-16 所示。起居室地面填充图案的原点重新指定为：追踪 *D* 点垂直极轴，向上移动输入距离 492.5mm，起居室铺贴效果如图 8-2-17 所示。

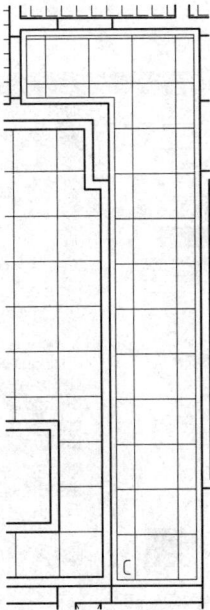

图 8-2-16　过道填充

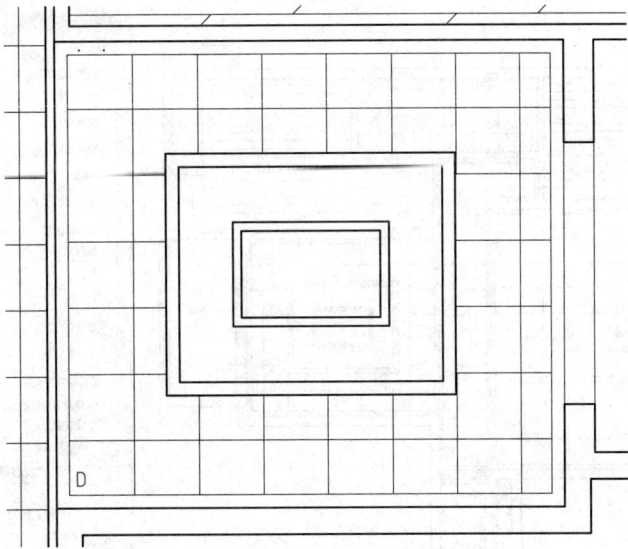

图 8-2-17　起居室填充

3. 过门石地面铺装材质的填充

在这个空间中，所有的过门石均为"绿星过门石"，运用填充工具，可以一起进行填充。填充后的效果如图 8-2-18 所示。填充设置如图 8-2-19 所示，填充图案名称为"DOTS"，比例为 20。

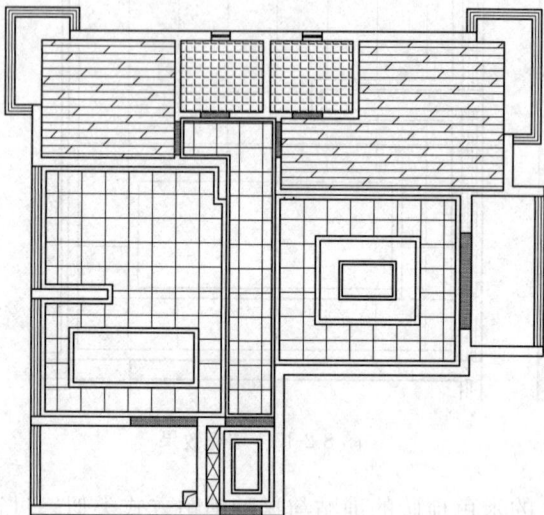

图 8-2-18 过门石填充

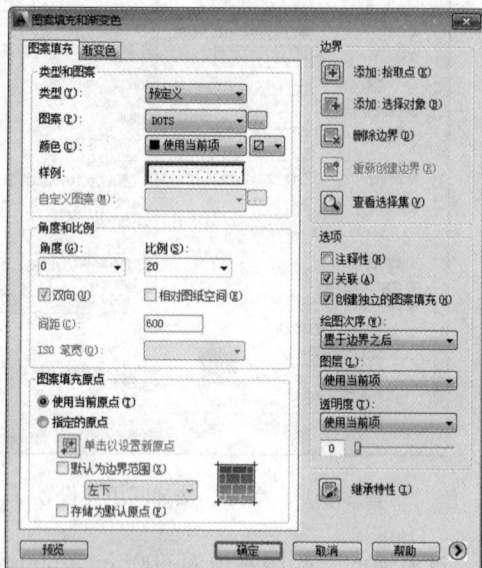

图 8-2-19 填充设置

4. 深咖纹大理石地面铺装材质的填充

为空间中的所有深咖纹的材质进行填充。填充后的效果如图 8-2-20 所示，填充设置如图 8-2-21 所示，填充图案名称为 AR-CONC，比例为 0.8。

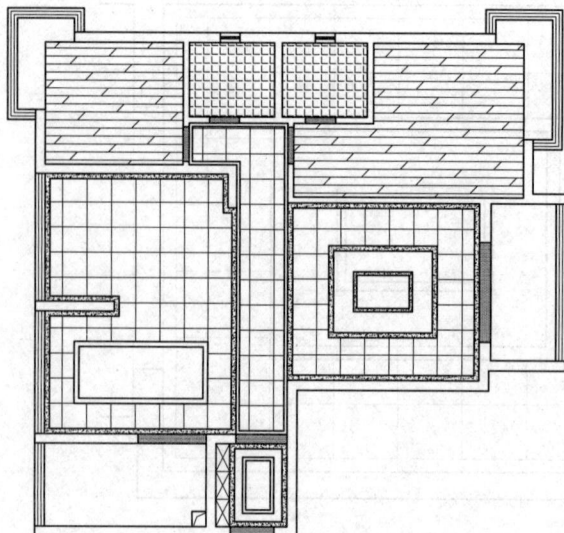

图 8-2-20 填充效果（一）

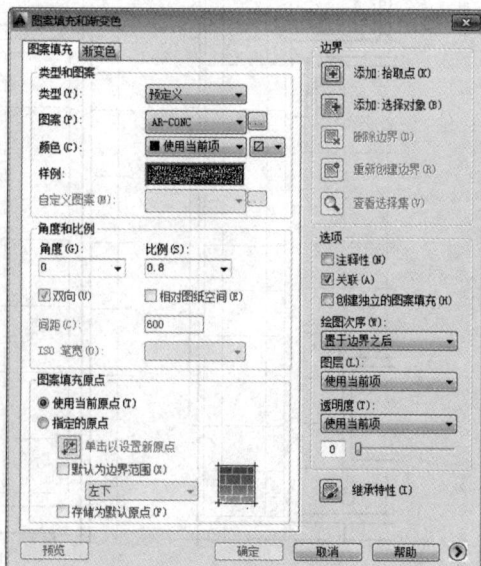

图 8-2-21 填充设置（一）

5. 浅咖纹大理石地面铺装材质的填充

为餐厅、起居室、过道空间中的所有浅咖纹大理石材质进行填充。填充后的效果如图 8-2-22 所示，填充设置如图 8-2-23 所示。填充图案名称为 CROSS，比例为 5。

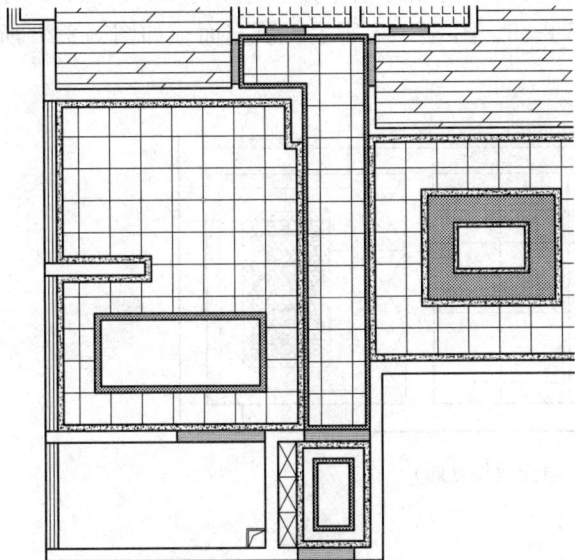

图 8-2-22　填充效果（二）

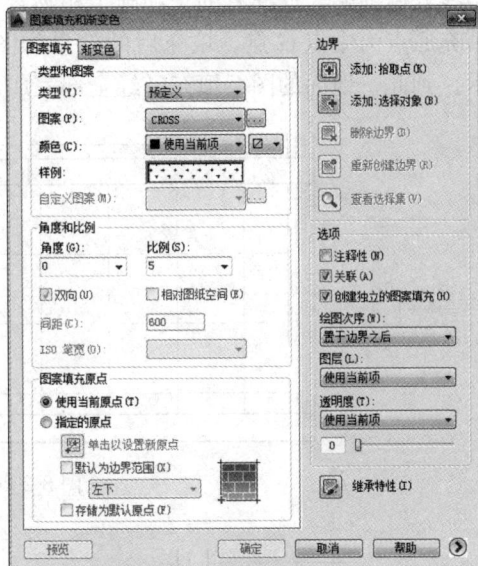

图 8-2-23　填充设置（二）

6. 热带雨林天然大理石材质的填充

为餐厅、起居室、门厅空间中的所有热带雨林天然大理石材质进行填充。填充后的效果如图 8-2-24 所示，填充面板如图 8-2-25 所示。填充图案名称为 GRAVEL，比例为 5。

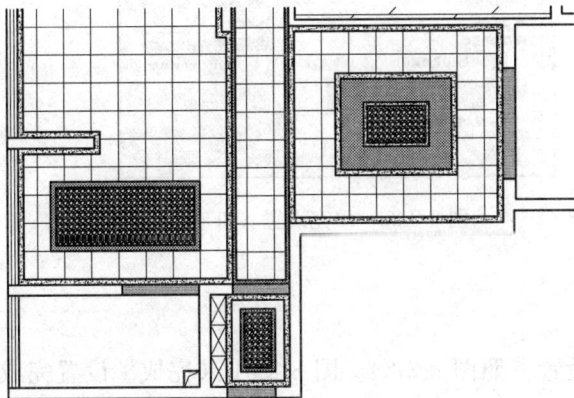

图 8-2-24　填充效果（三）

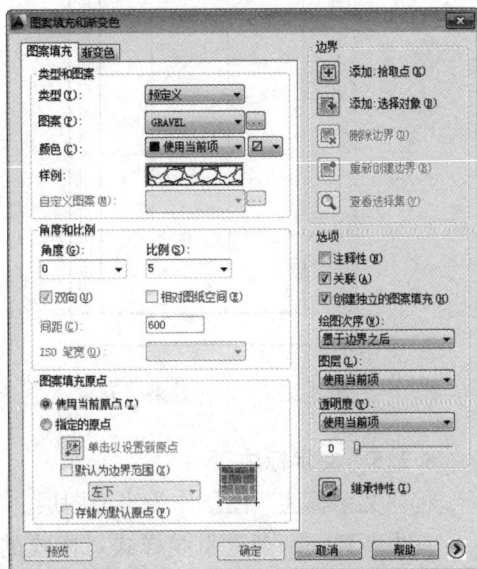

图 8-2-25　填充设置（三）

7. 楼梯间和餐厅地面铺装材质的填充

对厨房、门厅、起居室阳台部位进行填充。填充图案的方法和客厅是一致的。填充时，应注意对填充面板"指定的原点"进行设置，保证砖从房间的角点开始铺贴，或是从房间的中线开始铺贴，这样有助于和施工相吻合。阳台、厨房填充原点分别为角点 E、F 点；门厅填充原点为中点 G 点。填充后的效果如图 8-2-26、图 8-2-27 所示，填充面板如图 8-2-28 所示。到此，地面的图案填充已经全部完成。

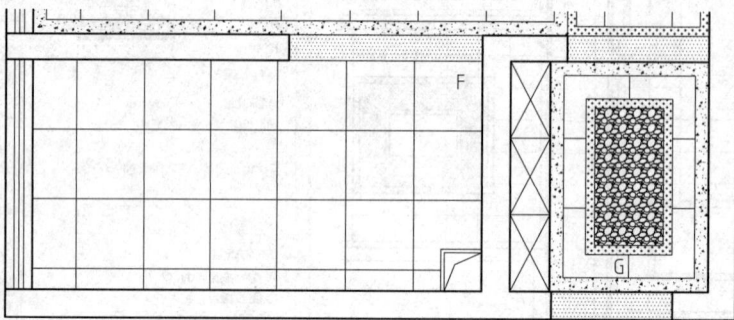

图 8-2-26　填充效果（四）

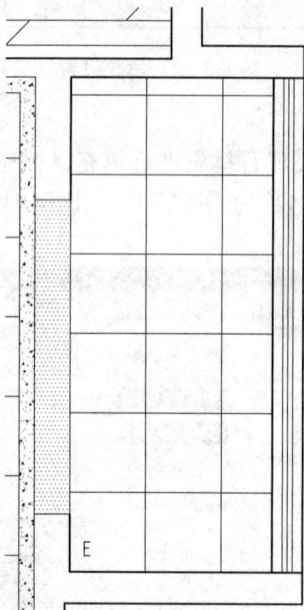

图 8-2-27　填充效果（五）

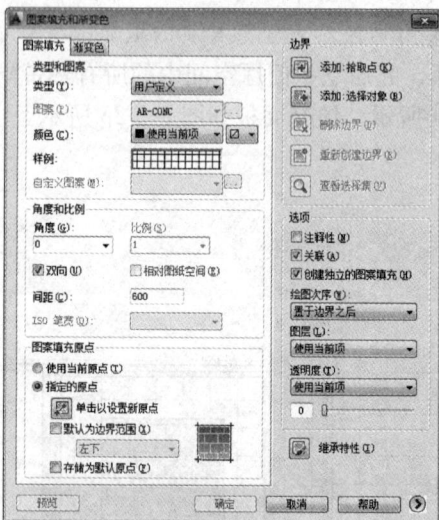

图 8-2-28　填充设置（四）

8.2.5　文字标注

将"文字标注"图层作为当前图层。

首先新建一个多重引线样式，样式的设置参照图 8-2-29～图 8-2-31 来完成。设置完成后，单击"标注"面板下的"多重引线"工具书写文字。引线可以先绘制一个，其他地方可以采用"复制"命令先进行复制，再依次双击文字更改方式来完成。标注完成后的效果如图 8-2-32 所示。

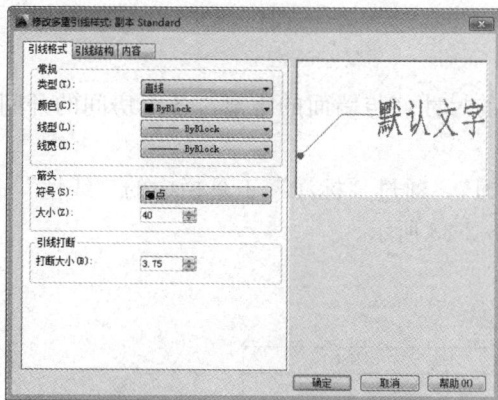

图 8-2-29　"引线格式"设定

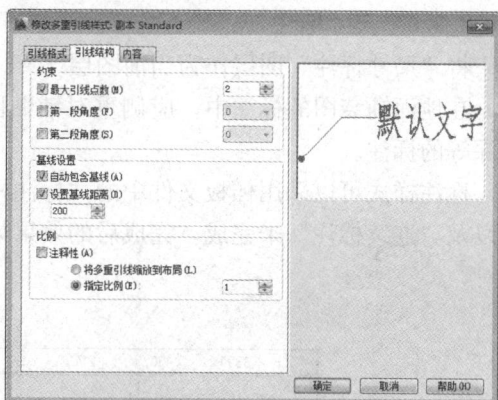

图 8-2-30　"引线结构"设置

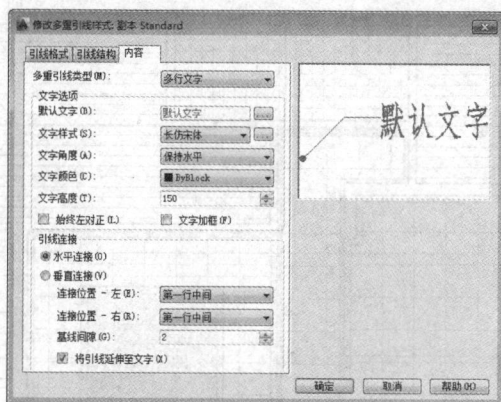

图 8-2-31　"内容"设置

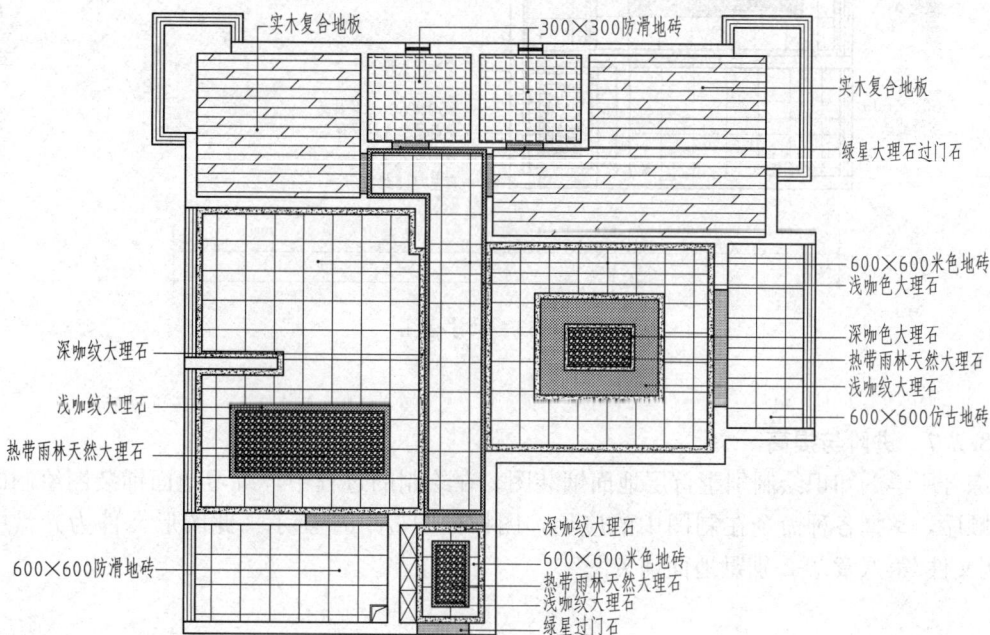

图 8-2-32　引线标注

8.2.6 尺寸标注

将"尺寸标注"图层作为当前图层。

在地面铺装图的标注中，应侧重对铺贴图案的尺寸、与墙面的距离、各个房间的开间、进深等的标注。

标注样式可以采用样板文件中的"标注样式 01"，通过"标注"工具栏中的"线性"命令以及"连续标注"来完成。完成后的效果如图 8-2-33 所示。

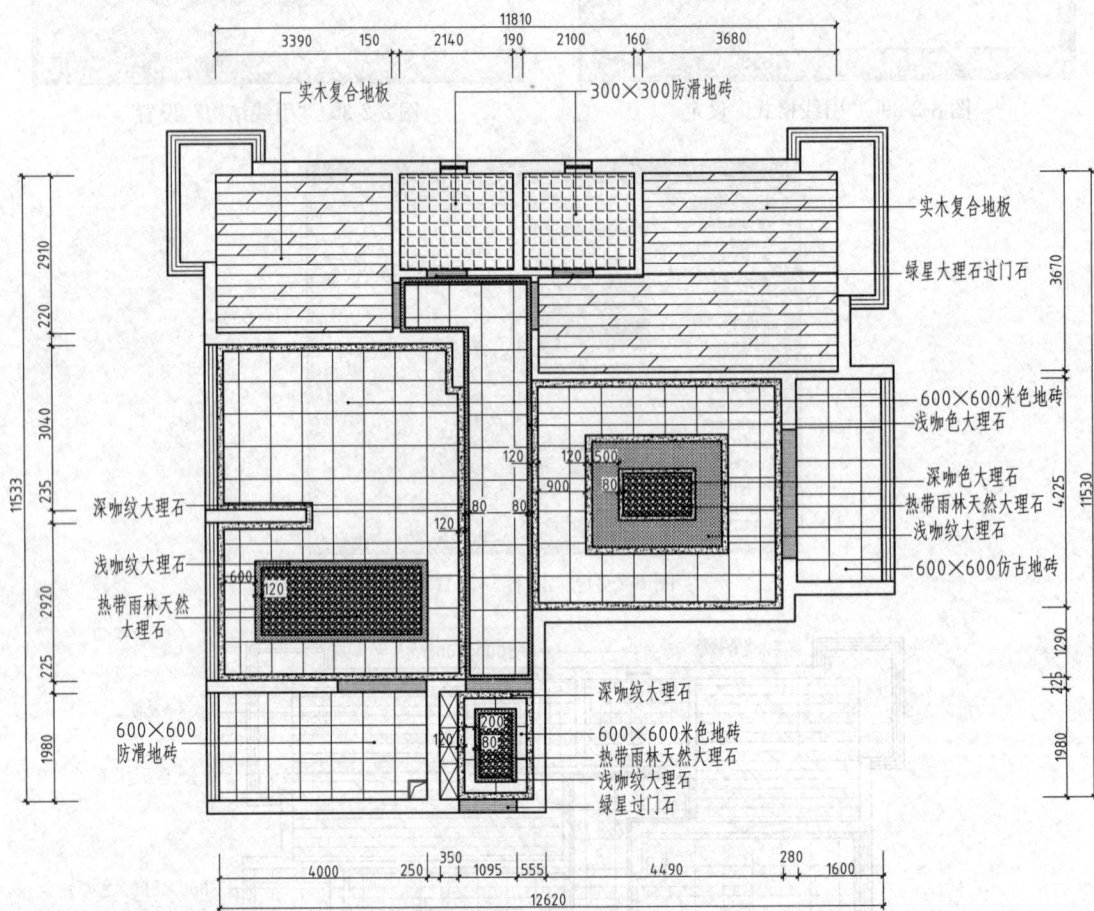

图 8-2-33　尺寸标注

8.2.7 进阶与提高

综合所学的知识绘制别墅首层地面铺装图。在绘制的过程中，练习地面铺装图绘制的方法和顺序，掌握各种命令在制图中的应用，图样如图 8-2-34 所示。此图形文件为光盘中的"实例文件/第八章/8-2-别墅地面铺装图"。

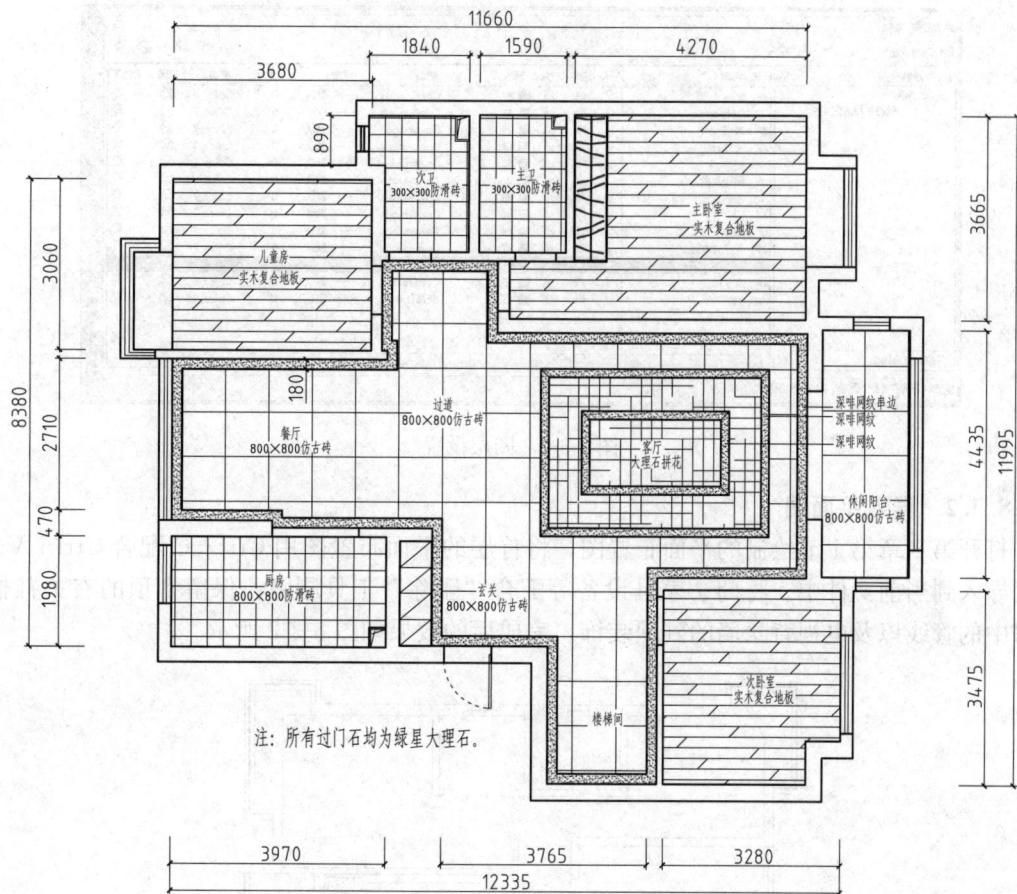

图 8-2-34　别墅首层地面铺装图

实例 8.3　典型案例三：别墅首层吊顶图的绘制

吊顶图样表现了顶面装饰的效果。比如顶面的造型、顶面标高、灯具的位置、空调进出风口，在公共建筑中，还包括烟感器、喷淋器的位置等。本案例表现了别墅首层吊顶的效果。首层吊顶图可以在首层平面布置图的基础上来完成，这样可以大幅度节约作图时间。

8.3.1　新建文档

本例图形文件位于"实例文件/第八章/别墅首层吊顶布置图"。

（1）打开 AutoCAD 2014 应用程序，单击"文件"工具栏的"新建"按钮，或是按下 Ctrl＋N 键来新建一个文件。依然以"教材样板图.dwt"为样板文件，建立完成后，按下 Ctrl＋S 键保存到合适的位置。

（2）新建"天花分割线"和"暗藏灯带"两个图层，并设置"天花分割线"的颜色为"红色"，暗藏灯带的颜色为"蓝色"，如图 8-3-1 所示。

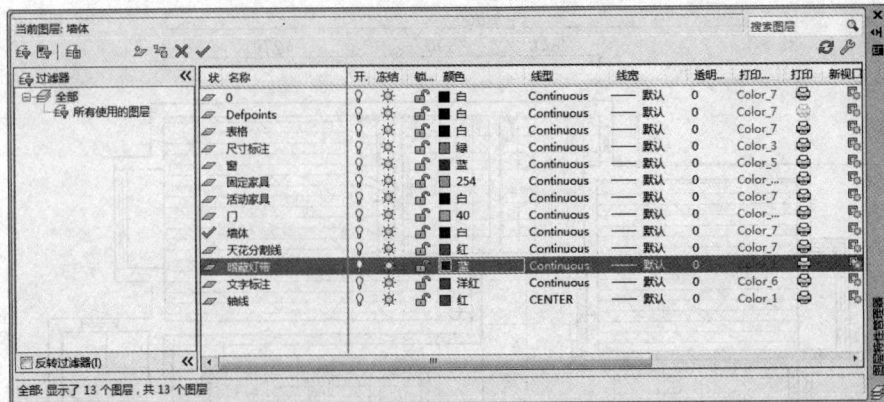

图 8-3-1　图层设置

8.3.2　导入平面图

打开第 8 章第 1 节绘制的平面布置图，将首层的平面布置图用 Ctrl＋C 配合 Ctrl＋V 的方式导入到当前文件中。将门、家具设备等配合"删除"工具删除。保留到顶的玄关鞋柜、厨房中的管线以及电视背景墙的到顶装饰，完成后的效果如图 8-3-2 所示。

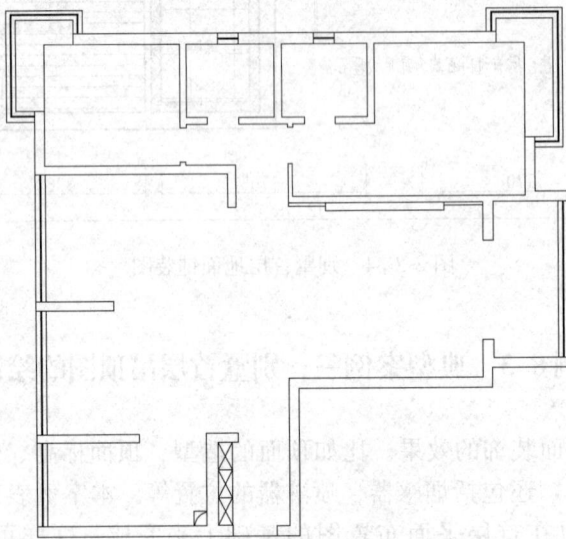

图 8-3-2　导入平面图

8.3.3　绘制墙体和设备

根据实地的测量结果，将各个空间的墙体绘制进行空间的封闭，并标注出梁的位置、顶面的一些固有设备如空调、管线等。空调进、出风口等可以调用图块。插入时注意尺寸位置，如图 8-3-3 所示。

8.3.4　主卧室吊顶图的绘制

将"天花分割线"图层作为当前图层。主卧室的天花造型通过降低周边，从而对空调进行有效的包裹装饰，保持中心部分的原顶形成二级吊顶来丰富空间的效果。

（1）调用矩形命令，以 A 点为第一点，绘制 3480mm×3070mm 的顶面造型结构。再运用"偏移"工具向内侧偏移 60mm，绘制出石膏线脚的宽度。运用 Ctrl＋C 与 Ctrl＋V 导入外部图集中的筒灯和组合吸顶灯图例。完成后的效果如图 8-3-4 所示。

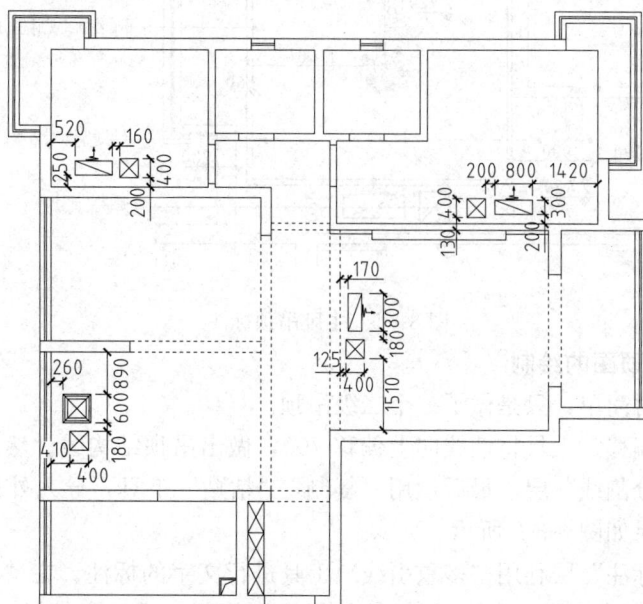

图 8-3-3　空间封闭、放置设备

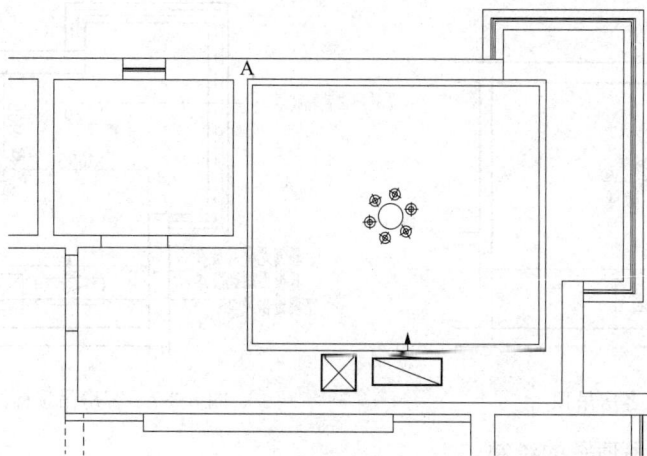

图 8-3-4　主卧吊顶造型

（2）将"文字标注"层置为当前层，设定"多重引线"样式，样式见 8.2 节。利用多重引线进行文字的标注。插入标高图块并运用多行文字工具标注出不同的标高。

（3）将"尺寸标注"层置为当前层，将"标注样式 01"置为当前样式，运用"线型标注""连续标注"工具进行尺寸的标注。尺寸标注应该侧重分割线型的定位和灯具的定位等，为施工提供依据。完成后的效果如图 8-3-5 所示。

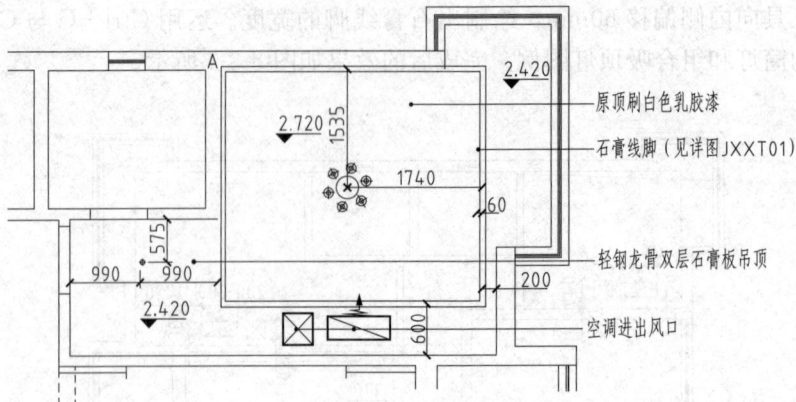

图 8-3-5   主卧吊顶标注

8.3.5   客房吊顶图的绘制

客房的天花相对简单，只是做了一个二级吊顶。

（1）先运用"偏移"工具将墙线向上偏移 700，做出吊顶结构线。然后将偏移出来的结构线匹配到"天花分割线"层。最后运用"复制""粘贴"工具，导入外部图集中的吸顶灯图例。完成后的效果如图 8-3-6 所示。

（2）在"文字标注"层利用"多重引线"工具进行文字的标注。在"尺寸标注"层，运用"线性标注""连续标注"工具进行尺寸的标注。复制主卧标高符号，放到合适的位置，并运用文字工具修改标高数值。完成后的效果如图 8-3-7 所示。

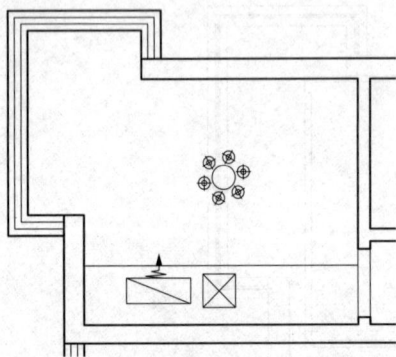

图 8-3-6   客房吊顶

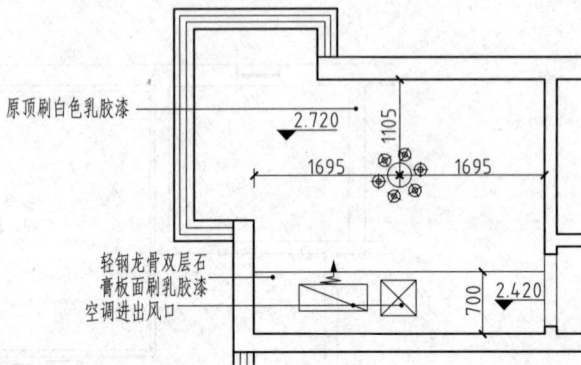

图 8-3-7   客房吊顶标注

8.3.6   楼梯间吊顶图的绘制

将"天花分割线"图层作为当前图层。

（1）运用"多段线"命令绘制出下侧的结构线，然后通过偏移命令，偏移 1070 绘制出上侧结构线。然后继续偏移第一条线，距离 30mm，并将其匹配到"暗藏灯带"图层。然后插入图块，将插入的图块按照尺寸进行复制。完成后的结果如图 8-3-8 所示。详细的尺寸如图 8-3-9 所示。

（2）在"文字标注"层利用"多重引线"工具进行文字的标注。在"尺寸标注"层，运用"线性标注""连续标注"工具进行尺寸的标注。复制主卧标高符号，放到合适的位置，并运用文字工具修改标高数值。完成后的效果如图 8-3-9 所示。

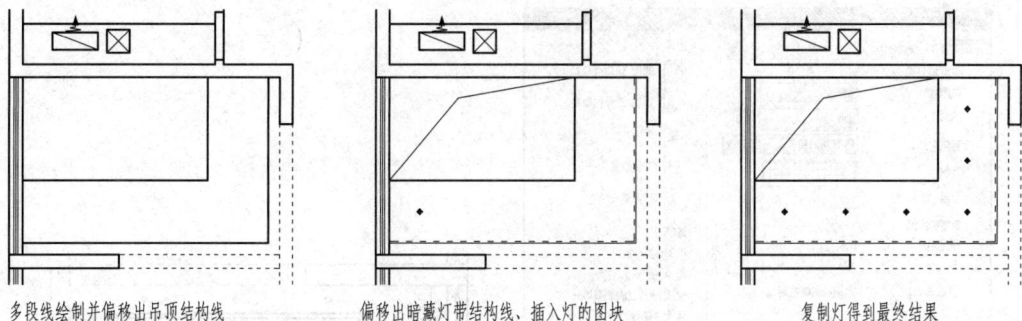

多段线绘制并偏移出吊顶结构线　　　偏移出暗藏灯带结构线、插入灯的图块　　　复制灯得到最终结果

图 8-3-8　楼梯间吊顶绘制

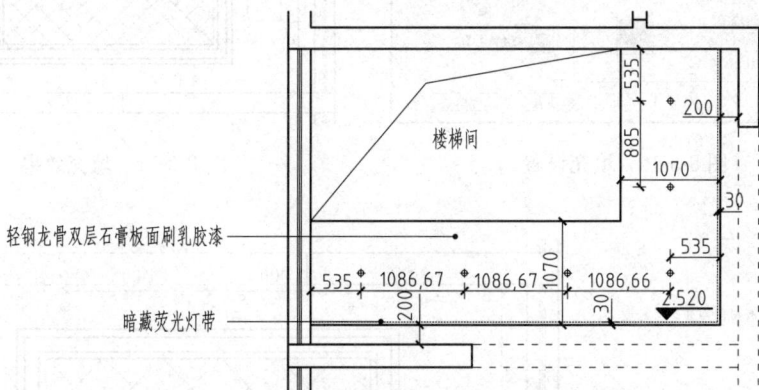

轻钢龙骨双层石膏板面刷乳胶漆

暗藏荧光灯带

图 8-3-9　楼梯间吊顶标注

8.3.7　餐厅吊顶图的绘制

将"天花分割线"图层作为当前图层。

（1）利用偏移命令，将内墙线向内侧偏移 200mm 绘制出线段 a，做出吊顶结构线。

（2）以 B 点为参考点，配合"矩形""捕捉自"命令绘制餐厅内部大矩形结构线，尺寸为 2950mm×2230mm。然后依次向内侧偏移 60、110、50mm 做出餐厅顶面造型。

命令：REC　　　　　　　　　　　　　　　　　　　　　　　//快捷键调用矩形命令
RECTANG
指定第一个角点或[倒角(C)/标高(E)/圆角(F)/厚度(T)/宽度(W)]：_from 基点：<偏移>：@800,-340
　　　　　　　　　　　　　　　　　//以 B 点为临时参考点，
　　　　　　　　　　　　　　　　　　输入相对坐标确定大矩形第一点位置
指定另一个角点或[面积(A)/尺寸(D)/旋转(R)]：@2950,-2230　　　　//输入第二点坐标

（3）通过图案填充工具，将餐厅最内侧矩形结构空间进行填充，填充设置如图 8-3-10 所示。插入灯具图块，移动到合适位置并进行复制。完成后的效果如图 8-3-11 所示。

（4）运用"多重引线"工具进行文字的标注。运用"线性标注""连续标注"工具进行尺寸的标注。复制标高符号，并运用文字工具标注出不同的标高，完成后的效果如图 8-3-12 所示。

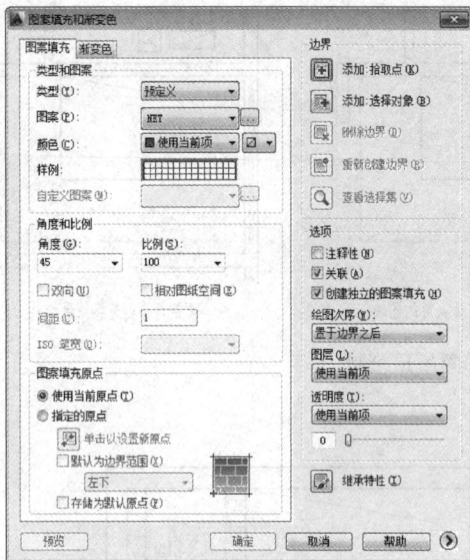

图 8-3-10　填充设置

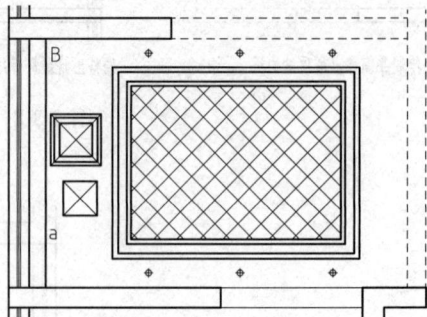

图 8-3-11　填充效果

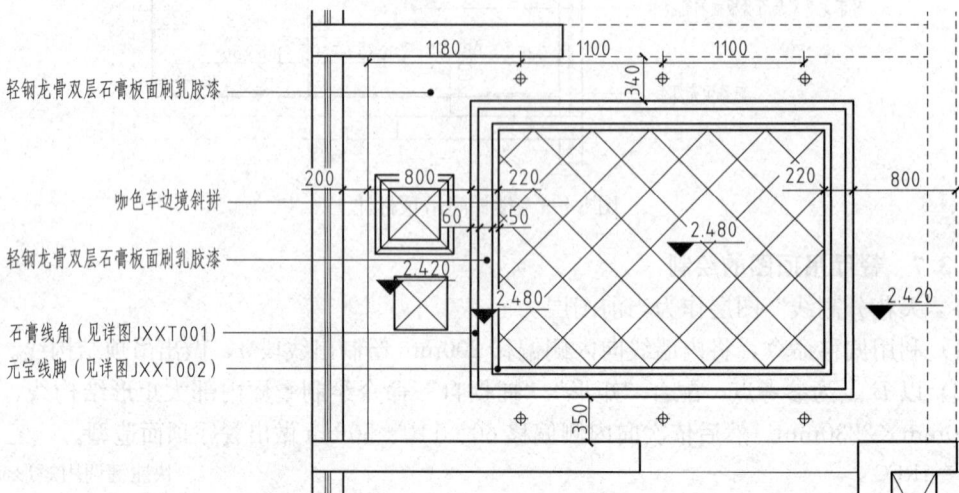

图 8-3-12　标注

8.3.8　起居室吊顶图的绘制

将"天花分割线"图层作为当前图层。

（1）起居室是整个首层空间顶部的装饰中最为复杂的地方。首先运用"直线"工具绘制出窗帘盒所在的线型。

（2）运用"多段线"工具绘制最外层的石膏线角所在的位置，借助"偏移"工具向内侧偏移 100，绘制偏移出石膏线角的宽度。

（3）以 C 点为参考点，绘制出内部的矩形，尺寸为 3410mm×3325mm。调用圆命令绘制出半径为 900mm 的圆形造型线。

（4）运用"偏移"工具将矩形向内侧分别偏移 50、50、50mm，将第二条偏移出来的结构线匹配到"暗藏灯槽"图层。继续调用"偏移"命令，将圆向内侧分别偏移 100、50、150、80mm。然后将吊灯图块插入合适的位置。完成后的效果如图 8-3-13 所示。

（5）在"文字标注"层利用"多重引线"工具进行文字的标注。在"尺寸标注"层，运用"线性标注""连续标注"工具进行尺寸的标注。复制主卧标高符号，放到合适的位置，并运用文字工具修改标高数值。完成后的效果如图 8-3-14 所示。

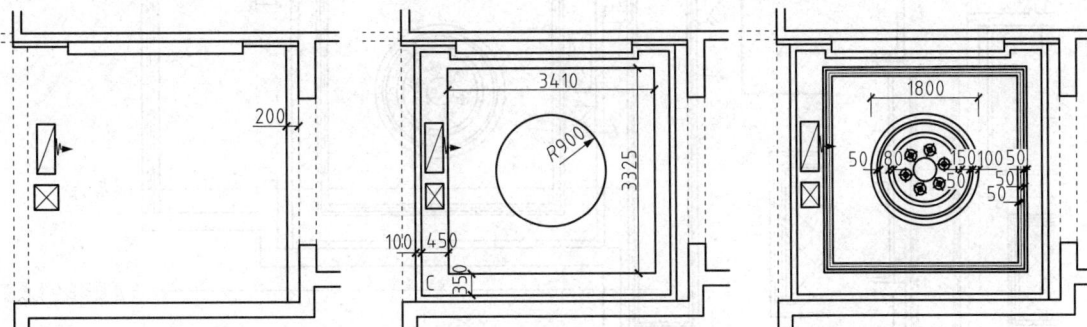

图 8-3-13　起居室吊顶绘制

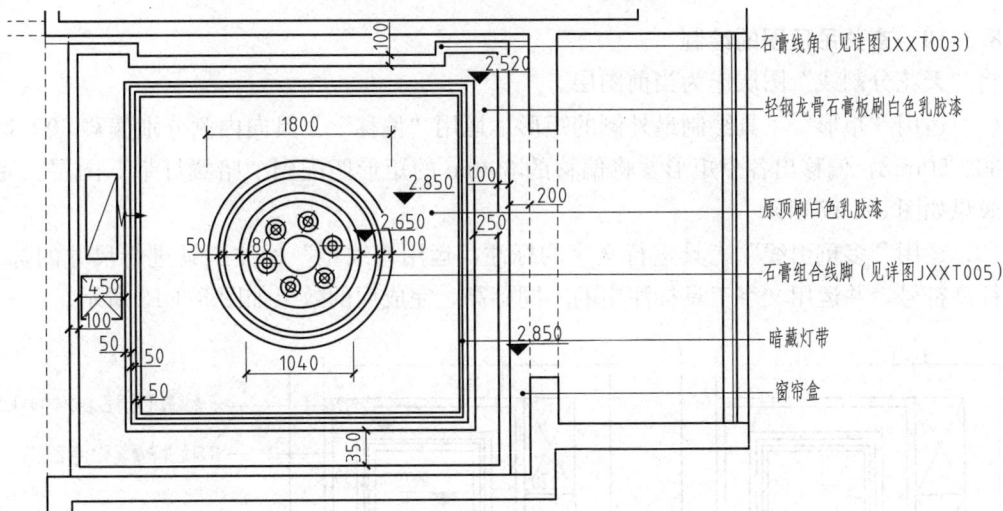

图 8-3-14　标注

8.3.9　过道吊顶图的绘制

将"天花分割线"图层作为当前图层。

（1）以 D 点为参考点，绘制走廊矩形结构线。调用"偏移"命令，向内侧分别偏移 50、30、50mm。将第二次偏移 30mm 的矩形匹配到"暗藏灯带"层。复制灯图块，按照尺寸进行放置。完成后的效果如图 8-3-15 所示。

（2）运用"多重引线"工具进行文字的标注运用"线型"标注工具进行尺寸的标注。复制标高符号，并运用文字工具标注出不同的标高。完成后的效果如图 8-3-16 所示。

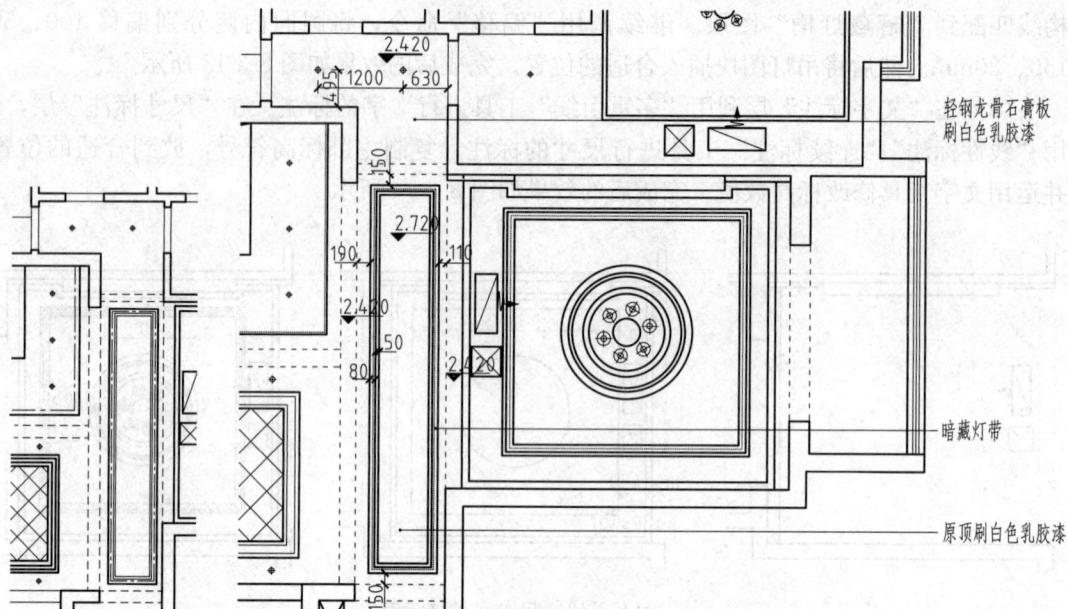

图 8-3-15 过道造型   图 8-3-16   标注

8.3.10 玄关吊顶图的绘制

将"天花分割线"图层作为当前图层。

（1）运用"矩形"工具绘制最外侧的矩形，运用"偏移"工具向内侧分别偏移 60、170、50、30、50mm，偏移出各个矩形。将偏移的 30mm 的矩形匹配到"暗藏灯带"图层。完成后的效果如图 8-3-17 所示。

（2）运用"多重引线"工具进行文字的标注，运用"线型"标注工具进行尺寸的标注。复制标高符号，并运用文字工具标注出的不同标高。完成后的效果如图 8-3-18 所示。

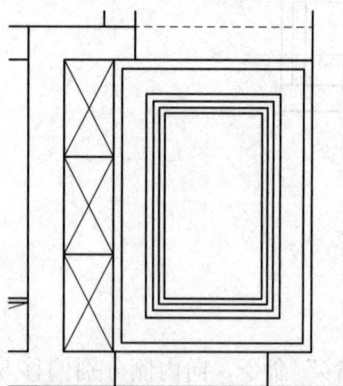

图 8-3-17 玄关吊顶   图 8-3-18   玄关标注

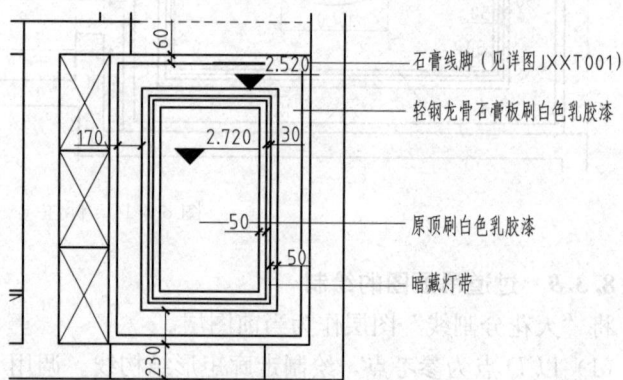

8.3.11 卫生间、厨房、阳台吊顶图的绘制

对于两个卫生间、厨房而言，造型简单，通过成品的集成吊顶实现。可采用"填充"工具填充或是"直线"工具绘制配合"偏移"工具来完成。本例采用后者完成。吊顶的规格为 400mm×400mm 的集成吊顶。绘制完成后运用 Ctrl＋C 与 Ctrl＋V 导入外部图集中的浴霸、

换气扇、吸顶灯的图例。运用"多重引线"工具进行文字的标注，复制标高符号，并运用文字工具标注出不同的标高。完成后的效果如图 8-3-19、图 8-3-20 所示。

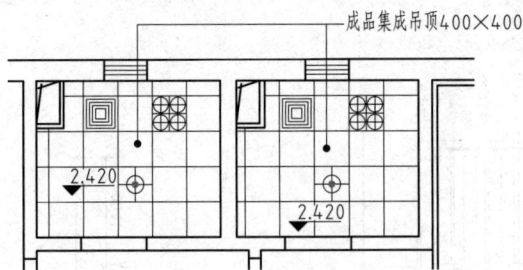

图 8-3-19　卫生间

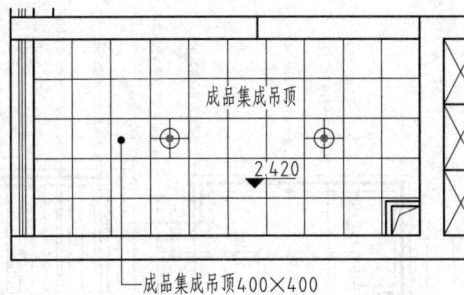

图 8-3-20　厨房

阳台的吊顶图采用"填充"工具来完成。填充面板如图 8-3-21 所示。运用"多重引线"工具进行文字的标注，复制标高符号，并运用文字工具标注出不同的标高。完成后的效果如图 8-3-22 所示。

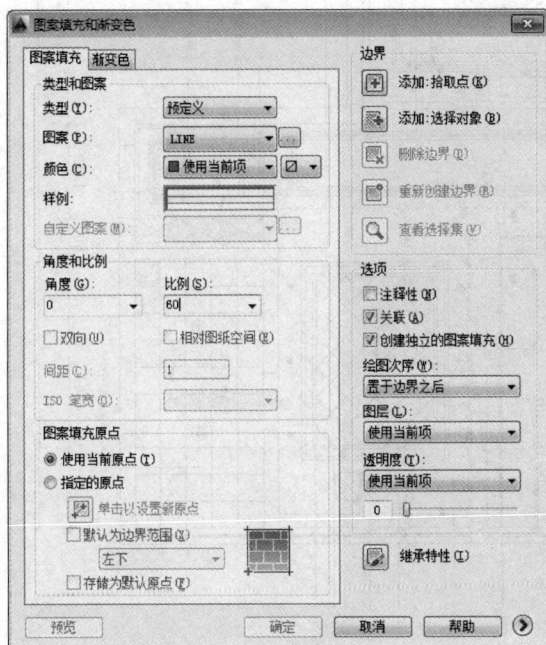

图 8-3-21　阳台填充设置

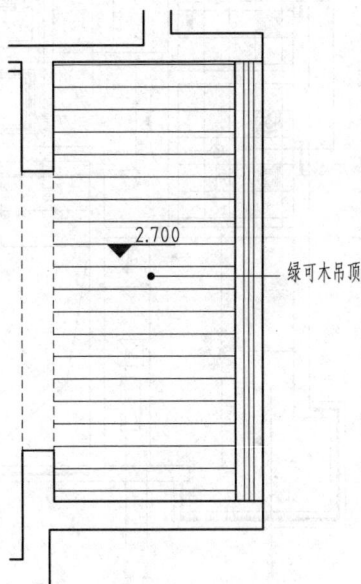

图 8-3-22　标注

8.3.12　外侧尺寸的标注

将"尺寸标注"图层作为当前图层。运用"标注"|"线型"工具来完成外侧尺寸的标注。标注完成后的效果如图 8-3-23 所示。这样就完成了吊顶图的绘制。按 Ctrl＋S 键保存文档。

8.3.13　进阶与提高

综合所学的知识，绘制别墅首层吊顶图。在绘制的过程中，掌握吊顶的处理方法，体会各种命令在制图中的应用，图样如图 8-3-24 所示。此图形文件为光盘中的"实例文件/第八章/8-3-别墅天花布置图"。

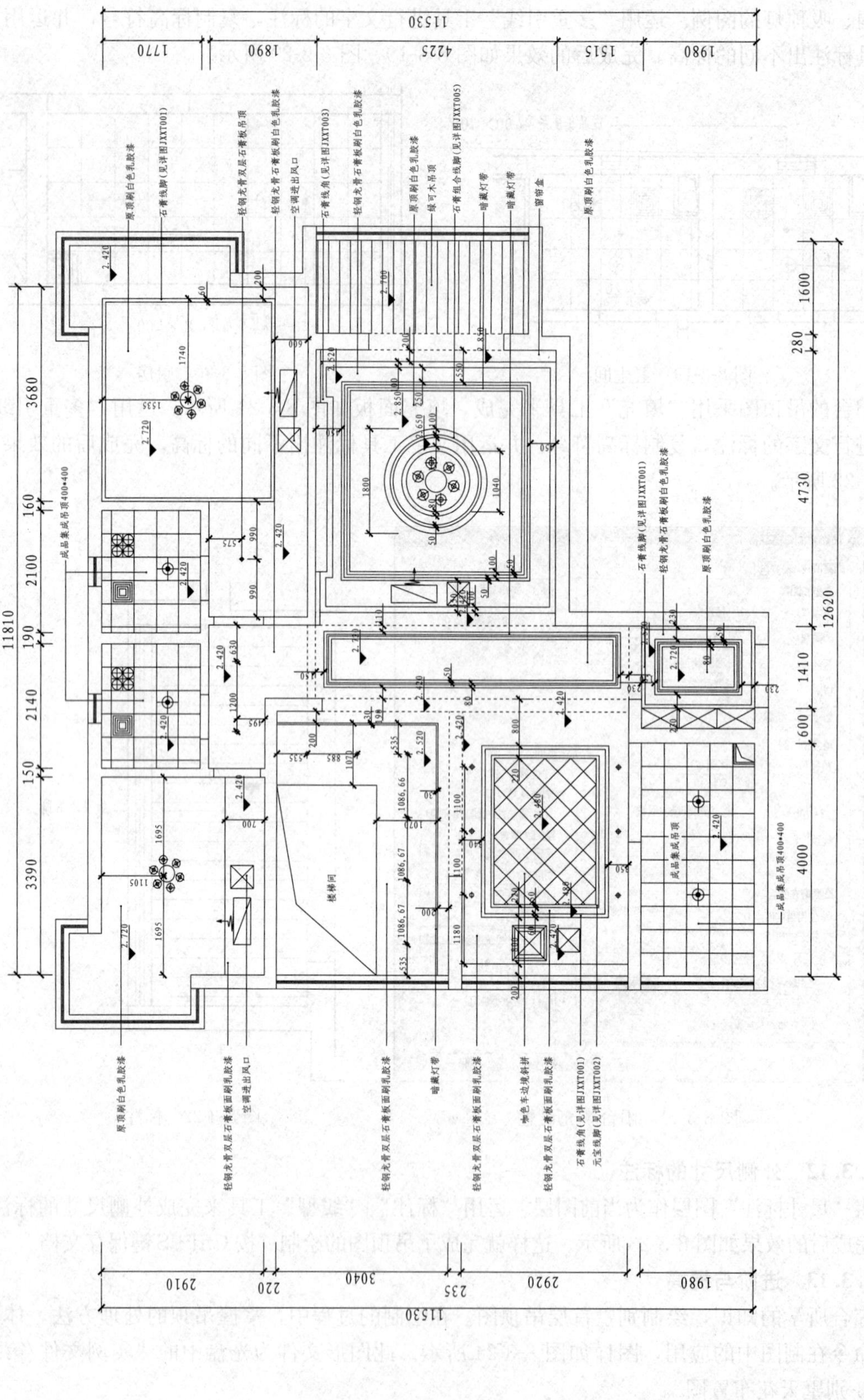

图8-3-23　外侧尺寸标注

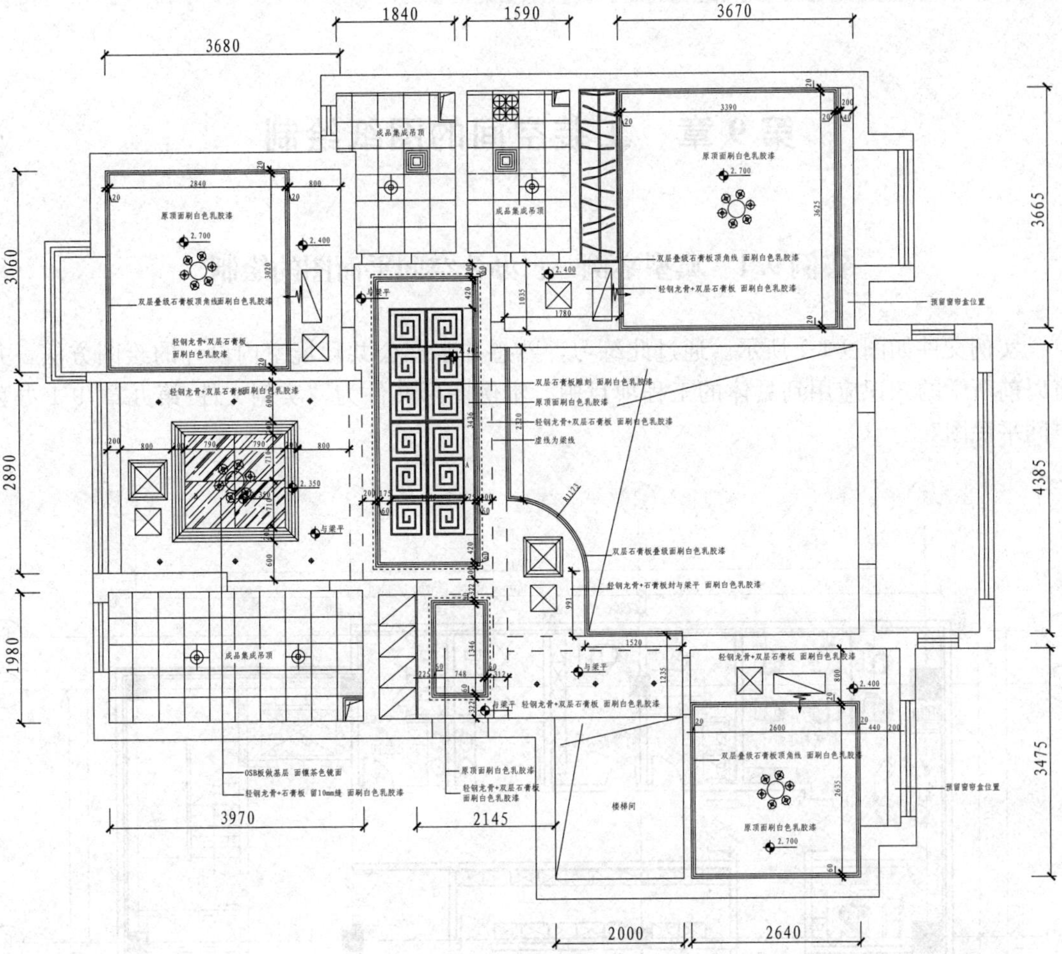

图 8-3-24　别墅首层顶面图

第 9 章 工装空间的图纸绘制

实例 9.1 典型案例一：办公空间平面图的绘制

实例文件如图 9-1-1 所示。通过此练习，熟悉并掌握公共环境室内设计的绘图方法，并将以前所学的知识应用到具体的工程项目中。本例图形文件为"实例文件/第九章/9-1-办公空间平民图"。

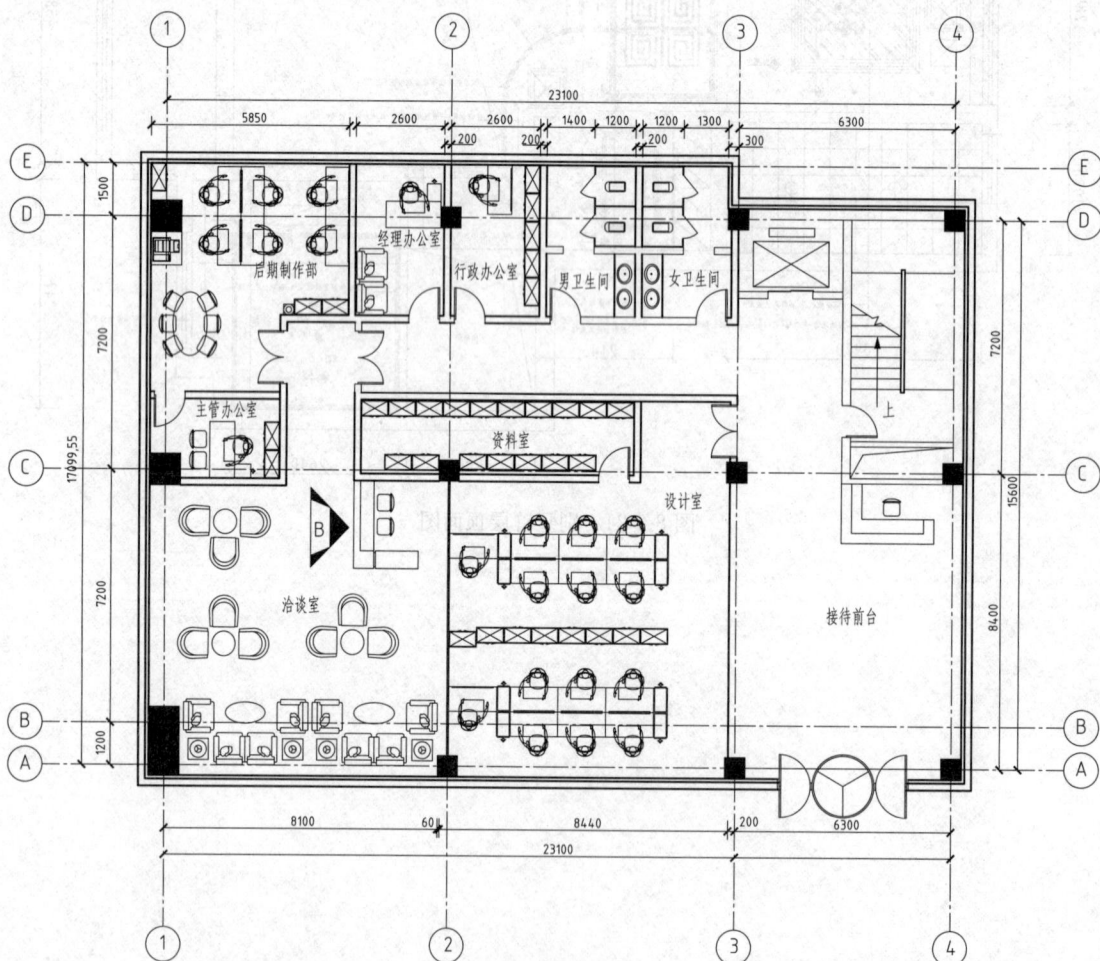

图 9-1-1 办公空间平面图

9.1.1 绘图前的准备工作

（1）新建文档和保存文档。以"教材样板图 .dwt"为样板文件，建立一个新的文件并保存。

（2）设置单位：单击"格式"|"单位"按钮，将"单位"设置为毫米。

9.1.2　绘制轴线

（1）将"轴线"图层设置为当前图层。设置轴线的线型为 center，即点划线的形式。颜色为红色。

（2）按 F8 键打开正交，单击绘图栏中的直线按钮 ╱，绘制一条水平线，长度 30000，绘制垂直线，长度为 25000。绘制完成后，选择两条轴线，打开"特性"面板，更改线型比例为"50"，位置如图 9-1-2 所示。

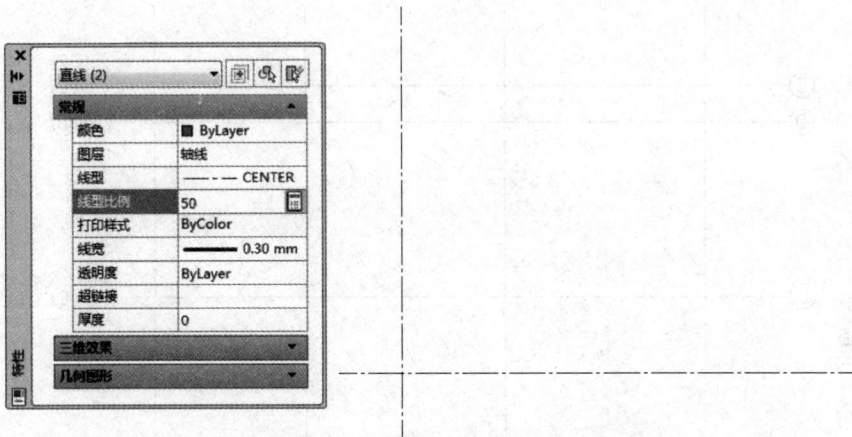

图 9-1-2　绘制水平、垂直轴线并设置线型比例

（3）调用偏移命令，垂直轴线从左向右的间距分别为 8400、8400、6300mm；水平轴线从下向上的间距分别为 1200、7200、7200、1500mm，偏移出如图 9-1-3 所示的轴线网。

图 9-1-3　偏移得到轴线网

（4）调用"圆形"工具，捕捉轴线的端点绘制定位轴线的编号圆，半径为 400mm，绘制完成后，利用移动工具移动到合适的位置。利用多行文字工具输入定位轴线编号，文字高度为 400mm，字体为长仿宋体。方法与章节"7.1 典型案例住宅平面图的绘制"中的轴线符号方法一致。

通过"复制"命令对其进行复制。然后通过对文字的编辑将轴线符号进行更改：垂直轴线自左至右以阿拉伯数字进行排列，分别为 1、2、3、4 轴线。水平轴线自下至上以大写英文字母进行排列，分别为 A、B、C、D、E 轴线。完成后的效果如图 9-1-4 所示。

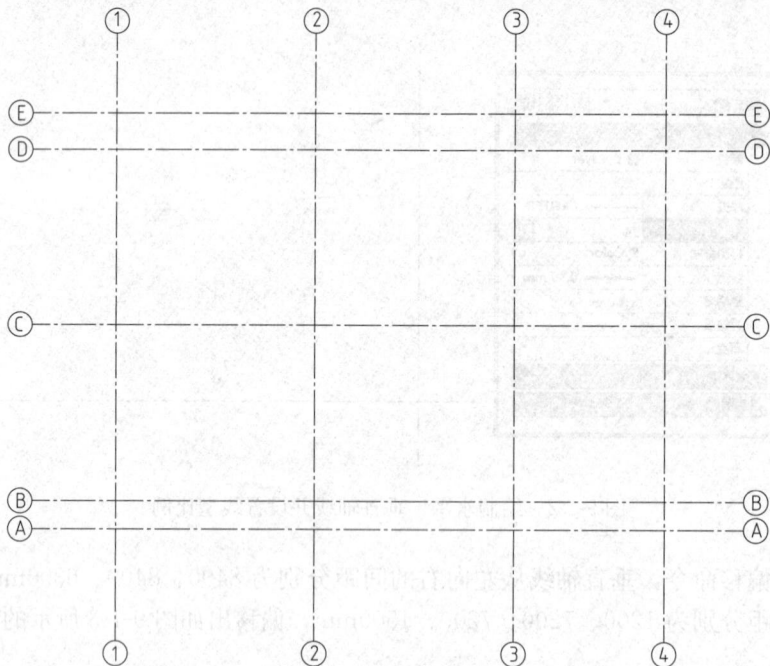

图 9-1-4　轴线编号

9.1.3　绘制柱子

新建"建-填充"图层，并将该图层设置为当前图层。

本方案中的柱子分为三种类型：1 轴线与 A 轴线交点上的柱子为 900mm×1050mm，1 轴线上的其他柱子为 900mm×900mm，2、3、4 轴线上的柱子为 600mm×600mm。

（1）打开"对象捕捉"设置对话框，勾选"端点""中点""圆心""交点""延长线"等选项，如图 9-1-5 所示。

（2）以 1 轴线与 A 轴线的角点为参考点，配合"捕捉自"确定尺寸为 1050mm×900mm 的柱体，结果如图 9-1-6 所示。

命令:REC　　　　　　　　　　　　　　　　　　　　　　//快捷键调用矩形命令
RECTANG
指定第一个角点或[倒角(C)/标高(E)/圆角(F)/厚度(T)/宽度(W)]:_from 基点:<偏移>:@-450,-300
　　　　　//调用"捕捉自"，以 1 轴与 A 轴的交点作为参考点输入相对坐标确定柱体左下角的角点
指定另一个角点或[面积(A)/尺寸(D)/旋转(R)]:@900,1050　　　　　　//输入对角点坐标

（3）以 1 轴与 D 轴交点为起点绘制 900mm×900mm 的矩形，然后通过移动命令将矩形的中心与周线的交点重合，效果如图 9-1-7 所示。

（4）利用"矩形""复制"将其他柱体绘制完成，结果如图 9-1-8 所示。

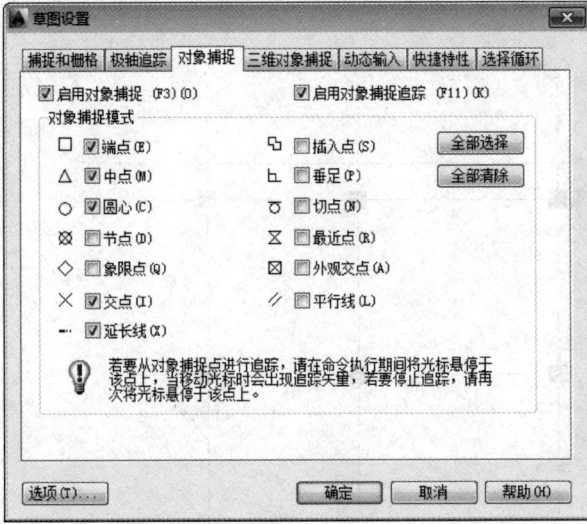

图 9-1-5　捕捉设置

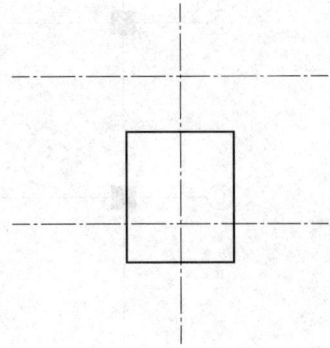

图 9-1-6　柱体绘制

图 9-1-7　柱体绘制

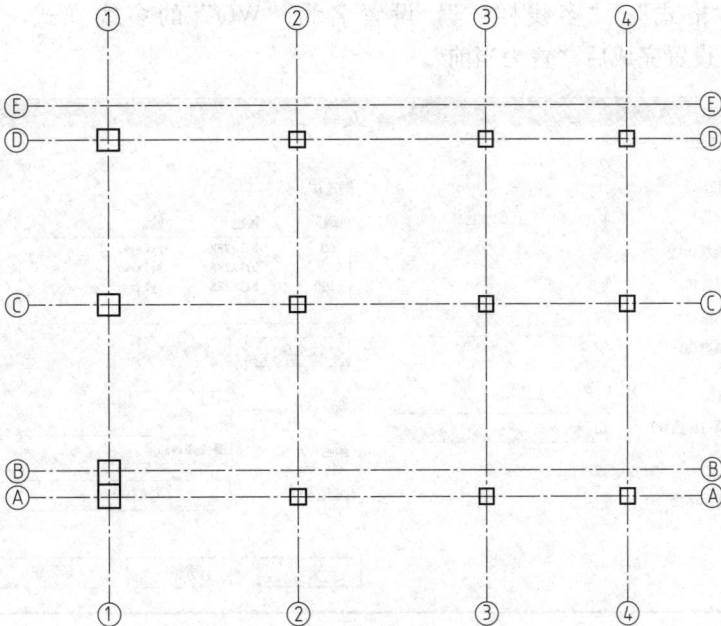

图 9-1-8　绘制、复制其他柱体

（5）运用"填充"命令来填充柱子。采用的样式为"SOLID"，其他保持默认，完成后的效果如图 9-1-9 所示。

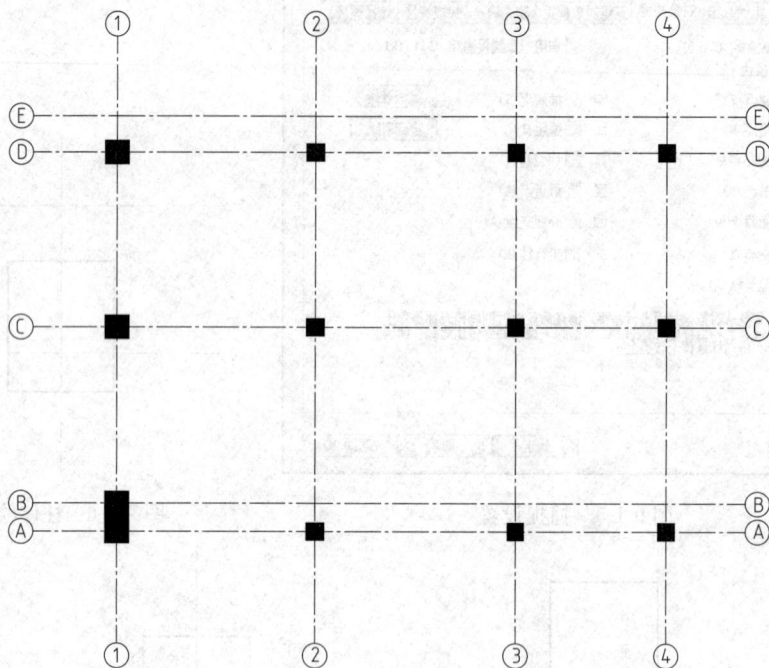

图 9-1-9　柱体填充

9.1.4　绘制玻璃幕墙

将"墙体"图层设置为当前的图层。

（1）单击"格式"｜"多线样式"，设置名为"WQ"的多线样式，多线的设置如图 9-1-10 所示。设置完成后"置为当前"。

图 9-1-10　多线样式设置

（2）按 F8 键打开正交，按 F11 键打开对象捕捉追踪，"ML"调用多线命令，逐个捕捉外部柱子的角点进行绘制，绘制完成后的效果如图 9-1-11 所示。

命令：MLINE	//命令行输入"ml"
当前设置：对正＝下，比例＝1.00，样式＝WQ	//进行对应的设置
指定起点或[对正(J)/比例(S)/样式(ST)]：	//点击柱子的外角点为起点
指定下一点：	//依次捕捉外角点单击
……	
指定下一点或[闭合(C)/放弃(U)]：	//输入 c 使多线闭合结束绘制

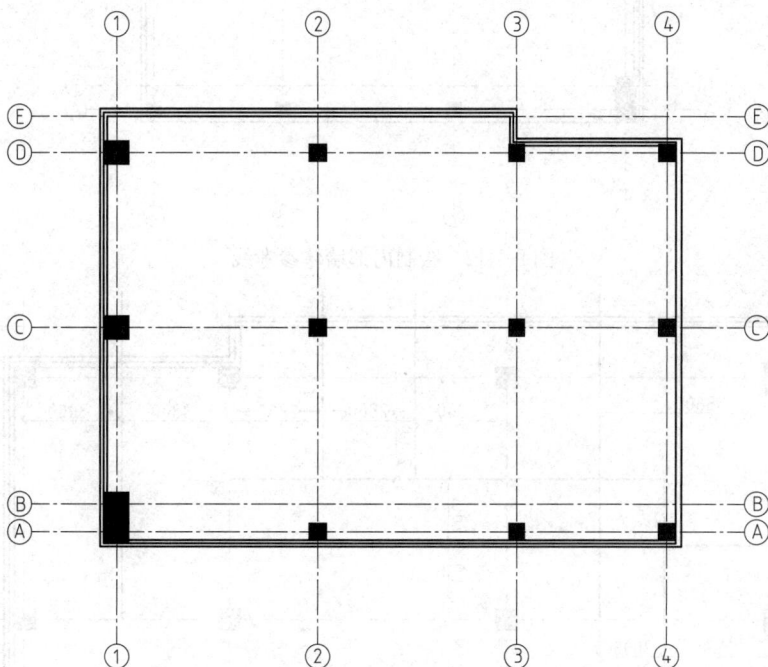

图 9-1-11　绘制外围墙体

9.1.5　绘制内部的分隔墙体

1. 绘制主要的控制线

运用"直线""偏移""夹点"工具，根据内部空间的布置，完成如图 9-1-12 所示的控制线。控制线与轴线的尺寸如图 9-1-13 所示。

2. 绘制内部的分隔墙体

设置名称为"neifengeqiang"的多线，并"置为当前"。设置参照图 9-1-14 米完成，然后在命令行输入"ml"进行多线的绘制。

绘制完成后，运用"炸开"工具将多线炸开，以方便后续的修改。删除内部的辅助线型，运用"直线"工具和"偏移"工具绘制其他没有绘制到的线，经过修改后的图样如图 9-1-15 所示。

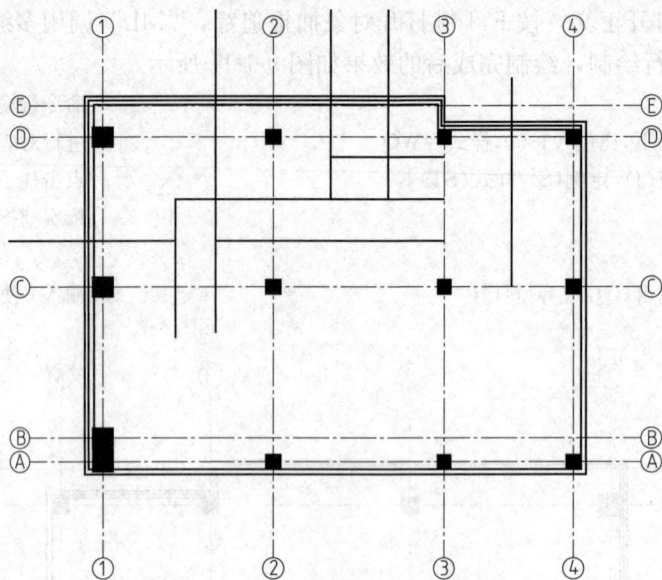

图 9-1-12　绘制内部墙体参考线

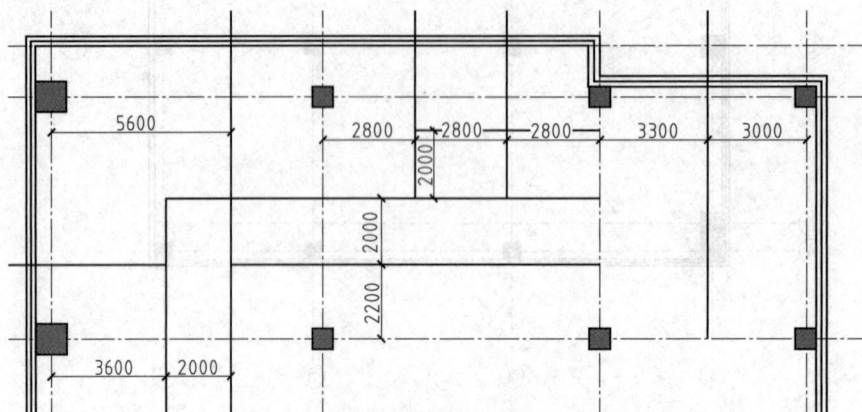

图 9-1-13　详细尺寸

图 9-1-14　多线样式

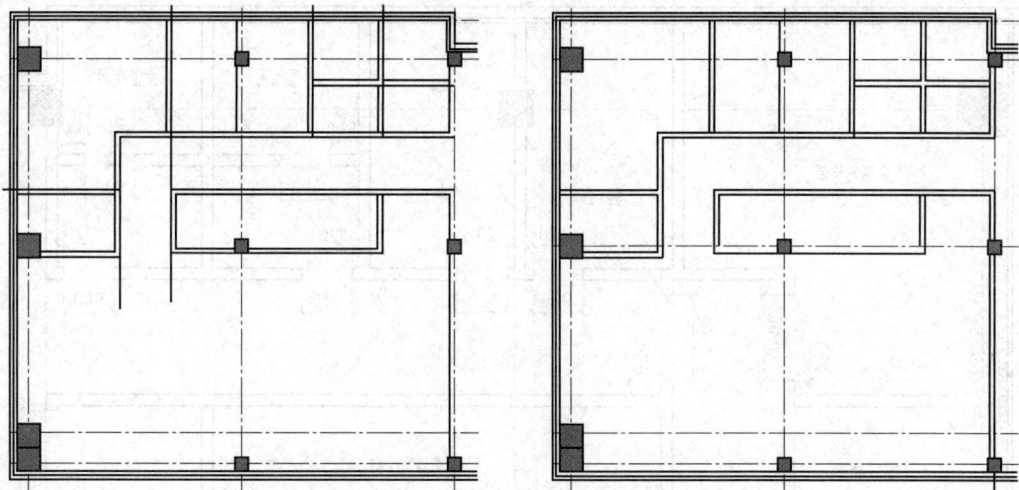

图 9-1-15　绘制、修改多线样式

3. 绘制门洞

为了方便说明，先用"多行文字"命令，以"长仿宋体"为当前文字样式，高度为450mm，对各空间的名称予以标注。

运用"直线""偏移""剪切"命令绘制并修剪出门洞。绘制完成后的效果如图 9-1-16 所示。各部分的尺寸如图 9-1-17 所示。

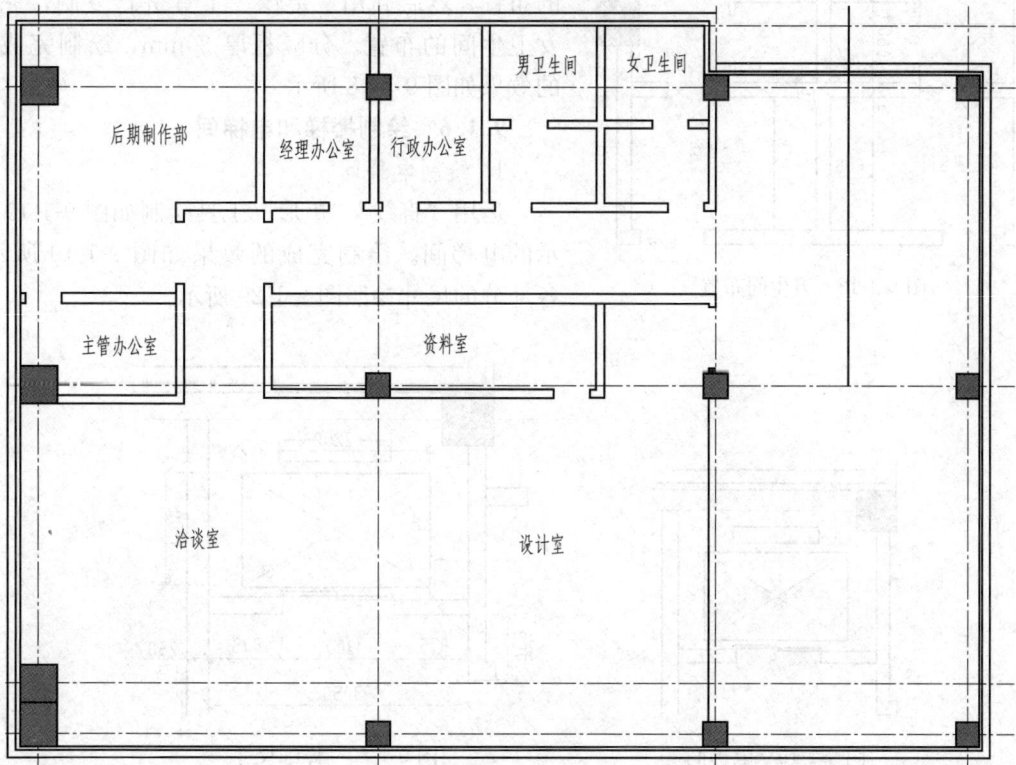

图 9-1-16　绘制门洞并进行文字标注

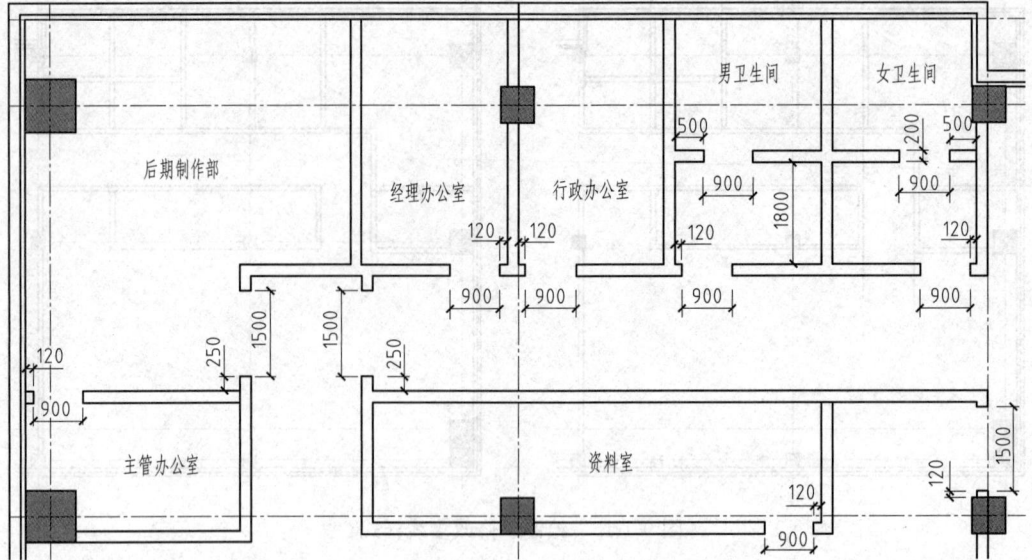

图 9-1-17   详细尺寸

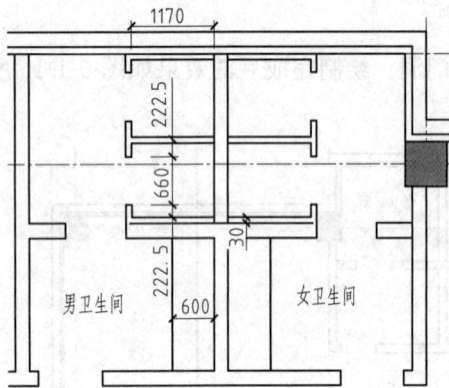

图 9-1-18   卫生间布置

4. 绘制卫生间的分隔板

打开中点捕捉，利用"直线""偏移"工具，配合"修剪"工具编辑修改，绘制完成男卫生间的布置。然后利用"镜像"工具进行复制，完成女卫生间的布置。分隔板厚 30mm，绘制完成后的效果如图 9-1-18 所示。

9.1.6   绘制楼梯和电梯间

1. 绘制电梯间

运用"直线""矩形"工具绘制如图 9-1-19 所示的电梯间。绘制完成的效果如图 9-1-19 所示。各部分的尺寸参照图 9-1-20 所示。

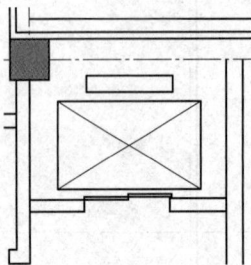

图 9-1-19   电梯间

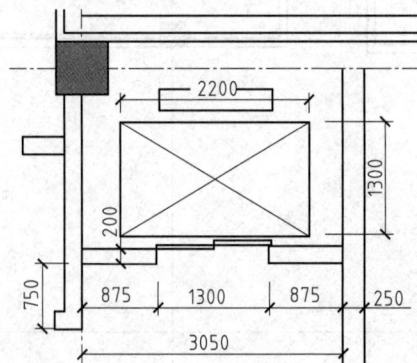

图 9-1-20   详细尺寸

2. 绘制楼梯间

利用"矩形"工具绘制 120mm×3500mm 扶手外侧矩形，并将其向内侧偏移 20mm，完成绘制。利用"直线"命令，绘制最下方台阶线条，然后利用偏移命令，依次向上偏移。偏移距离均为 300mm，偏移 7 次。通过直线命令绘制楼梯间空洞部分造型，如图 9-1-21 所示。

"直线"命令绘制楼梯剖短线，通过"修剪"命令将台阶进行修剪。利用"多段线"命令绘制楼梯台阶箭头，并通过"多行文字"工具书写"上"表明楼梯走向，并更改文字到"文字标注"图层，如图 9-1-22 所示。详细尺寸如图 9-1-23 所示。

箭头的绘制采用多段线来完成。

命令:_pline	//命令行输入"pl"
指定起点:	//单击起点
当前线宽为 0	
指定下一个点或[圆弧(A)/半宽(H)/长度(L)/放弃(U)/宽度(W)]:	
指定下一点或[圆弧(A)/闭合(C)/半宽(H)/长度(L)/放弃(U)/宽度(W)]:w	//输入"w",更改线宽
指定起点宽度<0>:50	//输入"50",指定线宽
指定端点宽度<50>:0	//输入"0",指定线宽
指定下一点或[圆弧(A)/闭合(C)/半宽(H)/长度(L)/放弃(U)/宽度(W)]:	//点击终点
指定下一点或[圆弧(A)/闭合(C)/半宽(H)/长度(L)/放弃(U)/宽度(W)]:	//空格结束

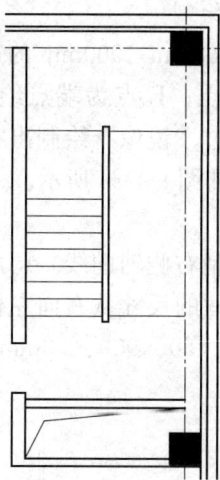

图 9-1-21　绘制楼梯间　　　图 9-1-22　标注走向　　　图 9-1-23　详细尺寸

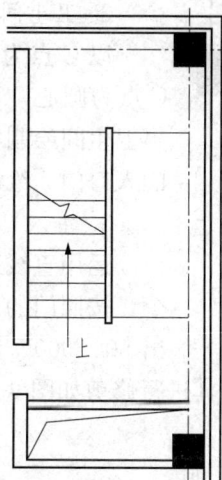

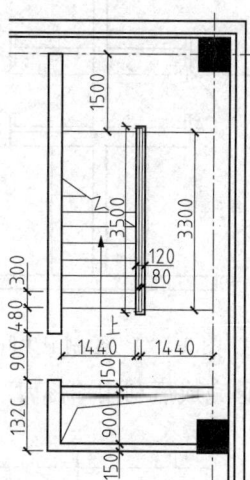

9.1.7　绘制门

将"门"图层设置为当前图层。

1. 卫生间门的绘制

卫生间的门可以采用多段线来完成。以男卫生间的门为例。

命令:_pline	//命令行输入"pl"
指定起点:	//指定墙体厚度的中点
	"A"点为起点

当前线宽为 0

指定下一个点或[圆弧(A)/半宽(H)/长度(L)/放弃(U)/宽度(W)]:a　　　　//命令行输入"a"

指定圆弧的端点或

[角度(A)/圆心(CE)/方向(D)/半宽(H)/直线(L)/半径(R)/第二个点(S)/放弃(U)/宽度(W)]:ce

　　　　　　　　　　　　　　　　　　　　　　　　　　　//命令行输入"ce",重新

　　　　　　　　　　　　　　　　　　　　　　　　　　　　指定圆心

指定圆弧的圆心:　　　　　　　　　　　　　　　　　　　//指定 B 点圆心

指定圆弧的端点或[角度(A)/长度(L)]:a指定包含角:-40　　//命令行输入"a",按

　　　　　　　　　　　　　　　　　　　　　　　　　　　Enter 键,指定角度为

　　　　　　　　　　　　　　　　　　　　　　　　　　　－40 度

指定圆弧的端点或

[角度(A)/圆心(CE)/闭合(CL)/方向(D)/半宽(H)/直线(L)/半径(R)/第二个点(S)/放弃(U)/

　宽度(W)]:l　　　　　　　　　　　　　　　　　　　　//命令行输入"L",转化为

　　　　　　　　　　　　　　　　　　　　　　　　　　　直线的绘制方式

指定下一点或[圆弧(A)/闭合(C)/半宽(H)/长度(L)/放弃(U)/宽度(W)]:

　　　　　　　　　　　　　　　　　　　　　　　　　　//指定墙体厚度的中点

　　　　　　　　　　　　　　　　　　　　　　　　　　　"B"点为终点

指定下一点或[圆弧(A)/闭合(C)/半宽(H)/长度(L)/放弃(U)/宽度(W)]: //回车结束绘制

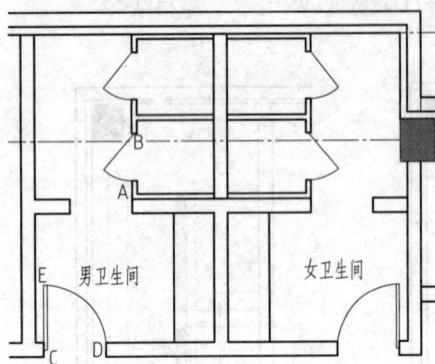

图 9-1-24　绘制卫生间门

绘制好一个门后,再通过复制、镜像来完成其他三个门的绘制。

2. 卫生间入口门的绘制

以 C 点为起点绘制45mm×900mm 的矩形;以 C 点为圆心,D 点为起点,E 点为端点绘制圆弧。男卫生间绘制完毕,通过"镜像"绘制出女卫生间的入口门。绘制完成后如图 9-1-24 所示。

3. 主入口门的绘制

运用直线工具先绘制右侧辅助线。调用偏移命令,按照门的尺寸和门框的尺寸从右向左依次偏移出 50、900、50、1800、50、900、50mm 七个部分。偏移完成后利用"修剪"命令将其进行修剪如图 9-1-25 所示。

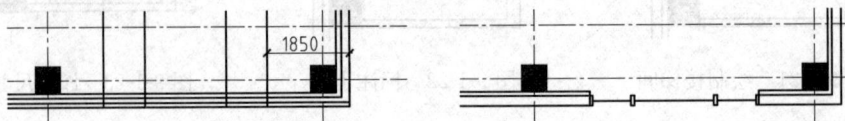

图 9-1-25　绘制参考线并修剪

利用长方形工具、弧形工具绘制两侧的左向平开门,绘制方法、尺寸与男卫生间入口门一致。利用圆形工具绘制半径为 900mm 的旋转门外侧大圆,利用偏移命令向内侧偏移 45°将内侧结构线绘制出来。设置极轴角度为 30 度,过圆心在 30 度、150 度、270 度与内圆相交的点单击,确定中间分割线。利用"镜像"命令将右侧以及下侧的门复制出来。最后将辅助线删除,完成主入口门的绘制,如图 9-1-26 所示。详细尺寸如图 9-1-27 所示。

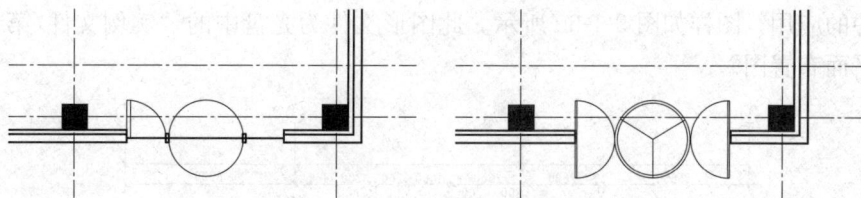

图 9-1-26　绘制主入口门造型

9.1.8　导入家具

运用 Ctrl+C、Ctrl+V 导入固定的家具、设施。如果位置、方向不合适，可以运用"移动""旋转"工具来改变位置。如果想增加个数，可以通过"复制"工具来实现。家具导入后的效果如图 9-1-28 所示。

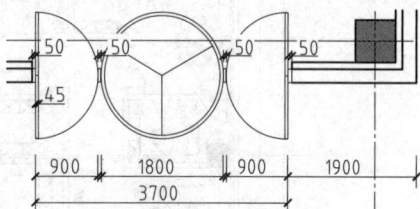

图 9-1-27　详细尺寸

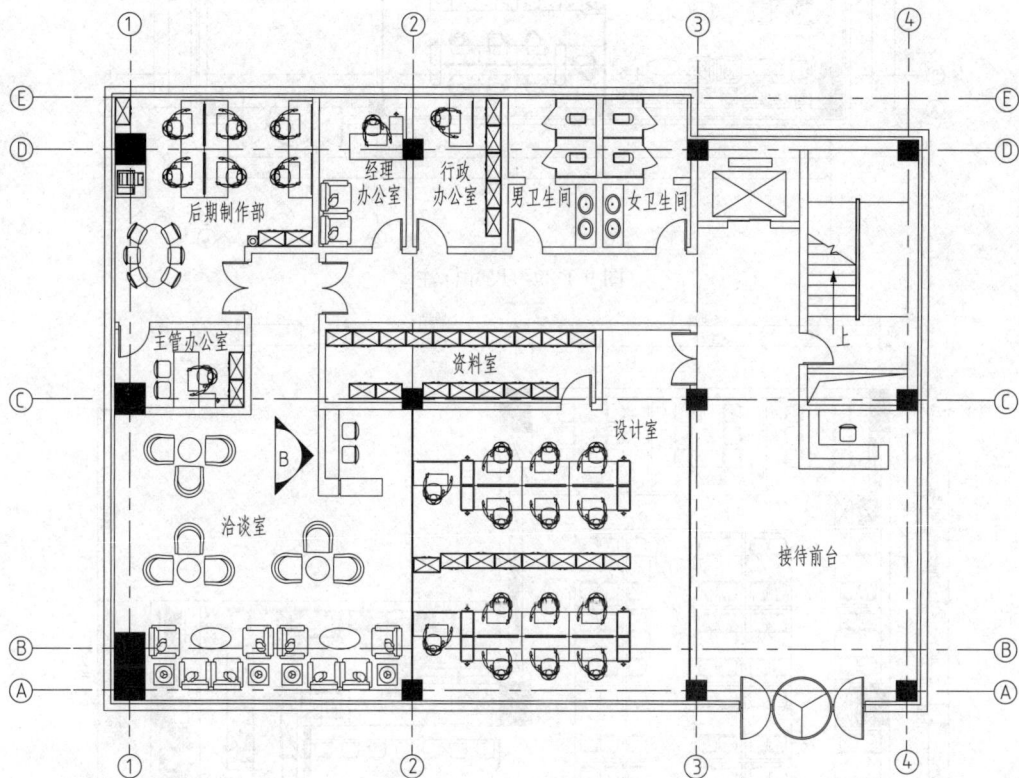

图 9-1-28　导入家具

9.1.9　尺寸标注

切换到"尺寸标注"图层。运用样板图给定的"标注样式 01"来进行标注。方法不再赘述。标注完成后的效果如图 9-1-29 所示。

按 Ctrl+S 键保存文档，将文件保存在合适的路径即可。

9.1.10　进阶与提高

综合所学的知识绘制以下空间，完成空间的平面布置图。在绘制的过程中，体会各种命令在制图中的应用，图样如图 9-1-30 所示。此图形文件为光盘中的"实例文件/第九章/9-1-餐饮空间平面布置图"。

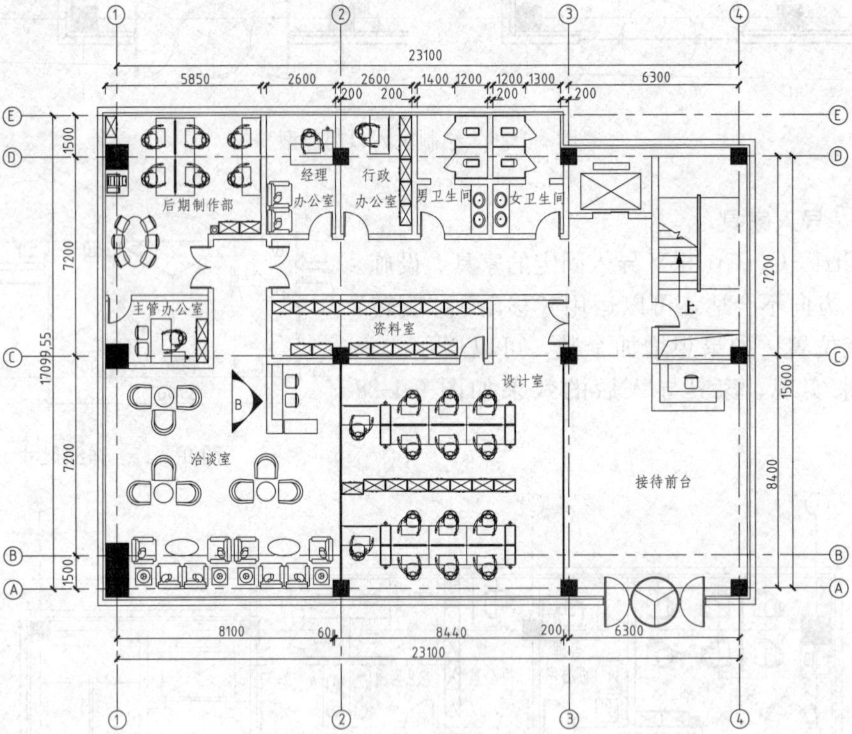

图 9-1-29　尺寸标注

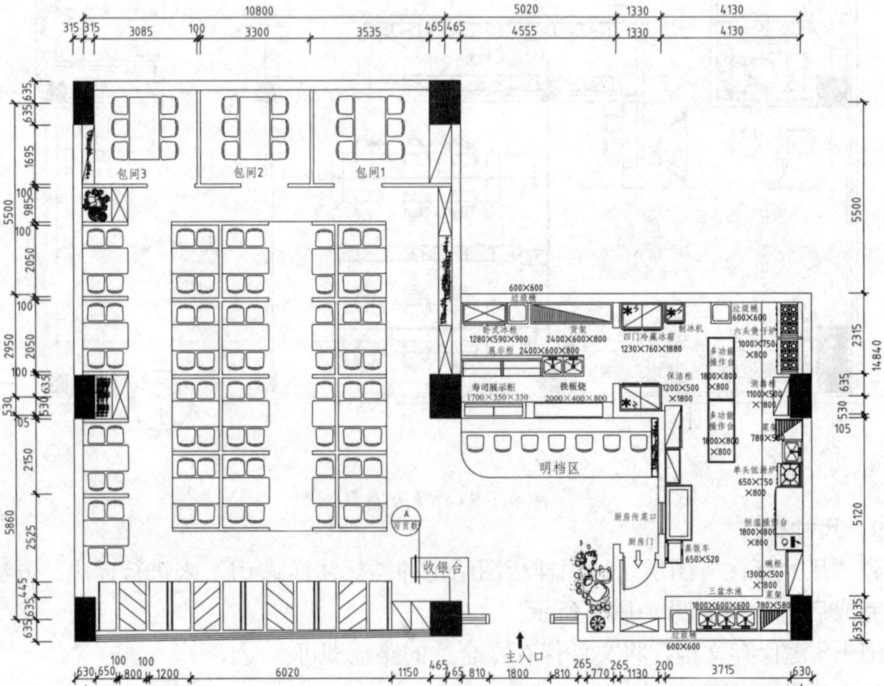

图 9-1-30　餐饮空间平面布置图

实例 9.2　典型案例二：办公空间立面图的绘制

在本节内容中，我们将继续运用以前所学的知识和具体方案设计相结合来完成立面图的绘制。此次要完成的立面为接待空间的立面图。案例文件为"实例文件/第九章/9-2-办公空间立面图"。在室内设计的过程中，平、立、剖面图是相互结合的一个整体。必须在平面图中有相应的指示符号，才能对立面图进行正确的命名。所以，首先应该在平面图中建立相应的索引符合。

打开平面图，在"接待室"这个空间内部建立一个索引符合，如图 9-2-1 所示。本案例绘制"B 立面图"。

如果要表现四个方位的立面图，应该建立如图 9-2-2 所示的索引符号。索引符号的绘制可以结合"矩形""直线""圆""填充""文字"等工具来实现。

立面图完成后的效果如图 9-2-3 所示。

图 9-2-1　建立索引符号

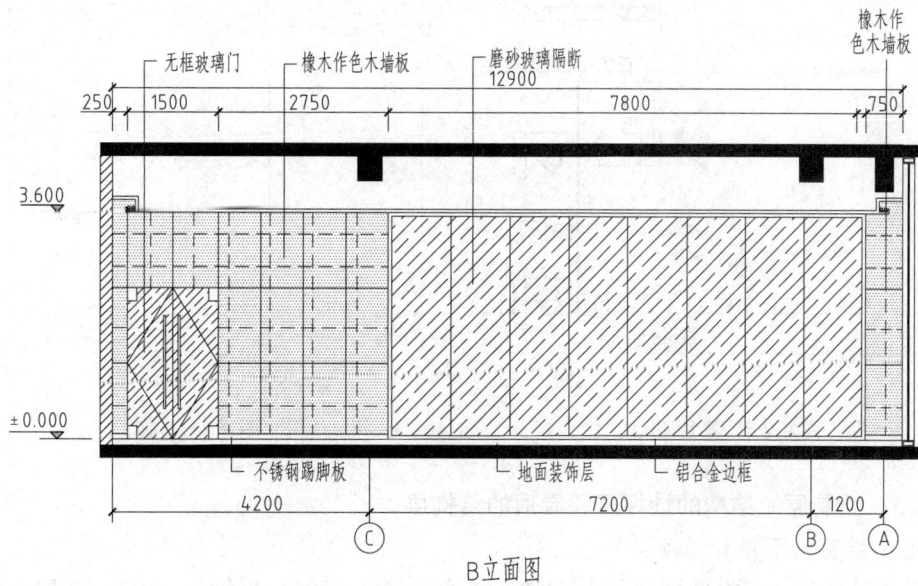

9.2.1　绘制前的准备工作

（1）新建和保存文档。按 Ctrl＋N 来新建文档。本例将继续调用"教材样板文件"来完成绘制。新建完成后按 Ctrl＋S 来保存文档。

（2）"格式"｜"单位"打开"图形单位"设置对话框。设置"插入时的缩放单位"为"毫米"。"长度""角度"的精度设为"0.00"。

图 9-2-2　索引符号

（3）新建图层。在此样板文件图层基础之上新建"立面填充""立面造型线"两个图层。"立面造型线"图层的颜色设置为"红色"，将"立面填充"为黑色。建立完成的图层如图 9-2-4 所示。

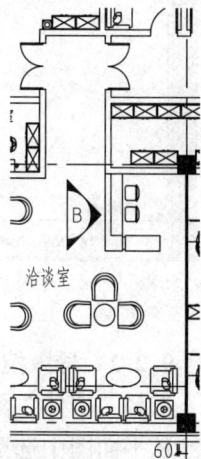

图 9-2-3　B 立面图

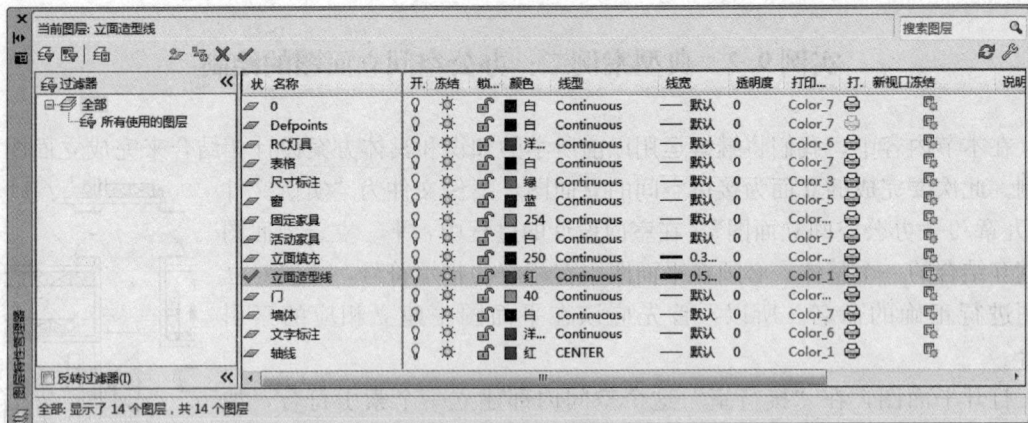

图 9-2-4　图层设置

9.2.2　导入控制的轴线

选择"墙体"图层为当前图层。

从平面图中选择立面图将要表现的部位复制到当前文件中，如图 9-2-5 所示。复制完成后由于立面图的方位发生变化，还要通过"旋转"工具进行旋转，旋转后并对不必要的家具等进行删除，只保留墙体、柱子等结构件即可。在 C 轴线的左侧，还有要表现的立面，运用"直线"工具沿墙体的边沿绘制一条直线，长度与轴线等长，完成后的效果如图 9-2-6所示。

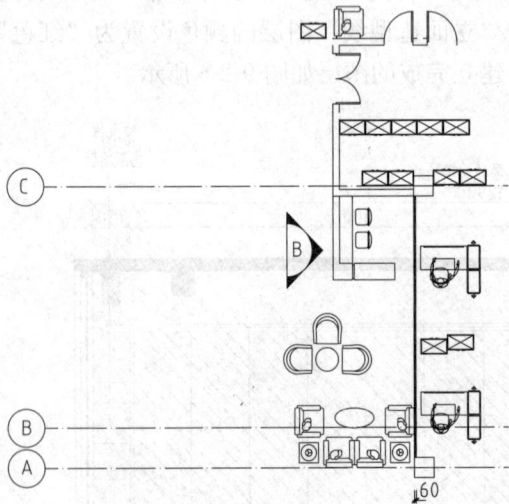

图 9-2-5　平面图

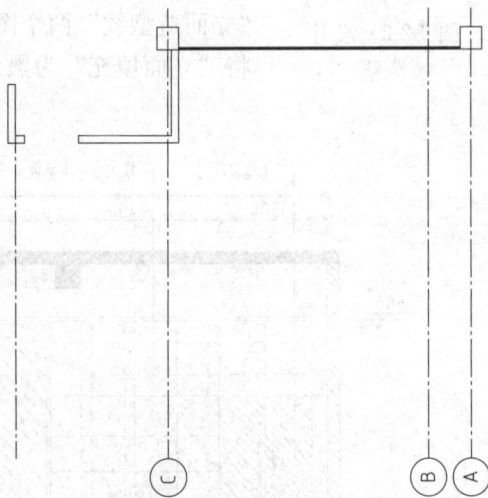

图 9-2-6　旋转

9.2.3　绘制原始结构的地坪层和屋顶的结构层

1. 绘制地面水平层和屋顶结构层

调用直线命令，在此平面图的上方画一条水平线，左侧长出轴线 200mm，用于绘制墙体，右侧长出轴线 600mm，表示轴线的中心线到外墙的距离。调用"偏移"工具，将完成的直线向上侧偏移 200、4600、200mm，分别表示地平层的厚度，空间的净高和屋顶结构层的厚度。偏移后经过"修剪"工具修剪掉多余的线，运用"旋转"工具将轴线字母旋转之后的效果如图 9-2-7 所示。

用"直线"工具进行地坪层和屋顶结构层的封闭，然后用"填充"工具进行填充。填充的样式为"solid"，填充后的效果如图 9-2-8 所示。

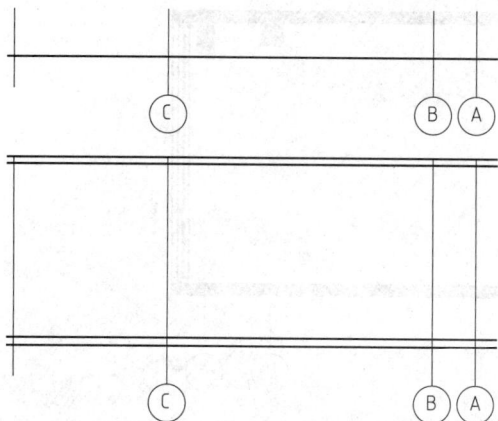

图 9-2-7　绘制、偏移得到结构线

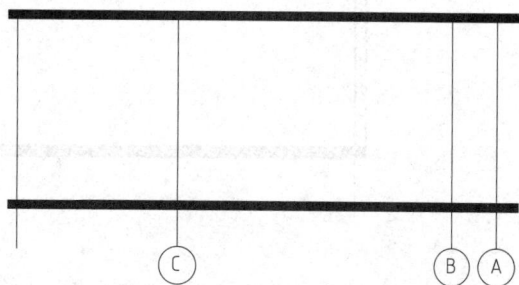

图 9-2-8　填充

2. 绘制梁截面

在 A、B、C 三条轴线与顶面交接的地方确定梁的位置。通过"矩形"工具来绘制梁的截面。三个梁的截面从左向右高宽尺寸依次为 400mm×400mm、400mm×400mm、300mm×550mm。尺寸如图 9-2-9 所示，绘制完成后用"填充"工具进行填充，填充的样式为"sol-id"。填充后修剪掉部分轴线后的效果如图 9-2-10 所示。

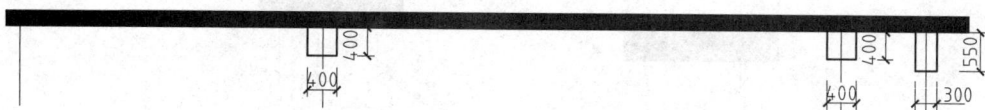

图 9-2-9　绘制梁截面

图 9-2-10　填充、修剪后的效果

9.2.4　两侧墙体的绘制

左侧为隔墙，厚度为 200mm，用"填充"工具进行填充，填充的样式为"JIS-LC-20"，填充比例为"5"。右侧为玻璃幕墙，运用"矩形"、"直线"、"偏移"工具完成绘制。绘制完成后的效果如图 9-2-11 所示。左侧墙体尺寸如图 9-2-12 所示，右侧墙角细节尺寸如图 9-2-13 所示。

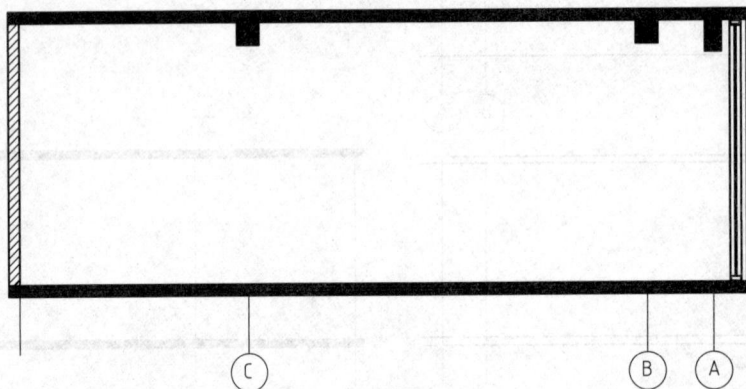

图 9-2-11　绘制两侧的结构

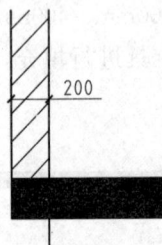

图 9-2-12　墙体细部尺寸　　　　图 9-2-13　玻璃幕墙细部尺寸

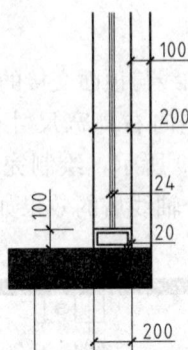

9.2.5　顶面造型的绘制

顶面为石膏板吊顶，四周为暗藏灯带，造型为对称形式。在绘制时将以左侧结构为例进行讲解。先将顶面造型绘制出，接着偏移出石膏板的厚度，然后绘制出出挑的造型，最后导入暗藏灯图例。顶面造型的最后效果如图 9-2-14 所示。

绘制顶面造型的结构线如图 9-2-15 所示，尺寸如图 9-2-16 所示。偏移石膏板厚度后的效果如图 9-2-17 所示。

出挑造型如图 9-2-18 所示，尺寸如图 9-2-19 所示。修剪并导入荧光灯管后的效果如图 9-2-20所示。

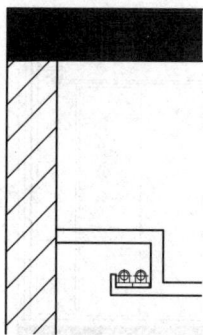

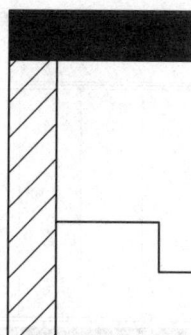

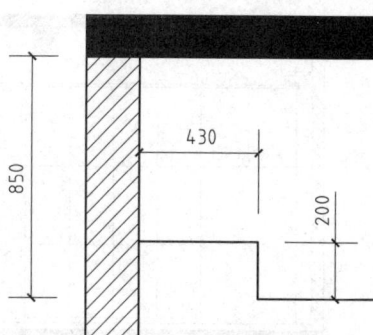

图 9-2-14　石膏板吊顶造型　　　图 9-2-15　造型　　　　　图 9-2-16　尺寸

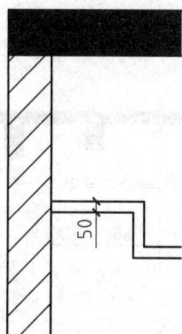

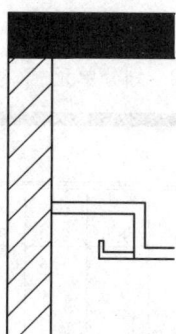

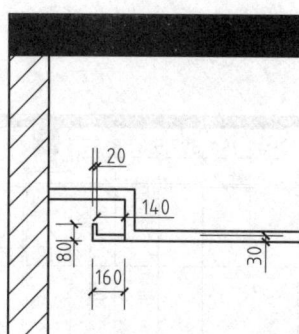

图 9-2-17　偏移　　　　图 9-2-18　造型　　　　图 9-2-19　尺寸

9.2.6　立面线型的绘制

将"立面造型线"图层设置为当前图层。

（1）运用"直线""偏移"工具绘制出地面装饰层和不同的立面造型，如图 9-2-21 所示。

（2）利用"直线"配合"偏移"命令，将划分的区域等分成不同的单元。玻璃隔断部分先利用偏移命令向内偏移 60mm，绘制出内侧结构线，然后再进行等分。门的部分保留出来。等分修改后的效果如图 9-2-22 所示。各部分的尺寸分别如图 9-2-23 所示。

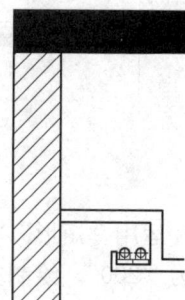

图 9-2-20　导入荧光灯管

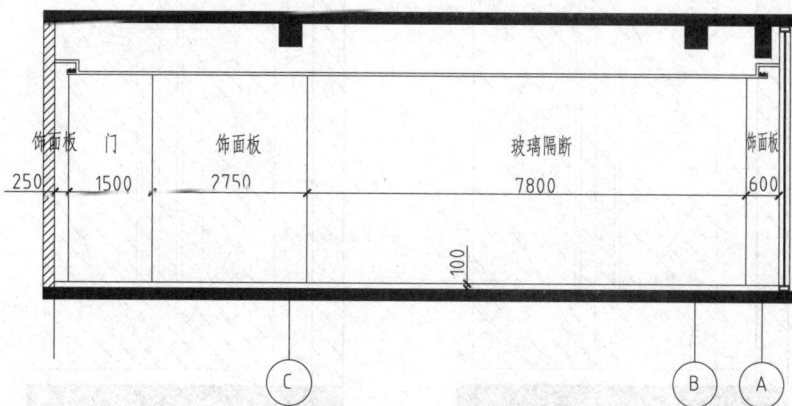

图 9-2-21　立面分割

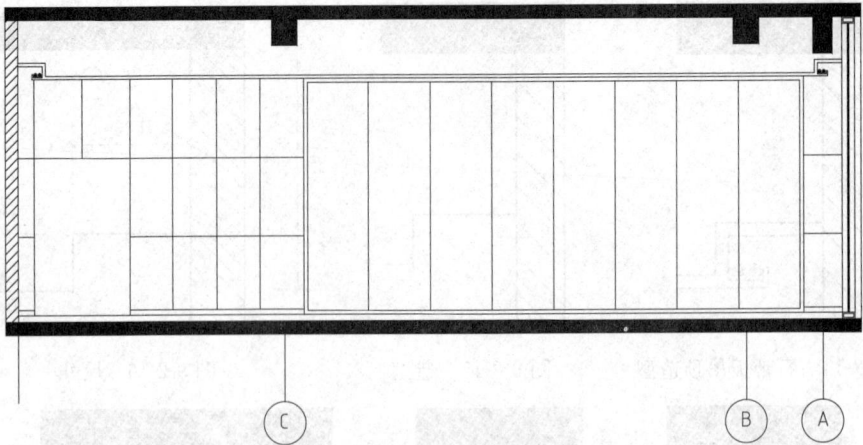

图 9-2-22　划分单元

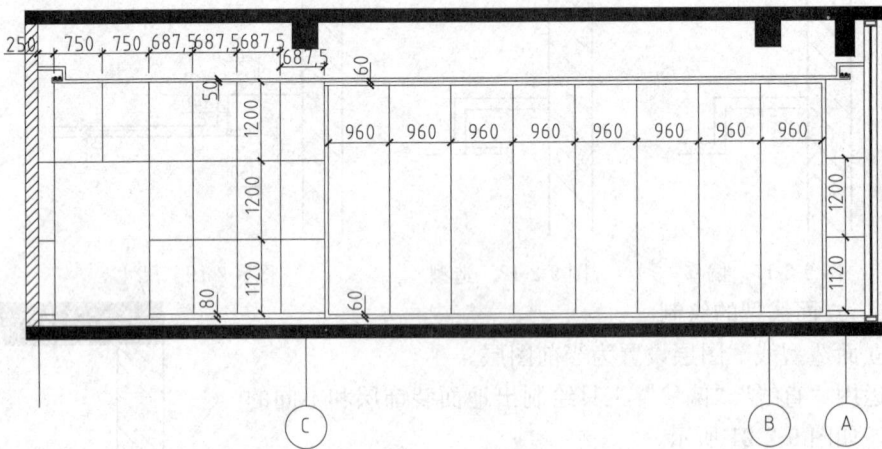

图 9-2-23　细部尺寸

（3）运用"矩形""直线"工具绘制门的造型并填充，填充的样式为"JIS-STN-1E"，填充比例为"200"。绘制完成后的效果如图 9-2-24 所示。细部尺寸如图 9-2-25 所示。

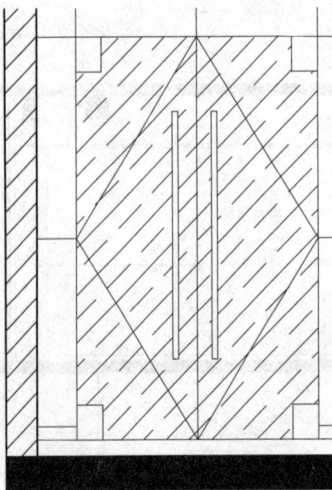

图 9-2-24　门造型

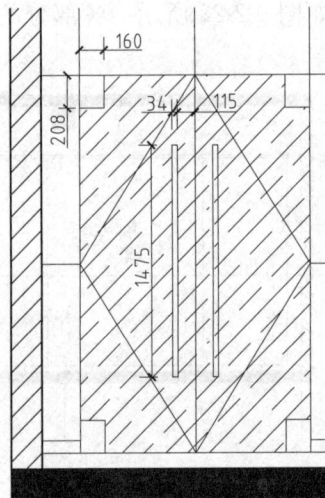

图 9-2-25　详细尺寸

9.2.7　墙面不同材料的填充

选择"立面填充"图层为当前图层。

运用图案填充工具来完成立面图案的填充。玻璃隔断部分填充设置如图 9-2-26 所示，填充图案名称"JIS_STN_1E"，填充比例 300。饰面板部分填充设置如图 9-2-27 所示，填充图案名称"DOTS"，填充比例 30。

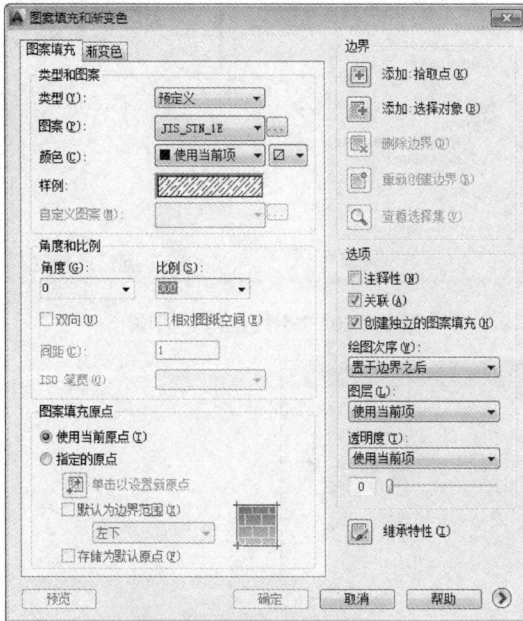

图 9-2-26　玻璃隔断填充设置

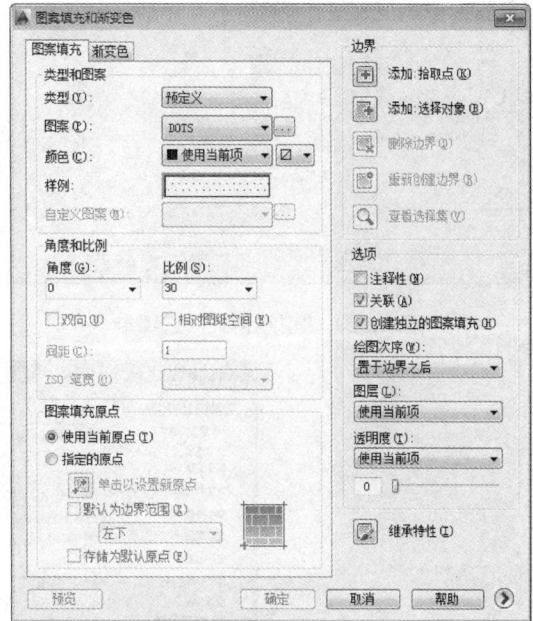

图 9-2-27　饰面板填充设置

填充完毕的效果如图 9-2-28 所示。

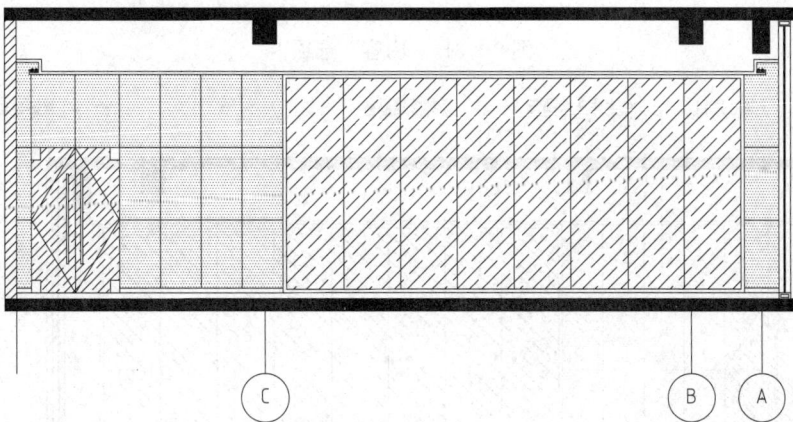

图 9-2-28　填充效果

9.2.8　文字标注

将"文字标注"图层作为当前图层。

运用"多重引线"工具进行文字的标注。

设置多重引线的样式参照图 9-2-29～图 9-2-31 来完成。标注完成后的效果如图 9-2-32 所示。

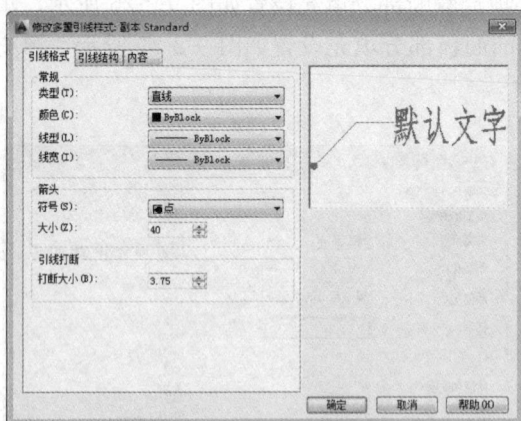

图 9-2-29　"引线格式"选项卡

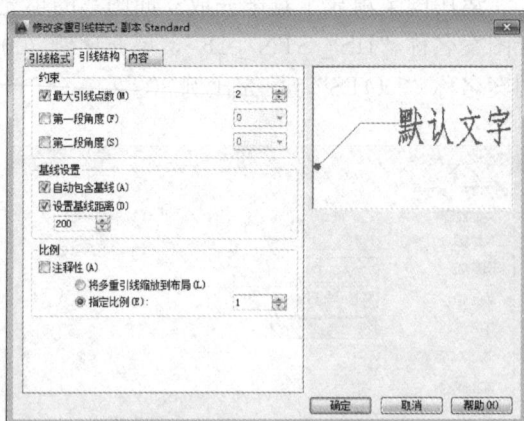

图 9-2-30　"引线结构"选项卡

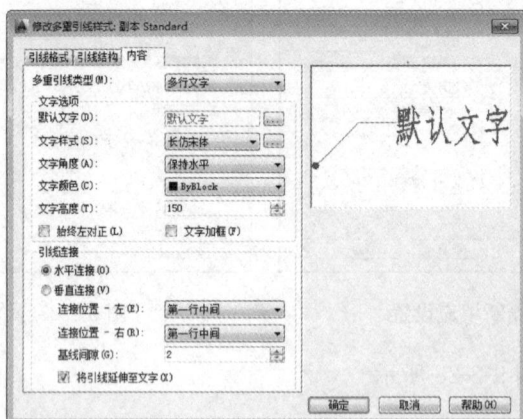

图 9-2-31　"内容"选项卡

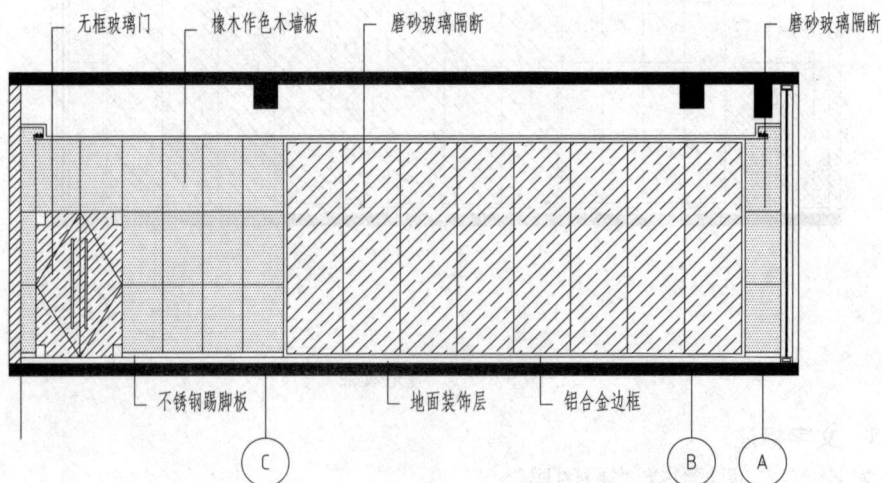

图 9-2-32　文字标注

9.2.9　尺寸标注

将"尺寸标注"图层作为当前图层。

将"标注样式 01"置为当前,其主要参数设置:"文字高度"为 200mm,字体为"长仿宋体","超出标记"、"超出尺寸线"均为 80mm,"固定长度的尺寸界线"长度为 300mm,箭头大小 80mm,主单位精度为"0.00"。利用标注工具栏中的"线性标注""连续标注"进行立面图尺寸的标注。标注完成后的效果如图 9-2-33 所示。左侧为标高符号,以米为单位。正负号输入时,输入字符"%%p"。保存文件,完成办公空间立面图的绘制。

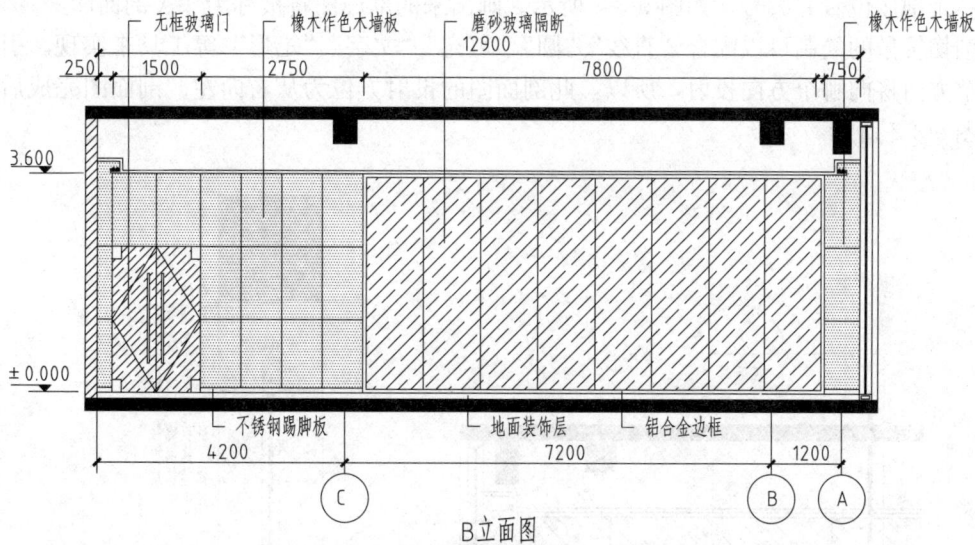

图 9-2-33　完成效果

9.2.10　进阶与提高

综合所学的知识,绘制空间的立面图。在绘制过程中,体会各种命令在制图中的应用,图样如图 9-2-34 所示。此图形文件为光盘中的"实例文件/第九章/9-2-餐饮空间立面图"。

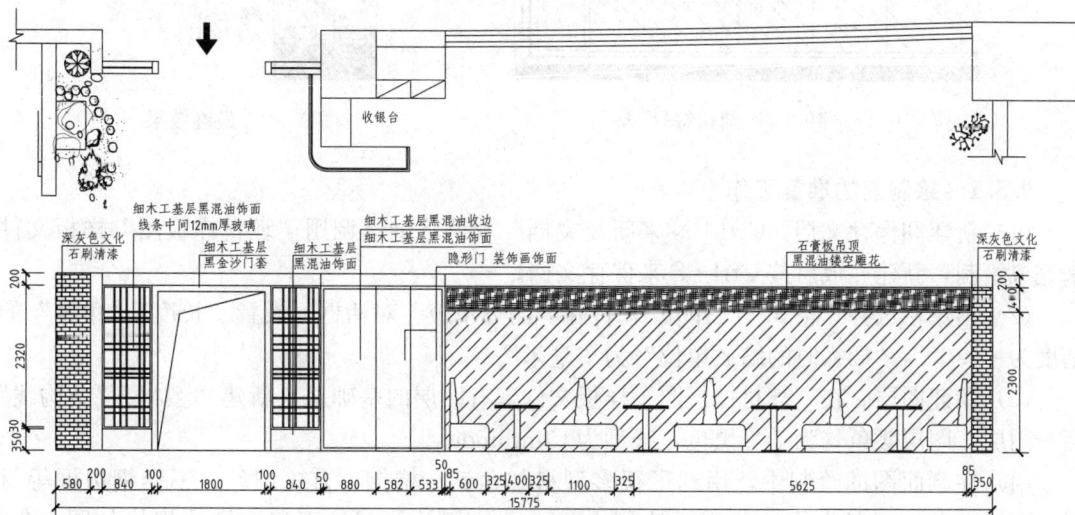

图 9-2-34　餐厅空间立面图

实例 9.3　典型案例三：办公空间剖面图及大样图的绘制

平、立、剖面图和节点大样详图是一个有机的整体，分别从宏观和微观的角度来阐述设计方案。在本节内容中，将剖切位置选在洽谈室和设计室之间，表现磨砂玻璃上下连接的结构节点。文件为"实例文件/第九章/9-3-办公空间剖面大样图"。

首先在立面图中建立相应的剖视索引符合。打开立面图，在立面图的磨砂玻璃隔断部位建立一个剖切位置并编号，如图 9-3-1 所示。画出来的剖面图将被称为"A 剖面图"。

剖切符号的绘制可以配合"直线""圆""填充""文字""矩形"等工具来实现。引出线在哪个方向将向哪个方向投射，所以，此剖面图的投射方位为从右向左。剖面图完成后的效果如图 9-3-2 所示。

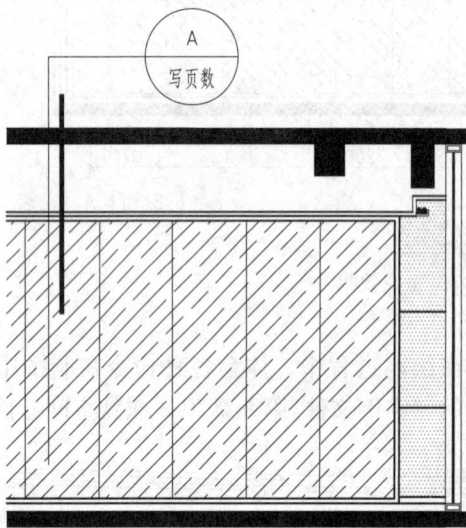

图 9-3-1　剖切符号

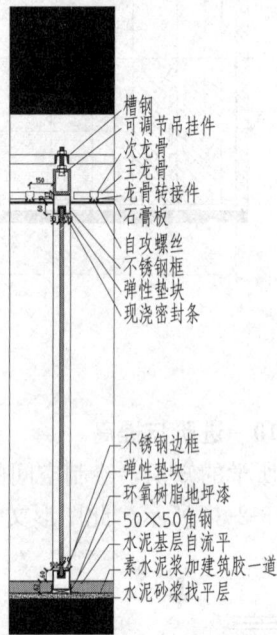

图 9-3-2　最终效果

9.3.1　绘制前的准备工作

（1）新建和保存文档。Ctrl＋N 来新建文档。本例将继续调用"教材样板图"样板文件来完成绘制，新建完成后按 Ctrl＋S 来保存文档。

（2）菜单栏选择"格式"｜"单位"，打开"图形单位"对话框，设置"长度""角度"的精度为"0.00"，"插入时的缩放单位"为"毫米"。

（3）新建图层。在"教材样板图"样板文件现有图层的基础之上新建"型材""结构线"两个图层。图层颜色均为 7 号黑色，线型为 Continuous。

（4）在剖面图的绘制中，用到了很多型材如角钢、槽钢、自攻螺丝、不锈钢边框等材料，在绘图前，可以先将这些型材绘制出，或是从相关的网站下载。尺寸规格如图 9-3-3（可调节吊挂件）～图 9-3-8（角钢）所示。本节不再介绍这些型材的绘制，直接调用。

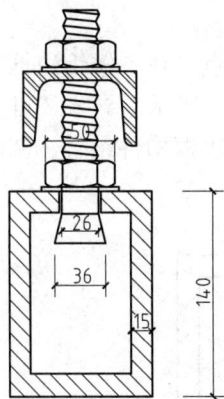
图 9-3-3　可调节吊挂件

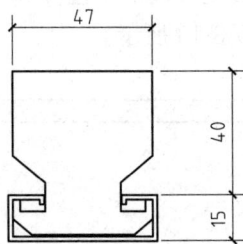
图 9-3-4　次龙骨

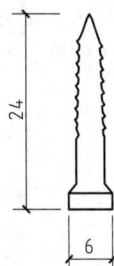
图 9-3-5　自攻螺栓

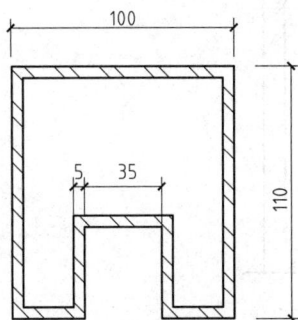
图 9-3-6　不锈钢边框

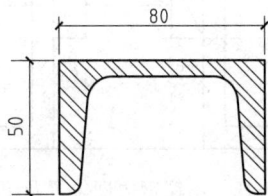
图 9-3-7　槽钢

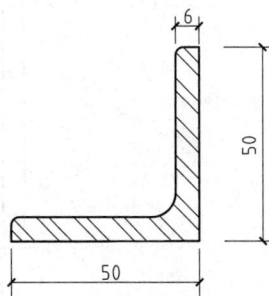
图 9-3-8　角钢

9.3.2　主要结构控制线的绘制

复制"立面图"到"剖面图"文件，选择"结构线"图层为当前图层。运用"直线"工具将主要的结构线引出。绘制完成的图样如图 9-3-9 所示。运用修剪工具将图形修剪，修剪后的图样如图 9-3-10 所示。将钢筋混凝土结构的梁和楼板填充，以方便区分和定位，如图 9-3-11 所示。

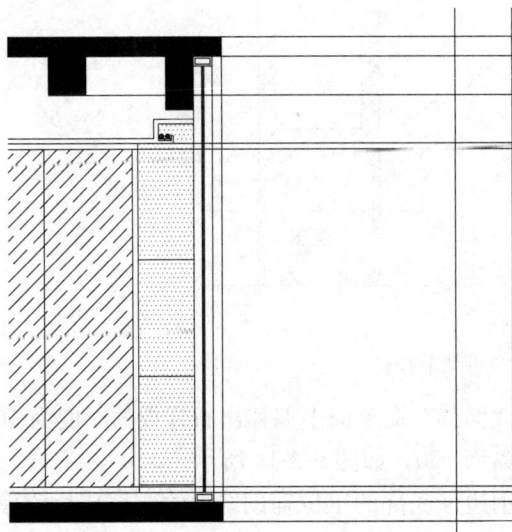
图 9-3-9　结构线引出

图 9-3-10　修剪

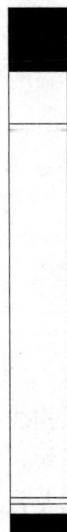
图 9-3-11　填充

9.3.3　与顶结合部位的绘制

导入"不锈钢边框"图块，并将其准确定位在柱宽的中点。在不锈钢边框与玻璃接触的部位借助"矩形""直线"工具绘制弹性垫块，详见图 9-3-12 所示。导入"可调节吊挂件和槽钢"结合的图块，通过移动工具使可调节吊挂件和不锈钢边框构件结合。调整完成后绘制挂件上槽钢处结构线，效果如图 9-3-13 所示。

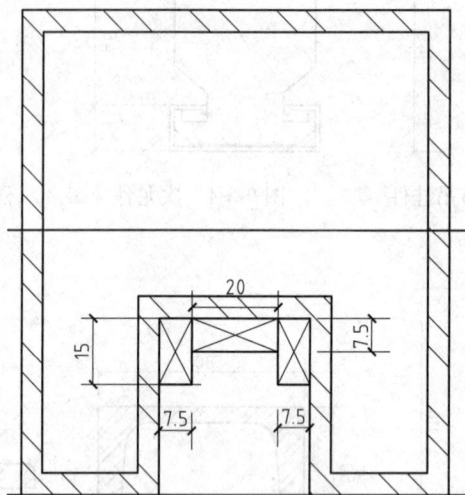

图 9-3-12　不锈钢边框位置及垫块尺寸

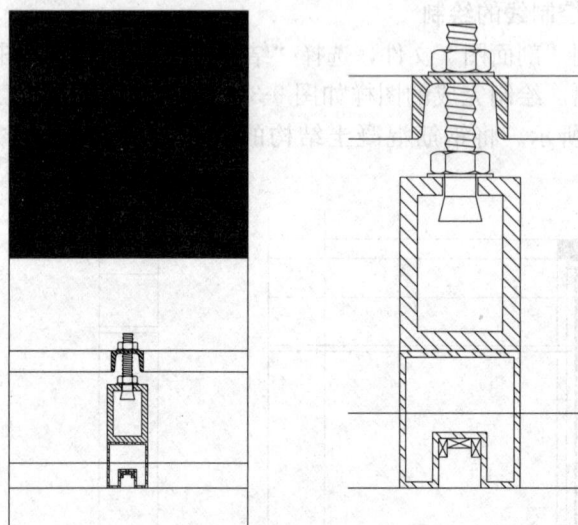

图 9-3-13　可调节挂件

根据结构线，绘制石膏板的底面，通过"偏移"命令向上偏移出石膏板的厚度为 10。放置次龙骨图块，其中心距离不锈钢边框的距离为 150，如图 9-3-14 所示。

绘制主龙骨及放置自攻螺栓。删除不锈钢边框底部的定位辅助线，绘制完成后镜像出右侧结构，效果如图 9-3-15 所示。

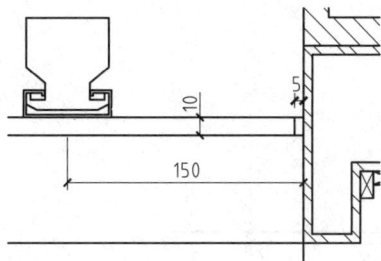

图 9-3-14　次龙骨

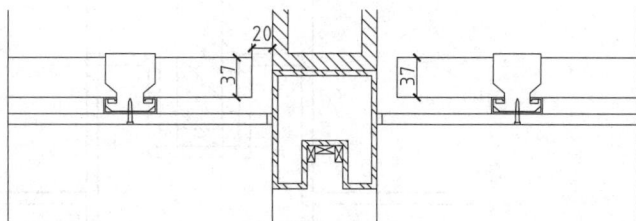

图 9-3-15　主龙骨及自攻螺栓

9.3.4　与地面结合部位的绘制

插入"不锈钢边框"图块，放置在底部正中位置，并绘制内部的弹性垫块，与顶部绘制做法相同，效果如图 9-3-16 所示。

绘制玻璃结构：连接上下两个不锈钢边框左侧及右侧，继续连接上下两个横置的弹性垫块左侧及右侧。绘制完成后对玻璃进行填充。填充材料名称为"JIS-LC-8A"，填充比例为"1"，绘制完成后的效果如图 9-3-17所示。

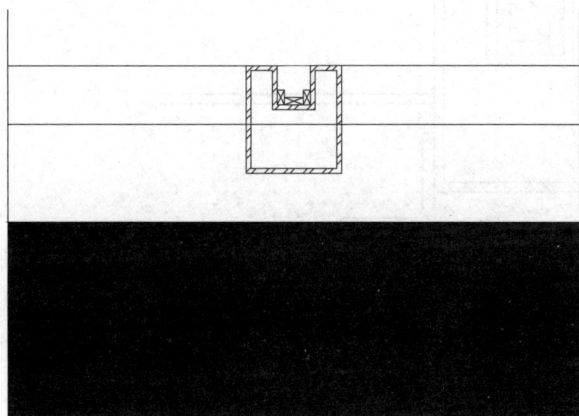

图 9-3-16　不锈钢边框

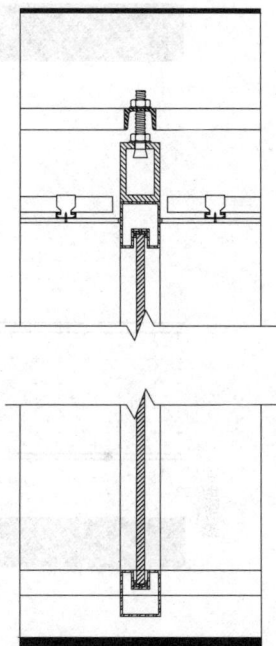

图 9-3-17　玻璃结构

删除不锈钢边框上部的定位辅助线。从左侧着手绘制，首先绘制找平层的分割线，并在找平层上导入"角钢"图块。直线绘制出其他结构层的厚度，然后运用"圆弧"工具绘制玻璃与边框的现浇密封胶截面。绘制完成后，右侧镜像绘制。最后绘制不锈钢边框下方木方，尺寸及造型如图 9-3-18 所示。

进行填充：找平层的填充材料名称为 AR-CONC，填充比例为"0.1"；水泥自流半垫层的填充材料名称为 CROSS，填充比例为"1"，密封胶的填充材料名称为 HEX，填充比例为"0.3"，效果如图 9-3-19 所示。

顶部构件在绘制完玻璃后，将玻璃与框之间用"圆弧"工具封闭出浇密封胶的截面。右侧用镜像方式复制。对石膏板和密封胶部位进行填充：石膏板层的填充材料名称为 AR-SAND，填充比例为 0.05，密封胶的填充材料名称为 HEX，填充比例为"0.3"，填充后的效果如图 9-3-20 所示。

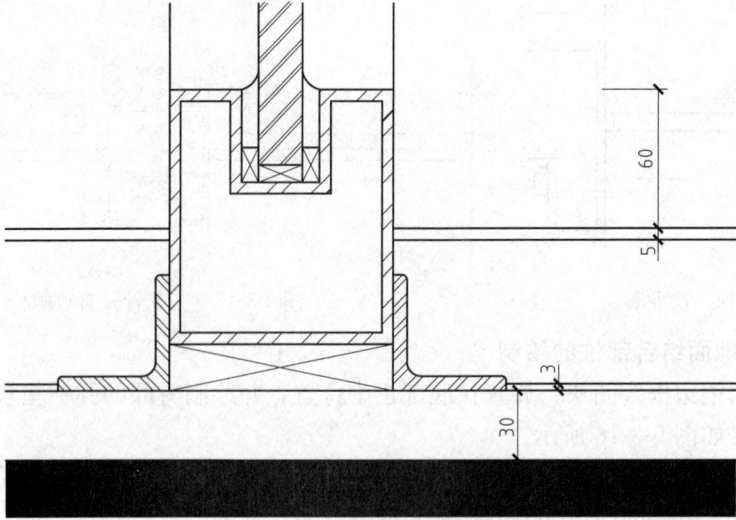

图 9-3-18　地面结构及尺寸

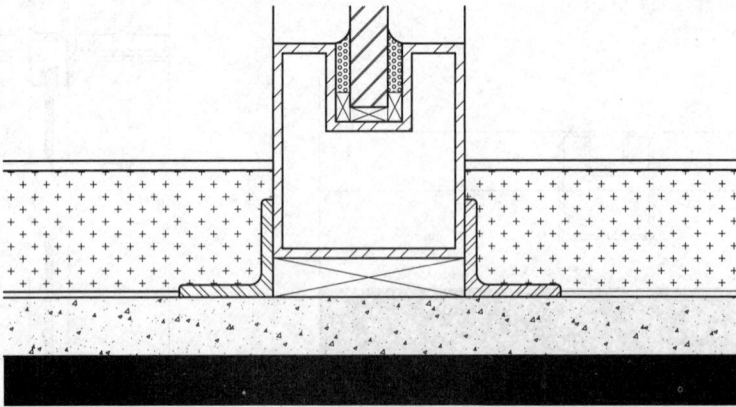

图 9-3-19　地面结构填充

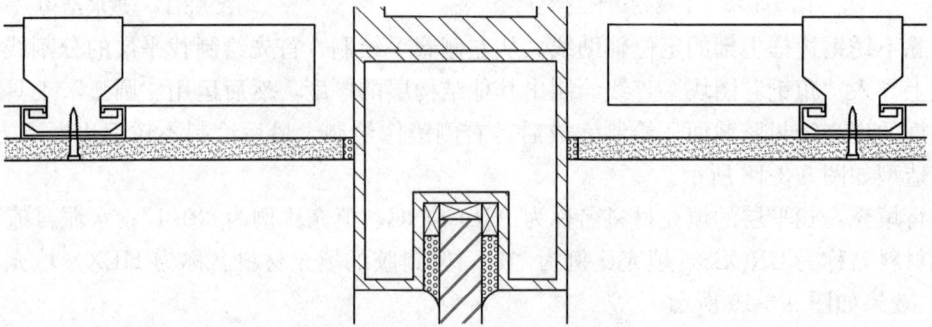

图 9-3-20　顶部结构填充

9.3.5　文字标注

将"文字标注"图层作为当前图层。

设置新的多重引线样式，并置为当前。多重引线的面板设置如图 9-3-21～图 9-3-23 所示。

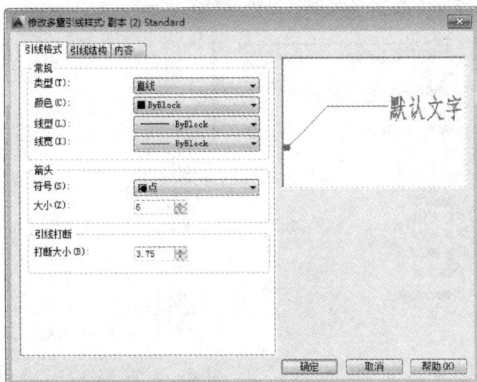

图 9-3-21　"引线格式"选项卡设置

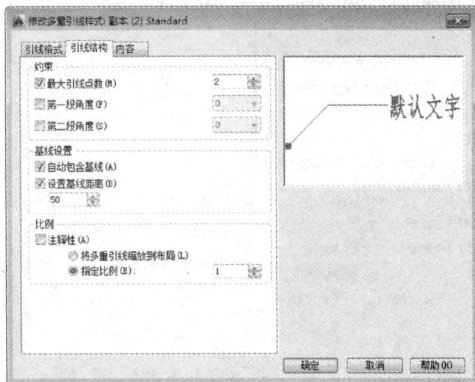

图 9-3-22　"引线结构"选项卡设置

运用多重引线工具标注所要的文字。标注完成后的效果如图 9-3-24、图 9-3-25 所示。保存文件，完成图纸的绘制。

9.3.6　尺寸标注

将"尺寸标注"图层作为当前图层。

设置新的尺寸标注的样式"大样标注"，各项面板设置如图 9-3-26～图 9-3-28 所示，其余各项保持默认，并将此标注样式置为当前。

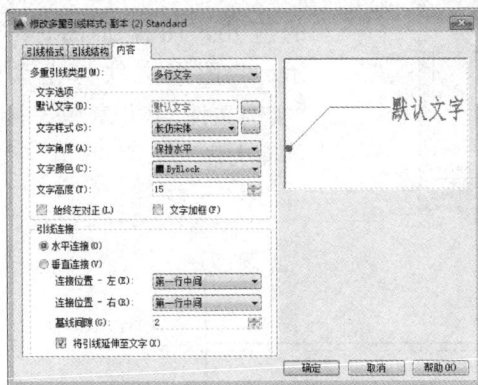

图 9-3-23　"内容"选项卡设置

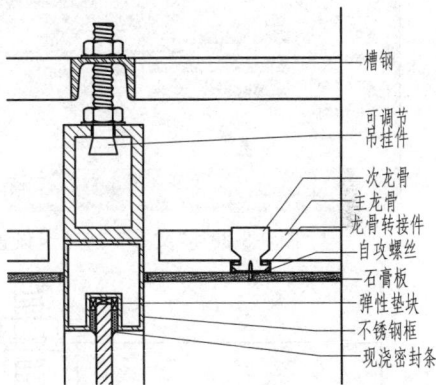

图 9-3-24　顶部结构标注

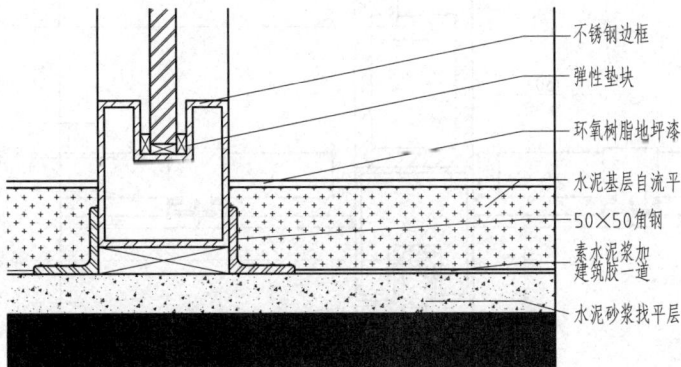

图 9-3-25　底部结构标注

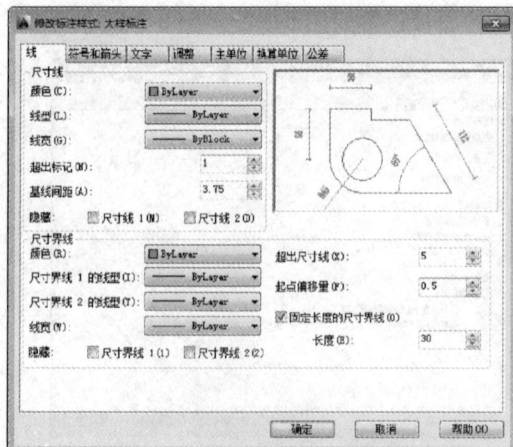

图 9-3-26 "线"选项卡设置

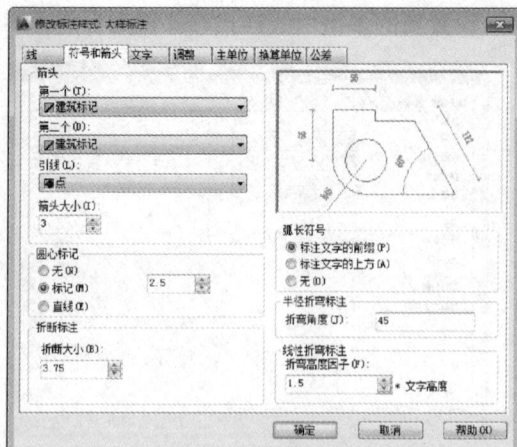

图 9-3-27 "符号和箭头"选项卡设置

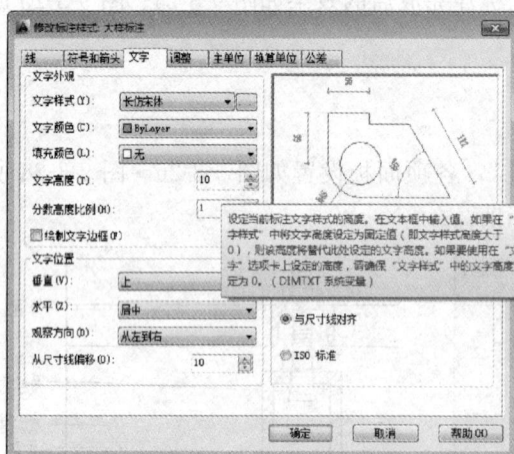

图 9-3-28 "文字"选项卡设置

标注完成后的效果如图 9-3-29、图 9-3-30 所示。

9.3.7 进阶与提高

综合所学的知识绘制空间的剖面及大样详图。在绘制过程中，体会各种命令在制图中的应用，图样如图 9-3-31 所示。此图形文件为光盘中的"实例文件/第九章/9-3-接待台剖面大样"。

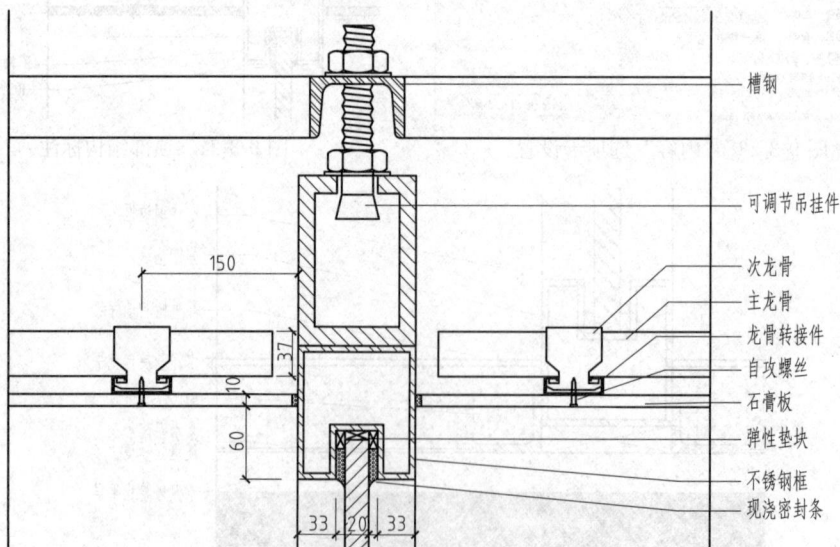

图 9-3-29 顶部结构标注

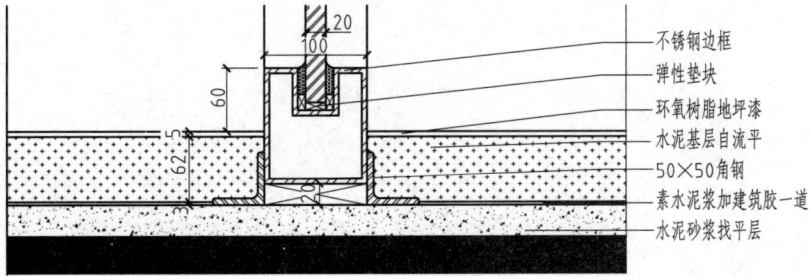

图 9-3-30　底部结构标注

不锈钢边框
弹性垫块
环氧树脂地坪漆
水泥基层自流平
50×50角钢
素水泥浆加建筑胶一道
水泥砂浆找平层

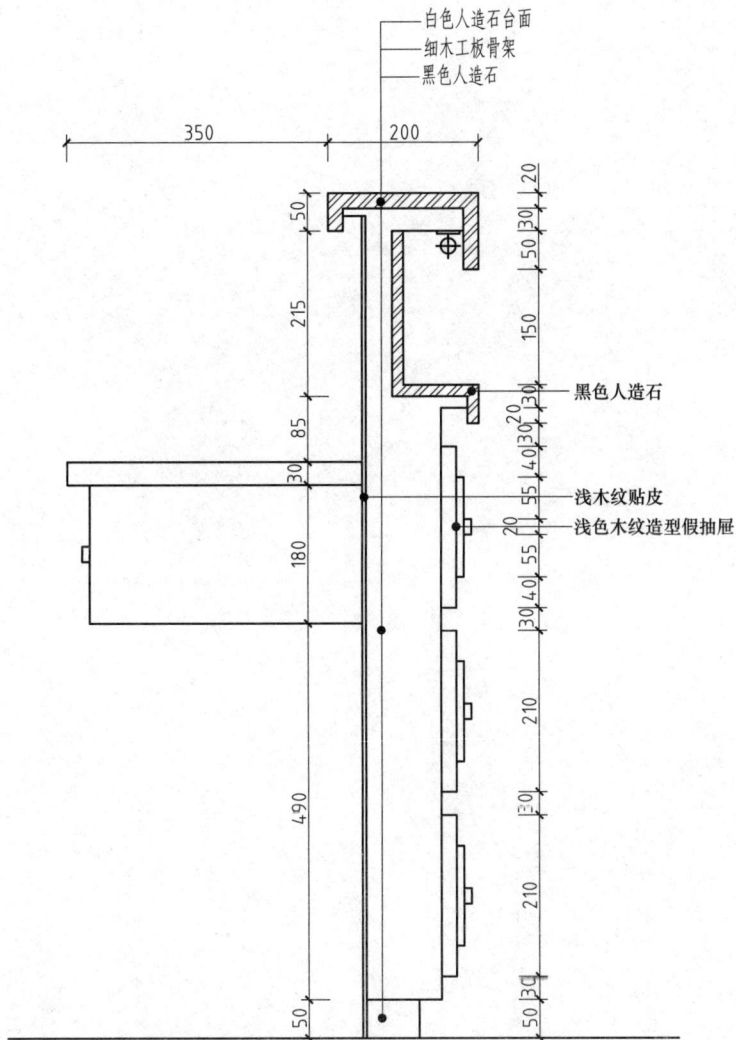

白色人造石台面
细木工板骨架
黑色人造石

黑色人造石
浅木纹贴皮
浅色木纹造型假抽屉

图 9-3-31　剖面及大样详图